U0062476

# 政党
## 组织与权力

POLITICAL PARTIES:
ORGANIZATION AND POWER
ANGELO PANEBIANCO

［意］安格鲁·帕尼比昂科 著

周建勇 译

东 方 编 译 所 译 丛

上海人民出版社

献给我的父亲和母亲

# 译　者　序

　　安格鲁·帕尼比昂科（Angelo Panebianco）所著的《政党：组织与权力》（*Political Parties：Organization and Power*）一书的中译本出版了。[1]按照惯例，译者写序，以飨读者。[2]

　　本书理应得到应有的关注，帕尼比昂科沿袭了从奥斯特罗果尔斯基（Ostrogorsky）、罗伯特·米歇尔斯（Robert Michels）到迪韦尔热（Maurice Duverger）、萨托利（Giovanni Sartori）等政党研究者的传统，视政党本来面目为组织，从组织角度分析政党的形成、发展和变革。诚如作者所言："无论是何种政党，无论政党回应何种诉求，它们首先是组织，因而组织分析必须在其他的分析视角之前。"

## 基　本　概　念

　　译者将对本书的几个关键概念以及基本观点作简单归纳，以方便读者理解全书，它们包括：

　　**集体性激励和选择性激励**　公平分配给所有成员的激励为集体性激励，它包括认同激励（认同组织）、团结激励（共享了其他成员的目标）以及意识形态激励（认同组织的"事业"）。分配给一部分成员的激励为选择性激励。选择性激励区分为物质（material）激励（报酬体系、福利和帮助服务）和地位（status）激励。作者认为，组织的激励体系包括一种集体性激励（意识形态）和两种选择性激励（物质激励与地位激励）。[3]

I

**信众和投机分子** 通过借鉴迪韦尔热的选民(electors)、支持者与党员的三分法,帕尼比昂科重点关注了党员积极分子的"内核",即政党中极小部分持续参与、让组织得以发挥其功能的最重要的团体。他把这一团体细分为主要依赖集体性的认同激励而参与的积极分子(信众)和主要依靠选择性的、物质的和(或者)地位驱动的激励而参与的积极分子(投机分子)。

**主导联盟和不确定区域** 特定行动者以对自己有利的方式操纵权力博弈的因素可以被理解为不确定区域(zones of uncertainty),有六种因素对于这些重要活动的发展产生影响:能力(competency)、环境关系管理(environmental relations management)、内部沟通(internal communication)、正式规则(formal rules)、组织资金筹措(organizational financing)和成员录用(recruitment)。

由控制了最重要的、无论是组织内还是组织外的不确定区域的组织行动者组成了政党的主导联盟。"主导联盟"绝不意味着只有全国性的政党领袖们参与这一联盟:主导联盟包括全国领袖(或者某一些全国领袖)和一些地方(local)领袖以及中阶(intermediate)领袖。如下三个角度检验了主导联盟的稳定:党内的团结程度(degree of internal cohesion)、稳定程度(degree of stability)和政党的组织权力图(organizational power map)。团结/分裂程度指的是对不确定区域的集中控制/分散控制,以及对激励分配的集中控制/分散控制;因而,它也意味着纵向的权力分配(领袖—追随者交换)。另一方面,稳定/不稳定指的是横向的权力博弈(指精英之间的)方式。更具体地,它指的是在党内有影响力的领域内,这些精英做出持久妥协的能力。

**主导联盟:形态和成分** 把团结程度、稳定程度以及组织权力图综合起来,就描绘出了政党的主导联盟的面向,即主导联盟的形态(conformation)。联盟的形态——取决于联盟显示出的属性——不同于联盟的成分(composition)(具体参与联盟的人)。主导联盟成分的变化(比如,由于合作,或者由于生理机能的替代等)并不必然会导致主导联盟形态的改变。

**派系和派别** 党内派别斗争(tendency struggle)是几乎未被组织化的集团之间的冲突;派系斗争是组织化集团之间的冲突。政党或是分为若干派系(强劲的组织化集团,group),或是分为派别(tendencies)(松散的、组织化集团）。"派系各为其主",在这种情况下,派系之间的妥协是相当靠不住的：既然长期协议无法达成,每个派系都通过扩张来加强其权力。

派系——组织化的集团——可能有两种类型：从顶层到底层纵向分隔政党的集团（真实的派系或者"全国性"的派系）,以及在政党的外围（periphery）组织起来的、地域上集中的集团（这些集团在后文命名为次级联盟）。派别具有的特点是：在顶层聚合（aggregations）、而无组织化的基层（这绝不意味着没有共识）。[4]

**地域渗透、地域扩张与二者的结合**　在讨论政党的产生与发展时,我们最为熟悉的是迪韦尔热的内生型政党和外生型政党的区分,即源于议会的政党和源于议会外的政党。但帕尼比昂科告诉我们,迪韦尔热的区分尽管有道理,但是不全面,诚如文中指出的"因为对大量政党起源的历史研究已经证明了这一点,然而,这一古老的区分也只有在一定程度上能满足需要。它首先未能考虑那些同类起源（内生或外生）政党的组织差异：议会内起源的政党产生了多种结果,类似的,议会外起源的政党组织（迪韦尔热认为主要是大众型政党）差异也非常巨大",于是,帕尼比昂科提出了新的政党发展模式：地域渗透（territorial penetration）与地域扩张（territorial diffusion）或二者的结合。

政党的组织发展—组织建构,严格来说——都是由于地域渗透和地域扩张,或者由于这二者的结合。当"中央"控制、激励或指引了"外围"的发展时,地域渗透就会发生,即建立地方的以及中阶（intermediate）的诸政党协会。当组织发展源于自发的萌芽：地方精英组建了政党各个协会,这些协会后来只被整合到一全国性组织内时,地域扩张就会发生。有时,组织发展的"复合"类型也会盛行：组织发展起初是通过地域扩张进行的：许多地方协会在一国的不同地方自发涌现；之后它们统一形成一个全国性组织。进而,在地方协会缺失的地方,这个全国性组织将它们建立起来（渗透）。（在这里需要强调的是,由于欧洲政党在组织结构上非常不同于列宁式政党,因此,"association"一词在理解欧洲政党的地方组织上是一个非常关键的词,它表示的是政党的一个协会,而正是这些协会构成了欧洲政党的地方组织。）

**政党的外部环境**　在20世纪60年代,利昂·P.爱泼斯坦（Leon P.

Epstein)就对政党的环境进行了分析,他特意使用了环境发展(develop-mental)而非环境决定(determining),以显示他对决定论的某种扬弃,以及对于政党也会影响环境的认可。在他看来,与政党发展相关的环境十分广泛,差异也很大。它们包含的话题包括了普选权(suffrage)的扩大(enlargement)、社会结构、宪法规定的行政—立法关系、联邦主义的程度、选举安排。每一个话题都会影响政党的发展,但是,因为时机与事实的差异,每一个话题影响政党发展的方式在各国是不同的[5]。帕尼比昂科对外部环境的分析则集中在了选举场所和议会场所,这是政党最为重要的两个活动领域。

# 书中的基本观点

作者认为,无论政党存在的时间有多长,它们都会不可避免地留有其形成时期的烙印。这种观点并不新颖,爱泼斯坦提过类似想法,[6]不过他并没有就此展开。而帕尼比昂科则就政党形成时期的特征——他称之为起源模式,进行了详细的分析,论证了不同起源模式是如何影响政党之后的发展——包括政党的制度化水平、政党的稳定与否、政党的主导联盟的构成以及与环境的互动等。

对政党起源模式的分析是极其重要的,帕尼比昂科至少分析了这么几个方面:一是政党组织的发展模式:包括地域渗透、地域扩张以及二者的结合;二是有无克里斯玛型领袖;三是合法性问题,包括内生合法性、一国之内的合法性外生、一国之外的合法性外生三种;四是该政党起源时期是否执政。这些因素都会影响到政党的制度化水平,进而影响到了主导联盟的团结和稳定程度。

就它们之间的相互关系而言,作者提出了如下三种观点:

(1) 不同政党的起源模式影响其制度化水平。

帕尼比昂科提出了制度化的两个维度。一个维度是组织在其所处环境中的自主程度。高度制度化的政党能够对其所处环境进行广泛控制,并在必要时改变这一环境;但是,制度化程度较弱的政党则必须对环境进行回应,并调整自身以适应环境。另一个维度是体系化。当党内亚团体享有很大权威时,政党的体系化程度就是低的;当亚团体之间相互依存度很高,使得政党中央可能控制资源时,政党的体系化程度就是高的。

地域渗透式的发展趋于产生强制度。一个团结的精英阶层,可以在初生组织中发动强发展的过程。而地域扩张式的发展趋于产生弱制度,因为存在许多的竞争性精英,他们控制了明显的组织资源;组织因而被迫以多个集团的联合、妥协以及协商的方式来发展。

魅力型领袖认为制度化是对自身权力的一种威胁,因而倾向于抵制党内制度化的发展。不过,当党内制度化进程确实展开时,它将迅速发展,原先的集权模式会以制度形式表现出来。

有无外部发起组织与政党能获得的制度化程度之间的关系为:发起组织的存在一般会导致弱制度。实际上,外部组织对巩固政党(超过某个限度后)毫无兴趣,因为这不可避免地会减少政党对它的依赖。支持者的政党忠诚是间接的(政党的合法性来自外部),这一准确事实妨碍了强制度的确立。因而,其他条件不变时,内生合法性政党(即不受其他组织支持的政党)更易于成为一个强组织。然而,各国共产党,代表了一种非常重要的例外情况,因为它们受到外部组织的支持(第三国际),同时保持了很高的制度化水平。因此我们可以假设,如果发起组织与政党处于相同的(一国)社会中,发起组织会以一种方式来影响政党的形态;如果它们不处于同一国家,发起组织会以不同的方式影响政党的形态。如果发起组织为某工会或某个教会的政党,高度制度化意味着它将自主化,即政党从发起组织的"解放",因而这类政党的形成将会被禁止。然而,如果,发起组织是在不同的(某国)社会内运转,高水平的制度化可能能够保证让政党独立于其本国环境,但这一独立带来的代价是政党更加依赖发起组织。各国共产党在20世纪20年代的布尔什维克化进程中形成了被一个团结的主导联盟控制的、高度制度化的组织,而且它们相对于本国环境的自主性,与对一个国际组织的依附相伴相生,该国际组织作为它们的合法化来源以及主导联盟的外部支持而发挥作用。

分析政党形成时期是否执政对其制度化水平的影响,必须考虑政府官僚机构(state bureaucracy),比如政府官僚机构的本质、政治体系的竞争性程度以及公共资源的数量等,正如帕尼比昂科所说:公共资源规定了为执政党(governing party)支配的控制地位,经常会抑制强组织的发展。然而,就像处于反对党地位并不能保证很高的制度化水平那样,在政党巩固阶段控制政府不会不可避免地使政党处于低制度化水平——它只是可能,但并非必然。

这其实涉及了不同的因素,以及各因素之间的相互作用,这构成了一个复杂的分析框架,很显然,作者并没有探讨不同因素之间的相关作用。

帕尼比昂科认为,某个政党的演化可以被视为:该党起源模式诸特征互动的产物、在组织巩固阶段该党在政治体系中的地位(即执政或在野)的产物以及"环境"结构的产物。这些因素以不同的方式彼此强化和(或)抵消:起源模式的某个特征可以被其他因素所抵消。例如,单拿"内生"合法化来看,它有利于产生强制度。然而,当我们把内生合法化与地域扩张式的发展[如在工人国际法国支部和意大利社会党结合起来、或者把内生合法化与地域扩张式的发展再加上执政党地位(如在基民盟)结合起来时,它就不会引起强制度(strong institution)]的形成。类似的,将"内生"合法化与地域渗透式的发展相结合,很可能产生一个强制度,即使政党制度化发生于政党控制全国政府之时(对于英国保守党来说,的确如此)。各种因素之间要么相互强化、抵消,要么相互弱化,并以此确定每一个政党的组织轨迹;我们只能通过对每种情况的历史考察来对它们进行评估。

(2) 政党制度化水平的影响。

政党制度化的水平会影响主导联盟的团结和稳定。低制度化水平一般产生不是很团结的主导联盟(即主导联盟可再分为派系),而高制度化水平一般能产生很团结的主导联盟(即主导联盟可再分为派别)。换句话说,高制度化水平意味着对不确定区域以及对组织激励分配的集中控制。低制度化水平意味着对不确定区域的分散控制,因而不存在垄断了激励分配的"中央"。

制度化的水平会影响政党内部分为派系和派别的程度。因为政党制度化程度越高,党内集团的组织化程度就越低。相应地,政党制度化程度越低,党内集团的组织化程度就越高。在制度化极大化的极端情况下,集团几无组织化:它们代表了纯粹状态的派别。而在制度化最小化的极端情况下,集团被高度组织化为派系。因为不同政党间(以及一个政党不同时期内)制度化的程度不同,有"多少"之分,所以其内部集团之间的组织程度不同,也有高低之分。

在高度制度化的政党中,根据主导联盟的团结特征,精英录用趋于向心(centripetal)运动:既然党内有很强的"中央"——一个团结的主导联盟垄断了不确定区域与激励的分配——因此要想在党内出人头地只有一条路:让中央增补自己为新成员。因而机会结构就是,"有野心的成员"(投机分子)为了升到党的上层(upper rungs),必须与中央的命令保持一致。结果就形成了某种漏斗形结构,因为个人的流动和成功需要向上聚合于中央(vertical convergence at the center);一个人必须得到为数不多的全国精英的支持,并毫无保留地遵从其意愿。另一方面,在弱制度的政党内,精英录用是离心(centrifugal)运动。上层许多集团控制了重要的权力资源,因而可以分配组织激励。与其讲是一个上层集团,我们还不如说是多个彼此或结盟或不和的集团。向上爬是离心运动,因为,为了成功,一个人需要把自己在政治上归为某个集团(某个特定派系),"反对"其他所有集团。

在高度制度化的政党内,政治活动趋于呈现"真正的"职业形式:一个人从政党的最底层做起,在漫长的见习期后,他一步一步往上升。另一方面,在弱制度化的政党内,很少有这类"职业生涯"存在;党内各层级有更大的不连续性;而且因为缺乏"常规的"职业生涯,在严格意义上讲,人们可以青云直上,包括跻身于中—高层。

高度制度化的政党与其追随者之间通常很少有庇护关系,对外部关系的"渗透"也较少,因为党内不存在有地位的显贵们。

(3)不同的主导联盟会采取不同的环境战略。

团结—稳定的主导联盟一般会同之于环境的进攻性的组织战略有联系,以及同强大的、持续的成员动员有联系。分裂—稳定的主导联盟总是与适应性的/防御性的环境战略有联系,该战略的目的是阻止扩张或让扩张完全停止,并置内部参与的低水平于不顾。分裂—不稳定的主导联盟指向了组织,组织扩张与组织巩固的驱动力,更多是由于内部集团的竞争战略而非审慎的中心战略。这类联盟的特点是:根据政治运动,更迭于动员和不动员(immobility)之间的周期性参与。

在这些分析之后,帕尼比昂科也对某些问题进行了探讨,如规模的作用、结盟政治之构成等。帕尼比昂科认为，组织规模对政党的生存影响是相对的，他设定了政党之于环境的"生存门槛"——只有在低于僵化的生存门槛或者高于僵化的生存门槛，规模才会对组织产生自主作用。另外，他也批驳了传统的结盟政治，他认为，这种自相矛盾的后果——就是最稳定的结盟发生在对手中（有意识形态上的距离）而最不稳定的结盟发生在竞争者中（意识形态上的相似性）——与关于结盟的一个众所周知的理论相冲突。[7]

作者还分析了外部环境对政党的不同影响。然后，作者提出了政党组织演化的新类型：选举—专业型政党。

# 选举—专业型政党

随着政治日渐专业化，政党也逐渐走向了专业化，帕尼比昂科预测了欧洲政党组织发展的最新类型（在当时来看）：选举—专业型政党（作者有时候也称为专业—选举型政党）。爱泼斯坦曾预测了大众型政党的衰落，但他并未指出大众型政党将走向何方，[8]而帕尼比昂科的回答是：选举—专业型政党，他的理由如下。

第一是传统的社会分层体系不能适应新的社会发展，即社会分层变了，或者各阶层本身发生了变化，原来的社会分层体系无法适应新的社会结构。他认为，这类变迁是社会学研究的主要题目，它与社会分层体系相关，与不同职业群体重要性的改变（如，产业中劳动力的下降，第三产业的扩张等）——首先是与每一群体的特性和文化态度的改变——相关。描述选民和党员的社会构成，这种解析总是忽视了各个阶层内部的特性和文化态度。比如，去观察一个共产党的选民或者一个社会党的选民，"工人们"所占的比例与过去几乎相同，鉴于在此期间工人阶级的面貌已经发生了很大变化，这一观察意义不大。再比如，过去工人阶层主要分为熟练工人和非熟练工人，如今它成为了"中心的"产业工人（政治意义上代表或工团主义意义上代表）和"外围的"不重要的工人。这种转型修正了这些政党的选民的政治本质，因为它影响了政治利益的构成。同样地，测量中间阶层成员在不同政党中的程度而不考虑这些阶级的结构变化也是没有意义的。还是如此,如果不考虑因世俗化(secularization)和教育的普及给信众、宗教机构与政党之间的关系带来的变化,测量党内不同派别的支持者的"数量"也是无用的。

社会结构的转型——当代社会学理论试图通过不同方式、不同分类(如复杂社会、后工业社会、后资本主义社会等)去理解它——这种转型影响了政党,改变了它们的支持基础和政治领域。比方说,选民,在社会上和文化上已经变得更加多样化,更少为政党所控制。所有的这些因素刺激组织变迁。

第二是新技术的发展。在于为大众媒体,特别是电视(这里标志性的数据是,在1960年度的美国总统选举)影响下重建的政治传播体系。一旦电视在政治竞争中变得重要了,它就开始影响政党组织。传播技术的变化引起了政党组织的一场地震:在组织形成共识时旧官僚的地位被废弃了;新的专家的作用变强了。政治沟通表达方式的改变有利于更多样化的、受过更多教育的公众,大众媒体正驱使政党朝向个性化的竞选;以候选人为中心以及以议题为中心,即关注有很高的技术含量的特定主题,并且需要专家的参与。

电视和利益集团,对于政党和选民之间的联系(尽管依定义来看是不稳定的),比起传统的附属组织对于官僚和党员的联系而言,变得更为重要了。官僚和积极分子依然必不可少,但其作用大不如前。组织权力图已经改变了。无论是筹资,还是从与选民的联系看,党员和党官僚的权重都下降了;因而党内领袖们正失去一些他们的政治权力(建立在党员和官僚之间不平等交换之上),因为通过选举任命的公众代表的重要性正相应地增加了。

社会结构的改变和政治沟通方法的改变一起侵蚀着传统的政治亚文化,这种文化因大众官僚型政党特有的强组织安排而僵化很久了。"铁杆选民"减少了,而且政党认同——之前大部分欧洲国家感到放心的选民的稳定性——没落了。选民更加独立于政党,"从摇篮到坟墓"的社会整合现在几乎处处局限于没落的少数人。选举场所也变得更加混乱不堪,这迫使政党通过模仿与互惠的调节进程迈向选举—专业型模式。

帕尼比昂科认为,这种转型意味着去制度化,而且专业—选举性政党的制度化水平就不高。那么,新的政党类型的走向又是如何呢:它是否会代表一种新的政党组织类型?帕尼比昂科为选举—专业型政党的未来发展进行了三种可能预测:

第一,选举—专业型政党将证明是一个本质上不稳定的组织,预示着作为组织的政党的解体。第二个可能是,意识形态的对抗(backlash)将会发生,比如,由现存的政党发起进攻,重新获得它们传统的表达功能和之前的认同,使极端主义退回到它们遥远的起点。第三个可能是真正的政治创新(这一术语,当然是不可预测的)。但是创新不可能起源于政治体系内,或是通过业已支配的组织表现出来。

# 对该书的评价

毫无疑问,这是一部经典之作。它在政党与环境、主导联盟与政党制度化等方面进行了非常翔实的论述,并提出了一系列新概念、新观点;而且该书还论述了政党的变化与转型,他称之为主导联盟形态的改变;作者还提出了政党演化的新类型。当然,该书也存在问题,也有不少人进行了批评。

"选举—专业型政党"意味着政党变得更为专业化,以更好地适应选举市场的需求,换言之,该观点认为"市场化取向"的政党,通过专家来设计和销售其产品,设法把选举的成功和满足选民的需求结合起来。有的学者质疑这种观点。笔者认为,这种质疑同对《民主的经济理论》的批评如出一辙,即质疑政治是否等同于选举,进一步而言,选举是否等同于市场。

另外,更多的质疑涉及了帕尼比昂科关于政党制度化的测量方法,[9]特别是维基·兰德尔(Vicky Randall)和拉斯·斯瓦桑德(Lars Svåsand)两人,他们分析了帕尼比昂科(以及其他学者)关于"制度化"一词界定的不同以及不足,认为帕尼比昂科只注意到了组织内部的制度化,而忽略了组织与其外部环境的制度化;而且他们两人还认为,帕尼比昂科关于政党组织形成的"地域扩张"与"地域渗透"只适合欧洲国家,无法适用于第三世界国家;他们还认为,帕尼比昂科过分强调了组织形成方式,即其起源和起源模式对于一个政党的制度化的后果。

英国学者韦尔则比较客观地系统评价了全书,他在《政党与政党制度》[10]中既给予了应有的肯定,同时也给出了自己的批评:

相较迪韦尔热和爱泼斯坦,意大利政治社会学家安格鲁·帕尼比昂科就有关政党组织问题提出了一个更有局限性、同时在理论上更加严密的分析。所谓更有局限性是指他把"西欧之外的政党"排除在外。帕尼比昂科解释了他把一党制国家和美国排除在外的理由,他指出,美国之所以被排除在外,是因影响美国政党产生和组织发展的因素不同于欧洲国家。但是,帕尼比昂科的分析比上述所说的还有局限。第一,他对前三个英国殖民地国家的政党(澳大利亚、加拿大和新西兰)根本未加关注,而在比较政治研究中,这三个国家经常被专家用来检验由西欧国家的经验所导出的假设。例如,迪韦尔热和爱泼斯坦在其分析中就充分运用了这种比较。第二,尽管帕尼比昂科声称他研究的是西欧国家,但实际上他用来检验其假设的研究案例仅限于四个国家的政党——法国、德国、意大利以及大不列颠和北爱尔兰联合王国。

首先应当承认,帕尼比昂科把政党起源模式同制度化模式相结合的框架,确实阐明了政党党内生活的很多方面。例如,对意大利社会党内的派系为什么比法国社会党内的派系更具易变性的问题,帕尼比昂科通过指出意大利社会党在建立之初其组织结构更具地方化而对此问题进行了解释。然后,有理由认为,帕尼比昂科的方法"过于理论化",而且他制作研究案例来适应他的理论模型。由于他采用的研究案例较少,因此,若其中有一项与他的设想不符,就会严重影响整个理论模型的有效性。[11]

"过于理论化"指帕尼比昂科的那种精致且复杂的理论框架并不符合政党组织的发展现实,真实世界中的政党必须经过"裁剪"才能适应这一理论框架。或许更为重要的一点是,他的方法过于关注一个政党组织是如何建立的,而对于政党需要调整以回应"选举市场"的变化关注不足。显然,那些选举成功的政党,如20世纪的英国保守党,比那些选举不成功的政党面临的改革压力小一些,这也可以解释为什么保守党的结构具有高度的连续性。此外,如果政党并没有面临维持或增加其选票额的压力,那它可能无须进行组织上的调整。那么,大体而言,选举的关系会推动政党领袖寻求通过组织变革以提升其绩效。无疑,帕尼比昂科所强调的政党特有的起源史以及特有的制度化模式会限制其改革的可能性的观点是正确的,但他所作的也仅限于此。[12]

在分析层面,帕尼比昂科的方法是制度主义方法的某种变体,此方法存在的问题与迪韦尔热和爱泼斯坦提出的选举竞争方法存在的问题颇为类似。他们对政党组织发展的叙述过于笼统。假定政党已有某种结构将会影响这一结构变化的程度与方法,这一假定是合理的;假定竞争选票的必要给政党带来压力,使之采纳一种适宜的组织形式,这一假定也是合理的。但是,这些因素各自的影响如何,其结果又会怎样,则可能取决于特定政党所处的特定环境。一方面,组织的限制比帕尼比昂科的框架中所分析的更为复杂;另一方面,选举竞争的可能推动不同的政党在组织上做出截然不同的改变,其原因仅在于,政党在拥有的资源、政党与党员的关系等方面,各自的情况并不相同。[13]

毫无疑问,上述评价有助于读者更加准确地把握全书。

除此之外,在我看来,如何界定政党起源模式的起点,以及制度化完成的那个"点",作者有点语焉不详。同样说不清楚的,还有外部环境的构成。

# 欧洲政党的未来发展

社会科学不仅要描述和解释,而且还要进行预测;但相较于前两者,预测要难得多。一些经典的政党研究不仅对政党的历史进行了回顾和总结,更重要的是,它们对政党未来的发展进行了判断:米歇尔斯通过对德国社会民主党和工会的研究而形成了"寡头统治铁律";爱泼斯坦在20世纪60年代形成了关于大众成员型政党面临的党员衰落以及不可能走向美国化的政党发展的判断。帕尼比昂科在20世纪80年代提出了选举—专业型的政党发展的判断。

今天距离该书出版已经30多年了,在这期间,欧洲政党"家族"已经发生了不少变化,而且政党所赖以生存的社会也在经历着深刻的变革,这对我们理解、验证帕尼比昂科的观点提供了机会。绿党的崛起无疑是欧洲政党发展史上的重大变革。我们也要关注重大历史事件的影响，比如德国统一以及苏联集团的崩溃，这也给欧洲的政党版图带来了革新。再者，欧洲各国的社会结构、阶层包括文化观念也在经历着变革，笔者在2011年访问德国时，德国学者用了"Milieu"（法语词，表示社会阶层）描述选民阶层的变动；而近年来的反政治倾向、政治冷漠，似乎进一步加剧了。2018年，纽约大学政治学者普沃斯基的新著《民主的危机》（*Crises of Democracy*）与哈佛大学政治学教授列维茨基与吉布拉特在《民主如何死亡》（*How Democracy Die*）中把民主的危机归咎于民粹主义、政党极化、传统政党和政党体制瓦解等。换言之，政党在变，社会也在变，这些变化已经远远超出帕尼比昂科曾经提到的影响政党分歧的"正统派/反正统派的区隔"。不过，政治空间从一维转型到多维，"在多党制中，选民很难区分不同政党，在使选举市场的交易更为稳固上，一维的政治空间必不可少。向多维空间的转移取消了这一优势，迷惑了政治行动者，使得竞争更为混乱，并且更突出了政治场域的那种'混乱'、不稳定以及不可预期性。"这些洞见在今天看来是如此深刻与彻底。

政党自诞生以来，就一直在变，而且将继续变化下去；再加之组织理论的不断发展，这些都意味着，政党的组织研究依然大有空间，译者曾作过部分的介绍，并将继续关注该领域的研究。另外需要说明的是，本书的基本判断都是基于欧洲的经验而作出的，其结论能否适合中国国情，[14]相信读者自会比较鉴别。

## 注 释

1. 本译著为国家哲学社会科学一般课题"近20年西欧国家政党体制的演变及其对民主的影响"阶段性成果（项目批准号：19BZZ003）。本译著于2013年首次出版，此次再版，修订主要集中在两个方面：一是在语句通顺方面，个别语句读起来有点拗口，个别语句不太符合中文的表达习惯，在不违背原意的基础上，对语句做了一些顺序的调整；二是在个别词语的理解上，结合上下文做了新的斟酌完善。

2. 艾伦·韦尔在其所著的《政党与政党制度》一书对本书部分内容做了提炼，并进行了评论。参见[英]艾伦·韦尔：《政党与政党制度》，谢峰译，北京大学出版社2011年版，第85—92页。

3. 关于组织激励理论的研究不可能绕开彼得·克拉克与詹姆斯·威尔逊。具体参见 Peter B.Clank and James Q.Wilson, "Incentive Systems: A Theory of

Organizations," *Administrative Science Quarterly*，Vol.6，No.2，Sep.，1961，pp. 129—166。爱泼斯坦曾将激励类型分为团结(solidary)、目的类(purposive)激励以及物质类激励三种。前两类激励几乎穷尽了各类激励,它们将推动组织运转起来。团结类激励包括社会化、趣味相投(congeniality)、团队意识、宴饮交际(conviviality)以及基本享受(general enjoyment)等无形价值;目的类激励,尽管也是无形的,但它们源于一个协会的最初目标,比如改革立法的颁布(enactment),而非源于该协会本身的简单法案。相较于物质类激励,这两类激励对于维持延续性的用处相对较小。参见 Leon P.Epstein，*Political Parties in Western Democracies*，Pall Mall Press，London，1967，p.102。

4. 笔者认为,派系是"一个自觉地组织起来的团体,具有一定程度的凝聚力以及由此而产生的纪律",而派别则是"一种稳定的态度,而不是一个由政客组成的稳定的集团"(萨托利意义上的);或者说,派系是党内具体的势力团体,而派别是党内群体中存在的态度形态(艾伦·韦尔意义上的)。派系之间的对抗是剧烈的、持续的、难以妥协的;而派别冲突则是缓和的、经常是一次性的、因而也是容易妥协的(帕尼比昂科意义上的)。参见周建勇、郭定平:《政党政治研究中 tendency 的译法辨析——兼论派别、派系与派阀的意涵》,载《中国社会科学报》第 329 期,2012 年 7 月 13 日。

5. Leon P.Epstein，*Political Parties in Western Democracies*，Pall Mall Press，London，1967，p.19.

6. 第 波现代政党,它们通常在数十年或甚至一个世纪内都有其形成的标签,即使它们被其他政党继承后最初的组织形式通常也还保留着。正如李普塞特在一个大致相似的背景下观察到的,制度化的行为,一旦确立,就会助长有助于维持其行为的意识形态。政党一旦出现了,只要通过维持它们的存在,它们就会影响其政治环境。Leon P.Epstein，*Political Parties in Western Democracies*，Pall Mall Press，London，1967，p.26.

7. 在张莉对极右翼政党的分析中,我们可以看出"竞争者"结盟对结盟方的影响(尤其是较弱的一方),她提到了奥地利自由党在 2000 年与人民党组成了中右翼执政联盟,但是参与执政削弱了选民对自由党作为反对党的政治认同,加上党内强硬派的反对和海德尔谋求政治权力矛盾,从而使自由党最终分裂,选票大幅下跌。参见张莉:《西欧民主制度的幽灵:右翼民粹主义政党研究》,中央编译出版社 2011 年版,第 229 页。

8. 爱泼斯坦认为,大众型政党的转型是必然的,但是他没有提及转向何方。这里我们引述一下爱泼斯坦的观点:不惜笔墨地分析社会主义工人阶级政党(socialist working—class),肩负着去解释大众成员(mass membership)之于政党组织的相关性。第一,在寻求以各民主方法影响经济秩序剧烈变迁的任何运动中,大众成员看起来都是必不可少的。第二,这类大的政党出现在西欧各国,而没有出现在北美,但这主要出现在欧洲,在工业化的初期阶段,当包括前现代的阶级意识、迟来的(delayed)大众投票权,以及大量的经济剥夺等条件具备时,欧洲就出现了成功的社会主义发展。第三,在北美,由于缺乏了上述条件,在工业化的初期阶段,没有成功地形成大的社会主义工人阶级政党,而且看似现在也不会形成。第四,欧洲经验和美国经验之间的区别,不在于有无工会,而在于随时准备支持一个分裂的政党以及他们各自工会的工人是否拥有阶级意识。第五,欧洲社会主义工人阶级政党生存下来了,在某些情形下成为绝对多数或接近绝对多数的政党。尽管在经济上,以及一定程度而言,在社会上,有助于它们发展的各种条件已经发生了变化,讨论中的国家(nation)更加类似美国。在这些不利情形下,政党的生存,包含在教义上以及在阶级诉求上的某些修正。参见 Leon P.Epstein, *Political Parties in Western Democracies*, Pall Mall Press, London, 1967, p.165。

在这些分析后,他提出了自己的判断:这些修正将走向何方目前还不明朗;尤为不明朗的是,尽管有削减党员的一些迹象,旧的社会主义工人阶级政党的组织特征将会如何改变。大众成员对于各"社会"党来说不再是必需品,因为各社会党正变得更像别的民主政党,而不是维持反对既定秩序的社会运动(同上书,第166页)。爱泼斯坦似乎认为美国政党代表了未来的政党发展趋势,他说:鉴于大众——成员业已存在的组织延续性,距离相信它们无疑是现代的,相信它们有可能在未来形成美国那样的政党差得太远。美国并没有大的社会主义工人阶级政党,无论是现在还是未来也可能不会有大众成员型政党组织(同上书,第166页)。当然,在该书再版时,爱泼斯坦似乎修正了自己的观点。

9. 关于更多的信息,参见 Kenneth Janda, "Toward A Performance Theory of Change in Political Parties," presented at 12th World Congress of the International Sociological Association, Madrid, July 9—13, 1990. Vicky Randall and Lars Svåsand, "Party Institutionalisation and the New Democracies," in Jeffrey Haynes, ed., *Democracy and Political Change in the "Third World"*, London, Routledge, 2001, p.79. Steven Levitsky, "Institutionalization and Peronism: The Concept, the Case and the Case for Unpacking the Concept," *Party Politics*, Vol.4, No.1, 1998, pp.77—92. Vicky Randall and Lars Svåsand, "Party Institutionalization in New Democracies," *Party Politics*, Vol.8, No.5, (2002), pp.11—12。

10. [英]艾伦·韦尔:《政党与政党制度》,谢峰译,北京大学出版社 2011 年版。

11. 同上书,第 90 页。

12. 同上书,第 91 页。

13. 同上书,第 92 页。关于此点,如韦尔认为帕尼比昂科对英国保守党的分析有片面性,他指出:"由于忽视了保守党组织战略的上述方面,帕尼比昂科对保守党非常中央集权化和制度化的描述并没有足够的理由支撑。""即使在那些有着正式的政党组织参与的活动中,帕尼比昂科也高估了保守党中央的权力。"该书第 90 页。

14. 比如,基层党小组;经常围绕着工作场所,而非地理上界定的选举区来吸收党员;更加严密的纪律。

# 序　言

本书并非经验研究的结果,尽管近几年来我一直从事政党领域的研究。相反,它是一种有计划有步骤的努力:通过运用属于不同学科传统的解释工具,分离出解释政党政治的一些基本要素。

对政党进行科学研究的历史在某个时刻中断了,研究走向了一个不同的、部分来看是全新的方向。那些"一流的"作者、在这一特定领域的开创者们(从奥斯特罗果尔斯基到韦伯、米歇尔斯、迪韦尔热)是从政党组织"内核"的角度去看待政党及其活动的。他们的出发点在于如下理念:政党作为组织,应当研究它们的组织动力。然而,在最近三十年,我们目睹了政治学与社会学在进行政党研究时重点的某种转向。逐步精炼且准确的技术的使用,日渐增加的有说服力的理论,已经使得对选举动力的研究、对被政党所影响的国家制度(state institutions)的作用的研究以及对政党与社会各阶级间关系的研究显得更为清楚。因为系统方法(在最宽泛的意义上)已经在社会科学家中居于主导地位,在学者们的兴趣排序上,政党体制远比单个的政党更为重要。对政治过程的理解已经向前推进了许多。然而,有得必有失,失去的即是如下认知(awareness):无论是何种政党,无论政党回应何种诉求,它们首先是组织,因而政党的组织分析必须先于其他的分析视角。令人困惑的是:这一切发生了,就如同复杂组织的研究,大体始于第二次世界大战结束后,并发生了质的变化。各种类型的大量组织已经付诸经验检验;而且也已经提出来许多模型和准理论去解释组织的作用及其活动。然而,政党组织理论的特点是鲜有创新;自米歇尔斯和迪韦尔热的作品问世以来,政党组织理论未有明显变化。但是米歇尔斯和迪韦尔热非常明了他们时代的组织知识:比如,米歇尔斯在其理论模型中就使用了韦伯的官僚制模型的简化版本。当代关注政党的政治科学家和社会学家,当他们考虑政党,或者如果他们考虑政党时,经常无视组织学科的效果与发展。

因此读者读到的这本书试图把那些束之高阁的、为大部分研究者遗忘的东西重新带回到舞台中心。

我个人相信政党体制的比较理论已经硕果累累了,但是我也确信,这一理论中遗留的许多模糊的领域,只有重新回到政党内部组织动力的视角去进行研究,才能得以澄清。

如同社会科学的任何分支学科一样,在复杂组织的理论领域(如同将在本书中看到的那样,特别是第一、三部分)也有诸多方法的争论。我的偏好是支持那些引进组织权力维度的理论与分析,首先是通过彼此妥协的不同行动者之间为了权力而进行的联盟和斗争来解释组织的功能和各种活动。组织,甚而即政党,有一系列的"技术激励"所施加的特征:劳动分工的需要,不同部门合作的需要、与外部环境联系专业化的需要等。我不会对这些因素的影响置之不理,但是我将采用的视角(就政党而言是至关重要的)是这样的——在这一视角中,组织——可能是公司、公共行政部门、志愿协会——内部权力争斗的动力,为理解其功能和经历的变化——提供了那把钥匙。

不同组织差异巨大。但是无论组织从事什么活动、无论这些活动对人类而言是好是坏,每个组织也总是为了保证、延续或者增加控制该组织的那些人——即领导它们的精英们的——社会权力服务。

> 然后,最重要的是,组织是人们按其意愿塑造世界的工具。组织提供了一种手段,可以把一些人对正确事务的某种界定强加于其他人。控制了某个组织的人所拥有的权力,远远超出那些没有控制组织的人所拥有的权力。[1]

"所有的"(ALL)组织,遑论组织为何类何型,遑论其在社会系统中承担(或假定承担的)的功能如何,获取、保卫这一权力是这些组织内持续不断发生冲突的一个重要的因素。在政治关系的范围内,一个新组织的出现可以导致政治体系范畴的扩大,即之前被排除在参与收益以外的社会团体进入了该政治体系。然而,这也会一如既往地带来新的"政治精英"的崛起,他们或将代替现存的统治阶级,或与他们结盟。从那一刻起,正是这个已同意执掌权力的组织将成为新的统治阶级用来保卫其社会权力的主要工具。

这种视角意味着，它涉及罗伯特·米歇尔斯的观点，即把政党视为维持和扩大一些人对另一些人的权力的工具；它也涉及新马基雅维利学派的其他理论：从帕累托的精英理论，到加埃塔诺·莫斯卡的组织理论。莫斯卡的组织理论把组织作为少数人——政治阶级——统治多数人的决定性工具。但是对新马基雅维利理论的欠债也到此为止了。米歇尔斯的分析已经成为这一工作的一个重要的起点。然而，在写作过程中，我也采用了一种方法，该方法如果不是代替、也一定非常不同于《政党社会学》的作者提议的方法。

我主要从现代组织理论反映的领域得出分析范畴，我发现这些范畴最适合政党的情况。然而（诚如本书的主要章节所显示的那样），这一工作的核心，在于比较历史中的一项实践，在于试图提供一种特定的、用以检验一些欧洲政党形成的组织分析框架。这一努力的潜在想法是，重新确认古典社会学的一个根本性的直觉，特别是韦伯的观点。韦伯关注制度（institutions）建立之初的重要性。在一个组织的形成阶段，"出牌"方式以及几个回合后的结果，甚至在数十年之后，依然不断地在许多方面决定着组织的生命。在组织的整个生命周期中，它通过与持续变化的环境进行互动，当然会经历修正，甚至是深刻的变化。然而，组织缔造者们所做出的那些关键的政治抉择、为控制组织而进行的第一次争斗以及组织形成的方式，将会留下不可磨灭的印记。如果不溯及组织的形成阶段，组织的作用以及当前的张力等方面似乎都难以理解。

在这方面，关注历史维度，就成了政党的组织分析不可或缺的一部分。在这种特定情形下，对历史维度的关注就充当了解释政党的某种组织类型的重要步骤，这将替代当前文献中采用的方法。在该领域以及许多其他领域内，这种观察值得认真关注，因为：

在过去发生的、重大的政治转型，不仅不会在当下以及今后重复出现，而且也不可能以同样的方式重复出现。但所有声称包含了政治转型整个过程的理论，都必须与过去的经历相一致，而且在获得广泛认可前也应当小心谨慎地辨识这种经历……我们认为，在对大范围政治变迁的一些概括进行阐释与证明时，历史经验比当下的观察更为重要。[2]

比较—历史分析总是隐含着风险。起初,我们在从事的某类调查,必须依赖间接的资源——基于个案的史学作品——因而,这类调查研究在很大程度上受这些个案研究的作者们提供的数据和解释的支配。[3]而且,在一定程度上,某人的研究是建立在一个预先决定的分析描述之上,一般而言,这种类型的调查研究将不可避免地对史学解释(通过不同的理论滤镜对它们进行过滤)与史学材料带来不公正。比较历史研究也总是让历史学家们(个案研究的专家们)感到困惑和不满。这从根本上来说是不可避免的,因为比起每个个案在许多方面存在的问题而言,比较学家对不同个案之间的相似性和差异性更感兴趣。他只能对历史文献进行精挑细选,不得不抛弃那些与他的理论视角不一致的史学争论。这不可避免地带来了其他风险。

对不同个案的研究作过于表面的分析是始终存在的一个风险。但深入分析个案的风险更大;害怕对历史不公(doing an injustice to history),研究者对每个个案的分析过于深入,就会迷失其目标:分离出不同个案之间的差异性和相似性(该目标,反过来,只有在预设的理论视角在研究过程中未被抛弃时才有可能达到)。正是因为这个原因,比较分析经常在两个极端间摇摆:一个极端是以否定个案的特殊性为代价、强调其相似性;另一个极端是对单一个案特殊的、不可重复的特征作极其全面的调查,以致只能将不同个案在缺乏有效的比较时作简单的并列。

最后,还有一个风险与历史上的个案研究的选取有关。在决定理论的效果时,被排除的个案总是与被选取的个案同样重要。为了增加对历史研究的控制而只选择西欧政党的案例,这明显起到了界定调查研究领域的作用。但是在这一选择的背后,也有一个方法论的基本准则:尽管有许多非常重要的差异,但在(1)国家"中心"的形成;(2)社会集团的动员;(3)议会权力的扩张;以及(4)政治文化的"僵化"[4]等方面,西欧国家经历的政治现代化进程存在诸多相似之处,这确保了进行比较的最低限度的基础。只要组织与其环境建立了复杂的适应/主导关系,那么至少有一些特定的、共同的环境条件的存在就变得至关重要了。[5]这就解释了我为什么排除了在西欧政治体制之外运作的政党,同样也解释了我为什么排除了一党制下的政党。[6]并不是说组织分析不适用于这些个案(举一个例子,我们可以发现俄国布尔什维克党形成的方式与很多西欧政党形成的方式有相似之处）。但是既然一党制禁止了选举竞争，那么，一国的政治制度（state institutions）就是不可逆转的，从而发生的联合结构完全不同于西欧。

另一个排除的重要对象是美国的政党。我之所以这么决定，是出于对政党研究者经常沉湎于草率的比较的不信任。文献中一个经常出现的主题是，美国与欧洲各国在政治制度和社会制度的差异，远比欧洲各国内部的政治制度和社会制度的差距要大。许多理由可以用于解释这些差异。比如，在美国，底层阶级（subaltern classes）的动员是工业化的序曲而不是其结果，这一事实与大部分欧洲国家发生的事实正好相反。[7]既然对政党与政党体制的形成而言，底层阶级动员的时机、方式毫无例外是首要的，那么，美国政党的特殊发展就可由此进行解释。[8]为了试图理解政党发展的社会环境，巴林顿·摩尔（Barrington Moore）对政治现代化的"美国方式"的独特性的观察值得引用：

> 美国无须面临复杂且根深蒂固的农业社会衰落的问题，该农业社会可能是封建形态、也可能是官僚形态。商业化的农业从一开始就很重要，比如弗吉尼亚州的烟草种植业。一旦国家建立，商业化的农业很快就占据主导地位。前商业社会的土地贵族与君主之间的政治斗争并不属于美国历史的组成部分，美国社会也不像欧洲和亚洲那样，它没有大量的农民阶级。[9]

既然影响美国政党的产生与组织发展的因素完全不同于欧洲，那么在评估本书的假设时，美国将不作为研究对象。

本书有四个部分。在第一部分（第一章到第三章），我将说明那些基本的概念，在我看来，这些概念对于形成政党的组织分析是至关重要的。我将通过一系列类比，逐步形成一个概念性的分析框架——一个概念网络——对我而言，在提出政党作用发挥的现实分析中，这是有用的。我对方法论的选择，就是利用组织社会学在解释复杂组织发挥作用的研究中已经解释过的分析工具，并使它们适用于政党的情况。更特别的是，我已经将组织社会学的假设、理论和模型同传统政治科学关于政党的文献进行了比较。从根本上看，我的目标旨在证明，相对于政党研究更为传统的看法，从复杂组织理论的有利视角审视政党的方法，具有更高解释力。

概括来说，第一部分关注组织次序的状况：政党组织通过什么机制，以什么方式处理它们所依附的大量压力与挑战。对组织次序的状况进行检视首先要求对次序本身进行界定;反过来,这种界定以对决定次序的不同因素的认知为先决条件。从根本上看,这部分是这样一个研究,整理好一系列概念,着眼于展示对特定政党连续的、历史—经验分析的工具。

在第二部分(第四章至第九章),前述几章关注的分析图示,将用来解释一些西欧特定政党的组织演进。第四章,作为第二部分的开始,仍然是理论为主。这里我着手于让制度化理论适应政党的情形,用以解释"起源模式"(genetic model)(组织的起源特征)和制度化程度之间关系的一种类型,这一类型将在接下来的章节进行一项历史的检验。在这时引入制度化的理论,目的是对政党的组织发展进行动态分析。

第五章至第八章包含了一项对各政党历史的调查研究,虽然是人为选择过的,以作为组织可呈现的许多形态的典型案例,这些案例尽可能地代表了许多不同的、可能的**组织次序**(尽管没有必要穷尽)。就支配性的史学命题而言,没有一个案例的分析本身是原创性的,并且这些分析也没有提出新观点。而且,出于前文已解释的、与比较—历史分析的内在困难相关的原因,重组历史材料必然要遵循某些最合适的、正被当代史学争论的几种不同的、可能的解释观点。如果这几章有哪些是原创的,首先是通过对不同历史主题过滤后的理论架构,这一理论架构可以确定不同案例之间的相似性和差异性。在第九部分,我将在一定意义上得出推论(consequences):在那里,我将使用充分的数据来说明政党组织的某种类型,尽管是暂定的,当然也不尽全面。

在第三部分(第十章至第十二章),我将探讨具体的组织问题,这些问题在前面几章仅仅被思考过,然而这些问题对于政党的组织理论来说却是重要的,它们是:组织"规模"的作用、与劳动分工及组织复杂性相关的问题、环境影响及环境压力的作用、政党官僚的特征及官僚化。与第一部分一样,这些讨论也是理论主导的,即使有几个经验性的例证,也只是用来支持我的观点。

在第四部分(第十三章至第十四章)我将探讨组织变迁,以及政党有时会进行的转型过程的问题。我将在两个方面来分析它们:(1)在第十三章,我将提出组织变迁的一种模型,并探讨这一模型对不同政党在不同时期所经历的变化的有效性。这一模型只不过是试图在一定程度上公式化(非数学用语)本书所代表的观点。(2)在第十四章,另一方面,我也要检验当今西欧政党的某些变化,以及这些变化对于更一般的政治进程的间接影响及意义。

我故意不提供有结论的一章。将政党视为复杂组织的分析仍处于起步阶段,这一领域的研究只能对今后一连串的适应及修正保持开放。一方面,与大规模的理论努力相比,只有广泛且系统的经验研究,通过使用更广泛、更连贯的组织分类,才能实现深度探讨。另一方面,缺乏一个结论也有助于强调本书的特征:它是一部不断进步的作品,而非一个完工的成品;它更多的是发现并提出相关的问题,而非发现所有的答案。

## 注　释

1. C. Perrow, *Complex Organizations. A Critical Essay*, Glenview, Scott, Foresman and Co., 1972, p.14.

2. C.Tilly, "Reflections on the History of European State-making," in Tilly (ed.), *The Formation of National States in Western Europe*, Princeton, Princeton University Press, 1975, p.3.

3. 关于社会学中的历史—比较方法参见 T.Skocpol, M.Somers, "The Uses of Comparative History in Macrosocial Inquiry," *Comparative Studies in Society and History*, XXII(1980), pp.174—197。

4. 有关欧洲国家在政治现代化的进程中的整合与分歧,最重要的参考是斯坦·罗坎(Stein Rokkan);参见 *Citizens, Elections, Parties. Approaches to the Study of the Processes of Development*, Oslo, Universitesforlaget, 1970 一书中的重要论文集。

5. 关于地缘政治学作为减少有效变量工具的分析作用,参见 A.Lijhart, *Il metodo della comparazione*, *rivista Italiana di Scienza Politica*, 1(1971), pp.79ff。

6. 关于一党制和多党制的差异,参见 G.Sartori, *Parties and Party Systems: A Framework for Analysis*, Cambridge, Cambridge University Press, 1976。

7. R. Bendix, *Nation—Building and Citizenship*, New York, Wiley and Sons, 1964, p.79.也可参见 S.M.Lipset, *The First New Nation*, New York, Anchor Books, 1967。

8. 关于美国第一个政党以及后来的政党体系的分析,参见 in W.N.Chambers (ed.), *The First Party System: Federalists and Republicans*, New York, Wiley and Sons, 1972 以及 W.N.Chambers, W.D.Burnham(eds.), *The American Party System, Stages of Political Development*, New York, Oxford University Press, 1967。

9. B. Moore Jr, *Social Origins of Democracy and Dictatorship*, Boston, Beacon Press, 1966, p.121.

# 致　谢

　　我要感谢我的许多同事，他们对本书的一些章节和全书的观点提出一些重要的批评和建议，特别是要感谢卡洛·卡尔博尼（Carlo Carboni）、乌戈·曼西尼（Ugo Mancini）、阿图罗·帕里斯（Arturo Parisi）、保罗·波本尼（Paolo Pombeni）、罗伯托·拉夫利（Roberto Ruffilli）、斯特芬尼·赞（Stefano Zan）和彼得·兰格（Peter Lange）。

　　要特别感谢奇安弗兰科·帕斯奎诺（Gianfranco Pasquino）的重要评论以及他辛苦阅读了较早的初稿。

　　最后我也要感谢福特基金会，它给我提供了在哈佛大学催人奋进的环境中进行进一步研究的机会。

# 目 录

第一部分

组织次序

# 第一章
# 组织的困境

几年前，一位美国学者在评论关于政党的相关文献时，注意到："政党的组织分析……是政党研究中最早的分析之一，也是最令人沮丧的分析之一。"[1]在罗伯特·米歇尔斯（Robert Michels）的《现代民主中的政党社会学》（*Zur Soziologie des Parteiwesens in der Modernen Demokratie*）出版后的70年[2]，同时也是在莫里斯·迪韦尔热（Maurice Duverger）的《政党》（*Les Parties politiques*）出版后的30年[3]，最有智识且最具说服力的发现依然是从这些旧纸堆里发掘的，当然，这的确令人非常沮丧。大部分当代的分析都拒绝从政党本来的面目：组织，去研究它。这种阻力部分地归因于隐含在政党的组织分析中的客观难题。但这种阻力也归因于政党文献中普遍存在的偏见和态度，它们在观察者与被观察的目标之间设置了诸多壁垒。在这类文献中，有两种偏见特别普遍：我将把第一种偏见定义为社会学偏见（sociological prejudice），把第二种偏见定义为目的论偏见（teleological prejudice）。这两种偏见都危及了严谨的政党组织分析。

社会学偏见在于其信念：政党的活动是社会集团"需要"的产物；而且更一般地讲，政党本身不过是社会分化（division）在政治领域的显现。从这一视角看，像"工人党"、"资产阶级政党"、"农民党"之类的表述，不仅用于社会图示的（sociographical）目的，以便描述不同政党的选民和/或党员身份常见的社会构成；而且也用来解释政党的行为。这种取向通常会把政党内部的冲突解读为不过是不同社会利益的代表之间的冲突。[4]它也倾向于表示：某个政党的选举追随者的构成与该党党员的构成之间的最终差异，以及党员与该党选出的党代表们之间的最终差异，都是由于在社会利益代表时的"扭曲"所导致的。[5]另一个典型的特征是，即使在一定程度上视政党为组织，仍然经常（systematic）低估了政党塑造其追随者的能力。

社会学偏见——通过对"代表"一词相当不精确且过于简化的使用——妨碍了我们理解政党与"社会不平等"体系之间存在的复杂关系。而且，它让我们忽略了，无论在组织[6]内还是在政党政治中，政党不仅没有机械地反映社会不平等体系，而且政党本身就是其自身结构不平等的制造者。我把这些不平等定义为是组织的不平等，以便把它们与同社会分层体系相连的不平等区分开来。本书的命题之一就是，党内冲突的主要原因可以在政党内部的不平等体系中发现；该体系与社会不平等有关，但它绝不仅仅是社会不平等的简单反映。[7]作为组织，之于社会不平等来说，政党至少是部分自主的一个体系，并且党内持续存在的紧张关系主要是该体系的产物。社会学偏见妨碍了我们准确描述政党与其选举追随者之间的复杂关系，也妨碍了我们确认组织行为中存在的那些具体的不平等。

与社会学偏见一样，目的论偏见也同样广为散布，但它可能比社会学偏见更为隐蔽。目的论偏见在于把先验的"诸目标"归于政党，在观察者看来，这些目标表示饱受争议的政党（party in question）、一般而言的各政党（parties in general）、或各政党的一些"意识形态家族"的存在理由。一旦人们明确了政党的目标，就可以"演绎地"推断其活动与组织特征，或者衡量这些目标与政党的实际行为之间可能的差异。这种推进方式背后的看法是，政党是为了达成特定目标而形成的组织，它们严格致力于这些目标的实现，而且研究者也可以轻而易举地识别这些目标。这种解决问题的方法导致了要详述政党的诸多定义，这些界定——如同像资产阶级政党、工人政党等社会学的定义一样——预设了分析的指向与结果。目的论的偏见存在两种版本：第一种版本中占优的定义与政党的意识形态目标有关，而在第二种版本中占优的定义是所谓的最低限度的（minimal）定义，即第二种版本是基于所有政党应该共享的那些目标。

目的论偏见的第一种版本包含了下列几种类型的主张：（1）"用以解释我所关注焦点的假设，那就是……政党的目标，它的世界观，这反映了政党最具特色的特征，而且是在塑造政党行动的结果与模式上的最大影响"[8]；（2）"政党是以实现政治目标为导向的一个组织化集团、一个协会，它试图以自己的行动来维持现状,或者依靠有影响的成就或获取政治权力来改变现存的社会、经济和政治环境。"[9]一些常识性的区分,比如"革命型政党"(政党的目标在于革命)和"民主型政党"(政党的目标是保护民主)的区分,就落入这一窠臼。如果我们要使人相信两个"不证自明的"假设:(1)政党是追求目标的集团;(2)政党意识形态是其目标的最好指标,那么,这种定义(以及许多其他定义)就是合理的。

第一个假设的弱点在于,政党是目标导向的集团,这个需要论证的观点却被完全认为是理所当然。换句话说,就像组织社会学家熟知的那样、或者如我们将要看到的那样,它把事实真相简单化了,这构成了一个问题。

第二个假设的弱点更明显。如果我们毫不犹豫地认为,政党是目标导向的团体,而且政党"宣称的目标"(意识形态的目的)是"真实的目标"(real goals),我们就轻而易举地否定了社会分析的相关性和效用。如果我们认为,靠行动者与组织提供的目标就足够下定义了,那么,我们就将永远囿于它们的意识形态自我辩护的简单描述。[10]

目的论偏见的第二种版本更加隐蔽,因为它看起来更加科学。它使得主张所有政党都有共同目标的各种最低限度的定义成为必要。采用这类定义的学者,一般对政党宣称的意识形态目标保持谨慎。他们同意安东尼·唐斯(Anthony Downs)的主张:"政党形成政策是为了赢得选举,而非赢得选举是为了形成政策。"[11]

根据目的论偏见的第二种版本,每个政党最低限度的、共通的目标,就是通过胜选获得权力。相对于目的论偏见的第一种版本,第二种版本颠倒了选举目标与意识形态目标之间的关系。就第一种版本来说,胜选是实现意识形态目标的手段;在第二种版本来看,意识形态是胜选的手段。在目的论偏见之第二个版本的各种形式下,[12]依基本的常识来看,视政党为实现胜选的组织这种最低限度的、共通的定义,构成了一个简单明了的定义。但是这种界定正确吗? 不正确,因为它不能解释为什么——如米歇尔斯观察到的[13]——政党频繁地采用各种、已预知了注定会在选举中受到惩罚的做法(courses of action),或者采用了至少不会实现选举收益的做事方式。这些定义也未考虑到,在大量不同的案例中,政党故意地避免了那些可以导致胜选的行动与选择;或者某个政党满足于——在没有任何机会建立更广泛的共识时,就成为一个永久性的反对党,更不用说去控制政府了——至少在很长一段时期内对一些西欧共产党而言如此,如法国共产党(French Community Party,PCF)。[14]

在目的论偏见的不同版本中,目的论的偏见总会显示出相同的逻辑:赋予政党目标,并以这些目标为基础来解释政党的行为。诚如我们很快要看到的那样,就任何复杂组织在其"目标"与行为之间的关系而言,这种逻辑是对该关系的一种过于简化的理解方式。

如果政党的目标,如我这里所提出的,不能被预先确定,我们该如何把政党与其他的组织区分开来呢? 这正是之前的许多定义试图去(不成功地)回答的问题。[15]唯一可能的回答是政党——如同其他组织那样——可以根据它们从事具体活动的具体环境来区分。无论政党与其他组织共享了何种活动场所(arenas),政党是唯一在选举场所运转的、竞争选票的组织。通过对所有其他类型的组织来说是陌生的一项活动(与特定环境相联系),我们能区分政党与其他组织的不同,并且对政党可能的目标的探究留有余地(鉴于同样的行动也可以被不同的目标所激发)。[16]

# 组织的四种困境

社会学偏见和目的论偏见都把实际形成的、需要调查的诸问题认定为既定事实(givens)。我们用来检视这些问题的方法包含了组织之困境的确认,任何政党,既然它是复杂组织,就必须以此种方式或别种方式就这些相互矛盾的需求达成一致。[17]这些困境源于一些理论模型,这些理论模型界定了用以表示组织的相互替代的诸方式。

### 第一种困境:理性模型 v.s.自然体系模型

在组织理论中,这是现存的相互替代诸模型中最为经典的一种。根据理性模型,组织主要是实现特定(可列明的)目标的工具。组织的内部安排只有根据其目标才可理解。[18]组织的每个成员通过在组织内的劳动分工中被委任的角色来参与组织目标的实现,而且他的行为只有在这一方面与组织的作用发挥才是相关的。如果组织也是一个志愿协会,那些参与者对组织目标的认同可以解释为基于相同的"事业"。多年来,组织文献都是基于这种理性模型、这一"终极范式",[19]正如其批评者之一已经对理性模型的说明那样,目的论偏见是理性模型的直接表现。更为新近的文献已经对理性模型提出了令人信服的不同意见。

首先,组织"真正"的目标绝不会被先验地决定。比如,这是已被广泛证实了的,一个企业的目标从来不只是简单的利润最大化。[20]企业的活动经常要服从其他的目标,这些目标的阐明需要专门调研。从维持掌权者内部阵营的稳定性,到对企业已经征服的市场份额的简单维护,这些目标可能迥然不同。

第二,在组织内许多目标常常被竞相追逐,有时候这些目标与组织内行为体一样多。因此,所谓组织的诸目标,或者简单地显示为源于不同的行为体同时追求特定目标的复杂影响(在这一情况下把这些影响界定为"目标"也可能是模棱两可的)的后果,否则,它们不过是缺乏经验参考的抽象罢了。

最后,正如米歇尔斯令人信服地证明的那样,组织领袖们的真正目标经常不是追求组织确立的明显目标,而是保证组织生存的目标(并以此维持他们自己的权力地位)。

理性模型的替代模型:作为自然体系的组织模型,在反对上述理由的基础上建立。按这一模型的一个提倡者的话来说:

> 相较于理性主义传统的基本理念,体系视角(systems perspective)并没有把组织首先视作是实现命令者的目标的工具。相反,组织被认为是一个结构,这一结构回应不同的利益相关者的大量需求,并调整自身以适应不同利益相关者的大量需求;而且该结构也努力通过调整这些需要以维持平衡。[21]

运营者(managers)的角色也被认为不同于理性模型。在理性模型中,运营者在引导组织实现目标上负有最大的责任。另一方面,在自然体系模型中,"组织的管理要求是一种仲裁角色,即权衡各种利益相关者之间相互冲突需求的角色"[22]。

组织目标与组织之间的关系被颠倒了:在理性模式中,目标是自变量,组织是因变量,而在自然体系模型中,"目标被视作因变量,是'体系内复杂的进程'的结果(effect),因而既不能被认为是组织行为的起点,也不能被认为是组织行为的缘由"[23]。

更确切地,自然体系模型意味着涉及"组织目标"问题上的三种推论(consequences):(1)在大多数情况下,"正式"目标是隐藏在真实目标之后的假象;[24](2)真实目标只能被认为是每次连续均衡的结果,这一均衡是由组织内部竞争情境下的多种目标与需求实现的;(3)不同参与者共有的唯一目标是——虽然该目标并非总能得到保证——他们的最小公分母就是组织的生存(这避免了组织的"分崩离析")。正是这一条件,使得不同行动者持续追寻他们自身的特定目标。[25]

自然体系模型和理性模型通常表现为截然对立的模型,二者相互排斥;如果组织是自然体系,它就不能同时是实现特定目标的工具;反之亦然。像米歇尔斯一样,研究者们经常连续提出这两个模型:[26]组织最初被设立,是要实现其创立者们共有的特定目标,并且组织以这些目标为基础实现结构化(根据理性模型)。然而,随着时间的流逝,组织既向不断强化的自保趋势发展,又向就行动者而言、不断强化的目标日渐多样化的趋势(按照自然体系模型)发展。米歇尔斯的"目标替代"(substitute of ends)理论明确说明了组织的这一路径:从一个实现特定目标的工具(比如,政党最初的社会目标),到由生存需要和行动者们特定目标主导的自然体系。关于组织演进的这种假设(以及组织—目标之关系随时间推移而进行的转型),以及一般意义上的自然体系模型,明显提供了一个比理性模型更加现实的、更有说服力的组织解释。在稳定的(well-established)组织内,组织生存的重要性一般会胜过组织追求的最初目标。同样,它也非常清楚地表明,不同的组织行动者追求许多经常自相矛盾的目标。结果毫无疑问,组织的均衡取决于领导者们协调特定的且相互竞争的需求的方式。

难道这意味着理性模型不能解释组织行为的任何方面吗? 换句话说,"正式的"组织目标是否仅仅是假象? 或者,充其量只是组织的均衡偶然且不稳定的产物? 如果我们承认这一结论,完全拒绝了理性模型,我们会发现自己面临两个困难:第一,我们无法解释,为什么组织内的许多冲突会产生,并支配了对组织"功效"的评估的比较,即支配了组织追求"正式"目标的能力? 第二,我们无法解释领袖们经常被迫迎合的意识形态

（它们界定了正式目标）[27]的延续性。

不能把"正式"目标降低到仅仅是一种假象或者组织均衡的偶然产物。[28]正式目标会持续不断地影响着组织，在组织的内部进程以及在组织与环境的关系上发挥了根本性作用，甚至在组织建立后很长时间都是如此。这就带我们进入第二、三种组织困境，从根本上看，这些困境可以被看成是理性/自然困境的清晰化。[29]

## 第二种困境：集体性激励 v.s.选择性激励

在自愿协会（voluntary association）——生存既不依赖于有偿参与、也不靠强制性参与的组织[30]——的理论中，参与是"奉献型的"，或隐或现地，归因于组织领袖们的激励（收益或对未来收益的许诺）。所谓的激励理论有两种版本[31]：在第一种版本中，组织为了保证必要的参与而必须分配的激励，首先是集体性激励，即组织必须公平地在参与者中间分配收益或者收益的许诺。[32]在第二种版本中，组织的激励是选择性激励，即组织只把收益分配给一部分参与者，而且收益分配的数量不同。[33]根据奥尔森的著名理论，只有第二种激励可以解释组织参与。[34]这两类版本的激励与"公共物品"和"私人物品"的区分是相一致的，而且代表了，根据巴里·布里（Brian Barry）的界定，社会学路径（这一路径解释了作为一个价值共同体的成果的参与），与经济学路径或者功利主义路径（这一路径解释了作为个人利益的结果的参与）。[35]

这两类版本用不同的方式对组织激励进行了分类。比如，集体性激励理论区分了认同激励（因为认同组织而参与），团结激励（因为共享了其他参与者的政治目标或社会目标而参与），以及意识形态激励（因为认同组织的"事业"而参与）。另一方面，选择性激励理论关注权力、地位以及物质激励。我们的立场基于这样一种观点：政党是科层组织，需要组织延续和等级稳定，[36]而且与此同时，政党也是依靠至少最低限度的非强制参与的自愿团体；因而，它们必须既分配集体性激励，又分配选择性激励（即使，将如我们看到的那样，这两类激励的相对比例可能因不同政党而异）。

一方面，选择性激励理论恰当地解释了，政党精英为了控制组织而竞争的行为，[37]以及更一般地为了权力而竞争的行为；同样该理论也恰当地解释了政党主雇（client，即选民）以选票换得物质收益的行为，以及一些党员寻求职业回报的行为。另一方面,这种"功利"理论不能解释组织支持者的所有行为。许多普通成员参与,其更有力的解释应该是依据集体性激励,即依据对政党正式目标的忠诚以及对组织的认同与组织团结。类似地,选择性激励就不能更为有力地解释"铁杆选民"(elettorato di appartenenza)[38]的存在。充其量,选择性激励(附属的辅助服务、闲暇时的服务等)只能强化为集体性激励的分配所产生的认同。[39]政党必须同时分配这两类激励,这一事实意味着一种组织的困境,因为这两类激励是彼此对抗的。如果某个组织分配了太多选择性激励,或者它以太公开的方式去分配选择性激励,那么,作为致力于实现"事业"的工具的组织的可信度就会受到威胁,而且其分配集体性激励的能力也会降低。相反,如果过度强调了集体性激励,就会危及组织的延续性(主要由选择性激励予以保证)。通过选择性激励满足的个人利益和通过集体性激励增加的组织忠诚必须谨慎地取得平衡。然而,集体性激励,总是与实现正式目标的活动相联系,如果实现这些目标的信心被动摇了,比如组织的行为明显地违背了其正式目标时,认同和团结就会减少。然而,利益——靠用选择性激励支撑——推动组织移向"自然体系"模型(组织的维持活动,以及特定需要的平衡与协调),忠诚——靠集体性激励来支撑——反而推动它移向理性模型。这种双重压力帮助我们识别了组织意识形态[如我们将要看到的那样,意识形态界定了组织的正式目标、并选择了其"角逐领域"(hunting domain)]不同的内部功能。

在组织的支持者看来,意识形态的第一个固有功能是维持组织认同。因此,组织的意识形态是集体性激励的主要来源。意识形态的第二个固有功能是掩饰选择性激励的分配,这不仅在组织内不能获益的那些人看来是如此,而且在那些可以获益的人看来也是如此。[40]这一掩饰是极其重要的,因为,太易被人觉察到的选择性激励将会弱化政党作为一个组织献身于其"事业"的可信度,而且反过来也会影响集体性激励的分配。

所以我们现在可以理解,为什么为组织意识形态所规定的"正式目标",绝不纯然(purely and simply)是一种表象。因为组织必须一直致力于至少某些有限的活动,以实现其目标。公然与正式目标相抵触的政党行为常会导致令人无法接受的组织损失。

### 第三种困境：适应环境 v.s.主导环境

每个组织都会与其外部"环境"有着千丝万缕的联系，组织的文献常将这种关系描绘得千差万别。有两个最常见的理论认为：(1)组织倾向于或多或少被动地去"适应"环境[41]；以及(2)组织倾向于"主导"环境，根据组织自身的需要去适应环境或者改变环境。[42]有两组不同的问题被牵扯进这些理论中，第一组问题，与环境如何影响组织有关；第二组问题，与组织如何调整环境有关。

在有关政党的文献中，现存的各种分析通常归纳为这两个理论之一。比如，在唐斯的理论中，总是试图最大化其选票的政党，符合试图主导环境(在这一情况下是选举环境)的组织形象(image)。另一方面，把自己"停留在(选举)市场裹足不前"的政党，[43]即限于在未被更大更强的政党占领的、剩下的空间下苟延残喘的政党，就符合试图适应环境的组织肖像。限于把一个政党的政治行为转化为构成其选举基础的社会集团的需要，这种政党是组织"适应"环境的另一起例子，因为它被动地反映了特定社会部分的利益和需求。[44]另一方面，"革命型"政党(根据列宁的理论)是这样一个组织，它试图主导其自身的社会基础，凌驾于该基础之上行动，并试图改变它。[45]

然而，再一次，严格以适应环境或主导环境为基础去界定组织也是有所偏颇的。第一，组织倾向于适应环境或主导环境的事实明显取决于环境的特征。某些环境极容易被主导，而其他的环境会迫使组织采取适应战略。第二，所谓的"环境"，实际上仅仅是一个隐喻，用来指代每个组织活动的大量环境或场所；这些场所一般来说相互依赖、互相联系，尽管如此它们也不是没有区别的。[46]这意味着某个组织可以轻易地在一些环境中实行主导策略，而在另一些环境中实行适应策略。某些社会党的历史，比如世纪之交的德国社会民主党(SPD)，十分清楚地说明了这种可能性。作为"社会整合型"(social integration)[47]政党，它们显示出主导其自己的阶级基础(classe gardée)的强力趋势；它们与其追随者的关系也不符合适应性的关系；相反，这二者的关系反映了主动的型构关系、教化关系与动员关系。但与此同时，这些政党也倾向于去适应议会场所，并与现存的制度体系建立多少不太稳定的暂时妥协(modus vivendi)。[48]

适应或者主导，二者必居其一，这界定了第三种组织困境，每个政党都必须通过某种方式屈服于这种困境。每个组织必须，至少在一定程度上，形成一个主导其外部环境的策略。该策略一般表现为某种"伪装的"帝国主义，[49] 其作用在于减少外部环境的不确定性，即当组织受到来自环境的突然袭击时（如其他组织的挑战）对其进行保护。但与此同时，主导策略有可能激发来自其他组织因感受到被其威胁而采取的暴力回应。因此，采用了降低环境不确定性的主导策略也可能证明是适得其反，它可能会导致环境的不确定性增多。任何组织将会同时在两个不同的方向被它同外在世界之关系所逼迫：它将会被诱使既通过主导策略去控制环境，又通过适应策略与环境"达成协议"。无论哪个策略居优，且该策略在何种程度上（在什么领域）居优——暂不考虑此刻环境的状况——取决于在每种情形下该组织如何解决了、或者如何去解决它的其他组织困境。

设立组织是为了保证自身的生存、平衡众多成员的需要（根据自然体系模型），以及（由选择性激励产生和提高的）保卫组织利益的可持续性，政党作为一个这样的组织，必须与外部环境达成"妥协"，必须"适应"它。从这一视角看，政党领袖对容易危及组织稳定的攻击性战略毫无兴趣，这些战略可能会引发受其威胁的其他组织和集团对等的攻击性回应。

但是，因为政党也是实现其正式目标的工具——由集体性激励所孕育的忠诚取决于这些目标（根据理性模型）——政党也不会被动地适应环境，而必然会逐渐产生主导行动。而且，政党这方面的行动也会为其组织的意识形态推进，意识形态界定了其特定的"角逐领域"，[50] 即组织宣示其所有权的部分环境，而且通过"党内"（在党员眼里）与"党外"（在选民眼里）进行界定的组织认同都该环境有关。正是在这个相同的"领域"内，政党同其他组织间的冲突关系（基于相同资源的竞争）与协作关系（基于不同资源的交换）才得以形成。比如，那些自称为"工人党"、"天主教型政党"等政党，限定了其选民范围——工人、天主教徒——并相应地在同一领域内与其他组织"角逐资源"，形成冲突关系和/或者合作关系。在划定领地或领域的过程中，意识形态将推动组织去控制/主导这一领域（胜过与之竞争的组织或者与它们相抗衡）。这是至关重要的，因为要想成功控制这一领地与政党的组织认同密切相连。

尽管选择性激励养成的自我保存之利益将推动组织去适应环境，而与集体性激励以及组织的意识形态挂钩的忠诚，推动组织去主导环境。

在环境条件恒定时,组织内的选择性激励越占上风,组织越倾向于去适应环境;集体性激励越占上风,组织越显现出主导环境的策略。[51]

## 第四种困境:行动自由 v.s.组织约束

在这一情形中,不同学派的分野在于:一些学派强调组织领袖们的自主领导作用,而另一些学派反而强调由组织规则对领袖们的行动自由施加的约束。对于前者,领袖们的行动自由非常之大:他们掌握所有关键决策,从阐述组织的目标到界定政党与其他组织的关系。[52]对于后者,领袖们的"行动自由"名不符实,他们的活动受到严格限制,局限在组织需要所规定的范围内;事实上,领袖们可能的行动路线是由组织的属性与环境的约束预先决定的。[53]行动自由或行动约束,二者必居其一,以此种方式提出问题,如同我们之前描述的几种"二选一"一样,它也没能抓住要领。它揭示了关于组织决策过程的一种严重误解。当我们认为决策者很少是一个个个体时,主张决策者有"选择自由"是没有意义的。在大多数情况下,我们要处理的是个体间和/或群体间的联盟。因此,组织的决策一般是组织内部协商的结果,是组织内众多行动者互惠影响的结果。[54]所谓的行动自由或者选择自由,被维持不同利益间均衡的需要以及"决策联盟"自身内部的协商给约束了。任何决策都被视为——联盟内的不同力量——台上或台下协商的后果。而且,对于每一个"多数"联盟而言,总会有(或潜在的)至少一个替代联盟,他们准备介入多数联盟的每一次失策,并从中获益。即使不考虑技术—组织规则,这也进一步限制了每个领袖的"选择自由"。

同时,组织也是大量"策略性博弈"[55]得以进行的场所,因为总是有许多行动者追求不同的目标。由于这一理由,领袖的(以及其他行动者的)选择自由绝非完全不存在。在每例特定情形必须被限定的范围内,领袖们实际上在各个组织层级都可以行使某种行动自由:众多博弈者与众多博弈的存在使得,至少在理论上,大量的多数联盟成为可能。

同时,多数联盟应付的选择的自由度(the degree of freedom of choice)问题,又指向了另一个至关重要的组织困境。一方面,每个这样的联盟,除了有它"内在"的约束(因为成为一个联盟必须和解不同的利益)外,也有"外在"的约束:它必须采取策略,使组织在发挥日常功能时实现其需要，并"预测"其对手的反应。这些始终存在的约束限制了每个联盟的行动自由。然而，另一方面，该联盟（以及联盟内的每一个领袖）也必须不断设法增加其操纵空间。事实上，一定程度的自由行动（"适应"组织目标、管理与其他组织的关系等），即一定程度的策略或战略灵活性，对组织在复杂多变环境条件下的生存（也对组织内部权力结构的维持）来说是完全必要的。如果行动的边界受到约束，该联盟在组织问题上的立场，依定义来看，就变得死板了。这种僵化（rigidity）使得组织更难适应环境的变化，并最终危及组织的生存。并且，当组织的生存是以此种方式受到威胁时，领导层可能就会受到抵制，或者至少会受到质疑。

因此，第四种组织困境源于，倾向于对组织领袖们的机动性予以限制的强大机制，以及这些领袖们为了规避这些限制、并获得尽可能多的行动自由而付出的不断努力。[56]

第四种组织困境与其他几种组织困境的关系非常紧密。为了应对之前所描述的那些自相矛盾的压力，这种多数联盟必须有充分的"行动自由"。如果该多数联盟的机动性受限太多，它将无法给主导战略（或适应战略）提供其他选择，这种战略已为组织内部的均衡牢牢地完全支配了，即使是在环境条件需要一个不同策略的时候。相反，如果该多数联盟的行动自由十分广泛，它就能根据环境的变化和压力，更轻易地改变它的策略（适应或主导），因而可以更好地维护组织的稳定性。

# 目 标 清 晰

上述讨论应当使我们形成之于政治组织研究的一种更为现实的方法。最重要的是，它将使我们能够灵活地处理一系列存疑的情境——直接关系到政党组织的运作——教条地分析悬而未决之问题的先验（a priori）界定明显误入歧途了。

我们现在剖析米歇尔斯的主题，该主题认为在稳固的组织中会出现一个"目标替换"（substitution of ends）的过程（正式的目标被抛弃，组织的生存成为真正的目标）。即使是在稳固的组织内——诸正式目标持续发挥最根本的内外双重作用——这可以让我们在下述条件下重新界定米歇尔斯的论题:既然,作为组织持续转型的结果,政党的正式目标可能会为其他正式目标所替代[这一过程通常被界定为"目标传承"(succession of ends)],[57]那么没有此类转型的话,没有一个政党会实现真正的目标传承。在完善的组织内会发生不同的、被西奥多·洛伊(Theodore Lowi)称为目标清晰(articulation of ends)的过程。组织最初的正式目标从没被抛弃,它们也不只是"点缀"。最初的正式目标适应了组织的需要:"规律似乎是,正式目标被以某种方式维持了下来,但在它们被转化为组织需求时缺失了点东西。"[58]组织一直从事同这些正式目标有关的活动,因为政党的集体性认同与领导层的合法性正是基于这些活动。然而,这些正式目标也总是位于第二等阶(sub condicione),也就是说,只有在不会危及组织的情况下,组织才追求它们。在这些正式目标传承的过程中,正式的目标——鉴于政党初创阶段——总是很模糊。组织的意识形态常常是,如果并非每次如此的话,由显而易见(包括明确、一致的目标)到隐而不见(包括模糊、相互矛盾的目标)。[59]更为重要的是,在正式目标与组织行为之间开启了一条永久的鸿沟。诸目标同行为之间的关系也从来不会完全消失;这种关系只是削弱了。领袖们一再重申,政党的行为符合组织的诸正式目标,但只有这些行动方案——在该党实现其正式目标所挑选的诸多方案之中——与组织的稳定相容时才会被选用。比如,我们在各社会党及各共产党的历史中发现了这种重复的模式,即改革实践与革命语言的割裂,最好地被理解为是一种目标传承、而非目标替换的结果:一方面,最初的目标(革命/社会主义)经常被唤起,因为它是运动的集体性认同的基础;但另一方面,被选择的行动方案,务实且改革的行动方案,保证了组织的稳定,还不会让人怀疑组织仍在为正式目标"打拼"这一观念;实际上平时的改革实践总是证明了下述解释:改革并没有偏离社会主义,而是迈向社会主义的中间步骤。[60]

## 组织演化之模式

到目前为止,我已经强调了任何政党都必须平衡一系列相互对立的需求。在事实上平衡这些需求的方式,界定了政党组织次序(order)的一个重要维度。次序因政党而异,而且它取决于许多因素,首先是,如我们将看到的那样,政党的组织史以及政党活动其中的诸"环境"特征。换句话说,不存在政党组织演化的"铁律"(其他组织也没有)。凡事皆有可能(a number of outcomes are possible),各种组织次序也是如此。然而,我们有可能确认许多政党运行的某些趋势。把这些趋势结合起来,就可以建立组织演化的模型。在该演化过程中,(我们之前已经描述的)组织的某些需求逐渐在重要性上胜过其他需求。我现在将要描述的模式事实上是一种组织演化的理想类型。当然,这并不是说,为这个模式所描述的组织演化符合政党的真实演化。然而,韦伯理想类型的方法论的优点是,它允许我们建立一个标准(人为的创造/实验的产物),相对于这一标准,我们可以测量由于确凿的历史发展产生的差异和偏离。识别了这些差异后,人们就很容易在任一给定的历史案例中发现隐藏在真实结构背后的诸缘由。[61]

为了说明这一理想类型,我将引出两种理论。这两种理论的组合就产生了关于组织演化的一种假设,即前述诸组织困境得以解决之方式随时间的流逝所进行的转型。我将用到的第一个理论是米歇尔斯的政党寡头发展的理论。在米歇尔斯看来,每一个政党都注定会经历从组织完全献身于实现其"事业"的起源阶段到下一阶段的转变。在下一个阶段:(1)政党规模扩大;(2)政党官僚化;(3)支持者在最初的参与热情过后的冷漠;与(4)政党领袖们对保有他们权力的兴趣。所有这些把政党转化为真正目标在于维持组织生存的一个组织。我们已然发现,米歇尔斯描述的结果太激进了,但我们不能否定这一趋势的确存在。

我将引用的第二个理论,是阿列萨多·薄佐诺(Alesandro Pizzorno)在描述政治参与的发展理论时详述过的理论。[62]该理论基于"团结体系"(systems of solidarity)与"利益体系"(systems of interest)的社会学区分。团结体系基于人人平等的"共同体"概念,在其中参与者的目标是一致的。另一方面,利益体系是一个"社会",在其中参与者的目标是不同的。虽然团结体系是"建立在行为者之间团结基础之上的行为体系",利益体系是"建立在行为者的利益之上的行为体系"[63]。在前者,实现一个共同目标的合作占优;在后者,不同利益的竞争占优。当某个政党成立后,它是"众多平等主体之间的联合",建立起来以实现共同的目标,因此可以被视为是一个团结体系。政党的形成也总是与"平等区域"(area of equality)[64]的形成相关。政党现象的一个典型方面就是,"参与总是发生在平等体之间":组织是一个团结系统的事实以这一方式解释了最初的强烈的参与。然而,政党最后趋于从一个团结体系演变为一个利益体系。经由组织的官僚化以及组织不断地卷入日常俗务中,组织从内部发生了变化,并且创建了——在最初平等的"灰烬"上——新的不平等。参与趋于降低,我们从这里可以看到从社会运动型参与(符合政党作为团结体系)到专业型参与(符合政党作为利益系统)的转变之路。

这两个并行的理论说明了什么呢?表明了政党在组织发展的过程中,往往是从最初的、特定的需求居优的阶段,进入到了各种各样的需求居优的后一阶段。

让我们假定从第一阶段到第二阶段过渡(transition)的发生,是因为组织的制度化的过程。(为了最接近我们的意图)严格地界定这一术语是没有必要的[65]:现在我们将简单地来讲,制度化意味着组织的巩固,其路径在于:当新生组织仍在建立时,从最初的、结构不稳定的阶段进入到了组织稳定的阶段,产生了稳定的生存利益,以及同样稳定的组织忠诚。制度化是一个过程,标志着组织从一阶段到另一阶段的过渡,并且前述两个理论对它进行了不同的说明。本章第一部分描述的四种组织困境也容易关联到这一模式。制度化指明政党从实现正式目标的(符合"理性模型")团结体系到趋向其自身生存的利益体系(符合"自然体系模型")之路。政党,从集体性认同——与组织认同的形成有关(包含社会运动型的参与)——居优的阶段,到了选择性激励——与官僚化的发展有关——居优的阶段;从组织意识形态显而易见的阶段(目标明确且一致),到组织意识形态隐而不见的阶段(目标模糊、含蓄且相互矛盾);从领袖们自由选择很宽泛的阶段(期待他们界定政党的意识形态目标,选择政党的社会基础,并围绕这些目标和社会基础塑造组织),[66]到领袖们的自由选择急剧减少的阶段(在健全的政党中受组织约束条件的限制);从主导/改造环境的进攻性策略居优的阶段(特别是,组织在形成时期必须在众多的竞争者中开辟道路,并为自身获得稳定的市场份额),到适应性策略居优的阶段(其特点是组织已经转型为一个利益系统,即采取进攻且冒险的政策会得不偿失)。

因此,我们正在讨论的是一个三阶段模型:起源、制度化、成熟。第一阶段(起源)的特征与第三阶段(成熟)的特征正好相互对立。如我们看到的那样,这个模型(表1.1)并非觊觎(pretend)去描述政党的实际演化;由于种种因素政党的实际演进可能根本不同于这一理想类型,这些主要的因素如下:

**表 1.1**

| 第一阶段 | 第二阶段 | 第三阶段 |
|---|---|---|
| 团结体系 | | 利益体系 |
| 1. 理性模型:目标是实现共同利益的理由,意识形态是显然的 | 制度化 | 1. 自然体系模型:目标是生存以及不同利益的平衡;意识形态是潜在的 |
| 2. 集体性激励盛行("社会运动型"参与) | | 2. 选择性激励盛行(专业化参与) |
| 3. 领袖更大的行动自由 | | 3. 限制领袖的行动自由 |
| 4. 策略:主导环境 | | 4. 策略:适应环境 |

(1) 因为上述提到的原因,第一阶段的组织特征一般会延续到第三阶段(尽管多少不同)。而且正是因为这一原因,在政党的发展过程中最初的正式目标是"清晰的",而非"替代的"。

(2) 制度化的形态(modalities)根据组织最初形式的不同而不同。在第一阶段呈现的组织特征的特定组合,既影响了政党后来达到的制度化之程度(一些政党有更强的制度化,而另一些政党几乎鲜有制度化),又影响了制度化的形式。换句话说,政党在第一阶段可呈现不同的组织要素的组合,这些最初的组织差异影响了第三阶段组织差异的形成。反过来,组织的差异也会引起各种组织困境相结合的不同形态。

(3) 组织发展的条件约束包括:组织在起源阶段确立的种种关系,以及在这一阶段之后组织与其他组织、社会机构之间的互动。比如,如果一个政党依赖其他组织,如某个工会、教会、共产国际(即,如果我们面对的是一个表面上合法的组织),那么,该政党的组织发展可能会与这里提到的模式非常不同。如果一个政党是作为执政党、而非以反对党的形式出现,那么,组织的发展也会不同于该模式;在这种情况下,组织有可能自始就相当于一个利益体系、留下了模糊的组织目标(意识形态方面除外)、并无须承担官僚化的压力,因而不可能显著地制度化。

（4）最后，更为一般地，政党的组织发展通常受到环境不断变化的影响，而且这些变化可能通过该模型无法预测的诸多方式改变组织的不同需求关系。一部"自然演进史"并非对每个政党都适用。突如其来的方位（direction）改变可能发生在任何时候。因而，组织演化的理想类型，提供了一个最高的近似值，它能帮助我们理解特定政党的组织演化。

## 注　释

1. W.Crotty，"A Perspective for the Comparative Analysis of Political Parties，" *Comparative Political Studies*，III（1970），p.281.

2. R.Michels，*Zur Soziologie des Parteiwesens in der Modernen Demokratie*，Leipzig，Klinkhardt，1911；English trans.，*Political Parties*，New York，The Free Press，1962.

3. M.Duverger，*Les Parties politiques*，Paris，Armand Colin，1951，English trans.，*Political Parties*，New York，Wiley and Sons，1963.

4. 关于社会学偏见的典型表现，我们可以在 20 世纪 60 年代由 S.艾尔德斯维尔德（S.Eldersveld）纂写的非常有影响力的作品中发现，参见 S.Eldersveld，*Political Parties：A Behavioral Analysis*，Chicago，Rand Mcnally Co.，1964。明显不同于与米歇尔斯的理论，艾尔德斯维尔德（Eldersveld）坚称，弥散型权力结构在党内许多"指挥层"存在，因此，权力并非简单地集中于某个寡头。这些"指挥层"是党内"诸次级联盟"的直接表露，每个"指挥层"代表了社会—经济利益以及/或者特定的社会—文化利益（经济利益集团，种族少数派等）。对（为艾尔德斯维尔德考察过的）底特律的民主党和共和党来说，这可能是真实的。然而，将他的研究结论放诸大多数政党时，艾尔德斯维尔德就错了。如我们将要看到的那样，在大多数情况下，外部的社会利益被组织中介的壁垒或结构（即使按政党的制度化水平而言它们具有不同的力量和强度）给过滤掉了。

5. 在分析政党的社会构成背后以及在分析党员、利益集团、领袖们、议会团体等的社会学的描述背后，这多多少少是隐含着的假设。它是某种对应理论（Correspondence Theory），比如，假设领袖是工人阶级出生，他将代表工人选民的态度。这一理论，有效性含混，而且很宏大。70 年前，米歇尔斯在评论来自于工人阶级的党官僚中的"资产阶级化"（embourgeoisement）现象时，意识到了这一问题。社会图景式的研究对政党文献中的较好部分进行了折衷。如果谨慎使用，他们可以在不同的理论参照下，提出有用的附加信息，但它们本身对理解政党的功能不会有太大帮助。对应理论证明了社会图景式的政党分析是有理由的，它同如下理论齐头并进：如果在官僚的社会起源与委托者的社会构成之间存在着对应时，政府的官僚是"代表"并回应了委托者的需求。对该理论的批驳，参见 P.Sheriff，"Sociol-

ogy of Public Bureaucracy," *Current Sociology*, IV(1976), pp.73ff。

6. 事实上,我们应当进一步看到,具有不同社会背景的选民的政党有时有相同的组织结构,而有着相同社会背景的选民的政党常常有着不同的结构。

7. 根据韦伯对社会行动的不同领域(根据阶级、地位和政党)进行的区分,这些领域相互依赖,但从未完全重叠,也可以参见 G.Sartori, "Alla ricerca della sociologia politica," in *Rassegna Italiana di Sociologia*, IV(1968), pp.597—639。

8. K.L.Shell, *The Transformation of Austrian Socialism*, New York, State University of New York, 1962, p.4.

9. F. Gross, "Sociological Analysis of a Political Party," in *Il Politico*, XXXII(1967), p.702.

10. 在这类定义中,比如对各共产党的分析,就把马克思—列宁主义的意识形态作为在理解各共产党的组织面相时主要的解释变量:比如参见 J.Monnerot, *Sociologie du communisme*, Paris, Callimard, 1949 以及 P.Selznick, *The Organizational Weapons: a Study of Bolshevik Strategy and Tactics*, New York, McGraw-Hill, 1952。这两部作品已经过时了,但仍拥有追捧者。对这一传统的批判性分析,以及更为一般的,对这一方法的批判性分析,即根据组织的意识形态,而非考虑组织与其意识形态之间的互惠性互动来解释组织,也可参见 A. Panebianco, "Imperative organizzativi, conflitti interni e ideologia nei partiti communisti," *Revista Italiana di Scienza Politica*, III(1979), pp.511—536。

11. A.Downs, *An Economic Theory of Democracy*, New York, Harper and Row, 1967, p.28.

12. 在政治科学家给出的大多数关于"最低限度"的政党定义中,"胜选"作为一个单一特征,或者与其他因素相结合,被认为是政党的最根本的目标:可参见 J.Schlesinger, "Political Party Organization", in C. March, ed., *Handbook of Organizations*, Chicago, Rand McNally, 1965, pp.767ff, L.D.Epstein, "Political Parties", in F.I.Greenstein, N.W.Polsby, eds., *Handbook of Political Science*, *Nongovernmental Politics*, Vol.IV, Reding Addison Welsley, 1975, pp.229ff。

13. R.Michels, "Some Reflections on the Sociological Character of Political Parties," *American Political Science Review* XXI(1927), pp.753—771.

14. 政党追求"胜选"这一议题的极端形式,就是该党的目标是"最大化"选票。众所周知,这是唐斯在《民主的经济理论》中的理论。令人信服的、反对该理论的理由,可参见 J.Schlesinger, "The Primary Goals of Political Parties: a Classification of Positive Theory," in *American Political Science Review*, LXIX(1975), pp.840—849。对施莱辛格来说,选票最大化的战略只是一个可能的选举战略。就如同 David Robertson, *A Theory of Party Competition*, London, Wiley, 1976 中有同样令人信服的反对理由。在罗伯逊看来,政党不能像唐斯理论显示的那样,为了寻求最理想的、共识最大化的位置,在左—右连续体之间随意移动。考虑到在政党的政治取向的变化与政党的意识形态取向不一致时,积极分子可以施加

"否决"权,政党会拒绝去这么做。在某种程度上与罗伯逊的探讨类似的讨论,参见本章的后面部分;更多的理论讨论参见第二章。

15. 毫无意外,迪韦尔热没有提供政党的定义,这限制了他自己讲的"政党是一个具有特定结构的共同体"。*Polital Parties*,p.XV. 不同于之前几位作者的说法,迪韦尔热很可能意识到了,任何"通常意义上的"定义(类似于我这里的分析),将会调和他主张的某种组织分析。

16. 某类组织的特定活动并没有界定其目标,除非是以循环往复的方式:讲一个制造汽车的公司,其目标是汽车生产,这没有多大意义。关于这一点,也只是在这一点上,更一般地,当里格斯(Riggs)坚称,政党的分析与分类的标准必须是结构性的,而非建立在"动机"、"目标"等其他之上时,我同意他的看法。参见 F.Riggs, Criteri di classificazione dei partiti, in D.Fisichella, ed., *Partiti e gruppi di pressione*, Bologna, II Mulino, 1972, pp.122—125。

17. 可以用阿兰·图雷纳(Alain Touraine)的话来表达一个有点不同的视角:我们可以提到一系列"相对抗的联姻体"的共存(这决定了所有的组织体系内的张力),体系的均衡源于相对抗联姻体的部分且不确定的调解。参见 A.Touraine, *La Production de la societé*, Paris, Editions du Seuil, 1973。

18. 关于这个观点,参见塔尔科特·帕森斯(Talcott Parsons)写的有影响力的文章, Talcott Parsons, Suggestions for a Sociological Approach to the Theory of Organization, *Administrative Science Quarterly*, I(1956), pp.63—85。

19. P.Georgiou, "The Goal Paradigm and Notes towards A Counter Paradigm," *Administrative Science Quarterly*, XVIII(1973), pp.291—310.

20. M.Shubik, "Approaches to the Study of Decision Making Relevant to the Firm," *Journal of Business*, XXXIV(1961), pp.101—118.

21. B.Abrahamsson, *Bureaucracy of Participation*: *The Logic of Organization*, London, Sage Publications, 1977, p.118.

22. Ibid., p.118.

23. Ibid., p.124.

24. 参见 C.佩罗(C.Perrow)提出的"正式目标"和"操作目标", C.Perrow, "The Analysis of Goals in Complex Organizations," *American Sociological Review*, V(1961), pp.854—866。

25. 参见 M.Crozier, E.Friedberg, *L'Acteur et le système*: *les constraintes de l'action collective*, Paris, Editions du Seuil, 1977。

26. 比如,这是 A.唐斯(A. Downs)采用的视角,参见 A. Downs, *Inside Bureaucracy*, Boston, Little, Brown and Co., 1967, pp.272ff.也可参见 P.Selznick, *Leadership in Administration*: *A Sociological Interpretation*, New York, Harper and Row, 1957,按这些说法来看,该书定义了从"组织"到"制度"之路径。

27. 关于意识形态、象征及神话,以及关于它们与权力之间关系的论述,可参见如下经典的、依然很重要的文献:H.Lasswell, A.Kaplan, *Power and Society*,

New Haven and London，Yale University Press，1950。关于组织的"正式目标"
与权力之间的关系的论述,参见 S.Clegg, "II carattere ideologico e legittimante
dei fini organizzativi," Studi Organizattivi, XI(1979), pp.119—134。

28. 参见 P.Lange "La teoria degli incentive e l'analisi dei partiti politici,"
Rassegna Italiana di Sociologia, XVIII(1977), pp.501—526。关于在政党研究中
结合了"理性模型"和"自然体系模型"观点的方法的有效性的、令人鼓舞的论证。

29. 在专业文献中的组织困境要比在这里考虑的多得多,在这些困境中最重
要的是集权/分权困境和效率/民主困境。第一个困境是组织理论的经典主题。
我更愿意细想关于制度化的问题(在第四章)。关于效率/民主困境,参见注释56。

30. 关于志愿协会的理论,参见 D.Sills,精典的 The Volunteers, Glencoe, The
Free Press, 1957。

31. 激励理论的第一个简洁陈述来自 C. Barnard, The Functions of
Executive, Cambridge, Mass., Harvard University Press, 1938。最精炼的陈述参
见J.Q.Wilson, Political Organizations, New York, Basic Books, 1973。

32. 在注释28引用的文献中,彼得·兰格(Peter Lange)用了集体激励理论的
修正版本:团结激励、认同激励、目的激励都是激励,组织以相同的方式分配给每
个人。

33. 关于选择性激励之问题令人信服的讨论,参见 D.Gaxie, "Economie des
partis et retributions du militantisme," Revue Francaise de Science Politique,
XVII(1977), pp.123—154。

34. M.Olson, The Logic of Collective Action: Public goods and the Theory of
Groups, Cambridge, Harvard University Press, 1965. 很自然的,集体性激励和选
择性激励的差异在特定的意义上看,是相对的。某个激励根据不同的行为者立
场,可能是集体性激励,或是选择性激励。比如,团结激励,如果我们从政党积极
分子的立场来说,是集体性激励(因为他们能平等地从中受益);但从选民的立场
看,只是有保留的选择激励。

35. B.Barry, Sociologists, Economists and Democracy, Chicago, The Uni-
versity of Chicago Press, 1978.

36. 关于政党科层制规模的更多内容,参见第 12 章。

37. 参见 J.A.Schlesinger, Ambitions and Politics, Chicago, Rand McNally, 1966。

38. "铁杆选民"意指围绕着政党亚文化整合起来的那部分选民,这种类型的
投票者实际上是"天生的"支持者。在绝大部分例子中,他的家庭和朋友都支持同
一个政党。他对该党的忠诚度和认同度非常强,以至于他投票给该政党,与政党
的政策无关。参见 A.Parisi and G.Pasquino, "Relazioni partiti-elettori e tipi di
voto," in A.Parisi and G.Pasquino, eds., i Continuita'e mutamento elettorale in
Italia, Bologna, II Mulino, 1977, pp.215—249。

（意大利语"elettorato di appartenenza"这个表述,在这里等于"铁杆选民",因
为上述两位作者创造了这个专业词汇,也是因为初次翻译成英文也是用的这个

词。另外,这个词可能有其他的比喻翻译,例如"全天候选民"或"忠实选民",但都传达了一种投票者极度忠诚的意思。)

39. 当然,这并不意味着,在特殊情况下,选择性激励也不能形成"忠诚"。不管怎么说,最强烈的组织忠诚,总是与认同过程相关联的。而这种认同,至少是部分地,忽略了日常的"物物交换"(do ut des),即与选择性激励的分配有关的"各种理性选择"。参见 E.Spencer Willhofer, T.Hennessy, "Models of Political Party Organization and Strategy: Some Analytical Approaches to Oligarchy," in I. Crewe ed., *British Political Sociology Yearbook*, *Elites in Western Democracies*, Vol.1, London, Croom Helm, 1974。

40. 关于意识形态的"异化作用",参见 Gaxie, "Economie des partis,"第二章也涉及这方面。

41. 当前以"适应"方面阐述组织环境关系为导向的、最重要的组织理论,是"权变理论(contingency theory)",关于该理论及其尝试运用的案例,参见第三部分,尤其是第 11 章。

42. 关于该陈述,参见众多人之中的 K.McNeil, "Understanding Organizational Power: Building on the Weberian Legacy," *Administrative Science Quarterly*, XXIII (1978), pp.65—90, J. Bonis, "L'Organisation et l'environment," *Sociologic du Travail*, XIII(1971), pp.245—248, C.Perrow, *Complex Organizations*。

43. 我用的表达是萨托利(Sartori)在《政党和政党体系》(*Parties and Party Systems*)第 327 页里创造的词。

44. J. Blondel, *Political Parties: A Genuine Case for Discontent*, London, Wildwood House, 1978, pp.22ff,该书以某种类似的方式,区分了反应政治需求的"代表型政党"和组织起政治需求的"动员型政党"。

45. 近期关于列宁和葛兰西的政党理论学说的阐述,参见 L.Gruppo, *La teoria del partito rivoluzionario*, Rome, Editori Riuniti, 1980。

46. 在政治科学中的趋势是,经常考虑选举领域,首先是视之为政党的相对环境。虽然这类特殊组织的独特领域(连同国会领域),即选举竞赛,只是其中一部分而非整个政党环境。整个社会是任一组织的环境,仅仅从分析原因,区别那些更持久、更直接地影响组织的环境,与其他环境,并没有太大意义。关于组织环境关系的详细知识总结,参见 A.Anfossi, "L'organizaazione come sistema sociale aperto," in P.Bontadini, ed., Manuale di Organizzazione, Milan, ISEDI, 1978, pp.1—38。

47. 关于"社会整合型"政党,参见 S.Neumann, "Toward a Comparative Study of Political Parties," in S. Neumann, ed., *Modern Political Parties*, Chicago, University of Chicago Press, 1956. 它重新阐述了迪韦尔热和韦伯的"群众性政党",但从垂直网络约束的角度看,组织使得选举的追随者团结成一个"社会中的社会"。

48. G.罗思(G.Roth)使用了"消极整合"的隐喻概念,参见 G.Roth, *The*

*Social-Democrats in Imperal Germany*，Totowa，The Bedminster Press，1963。

49. Bonis，"L'Organisation et l'environment，" p.234.

50. 关于组织的"领域"(domain)或"储备"地域(territory)，参见 J.Thompson，*Organizations in Action*，New York，McGraw-Hill，1967。关于与"领域"关联的组织目标的作用，参见 P.E.White *et al*.，"Exchange as a Conceptual Framework for Understanding Interorganizational Relationship：Application to Nonprofit Organizations，" in A.R.Negandhi，ed.，*Interorganizational Theory*，Kent，The Kent State University Press，1975，pp.182—195。

51. 适应/控制的差异，很明显是一个分析性的区分：组织与其环境之间的关系，总是意味着适应(组织的环境)和控制(改造组织环境)，但是仍可以区别二者之间的关系：适应组织环境，以及通过成熟的战略改变组织环境，都普遍存在。

52. 关于强调组织领袖们自主作用的当前经典分析，参见 Selznick，*Leadership in Administration*。也可参见 J.Child，"Organization，Structure，Environment and Performance：The Role of Strategic Choice，" *Sociology*，VI (1972)，pp.1—22。

53. 参见前文注释中 H.E.哈尔德里奇对蔡尔德(Child)文章的批判，H.E. Haldrich，*Organization and Environment*，Englewood Cliffs，Prentice-Hall，1979，pp.138ff。

54. 参见 R.Mayntz，"Conceptual Models of Organizational Decision-making and their Applications to the Policy Process，" in G.Hofstede，M.Sami Kassen，eds.，*European Contributions to Organizational Theory*，Amsterdam，Van Gorculum，1976，pp.114—125。存在于组织内部的"非正式协会"间的协商和冲突，会极大影响决策过程，即不得不应对"私党"(clique)现象，参见 M.Dalton，*Men who manage*，New York，Wiley and Sons，1959。至少在某种程度上，Dalton 指的"私党"是根据那些在党内形成"派系"和"派别"的各次级集团。关于派系与派别，请参见第三章。

55. 对组织"策略性博弈"的讨论，可参见 Crozier and Friedberg，*L'Acteur et le Systeme*。

56. 关于领袖之于其他组织成员的机动性方面，"政党民主"的经典议题必须要予以考虑。这一议题，在文献中有过广泛的讨论，但大多数都是参照米歇尔斯的"寡头统治铁律"，或者宁愿专门地提供例子去支持和反对米歇尔斯关于政党中的民主不可能的议题。但该议题也经常被意识形态化对待，并用了不可靠 (dubious value)的解释性工具。关于这一主题的最好的作品是关于工会的，而非政党，关于它们的主题参见 S. M. Lipset，M. A. Trow，J. S. Coleman，*Union Democracy*，New York，The Free Press，1956；最近的有 J. D. Edelstein，M. Warner，*Comparative Union Democracy*，London，Allen and Unwind，1975。以彼得·布劳(Peter Blau)的某些制度为基础，或许它可能提及一个效率/民主困境的存在，首先影响的是志愿性协会，但也可以在其他组织中发现其影响，尽管是以更弱的形式。这里涉及的诸困境是我主要考虑的。组织越是作为实现其"正式目标"的工具,它就越会有效率问题,越会有实现其预设目标而选择最为恰当手段的问题。作为自然体系追求特定的、多样化目标的实现,组织就有了"民主"的问题,有了选择的问题,选择可以根据一个优先权范围保证利益实现(也是一个合法化的程序,可以以组织的大多数成员都接受的方式确立其优先权)。某个行动者更为关心"效率"还是"民主",依赖于行动者的类型,以及组织的情境(特别是,他是否属于领导层),这就产生冲突和张力,因为趋于最大化效率的选择经常会,与致力于确立优先权的程序产生冲突。在党内,对更多民主的"需求",经常是少数派要获得共识而使用的典型的政治工具,以反对多数派。关于效率/民主之困境,可参见 P. Blau,M. W. Meyer,*Bureaucracy in Modern Society*,New York,Random House,1956。

57. 关于"目标传承",请参见第十三章。

58. T.J.Lowi,The Politics of Disorder,New York,Norton Co.,1971,p.49. 如我们将要在第三章看到的那样,目标传承是通过某个"政治战略"为中阶所准确决定的。

59. 关于"显性目标"和"隐形目标"的区分,参见 P.Lange,"La teoria degli incentivi e l'analisi dei partiti politici。"

60. 这里反复回应的是为奥地利社会主义改革家卡尔·伦纳(Karl Renner),在 20 世纪伊始在《激进时期的政治》(*die Politik der radikalen Phrase*)中界定其政党的含糊不清时使用的定义。我们可以把这种特殊的目标传承界定为"言语激进主义政治"。许多共产主义政党和社会主义政党在其历史的不同时期内均有言语激进主义的特征。言语激进主义有实用化的政策,该政策是由围绕在原则主张和行动主张之间的稳定分离而建立的"不连贯思想"构成。其特征是如下两个要素的共存:一个是"反体制"的革命意识形态诉求;一个是否定革命象征,这种革命象征或者是通过政策不抵抗而引发的,或者是通过实用主义的实践或改革主义的实践而引发的(即使是通过隐匿在台面下的与执政党的博弈)。意大利在法西斯主义之前的社会主义之最高纲领主义(Maximalism)、法国共产党(PCF)、20 世纪五六十年代的意大利共产党(PCI)以及考茨基与倍倍尔治下的德国社会民主党,都是这样的例子。言语激进主义政治在政党—环境关系中会导致为罗斯(Roth)在《社会民主党人》(*Social Democrats*)中描述的"消极整合"现象。

61. 对韦伯方法之优点和不足的全面评价,参见 N.S.Smelser,*Comparative Methods in the Social Sciences*,Englewood Cliffs,Prentice Hall,1976,pp.114—150。

62. A. Pizzorno,"Introduzione allo studio della partecipazione politica," *Quaderni di Sociologia*,XV(1966),pp.235—287.

63. Ibid.,p.252.

64. Ibid.,pp.256ff.

65. 然而,之后对其的严格界定将是必要的:参见第四章。

66. 在政党制度化之后,趋于减少领袖们行动自由的趋势,这并不会减少寡头统治的最终缓慢形成。通常,寡头们有能力成功地抵制底层致力于替代他们的压力,但与此同时他们却无法指引政党,即无法选择适合于环境的政治战略,并因此成为了组织需求的"囚徒"。关于作为一类特殊领导阶层的寡头统治,以及对工会组织内寡头统治体系的有趣的类型学,可参见 Edelstein and Warner, *Comparative Union Democracy*, pp.31ff。

# 第二章
# 权力、激励和参与

　　为了检视某个政党的组织次序,我们必须首先研究其权力结构:组织内的权力如何分配、权力如何再生产、权力关系是如何被改变的以及这种改变具有什么样的组织后果。要了解这些,我们必须要非常精确地界定组织权力:首先,我们必须知道组织权力是什么,它有哪些特性。在政党文献中,对组织权力的这种严谨的界定明显是缺少的,有一个例子能充分说明这一点。

　　自从米歇尔斯著名的"寡头统治铁律"出现后,许多学者便采取或支持或反对这种观点的立场。[1]然而,争议仍无定论。对于那些赞同"铁律"有效的人,作为证据的事实是:在许多政党中,一些领袖能长期掌权,并能通过公民投票等技术操纵全国党代会以及其他的政党集会。另一方面,那些否定"铁律"有效的人使用的论点在于:一个自愿协会(voluntary association)的领袖必须将追随者的意愿谨记于心,而且在贯彻政治策略时,在领袖和追随者之间也很容易寻求到相当多的共识。这两类看法明显代表了截然相对的选择:一则有效则另外一则就无效。然而,在本书看来,这两者并不是真的截然相对的。实际上,这两种立场之所以产生了不同的结论,仅仅是因为它们的假设起点不同。这是由于对党内权力特性的不同概念。尽管"铁律"的支持者将权力看成是类似于"财产"的东西,而反对者却将权力看成一个具有(即使是削弱了的、局部的)互惠特征的"影响关系"。因而我们就能解释,为什么这两派都提及了每个政党内(而且,实际上,在每一个组织中)共存的权力维度,但仅仅强调了其(明确地)采用的权力定义所挑选的特定维度。很明显,政党领袖们能广泛控制和操纵他们的政党;同样明显的是,这些领袖一般也试图维持其追随者的一致同意。因而实际上,我们需要的是一个关于组织权力的替代性定义,这个定义能解释似乎自相矛盾的现象。

与在政党文献中能找到的理论相比,一个为人所熟知的组织权力理论,更好地捕捉到了组织内部权力的"含义":视权力为一种交换关系的理论。[2]在该理论最具代表性的两位支持者的表述中:

> 权力一再被定义为一种交换关系,因而是互惠的,但是在这一意义上看,交换可能对参与的某些部分更加有益。它是一个强力(force)关系,在这种关系中,一方优于另一方,但是绝不会有一方对另一方完全不防备。[3]

因此,权力是相互的、非对称的、但也是互惠的。权力,在一个行为者比另一个行为者得到更多的不平等交换关系下的"不平衡协商"中,证明了其本身的存在。因而,权力不可能是绝对的:它的局限性隐含于互动的本质之中。一个人只有在满足了别人的需要和期待后才能对他们行使权力;因而吊诡的是,这个人也让自己屈服于他们的权力。换句话说,领袖与其追随者之间的权力关系必须被视为是一个不平等的交换关系,在其中,领袖比追随者得到更多,但尽管如此,领袖必须给追随者以回馈。协商的结果依赖于不同的行动者对特定资源的控制程度——那些资源,克罗泽(Crosier)和弗里德伯格(Friedberg)描述为是组织权力博弈时的"致胜之道"("trump cards"即王牌,atouts)。诚如我们将在下一章看到的,权力资源是基于对"组织的不确定区域"的控制。也就是说,如果无法控制这些领域,就会危及到或可能危及到组织的生存或者/以及内部的稳定。领袖们是这样一些人,他们能够控制对组织来说至关重要的不确定区域,而且他们能够在内部协商(权力的博弈)中利用这些资源,将它们转化为自身的优势。然而,在组织内(尤其是在如政党这样的一些自愿协会中),每名组织行动者至少控制了一小块"不确定区域",即拥有了在权力博弈中可供利用的资源。即使是最底层的党员也拥有一些资源:他可以抛弃政党,并不再参与其中;他能将自己的支持给予党内少数派精英,等等。在此我们就看到了对领袖权力的基本限制(是米歇尔斯的理论未考虑到的一种限制)。

但是这种界定还不充分。把权力定义为一种交换关系,这并不能让我们分离出交换的内容，即在"不平衡协商中"交易（trade）的"目标"。我们必须明确交换的内容，这形成了组织的权力。首先，对领袖们之间的协商（横向的权力博弈）以及领袖—追随者之间的协商（纵向的权力博弈）进行区分很重要：在这两种情形下交换的内容是不同的。在这一章，我们只考虑纵向的权力博弈的内容，纵向的权力博弈关系涉及领袖—追随者关系。对纵向的权力博弈的内容，激励理论提供了正确的但仅仅是部分的叙述：领袖们用激励换取参与（集体性激励/或选择性激励）。一方提供收益或对未来收益的许诺，另一方参加对于组织发挥功能来说必不可少的活动。但这还不够。领袖们不感兴趣的某些特定的参与，例如以抗议的形式或者以竞争领袖地位的形式进行的参与（这虽然是表面的，但确实是一种参与类型），激励理论倾向于忽视这一事实。领袖们感兴趣的是能帮助组织发挥功能，并且同时包含追随者支持他们的领袖的参与。这种支持等于是"全权委托"（carte blanche），即领袖们的行动自由。这种交换的不平等实质在于：追随者获得的仅是组织激励，然而领袖却拥有了参与以及行动的自由。正如我们所见到的那样，对于领袖来说，交换将会导致更充分的委任，这一事实符合了一个关键的需求[4]；因为领袖们行动的自由越大，他们在变化的环境下使政党的组织次序保持稳定的机会就越大。所以，领袖们在纵向的权力博弈中（这样的自由越是能被定义为"全权委托"）获得的行动自由越多，相比，他们在与内部对手的横向权力博弈中能支配的好牌就越多。换句话说，领袖们的行动越自由，内部对手攻击的危害就越小。这就解释了权力关系的循环特征以及自我强化特征：一些行为者（领袖）带着资源"进入"，"离开"时具有更强势的地位，他们巧施妙手保证了对组织的运作而言必要的参与（以及对于领袖地位的维持）；他们又出牌精湛，在让他们运用充分的自由指引政党方面达成了更大的共识，这一共识保护他们避免了与内部对手的竞争。因而纵向权力博弈是横向权力博弈（逻辑上）的前提：领袖们之间协商的结果依赖于领袖们与其追随者之间的协商。

我们已经提到过，有两类组织激励：集体性激励和选择性激励。与惯常的做法相反，对我们而言，严格区分集体性激励的不同类型并非非常有用；它们事实上全部与组织的意识形态、与政党的正式目标有关。如果正式的目标失去可信度，不仅"意识形态"的激励会削弱，而且认同激励及团结激励也会削弱：认同变得混乱而团结也会渐渐瓦解，因此我将把与组织目标有关的所有集体性激励称作为认同激励。而且，将不同类型的选择性激励分离出来并不容易：我这里仅区分物质（material）激励（报酬体系、福利和帮助服务）和地位（status）激励。我的组织激励的类型学将包括一种集体性激励（身份）和两种选择性激励（物质激励与地位激励）。

让我们在此强调几点：(1)为了保证参与，每个政党必须分配这三类激励；(2)激励体系，即这三类激励的特定组合，会因政党而异，在某个政党内也经常会随时间的改变而改变；(3)组织行动者将倾向于从选择性激励和集体性激励的某种组合中获益，而非从一种单一激励中获益。因此，这种区分，即靠集体性激励参与的党员，与靠选择性激励参与的党员之间的区分，只能是理论上的。在现实中，我们将必须谈及的是，组织行动者是以选择性激励为主，或以集体性激励为主(但绝非唯一)。

党员会参与，主要是因为他认同政党的目标(集体性激励)，他通常也倾向于以某种形式从一些选择性激励中获益，比如附属的辅助服务或地位。那些主要为选择性激励所吸引的行动者也会从特定的集体性激励中获益。我们已经说过，意识形态的功能之一就是隐匿选择性激励，选择性激励过于明显会让政党致力于实现"目标"(因而也会削弱它分配集体性认同激励的能力)的组织形象大打折扣。但这种掩饰通常会影响到这两类党员群体：不仅影响主要对集体性激励感兴趣的党员，而且也影响那些主要对选择性激励感兴趣的党员。实际上，意识形态起到的重要作用(在众多功能中)是，把个人成功的志向合理化、"神圣化"。一个人地位的不断提高与"事业"的"崇高需要"以及政党的"更高需要"有关。如嘎谢(Gaxie)观察到的"一个政党的生存越是依赖于其给党员的报酬，其掩饰的问题的相关性就越大，界定政党'事业'的意识形态在其作用发挥上越是扮演决定性角色"[5]。换句话说，意识形态，就如经常发生的那样，具有使潜在的利益合法化的功能。主要对集体性激励感兴趣的行动者与对应的、主要对选择性激励感兴趣的行动者之间的这种经验性区分，绝对没有包含着"理想主义者"和"机会主义者"之间的一种道德区分。这种区分仅仅是理论性的，而非真实的，而且它也不包含任何类型的道德判断。

# 信众（信徒）和投机分子

在鉴别组织激励的接受者时，为迪韦尔热使用过的同心圆图示——选民（electors）、支持者、党员[6]——作为最佳接近值——非常有用。

最外圈由选民组成。要获得最低限度的参与（投票），政党领袖必须给选民，即那些在形式上以及实质上都不在组织内的行动者，分配激励。从组织的后果来看，对政党最感兴趣的选民的代表是"属于某党党员"（belongs to the party）、坚定不移地分享该党亚文化的那部分选民[7]，这部分选民经常会卷入到以政党为中心的一个附属关系网中，而且他们对政党的认同不受偶发的政治动荡的影响。这类选民主要从集体性的认同激励中获益。这一认同组成了政党最有力的"外部"组织忠诚的蓄水池。有时候，这些选民也从救助服务、辅助性服务等相关的选择性激励中获益。

在这个圈中，我们也可发现那些将自己仅限于缴纳党费并且不时地（通常是默默无闻地）参加党的会议的党员。这类成员——每个政党的大多数党员——从逻辑上看，包括的是一个中阶区域（intermediate area），即在"属于某党党员"的选民与政党"内核"之间的过渡区域。他常常在加入政党时不作慎重的政治选择。他的党员身份也源自朋友关系或亲戚关系，或是顺应他所在社区盛行的政治观点。[8]很自然地，党员参加这一圈子受政党的控制越多（比如，进入这一圈子越来越依附于出席一次活动，或者是与地方党领袖的一次会议等），他参与并成为一名活跃分子的动机就越强。在这种情况下，党员身份被看成一种荣耀，在工作中或与朋友等炫耀的身份象征（status symbol）。因此，党员身份的选择就其本身而言就是积极参与的激励。但是党员通常并非一名积极的组织行动者。他对从组织的激励中获益感到满意；并准备好每年都继续留在党内。就"铁杆选民"（electorate of belonging）而论，普通党员也主要从（集体性的）认同激励中获益，但他也从选择性激励中获益。附属的辅助服务、组织的闲暇时间以及娱乐强化了这种认同。相较于天真的选民，党员更容易从以政党组织为中心的"团结网络"中获益，[9]因为他们与政党的积极分子有更密切的联系。

我们已经把党员分配到"铁杆选民"与党的积极分子之间的过渡区域。然而，我们不能再像区分党员与选民那样，在普通党员（simple member）和积极党员（activists）之间作出清晰的区分。实际上，许多普通党员的活动都有一个很不连贯的特征：一些党员会在特定的时刻（比如在竞选期间）参与，积极党员并不总是有如此强度的参与。在积极党员当中，一些人将其全部的空余时间贡献给政党的自愿的政治差事，其他人仅是将部分空余时间贡献给政党；还有一些人游走其间：在一段时期内更广泛参与、另一段时期内减少责任的同时却不完全退出组织[10]。因而普通党员和积极党员的分界线相当不明确。我们可以提及参与的连续性，但却不能说，具有完全不同参与特征的团体之间有明确的区分。党员积极分子的"内核"，即政党的极小部分人（small minority），他们持续参与，而且他们的活动让组织得以发挥其功能，这小部分人明显是最重要的团体。领袖们与这一团体的交换将会有最直接相关的组织后果。我将把这一集团细分为（但如我之前所说，仅仅是人为的）主要依赖集体性的认同激励而参与的积极分子（我用信众来表达）和主要依靠选择性的、物质的和/或者地位驱动的激励而参与的积极分子（我用投机分子来表达）。

信众的存在解释了，为什么对于组织来说正式的组织目标很重要，为什么组织的目标经常是清晰的而且是不可替代的。由定义可见，信众之共同体专心致力于正式的目标，而且当政党背叛正式目标、并危及集体性认同时，他们会激烈地抗议。领袖们必须首先用始终如一的、仪式般的意识形态目标保证信众的认同，并时刻警惕他们选择与异教（即从组织的意识形态视角看为异教）结盟。信众的存在也使政党的行为不同于唐斯所描写的机会主义动物，即便政党为了获得少数选票而游走在政治的左右两翼之间。

投机分子是那些主要对选择性激励感兴趣的积极党员。他们的存在之于组织的作用重大。投机分子组成了派系博弈背后的主要力量，经常是构成分裂的人为基础，并且反映了对组织次序的骚乱和威胁的潜在来源，而组织次序是政党领袖试图予以维持的。投机分子相当于未来的政党领袖浮现的"水池"（pool）。投机分子从中获益的选择性激励与内部不公平的体系有关：政党科层结构（hierarchy，不平等地位的内在体系）是机会主义者报酬的主要资源之一。

党内科层结构回应了两种不同的需求：第一个需求显然具有技术—组织的特征；它受党内分工影响。党内的科层体系，至少部分地，[11]回应了米歇尔斯在七十年前所界定的组织需求，而且为更侧重组织功能发挥的"技术"方面的组织社会学学派也确认了该组织需求。

第二个需求跟我们这里直接相关，它与更为纯粹的"政治"原因挂钩，该政治原因关系到组织控制内部的分殊化（differentiation）进程的问题。[12]控制的需要导致了差别化的地位体系（differentiated status system）的形成，这种差别化的地位体系，对于组织的积极分子，特别是对上述被我命名为投机分子的积极分子，起到酬劳的自主分配者的作用。科层体系确保了某种象征性的激励分配和/或物质性的激励分配，对科层体系的需要取决于（先撇开技术的激励）许多政党积极分子的志愿品格：有学者用如下的话来确认这一问题："从象征性的观点来看，界定一个不平等体系，也让我们描述一项职业，该职业为大多数积极的支持者相继担任的一组职位分配不同的报酬、并不断提高职务的报酬。"[13]

与政党科层结构挂钩的选择性激励的分殊化，以及报酬随科层级别的上升不断增加的事实，产生了三个主要的后果。

首先，存在党内分殊化增加的压力（它部分地自主于同合作或环境限制相关的"技术"需要）。事实上，科层结构越为分化和复杂，能分配的报酬就越多。

其次，在象征意义上，跟报酬不相符的岗位责任（positions of responsibility）的增加，迟早会导致酬劳的"递减"：如果在不同的层级有太多的岗位责任，它们就不是"稀缺商品"，那么，每一个新的职位创造的边际效应也就不大。[14]两个相反的趋势描述了在自愿的基础上组织起来的体系内在的紧张：(1)操纵岗位责任以尽可能满足许多活跃分子的趋势（即对一个超级官僚化组织设法增加参与的趋势）；和(2)随之而来的、象征性的"自命不凡"（inflation），导致责任的作用递减，并降低了职位的吸引力（反映为参与的下降）。

再次，与一个科层体系相关的地位的选择性激励，其不同的分配意味着，与不太重要的职位相比，较重要职位的报酬更多是象征性的。因而，随着一个人的升迁与降职，贡献和行动性（activism）在强度和频度上会有所变化。[15]一个地方政党的副职领导者就不如地区政党的副职领导者有献身精神，同样，基层积极分子不如地方副职领导者，等等。第三个后果导致了许多政党中普通党员在行动性上特有的不足。一方面，身份的等级分殊化对组织的运转来说是必须的。这就是为什么，即使是政党派系也总是用等级化的方式把他们组织起来。另一方面，在每一个等级分殊化中，较低层级的重要性下降也是毫无疑问的。政党对这些困境的回应通常首先在于坚定地关注集体性认同（集体性激励的分配），其次在于福利活动和/或政治之外的（extra—political）关系网络的发展（救助或娱乐活动等），可以分配额外的选择性激励。在有些情况下，为这些政治之外的关系保留的空间将是非常大的，而且我们将会了解社会整合型（social integration）政党；对这类政党来说熟悉的、纵向的组织联系，其根本作用在于，对无法升到党内更高地位的积极分子起到了附加的、补偿性的回报。正是有了给积极分子报酬的目标，才使得：

> 社会活动倾向于由政党执行，政党"为业余休闲活动、互惠（favoring）关系提供了场合"，让许多具有归属感的党员彼此联系、交易，并组成一个类似于联姻的（matrimonial）微观市场。在一个微观社会中具有的、与政党的活动相关的全部心理优势和社会优势的整合，看起来是属于某个组织的成员能获得的最平常的收益，所以，政党的活动越多，组织越有益于整合，这样的期待是合乎逻辑的。[16]

无论是信众型的行动主义，还是投机型的行动主义，给予的报酬是认同激励、物质激励和地位激励的混合体。这是真实的，不仅基层如此，而且各个层级都是如此。比如，知识分子（兼职的政治专家）经常由在政党科层结构之外的地位予以回报（咨询职位或出版合同、参与政党的"文化"组织的活动等）。一般而言，这是摆脱上述提到的诸多困难的一个方法。鉴于超过一定阶段后科层结构就无法进一步分化——我们可命名为科层体系的界限（line）——因此有必要继续增加从属角色（the staff）的储备（pool），目标是分配其他的象征性激励或/和物质性激励，而又不会降低（depreciate）科层体系本身。[17]

组织的每名行动者，其参与取决于激励的"混合"特征，这在下列事实中更加明显：在政党科层体系内越过某个特定门槛（在高度官僚化的政党内,有时候甚至是一个很低的门槛),行动主义的回报不再单独通过地位获得,而是开始获得物质上的回报。越过某个特定的科层体系门槛,行动主义就成为了全职的专业性活动了,直接获得回报(如政党官僚的例子)或者间接获得回报(津贴与经选举的公职挂钩,与被政党控制的各种代理机关和附属组织的任命挂钩)。我们也应当指出,我们是在以一个不恰当的方式来讲政党等级(单数意义上):在政党的等级制内,各种相互交叉的、复杂的体系相互作用,并作为对积极分子进行补偿的资源发挥作用。除了这些内部职位外,我们必须考虑把地方的公职及政党的附属机构的职位作为报酬的形式。而且,即使是派系,它们的存在也是基于组织内部的科层体系。这就导致了一个多层级的体系。

总之,任何政党内都有信众型的积极分子和投机性的积极分子发挥作用,它们多样化的组合取决于给予的激励的不同类型。从我们分析性的区分,以及从积极分子一般从各种激励的组合中获益的观察来看,[18]可由此定论:多数积极分子符合我们提到的信众型,只有一小部分是投机型的。这就解释了,为什么即使是在分裂为派系的政党内也可以发现,许多部门的积极分子不参与派系博弈。[19]信众,在定义上,认同政党(而不是政党的某个机关)——他高度忠诚于党——除非领袖们表明了,他们不重视建立在信众的个人认同之上的正式的组织目标。在许多情况下,大多数积极分子是信众式的,而非投机型的,这一事实就解释了为什么总有一批自然的多数支持掌权的领袖。米歇尔斯所分析的服从特性,政党领袖们所拥有的人格崇拜(cult),可以由如下事实予以解释:政党领袖作为党内权力的合法持有者,代表了看得见摸得着的组织认同。

相反,投机分子中的少数人意味着,对政党领袖们来说存在着潜在的风险地带(risk zone)。正是在这一集团内,向上流动的渴望最为强烈;政党未来的统治阶级将从这一集团内出现。[20]对于投机分子,领袖们只有两个选择:通过科层制阶梯拉拢(coopt)他们,或者用各种可能的方式鼓励他们"离开"政党。否则,这一集团内支持少数精英挑战现存领导阶层的积极分子将会出现。事实是只有一小部分投机分子可以被拉拢(因为在任何时候分配的资源都是稀缺的),这解释了,实际上党内冲突在很大程度上难以避免的特征。[21]

# 激励与不平等交换

对集体性激励和选择性激励分配过程的考察,有助于解释,属于某党"铁杆选民"、普通党员以及信众—积极分子各自的组织忠诚是如何形成和发展的;也有助于解释,投机—积极党员的组织利益是如何形成和发展的。忠诚的存在解释了,为什么在党内会发生的是目标清晰而非真正的目标替换。另一方面,利益的存在解释了,为什么政党是一个被组织的生存动机与不断协调的、许多不一致的需求所主导的"自然"体系。由组织激励支撑的利益及忠诚的组合,就是领袖们为什么可通过交换与纵向的权力博弈,得到对组织熟练发挥功能而言必不可少的参与的原因。但这仅是问题的一个方面。领袖不仅对人们的参与感兴趣,而且也想让他们"以正确的方法"参与。他们想获得的是一种共识,以满足他们最大可能的行动自由。

既要确保参与,又有最大可能的行动自由,是什么使得领袖—追随者的交换如此不公平? 这一解释就是组织激励的低度替代性。与领袖们分配的报酬相比,追随者获得额外收益的机会越少,纵向的权力博弈越是偏向领导者。党员积极分子没有替代性的报酬资源,高度依赖于组织。他们对组织的依靠越甚,他们控制特定不确定区域的能力越低,领袖们独立行动的能力就越大。事实上,当党员积极分子严重依赖组织时,交换总是不平衡地偏向领袖们。[22]

完全控制了一项集体性认同的任一政党或每次运动,都以这种方式优待它的领袖。政党越是一个"命运共同体",一个以特定的认同为特征的、在外部市场上只此一家、舍此无他的共同体,领袖们在纵向权力的博弈中的地位就越强。即使是一个正式的志愿组织,在某些情况下,也有高度的强制性。正如观察到的那样:"就社会运动组织与宗教部门而言",当这样的组织高度垄断了期许目标时——当参与和服从被认为是实现世界变化或者是获得宽恕的唯一途径时——人们也会提及强制。[23]同样的机制在某些政党中也是如此。在这种情形下,政党之外没有"救赎"——即不存在替代性认同——积极分子别无选择，只能顺从地参与，给予领导层自由处理权（blank check）（很明显，维护政党的认同是无法逾越的界限）。这解释了米歇尔斯对其所处时代关于社会民主党的权力关系的观点，只不过夸张了点，但却没错的原因所在，尽管一些批评者断言在志愿性团体内的权力绝不可能是强制关系。因为在当时，工人作为社会民主党的党员或积极分子，在党外实际上别无他选——既没有认同与救助服务——也没有社会流动——而且领袖们也有效地行使"寡头"权力。即他们可以，用我们的词汇，以对自己有利的方式与普通党员进行非常不平等的交换。同样的理由，对集体性认同如此，对选择性认同也如此：比如，党的官僚，只能选择组织激励，他们经常是非常顺从的，服从当前的领导层。[24]

反之亦然。组织的激励被替换的程度越高（在外部市场上找到替代性报酬的可能性越多），一个人控制不确定区域的能力越强，在纵向的权力博弈中支持领袖的这种不平衡性就越小，即领袖的行动自由受到的限制就更多。在这种情况下，积极分子也能寻找到报酬对等的其他来源，因而也可提高交易价，至少部分地减弱了纵向的权力博弈中尽管是内生的不平等。

因此，我们可以设想，党内不平衡的领袖—追随者的协商可以置于一个连续体内。在一极，我们有强力地偏向领袖们的交换关系，类似于米歇尔斯的权力主导；在另一极，这一类交易更多地类似于一种互惠影响的关系。我们绝不会发现纯粹的情况：实际上纵向的权力博弈在党内的运行，总是位于这个连续体特定的一个点上，这一点的确定与组织激励的替代性程度有关。

这一推理也让我们明白了，为什么纵向的权力博弈倾向于，或者至少在过去倾向于，在那些由大众阶级（popular class）组织的政党、而非在由资产阶级（bourgeois）组织的政党中更易于产生寡头。对于前者，激励的替代性很低，而且经常没有，而对于后者，激励的替代性是很高的。在前者，领袖的行动自由是巨大的；在后者，他受到了更多的限制。这也解释了为什么，与由大众阶级组织的政党相比，由资产阶级组织的政党必须经常处理因活动不足、参与层级不连续等带来的诸多问题。具有中产阶级（middle class）背景的个体经常使用多种流动性渠道，如果不能迅速在党内升迁，他们准备好了寻求其他的职业成就渠道。另一方面，大众阶级的个体,没有(或过去没有)类似的选择:积极参与党的活动是唯一可能的道路。因而他们更可能留在党内,无论他们职业成功的可能性有多大。

## 注 释

1. 这个主题,米歇尔斯和许多对政党实证分析都曾提到(根据政党决策如何作出以及为了公职选举的候选人是如何选择的,将政党区分为民主政党或非民主政党)。关于第一种研究类型,参见 C. W. Cassinelli, "The Law of Oligarchy," *American Political Science Review*, XLVII(1953)pp. 773—784; G. Hans, "Roberto Michels and the Study of Political Parties," *British Journal of Political Science*, I(1971), pp.55—172; D. W. Medding, "A Framework for the Analysis of Power in Political Parties," Political Studies, XVIII(1970), pp.1—17; E. J. Cook, "Roberto Michels: Political Parties in Perspective," *The Journal of Politics*, XIII(1971), pp.773—796。第二种研究类型,参见 J. Obler, "Intra—party Democracy and a Selection of Parliamentary Candidates: The Belgian Case," *British Journal of Political Science*, IV(1974), pp.163—185。

2. 关于交换理论(exchange theory),参见 P. Blau, *Exchange and Power in Social Life*, New York, Wiley, 1964。

3. M. Crozier and E. Friedberg, L'Acteur et le système, p.59.

4. 对于"政党民主"的问题,这自然有非常重要的意义(但通常被忽视),同时关于"权威"也有重要意义,即我们会在第三章讨论的组织权力的合法性的问题。

5. D. Gaxie, "Economie des partis," p.151.

6. M. Duverger, *Political Parties*, pp.90ff.

7. A. Parisi, G. Pasquino, *Relazioni partiti-elettori e tipi di voto*,他们区别了"忠诚铁杆选民"的选票、意见性投票的和(庇护式)交换投票。某党铁杆选民的选票是将政党与选民联系起来的。关于政治亚文化,参见第四章。关于党籍选票的延伸(extension of appartenenza vote)、选举领域的稳定性(electoral arena)以及党组织的作用发挥之间的关系,参见第十一章。

8. 正如许多实证研究证实的,比如参见 S. H. Barne, *Party Democracy: Politics in an Italian Socialist Federation*, New Haven, Yale University Press, 1967, G. Poggi, ed., *L'organizzazione partitica del PCI e della DC*, Bologna, II Mulino, 1968。

9. 莫里斯·迪韦尔热(Maurice Duverger)在比较了选举倾向和政党身份的倾向后,观察到"选举共同体"和"成员共同体"之间的区别。"与前者相比,好像后一集团组成了一个封闭圈、一个诸反应与通常行为遵循其自身定律的排他性世界,不同于那些因民意变化引起了选民的改变。"M. Duverger, *Political Parties*, p.101.

在我看来,他们的"自身定律"(own laws)关系到两类共同体利用的激励的不同组合。我们显然可以看到一个事实,那就是每个政党的选民不是同质的,可以分别分为"铁杆选民"(belonging to the party)、意见型选民(electorate of opinion)和庇护型选民(client-type electorate),因此将选民的不同部分与政党联系在一起的激励也有不同类型。

10. 关于政治行动主义非连续性的实证分析,参见 S.Eldersveld, *Political Parties : A Behavioral Analysis*, pp.140ff。至于加拿大政党,参见 A.Kornberg et al., *Semi—careers in Political Work : The Dilemma of Party Organizations*,《比较政治学的优秀专业论文》(Sage Professional Paper in Comparative Politics),系列号 01—008,第一卷,1970 年。

11. 但只是在一定程度上,如我将在第十章论证的那样。

12. 关于结构分殊化和社会控制的需求之间的关系,参见 D.Rueschemeyer, "Structural Differentiation, Efficiency, and Power," *American Journal of Sociology*, LXXXIII(1977), pp.1—25。

13. D.Gaxie, "Economie des partis," p.131.

14. Ibid., p.134.

15. 这就能很好地解释党员普遍的快速更迭,更不用说政党较低级党组织参与的非连续性了,关于法国共产党明显的党员变化,参见 N.Mclnnes, *The Communist Parties of Western Europe*, London, Oxford University Press, 1975, pp.5ff。

16. D.Gaxie, "Economie des partis," p.138.

17. 直线—职能制(line—staff)的特点,对组织系统分析至关重要。通常组织内有三个经典类型:层级制组织(直线制),功能型组织(职能制),层级—功能型组织(直线职能制)。从这三个基本模式出发,有无数变种的可能性,组织理论已阐述了很多复杂的"辅助"(secondary)模型:参见 A.Fabris, "*Gli schemi organizzativi foundamentali*," in P.Bontadini, ed., *Manuale de organizzazione*, pp.1—43。在本书中我着重关注了行为者的交换过程,而非关注交换得以进行的结构。因为只有通过对政党实际的劳动分工(并非成文制度)的实证研究(这在现在多少已经不复存在了),才能在研究其他类型组织中形成一种政党组织使用的解释模型。

18. 比如,在分析意大利共产党和意大利天主教民主党的积极分子时,参见 F. Alberoni, ed., *L'attivista di partito*, Bologna, II Mulino, 1967。

19. 在塞缪尔·巴恩斯(Samuel Barnes)关于意大利社会党的研究中,他发现大约 60%的党员,并不认同争夺政党控制权的两个派系中任何一个,当教育程度和在党内事务中的参与程度上升时,对任一派系的认同度也会上升。参见 S. Barnes, *Party Democracy : Politics in an Italian Socialist Federation*, pp.105ff。在前述注释中列举的受采访基督教民主党的行动者,有很高比例的人只在一定程度上认同任一特定流派,而且,只是根据"理想参考点"(ideal reference)(《政党活动家》第 323 页后)。这个问题与激励系统有关:如果选择激励占优(发生于当隐匿意识形态大量干预可用的物质性公共资源时),则可能信众—投机分子之比趋于投机分子一边。在这些时期意大利天主教民主党经常被他们的对手给代表了,天主教民主党的案例将在第七章讨论。

20. 只要教育水平、流动渴望以及真实的机会结构之间有密切关系,我们就能理解政党的"自然"派别以维持———一个中高水平的组织——明显过量的社会上层人员。这就解释了比如,为什么只有有限制性且明确的措施被各共产党所采用,并以产生"保留位置"来制衡这个自然的派别(对工人、农民出身的人和妇女等)。

21. 关于分裂作为领袖们和活动家在竞争党职时的失败的一种现象,参见 E.Spencer Wellhofer 和 T.M.Hennessey,"Political Party Development, Institutionalization, Leadership, Recruitment and Behavior," *American Journal of Political Science*,XVIII(1974),pp.135—165。

22. A.Stinchcombe,"Social Structure and Organizations," in March,*Handbook of Organizations*,p.181.

23. M.Zald and D.Jacobs,"Compliance/Incentive Classifications of Organizations:Underlying Dimensions," *Administration and Society*,IX(1977),p.409.

24. 关于政党官僚制,参见第十二章。

# 第三章
# 主导联盟与组织稳定性

已经检视了组成权力博弈的交换内容，我们现在必须分离出组织权力的资源，即控制了允许特定的行动者以对自己有利的方式操纵权力博弈的那些因素。根据我之前提到的权力理论，这些因素可以被理解为是不确定区域，是组织无法预测的领域。[1]组织的存在和作用发挥依赖于一系列活动；一项至关重要的活动可能被取消，有人可能背弃组织，重要活动可能被中断，种种可能构成了组织的不确定情形。控制了各项服务工作的运行所依赖的不确定区域的那些人，就获得了一张王牌，一种在组织内的权力博弈中"可消费的"资源。界定这一不确定区域的这种方法很模糊，然而，各种关系与组织情境都可以按这种说法来解释。比如，在党内，即使是最低等的积极分子都会控制一小块组织的不确定区域。因而，我们以一些相当有限的组织的积极分子为基础，对主要的不确定区域进行分类。从根本上看，有六大因素对于这些重要活动的发展是有影响的：能力（competency）、环境关系管理（environmental relations management）、内部沟通（internal communication）、正式规则（formal rules）、组织资金筹措（organizational financing）和成员录用（recruitment）。[2]

（1）能力。它界定了"专家的权力"。专家，作为组织劳动分工的结果，拥有一门专业化知识，因而控制了一块基本的不确定区域。然而，专业化的知识，并不能理解为通过教育培训就可以获得的一组技能。这种专业化知识，在这里让我们感兴趣的是，它来自管理政党的内、外政治—组织关系的经验。它在于其他的组织行动者的认可。这些行动者是符合特定角色的特定个人，即他们的能力，使得他们得到的角色对组织来说是必不可少的。在米歇尔斯看来,形成寡头的最强有力的机制之一就是,积极分子意识到,组织内的特定的人要拥有领导政党、在议会中履行胜任的政治工作等技能。能力是第一位的资源,它表现为,在党代会(party congress)上的某个全国性领袖、或者某个主管地方大会(assembly)的负责人,以对自己有利的方式支配了与公众的协商。组织内其他人既将能力理解为行动者的一项特质(attribute),又将其理解为属于行动者的一项品性,因而能力是组织权力的根本性资源。能力代表了一个不确定区域,因为人们普遍认为,这种特定能力的丧失将会危及组织:当领袖们想利用他们的能力作为权力资源时,他们一般以去职作威胁。

(2) 环境关系。从组织视角看,环境是不确定的基本来源。当我们经营一个公司,必须对未来的市场趋势作出预测的时候,或者当我们论及一个政党必须完善它对不断变化的选民心理进行回应的方法时,组织总会面对外部的世界,组织可对其施加有限的控制,并且各种严重的威胁都产生于其间。去控制环境关系就是控制一个关键的组织不确定区域。确立、重新确定或者巩固与其他组织的联盟,选择与其他组织仍有争议的议题,只不过是一些组织的行动者必须承担的环境关系管理的部分问题。那些承担这些任务的人会发现他们自己处于被称为"交叉线"("secante marginale")的位置。[3]他们参与了两个行动体系,一个是组织内部的,另一个是组织与环境(或者是部分的环境)结合的。在第二个行动体系中所承担的角色,首先提供了可以用来"花费"的、有合理收益预期的关键资源。

(3) 沟通。我们无须提及控制论便可意识到组织是沟通体系。组织发挥作用在一定程度上要靠信息交流的渠道。因此第三个重要的权力资源就是控制沟通网络:可以分配、操纵、延迟或者压制信息的人就控制了这个基本的不确定区域,并在权力关系中握有了决定性的资源。

(4) 正式规则。第四个要素是控制组织的规则(控制或者操纵组织规则)。建立正式规则是为了塑造"博弈领域"(playing field)和选择范围(terrain),在该范围内将与其他组织行动者进行对抗、协商以及权力博弈。

这些规则组成一个不确定区域。鲜有规则是不证自明的;任何规则都有必要进行解释。解释规则的人,强化了他相对于组织中其他行动者的地位。此外,控制了规则可以消极地默许他偏离规则。由于人们心照不宣的默契,每个组织都有许多观察不到的规则,这被唐斯定义为"偏离成文规范的制度化"[4]。因此就有了许多的操作空间:今天可以偏离规则,明天可能就不行。某些规则被正式写入书中很长时间却从未执行过——在应当从制度上执行这些规则的那些人的默认之下——这些规则有可能在特定的冲突中突然重现。这就有了明敲暗诈的可能。因而,确立规则、操纵对规则的解释、操纵对规则的执行,都是组织无法预测的不确定区域,对上述内容的控制是权力关系中另一个决定性的资源。一部政党的章程(statute)对组织的描述并不会多于一部政治体系的成文宪法(constitution)的描述。这仅是一个呆板的回溯,简短且不精准,仅仅是政党的组织分析的小小开始。[5]

(5)资金筹措。钱对于每个组织的生存及作用发挥都是必不可少的。谁控制了为组织筹资的金钱流向渠道,谁就控制了另一个关键的资源。但金钱流动的方式是不固定的。有两种极端情况:一种是只有唯一的外部投资家(financier),另一种是有许多较小的捐赠者(组织成员,竞选自行筹资等)。在第一种情况下,外部投资家自己控制了这一不确定区域,因而可以对组织行使相当大的权力。在第二种情况下,没有一个出资者处于这种地位,因而控制权就落到了掌管筹资活动的内部行动者手中。大部分政党占据这两种极端情况的中间位置。一些大的外部投资家(压力集团、商会、第三国际等)通常对组织有一定程度的控制权,但党内筹集剩余资金的人对组织也有一定程度的控制权。更一般地,控制这一不确定区域经常依赖于组织行动者与外部投资家确立的优先联系(privileged contacts),即控制这种不确定区域也被纳入对组织—环境关系的控制。

(6)成员录用。第六个资源出自控制组织不同层级的成员录用。谁能加入组织(比如,执行党的入会费的标准)、众多候选人中谁可以在党的"事业"中成长、职业成就必需的因素是什么,对这些决定权的控制,是组织权力的基本(fundamental)致胜牌;它们分别关系到(以及我们以后将会明确看到的)控制"组织的边界"以及控制成员职业的"机会结构"。

权力资源倾向于积聚:那些控制了某个不确定区域的人有可能会控制其他的不确定区域。[6]所有政党的特点——趋向各个小集团内的权力集中——这是一个趋势。但是,任一集团都不能完全垄断对不确定区域的控制,因为如果那样的话就没有交换、协商,甚至不平衡的交换与协商也不会有。权力日益减少的集团将缺乏使得交易得以进行的必要的资源,由此导致的权力关系将会非常类似(特别是,如果激励的替代性是最低限度的)于支配型的权力关系。这并不常见,因为在党内,"能力"通常是分散的,它们超越了将管理型集团与其他组织行动者的区分界线。沟通体系也不完全为一个单独的精英独占;比如,在正式渠道外一直存在着遍布组织全员的非正式沟通,而且绝对无法被控制。[7]而且,与环境的关系也被不同层级的大量行为者所控制,在特定情形下,筹资也可以通过不受统治精英控制的渠道进行。[8]即使是成员的招募也不完全受控,正式规则和博弈的官方规则也是如此。首先,大多数党内的正式关系是既定的,即它们取决于政党组织的传统和历史,因而不可能因为精英的心血来潮而被修改。[9]第二,不同集团也可以提出对规则的其他解释,竞争甚至反驳被精英支持的解释:党内冲突典型的形式是"程序斗争"(即对同一规则持不同解释的集团之间的冲突)。而且进一步看,虽然规则是领袖手中控制资源的工具——它们也代表了一项保证,因为其他的行动者也可以诉诸规则,保卫他们不受领袖随心所欲的支配。

# 主 导 联 盟

记住上述评论,尽管如此,我们必须考虑既存的事实(被许多政党的经验研究所确立的),即主要的权力资源倾向于集中到一小集团手中。米歇尔斯的寡头、迪韦尔热的"核心集团"(inner circle)、奥斯特罗果尔斯基和韦伯的"执行委员会独裁"(ceasaristic—plebiscitarian dictatorship),不过是这种现象在脑海中显现的一些例子。在常用的指代政党精英的这些词语中,我倾向于"主导联盟"[10]的表达方式,这至少有如下三点原因。

第一,即使当某一个领袖看似行使了几乎绝对的组织权力,我们也常常观察到一个更复杂的权力结构;领袖,即使因为他控制了关键的不确定区域而居首,也必须(经常这样)与其他的组织行动者协商:他处于党内各派组成的权力联盟的中心,至少在一定程度上必须与各派协商。比如,不管基督教民主联盟的阿登纳(Adenaur),也不管意大利共产党(PCI)的陶里亚蒂(Togliatti)或者法国共产党(PCF)的多列士(Thorez)是多么专制，其权力仰赖于他们不断地了解到如何控制组织的不确定区域，以及保证在其他参与者(组成主导联盟的)提出的补偿上的灵活性。

第二，某政党内的组织权力并不必然会，像"寡头"和"核心集团"等词语让我们相信的那样，集中到党内职务和议会中的职务。如果我们不考虑各个工会的作用，英国工党的真实权力结构对我们来说依然是完全神秘的；在工党的大部分历史上，把工党团结起来的主导联盟的组成是：最强力的工会(主导英国工会联合会)的领袖以及忠于政党领袖的"中间派"议会团体的领袖。

第三，相较于常用的那些表达，"主导联盟"这种表达绝不意味着，只有全国的政党领袖们参与这一联盟：主导联盟包括全国领袖(或者一些全国领袖)和一些地方(local)领袖以及中阶(intermediate)领袖。比如，如果我们分析20世纪20年代和30年代工人国际法国支部(SFIO)的权力结构，很容易准确地描述出政党主导联盟，它包括了一部分议会团体(由利昂·布卢姆领导)、主导了党的中央机关的全国秘书处(由保罗·福尔控制)以及控制全国国会的最强的联邦(即具有最多数成员的联邦)领导人。[11] 主导联盟这种概念，比那些常用的概念更加宽泛，让我们更好地描述政党权力的真实结构，这既意味着"横向联盟"的存在(全国领袖和地方领袖之间)，也意味着政党的全国领袖与在政党之外、从政党中分离出来的组织的领袖间存在一个联盟。根据我们已经给出的组织权力的定义，某个政党的主导联盟由——控制了最重要的不确定区域的组织行动者——不管是组织内的，还是严格来讲组织自身之外的——组成。对这些资源的控制反过来也使得主导联盟成为党内组织激励主要的分配中心。

控制对激励的分配——激励作为在纵向权力博弈中的交换货币——组成了另一个不确定区域，在横向权力博弈中，即在主导联盟的领袖间的关系上，以及在主导联盟和少数派精英之间的关系上，形成了组织权力的另一个来源。实际上，协商不仅发生在主导联盟和它的追随者之间，而且也发生在主导联盟内部。联盟内的权力均衡可以在任何时候被改变，因为一些领袖对这些关键的不确定区域的控制会增加，消耗了其他领袖的成本，这也就增加了这些领袖对激励分配的控制。因而主导联盟总是一个潜在不稳固的结构。由于外部压力,在当主导联盟无法控制组织的不确定区域,或因内部权力分配变化引起内部冲突时,它就会分裂。

组织联盟的情况,区分了某个政党不同于其他政党的组织次序。组织联盟也可以从如下三个角度来检验:党内的团结程度(degree of internal cohesion)、稳定程度(its degree of stability)和政党的组织权力图(organizational power map)。

主导联盟的团结程度依赖这样一个事实:对不确定区域的控制是分散还是集中。这里主要的区分在于,政党是分为若干派系(强劲的组织化集团),还是分为派别(tendencies)(松散的组织化集团)。[12]派系——组织化的集团——可能有两种类型:从顶层到底层纵向分隔政党的集团(真实的派系或者"全国性"的派系),以及在政党的外围(periphery)组织起来的、地域上集中的集团(这些集团我将在后文命名为次级联盟)。[13]派别具有的特点是:在顶层聚合而基层无组织化(这绝不意味着没有共识)。

在党内集团为派系(高度组织化的团体)的政党内,对不确定区域的控制是分散的(派系间的次级分裂),主导联盟也不是很团结(因为它是某些派系之间妥协的一个结果,每一个派系都想维持其个性)。在内部竞争——横向的权力博弈中显示出来的——建立在派别(弱组织化)之上的政党内,对不确定区域的控制更加集中,而且主导联盟也更为团结。

然而,我们必须注意到,团结的主导联盟以及分裂的主导联盟均是集团间联盟的结果;不同之处在于集团内部的组织化程度(如我们将看到的那样,反而与政党的制度化程度相关)。而且,如果我们考察这些集团(派系和/或派别),我们会发现,甚至这些集团通常也是更小的集团之间结盟的结果。不同之处在于,如果这个集团是派别,它的次级集团之间的联系,比派系的次级集团之间的联系更弱,而且更易改变。重要的是,主导联盟总是不同结盟者的结盟(alliance of alliances),不同集团的结盟,这些集团,反过来也是更小的集团的联盟。[14]团结程度取决于,纵向的交换(领袖—追随者交换)是集中在一些领袖手中、还是散布于众多领袖手中的程度。另一方面,稳定程度,与横向的交换相关(精英—精英的交换),特别是,与组织的上流阶层妥协的特点相关(无论稳定还是不稳定)。团结的主导联盟通常也是稳定的。然而,反过来就不一定了,即一个分裂的联盟并不总是不稳定的。我们也可以找到这样的情况,一个分裂的主导联盟,它通过派系之间互相都接受的妥协,依然能够不断地保持稳定。通过使用"组织权力图",我想要描述政党的不同组织单元的关系(如议会党团支配、党内全国领导层支配或者外围领导层支配等)以及政党与其他组织之间的关系(主导、依附和/或合作)。[15]

把团结程度、稳定程度以及组织权力图综合起来,就描绘出了政党的主导联盟的面相,这里我定义为主导联盟的形态(conformation)。然而,我们必须把联盟的形态——取决于显示出的属性——与联盟的成分(composition)(具体参与到联盟的人们)区分开来。主导联盟成分的变化(比如,由于合作或者由于生理机能的替代等)并不必然会导致主导联盟形态的改变。

# 合　法　性

循着源于韦伯的惯例,也是熊彼特提出民主的现代"经济"理论的惯例,我们将政党的领袖看作"企业家",他们试图控制政治权力、维持或扩大已获得的地位,这看起来是可行的,也是有用的。[16]企业家的主要目标是保持对企业的控制。政党领袖,只要他们对组织激励之分配的控制不成问题,也可以追求这种目标。政党领袖会失去权力吗——比如,当其他行为者获得了对一些关键的重要资源的控制时——他们将无法维持党首的地位。在一定范围内,[17]这种推理能通过合法性重新表达:领袖地位的合法性是控制"公共产品"(集体性激励)和/或私人产品(选择性激励)分配的一个函数(function)。[18]当收益流(flow of benefits)被打断时,组织就有了重大的麻烦:反抗(revolt)爆发,领袖受到挑战,改变守卫者并进而保卫组织的努力也会出现。选择性激励与合法性的联系是相当清楚的。让我们以一个强侍从主义(clientelistic component)的政党为例,即选择性激励同物质收益(金钱的回报、庇护体系等)的分配相联系的政党。只要该党的领袖确保了追随者(clientele)回报的连续性,他们就可以平安睡大觉,因为他们的权力被满意的大多数"合法地"认可了。但是如果因为某个什么原因——比如,一个不顺的经济形势,会减少顾客导向(client-oriented)目标的可用资源——收益流的连续性被打断,或靠不住了,党内会引发一场"权威的危机"。让我们再举另一个例子,党内存在着强大的官僚机构的反对党。组成政党中坚的官僚,通常会有一个重要的生存利益。只要领袖们沿袭(follow)的政治策略不会危及组织,领袖们就会对政党官僚产生几乎毫无争议的权威。但是如果——比如由于环境持续的变迁——领袖们也不得不追求一种冒险性的政策,该政策有可能会引起危险的回应(如面临国家镇压的威胁),或者如果,领袖们只是不断墨守过去成功的政策,但是到了现在,由于环境变化,过去的政策不再"有效"(pays)(因而是削弱了组织而不是强化了组织),官僚的回报将会被打个折扣,领导层的"合法性"也将消失。

集体性激励与合法性的关系更加复杂。就如我们所说的,集体性激励依赖正式目标,依赖组织的意识形态。然而,必须要辅之以特定的手段,正式目标才是可信的。如果这些目标的实现之路缺乏可信的提议,人们就不会认同该项"事业"。[19]对政治联盟和/或社会联盟需要加强或巩固的详细论述、对最恰当的战术的详细论述,等等,即这里可被称作一项"政治战略"[20]——换句话说,手段的明示——对"事业"的可信度来说是必不可少的,并且提高了该事业作为认同的象征中心发挥作用的能力。因而正式目标必须转化为一项政治策略。[21]

这意味着政治策略和领导层的合法性有非常密切的关系。一旦一个政治策略业已形成,并且为政党所接受,精英向其追随者分配认同性激励的能力取决于政治策略的实用性:如果政治策略失去可信度,政党认同就会受损,至少在采用新的政治策略之前。这一推理就解释了为什么政党精英,包括多数派精英(主导联盟)和少数派精英,经常是各自的政治策略的囚徒(prisoners),经常被迫(在相同的博弈规则下)去固守其政治策略。也正是这一事实让许多理论家错误地主张,功利主义理论(认为领袖就是企业家,党务竞争在党内冲突中起了关键的作用)并不能解释精英的行为。事实上,博弈的方式是,少数派精英也经常对政治策略保持忠诚,这使得他们可以挑战主导联盟,即使最后证明这一策略是获取党内重要权力职位的一个不现实的方法。放弃这一策略也要蒙受可信度的丧失,并失去了未来获胜的可能性。即使是一个少数派支持的政治策略,也作为合法性的来源发挥作用,因为基于该策略,少数派精英对其有限的追随者分配认同激励。为了一个显然是机会主义的策略，少数派精英放弃了政治策略，将冒的风险是：党内确保的支持会立刻丧失。即使在没有明显胜算的机会下，保持对一项政治策略的忠诚也是从某个职位（即党内反对派的领导层）持续获益的方法。维持该职位是今后获胜的前提。[22]但即使是多数派精英，即主导联盟，基于给其追随者分配认同激励的"政治策略"，也经常成为一名"囚徒"。实际上，多数派精英也把其命运与认同性激励的分配连在一起。这种认同性激励建立在政治策略之上，而且也不会剧烈地改变其分配方式，以避免追随者陷入混乱（从而逐渐灌输给追随者一种"认同危机"）。这就引出了党内冲突的僵化部分，而且解释了为什么，当面临重大的组织危机需要完全改变政治策略，以及有时对组织的意识形态重新界定时，主导联盟经常无法再阐述他们的政治策略，结果就被少数派精英占先了。[23]如果政党仅仅依靠认同性激励，这种情况总会发生。但是某些精英也能够维持他们的地位，在政治策略改变时幸存下来，经由分配选择性激励，保证了对累积的合法性的坚持。

我们也可以解释为什么，如果与集体性激励相比，政党的激励体系提供了更多的物质性激励，"转型主义"（由于纯粹的机会主义理由，经常从一个政治策略到另一个政治策略的改变）只可是一个有利可图的、实用的策略。[24]执政的各政党以象征性资源代替物质性资源的可能性更大，而且任何时候都不怎么需要"信众"的志愿性参与，既然这更有可能成为执政党的一项规则，我们发现执政党精英比反对派精英有更多的转型主义：当有价值的交换货币是通过"象征"而不是"金钱"组成时，"政治团结"是一个更有利可图的优点。这种预期不足为奇。

# 组 织 的 稳 定

我们的主题是，作为政治企业家——政党领袖的主要目标——就是保卫他们对企业的控制，该主题表述如下：政党领袖的根本目标是保卫组织的稳定。用组织稳定，我意指，保护政党内部的权威渠道，即合法化的权力结构。[25]这种结构不断受到环境挑战的威胁，这些威胁能在任何时候危及组织，并给少数派精英（他们在等待时机挑战组织的权力结构）提供进攻的弹药。

坚称领袖们的目标在于保持组织稳定，这就赋予了领袖们更宽泛的一个目标，而不仅仅是保证组织的生存。后者只不过是维护政党稳定、维持内部权威渠道的前提。旨在实现组织稳定的活动有不同的类型，因为维持现状在一些情况下包括了防御性的、谨慎的活动，在另外一些情况下包括了创新的和/或侵略性的活动。领袖们以多种方法力保组织的稳定（而且米歇尔斯错误地认为，这只能够通过不断增长的政治保守主义来实现）。[26]根据众所周知的理论[27]，作为企业家的组织领袖，总是力图增加其所在组织的权力。根据该理论，一个组织相对于其他的竞争性组织而言，成长越快、自我维持的能力越高，其领袖们的名誉就增加得越多，而且领袖们控制的资源也就越广。从这一视角看，组织的必要之举是，通过这种方式进行扩张，以增加对环境的控制，并进而扩大领袖的权力资源。然而，这一理论的支持者忘记了，一个组织的扩张，在某些情况下能够危及自身的稳定（在上述讨论的意义上）；比如，党员的快速增长可危及内部的团结[28]（因为在老党员与新党员之间存在社会化的差异），并产生党内集体认同的危机。这也可能发生在选举中胜出的反对党内，这种突如其来的胜利给反对党在议会内猛然一击；当政党处于反对党位置时，几乎无望执政，集体激励赋予的"救世主的希望"被日常的行政需求迅速冲垮掉了。政治气候产生并导致了党内与政治策略有关的冲突与对抗；简言之，政党的认同被破坏了。[29]在这些情形下，组织的稳定就成为问题，成问题的还有政党领袖的杰出地位。

因而，政党领袖将要选择的、确保组织稳定的策略，不能预先确定；它取决于党内权力平衡的特征（主导联盟的形态）及组织与其环境的关系。在某些情形下，组织成长增加了组织的稳定；因而组织成长成了巩固领导集团的工具，组织也显示了扩张的趋势（长期以来，这对于某些反对党而言是真实的，特别是社会主义政党与共产主义政党）。在其他情形下，扩张是分化的精英内部竞争的产物。比如，在一个派系组成的政党内，通过大量录用新成员进行的组织扩张——以意大利天主教民主党在历史上的某个阶段为例[30]——和通过"单独控制"某些环境（如国家制度）进行的组织扩张，都是由于不同的派系巩固自身的努力。然而，在其他一些情况下,组织没有表现出增长的趋势。有许多例子——从莫勒特的法国社会党(French Socialist Party)到德国基督教民主党——我们都没有发现这些活动导致组织增长的蛛丝马迹;组织的成长被其领袖们当做对组织稳定的威胁。在前面几例中,主导联盟成长放缓,全国与地方各级领袖不鼓励录用新成员,并让组织止步不前。

组织稳定,也可以由领袖们通过不同的策略去维护:在某些情形下进行扩张(增加对环境的控制),在其他情况下则避免扩张(增加对环境的适应)。如何保证政党的组织稳定,这经常是主导联盟内争论和/或冲突的话题。比如,在支持扩张以确保组织稳定的领袖们与支持防御的领袖们之间就存在这种冲突。在冲突的情况下,我们会发现,政党与其外部环境的动荡、前后不一致(至少在冲突解决前),这将会在主导联盟内产生持续不断的变化,在特定的时刻这有利于其竞争者。


# 结　　论


组织次序的问题也需要提出来。组织常常有不同的目标和利益。但是无论不同组织行动者追求的目标有多不同——我们主要在米歇尔斯的命题上来讨论这一词汇——领袖们主要目标是确保组织稳定。组织次序,如前面提到的[31],总是一个协商次序,一个取决于在不同的压力和需求之间达到均衡的次序。领袖们的目标是组织稳定——领袖们必须让其他可能的目标从属于它——在协商中起到了决定性的作用。实际上,领袖们(定义上)是这样一些人,他们控制了最重要的不确定区域,能最有力地实施他们的目标。因而组织次序取决于内部的妥协,妥协总发生在两方面:一方面源于组织内的不同需求,另一方面源于稳定的需要。这些妥协导致了目标的传承,并且提供了明白易懂的组织活动及行为。主导联盟的"形态"赋予这些妥协以"要旨",并界定了妥协的形式。不同类型的组织次序是可能的——就如同政党的主导联盟的形态也有多种可能。但是一个特定的组织次序的绩效水平总是依赖于,在领袖们追求组织稳定的目标和党内追求的其他无数目标之间进行成功的妥协(或者不存在妥协)。

## 注　释

1. 根据"应对不确定性",即控制不确定领域的议题,是前面注释中引用的、为米歇尔·克罗泽(Michel Crozier)在作品中阐述过的组织权力的首要来源,这一议题也由 D.J.希克森(D.J.Hickson)等人进一步发展了。参见 D.J.Hickson et al., "A Strategic Contingencies' Theory of Intraorganizational Power," *Administrative Science Quarterly*, XVI(1971), pp.216—229。

2. 我几乎毫无改动地引用了克罗泽(Crozier)、弗里德伯格(Friedberg)的经典著作《演员、社会和体系》(*Attore, sociale e sistema*)第 55 页之后的内容,然而他们并未分析资金筹措和招募新党员。克罗泽(Crozier)在他的经典《官僚制现象》(*Le Phenomene bureaucratique*),Paris, Editions du Seuil, 1963 中以一种受到约束的方式探讨了不确定的概念。

3. Ibid.

4. Downs, *Inside Bureaucracy*, p.62.

5. 詹弗兰科·波吉(Gianfranco Poggi)观察到,浅显地研究意大利共产党和意大利天主教民主党将毫无价值:"让我们再强调一遍,我们不仅仅涉及合法调查的典型材料的解释——尤其是政党规章制度的连续版本——即关于法学家的那些问题。首要的是,我们也涉及信息体的关键调解(多多少少对组织问题来说是相关的),这要比政党的合法'证件'(juridical' cards)更加广泛多样。" *L'organizzazione partitica del PCI e della DC*, pp.15—16.

6. 关于不同权力资源以被界定为"聚合"(agglutination)的过程聚集(accumulate)到同一批人手里,参见 H.Lasswell and A.Kaplan, *Power and Society*, New Haven, Yale University Press, 1950。

7. 关于组织内部的非正规沟通现象以及它们对层级关系的影响,参见 P.Blau and W.R.Scott, *Formal Organization: A Comparative Approach*, San Francisco, Chandler Publishing Co., 1962。

8. 戴维·威尔逊(David Wilson),英国各政党之官僚结构杰出研究的作者,描述了党中央办公厅(保守党总部)对地方干事们(local agents)严厉控制规则下的一项例外,地方干事们为了党的中央,在他们自己的能力控制区域中被雇来协调党的活动:比如,西米德兰兹郡(West Midlands)的 J.加洛韦(Galloway),亏得独立控制了他的资金来源,在其整个职业生涯中,他几乎完全独立于党中央官僚机构。加洛韦是唯一一个有能力避开八年轮换规律的保守党干事,保守党中央办公室通过从一地到另一地的周期轮转这种方式,确保了对其干事们的控制,防止他们与其所任职的党分部之间发展过密关系。参见 D.J.Wilson, *Power and Party Bureaucracy in Britain*, Lexington, Lexington Books, 1975, p.52。

9. 关于这一点,我的研究与克罗泽和弗里德伯格的《行动者与体系》(*L'Acteur et le système*)截然不同,他们似乎低估了"组织史"在约束行动者行动自由中的重要性。

10. R.M.Cyert，J.G.March，*A Behavioral Theory of the Firm*，New York，Prentice—Hall，1963，以及 T.Barr Greenfield，"Organizations as Social Inventions：Rethinking Assumptions about Change，"*The Journal of Applied Behavioral Science*，IX(1973)，pp.551—574。

11. 这里列举的所有案件的分析，参见第二部分。

12. 派系及派别的区别来自 R.Rose，*The Problem of Party Government*，Harmondsworth，Penguin Books，1976，pp.312—328。关于派系主义(factionism)，参见 F.P.Belloni，D.C.Bellar，eds.，*Faction Politics：Political Parties in Comparative Perspective*，Santa Bababa，ABC—Clio，1978。

13. 这个专业术语来自 Elderveld，*Political Parties：A Behavioral Analysis*，但我以另一种方式使用它，指代党内某个集团具有组织内权力的地方根基——甚至在某些情况下能够或多或少地控制全国一级的领袖们。与艾德伏德的次级联盟截然相反，我们的次级联盟并不完全是"特定的"社会—经济利益或社会—文化利益的代表(即使它们有时候是这样)。

14. 由于较小集团的聚合而形成的党内不同的组织化形式，参见 Duverger，*Political Parities*，pp.151ff。

15. 关于上述这个概念更为深入的讨论在第九章[在检视了某些具体政党后，我们将详细阐述主导联盟的类型学(a typology of dominant coalitions)]和第十三章(这里将会检视主导联盟内部的变革问题)。

16. 关于作为政治企业家的领导，参见 N.Frohlich et al.，*Political Leadership and Collective Goods*，Princeton，Princeton University Press，1971。

17. 必须谨慎地看待这个问题，因为"合法化"(legitimation)是现代权力理论中最模棱两可的概念之一。与合法化概念相关的各类问题，参见 J.Bensman，"*Max Weber's Concept of Legitimacy：An Evaluation*，" in A.J.Vidich 和 R.M.Glassman，eds.，*Conflict and Control：Challenge to Legitimacy of Modern Government*，London，Sage Publications，1979，pp.17—48。对于在功利主义理论框架内将个人收益的分配与合法性问题相关联的尝试，参见 R.Rogoswki，*Rational Legitimacy*，Princeton，Princeton University Press，1970。

18. 从这个角度看，领导集团的权威(合法权力)是源于其他行动者交换满意度的一个函数，而且领导集团的权威也是为各种变化所维持、所不断激励。然而根本的差别在于，围绕选择性激励进行的交换与围绕集体性激励进行的交换：在第二类交换中，那些从激励中获益的行动者并没有意识到谈判，因此这类交换无法用功利主义的方式进行解释。通过领袖的斡旋以及他的"政治战略"，才让"信众"重建组织内的信仰，并不断获得他们作为集体主体之一部分的认可。

19. 关于参与需要被启动的这一事实需要期待集体行动正当并且有效，参见 S.伯格伦德(S.Berglund)的有趣研究，*The Paradox of Participation：An empirical Study of the Swedish Party*，论文提交给关于政治组织的欧洲政治研究协会(ECPR)研究会，Grennoble，1978。

20. 我明显意识到,从日常政治提炼出的"政治战略"(political strategy)这个表达非常模糊,但事实上,真正模糊的是这表达之指向,它的经验参照:政治战略,实际上,仅仅是领袖们关于政党的中阶目标以及这些目标如何实现(结盟政策,等)上构想的一系列主张。这些主张通常很模糊,常作为各级组织内日常行为的通用标准。在我看来,一个政治战略首先是维持政党认同的一项工具,作为行动指南只是排名第二位的。

21. 当然,这些方法(政治战略)只是在分析上可将不同目标区分开来(正式目标由组织意识形态决定)。当政治战略发生改变时,甚至是组织意识形态,至少在某种程度上,也被重新设计了。我们将讨论例如"目标传承"(succession of ends),关于这一点可参见第十三章。政治战略,在我们的含义中,也只是当领袖们公开宣称时才会形成——因为它的主要功能在于为正式目标提供可信度,以及用这种方式保护组织的认同。然而政治战略,显然对党政与其环境之间的关系产生影响(无论预见与否)。关于公司社会学领域中的"战略"的概念,参见 A.Chandler, *Strategy and Structure*,Cambridge,MIT Press,1962。

22. "另一方面,在竞争领导职位中不太可能获胜的、有抱负的领袖们,很有可能成为反对派领袖们。在这些情形下,取得领导职位可能性不大的反对派领袖,可能根据竞争对手的角色采取行动以集中精力获得捐款,而非(或此外还包括)致力于获得领导职位的活动以集中精力获得捐款。如此一来个人提供许多服务,以交换获得的捐赠是有利的,有利于他继续持有反对派领袖的角色。"

23. 参见第十三章中阐述的组织变革模式。

24. 事实上,选择性激励越是优于集体性激励,组织意识形态的隐匿性就越大(具有模糊且自相矛盾的目标),同时政治策略在激励分配中的作用就越不重要。

25. 重新定义米歇尔斯的理论,说明了寡头统治的目标是尽可能多地保护组织,以捍卫其自身在组织内的卓越地位。

26. 对米歇尔斯关于此点议题的反驳,参见众多学者,如 Wilson, *Political Organizations*,p.208。

27. 该理论的最好阐述可在斯汀康比(Stinchcombe), *Social Structure and Organizations* 中找到。在政党的案例中,采取这一理论的是 E.Spencer Wellhofer, "Political Parties as 'Communities of Fate': Tests with Argentina Party Elites," *American Journal of Political Science*,XVIII(1974),pp.347—369。

28. 关于组织规模和政治团结之间的关系,参见第十章。

29. 我是在政党组织与其环境之间的关系的一种分析框架之内探讨这些问题的,参见第十一章。

30. 关于意大利天主教民主党组织,参见第七章。

31. R.A.Day, J.V.Day, "A Review of the Current State of Negotiated Order Theory: an Appreciation and a Critique," *Sociological Quarterly*,XVIII(1977), pp.126—142.

第二部分

组织发展

# 第四章

# 制　度　化

　　到目前为止,我们的讨论致力于建构对于政党的组织分析来说必不可少的一系列假设。不过,我们已经讨论过了静态的分析。这样讲吧,我们已经设想某个政党(x)抓住了其历史上的一个时机(t),并且试着分离出在检验组织面相与它所直面的冲突压力中最有用的工具。但是政党(如同任何组织一样)是一个变动的结构,它随着时间的流动而逐步演化,并对外部变化以及它在其中发挥作用的变动的环境做出反应。有人可能建议,解释政党的面相和功能最重要的因素是它的组织史(它的过去),以及它与变动的外部环境之间的关系。但是这一论点明显太过格式化了。为了详细说明其含义,我们必须使用分析工具,给出政党组织在变动的环境条件中演化的某种"变动图"。一旦我们分离出这些工具,就有可能对某些特定政党的组织发展进行历史—比较的分析(这一分析,进而,对于说明政党组织的类型来说也是必不可少的)。

　　对我们的分析必不可少的概念是,起源模式(genetic model)(这些因素,当它们结合起来时,给了组织以标志,界定了组织的诸起源特征[1])和制度化(组织"团结"的方式)。我们现在将分别按顺序检验主要因素,它们对政党起源模式之多样性、以及制度化之显著差异作出解释。之后我们将两个概念关联起来,证明哪类起源模式可能与哪类制度化相连。在那时,将这一类型学与某些政党的历史发展进行比较将会是可行的。

# 起 源 模 式

政党的诸组织特征更多地依赖其历史,即,依赖组织是如何起源、如何巩固的,胜于依赖其他因素。事实上,政党的诸起源特征有可能在数十年之后还对该党的组织结构施加影响。每个组织都带有其形成的标志,带有其创建者做出的"塑造"了组织的、重要的政治—行政决策的标志。尽管这些特征至关重要,但在当前的政党文献中,各政党形成的不同路径的问题很少受到关注。政党形成理论不可能超越迪韦尔热的内生型政党(议会内)和外生型政党的区分,前者由既存的议会精英们创立,后者由"非政治化的"(non-political)诸集团与协会创立。[2]因为对大量政党起源的历史研究已经证明了这一点,然而,这一古老的区分也只有在一定程度上能满足需要。它首先未能考虑那些拥有同类起源(内生或外生)的政党的组织差异:源于议会内的政党产生了多种结果,类似地,源于议会外的政党组织(迪韦尔热认为主要是人众型政党)的差异也非常巨大。[3]

因此,我们不能根据政党内生/外生起源的区分对政党进行分类。我们需要一个更复杂的模式,该模式可以处理历史学家在关于许多政党起源上已收集到的全部信息。政党的形成总是一个复杂的过程。它经常在于许多不同政治集团的融合。尽管每个政党的起源模式在历史上看是独一无二的,但我们仍有可能在不同的政党起源模式中辨别某些相似之处和差异之处。有三个主要的因素可以帮我们界定政党的起源模式。第一个因素涉及的是组织建构与组织发展。如同两个斯堪的那维亚的政治学家观察的那样,[4]一个政党的组织发展—组织建构,严格来说——都是由于地域渗透(territorial penetration)和地域扩张(territorial diffusion),或者由于这二者的结合。当"中央"控制、激励或指引了"外围"的发展时,地域渗透就会发生,即,建立地方的以及中阶(intermediate)的诸政党协会。当组织发展源于自发的萌芽:地方精英组建了政党各协会,这些协会后来仅仅被整合到一全国性组织内时,地域扩张就会发生,这种渗透/扩张的区分并不符合迪韦尔热内生型政党和外生型政党的区分。源于渗透和扩张的发展既具有内生型政党的特征,也具有外生型政党的特征。如伊莱亚森(Eliassen)和斯瓦萨德(Svaasand)指出的,欧洲各保守党与各自由党大部分是内生的(议会内),然而大部分保守党主要是以地域扩张方式发展的,而许多自由党是以地域渗透实现发展的。[5]

有时,组织发展的"复合"类型也会盛行:组织发展起初是通过地域扩张进行的:许多地方协会在一国的不同地方自发涌现;之后它们统一形成一个全国性组织。进而,这个全国性组织在地方协会缺失的地方将它们建立起来(渗透)。各自由党经常拥有这种复合型的发展。[6]然而,确立一个占主导地位的形态一般是可能的。比如,许多共产党和保守党主要是通过地域渗透发展的。另一方面,许多社会党和宗教型政党,主要通过地域扩张来发展。有时候某个政党的形成是通过两个或者多个早先存在的全国性组织的联合(如我们看到的德国社会民主党和工人国际法国支部的例子):这是地域扩张的一种。

预测把起源模式与制度化联系起来的那个点(我以后会进一步考虑),不同的组织发展影响了不同主导联盟的形成以及党内的团结程度。根据定义,通过地域渗透实现的组织发展意味着,从一开始就有一个非常团结的"中央"存在。正是这个由全国领袖们的一个有限集团组成的中央,形成了主导联盟的第一个内核。另一方面,通过地域扩张实现发展的政党,该党领导层的形成过程通常会更加动荡和复杂,因为存在很多控制了地方协会并渴望进入全国领导层的有自主权的领袖们。这种政党的全国性组织是不同地方集团的联盟(federation),而且该党十分可能产生分权的、半自主的结构(与那些通过地域渗透形成的政党不同),所以,也产生了因控制政党的不断争斗而分裂的主导联盟。

决定某个政党起源模式的第二个原则是,(在政党起源上)外部"发起"组织(institution)的有无,[7]因为这影响到了领导层的合法性来源。如果存在一个这样的外部"发起"组织,党将会被视作它的"政治手臂"。这会产生两个后果:(1)党的组织忠诚将会是间接的,忠诚主要是对外部组织,对政党的忠诚仅仅是第二位的;(2)所以,外部组织成为领导层的合法性来源,这有可能打破党内权力争斗中双方的平衡。因此,我们也会区分外生合法性政党与内生合法性政党。

第三个需要考虑的因素是超凡魅力在政党形成中的作用,即,政党在本质上是否由克里斯玛型领袖创造的,它是否是克里斯玛型领袖的工具。毫无疑问,在一个政党的初创阶段,领袖—追随者的关系中总会有克里斯玛要件:政党的形成总是包含了分分合合(statu nascenti)*与集体感染力(effervescence),在其中克里斯玛总会浮现。[8]我们在这里关注由一个领袖塑造的政党,他会自认为是一组政治象征之无争议的建立者、缔造者(conceiver)和阐释者(政党最初的意识形态目标),这些象征与他本人密不可分。在这一意义上,(德国)国家社会党(National Socialist Party)、意大利法西斯党和戴高乐党,实际上就是克里斯玛型政党。毫无疑问这类政党的存在与其领袖相关联。然而,对于德国社会民主党(SPD)和工党来说,并非如此,虽然它们的领袖也拥有声望。

然而,在某些情况下,我们也可以提及罗伯特·特克尔(Robert Turker)称为的"情境式超凡魅力",而不诉诸韦伯式的描述方法。这里起决定作用的并非领袖救世主式的成分(在"纯粹"克里斯玛情形中相当重要),毋宁说是剧烈的社会张力,这种张力使人们认为力挽狂澜的领袖相当称职,而且情愿以无限的忠诚追随他们,更具体地说,

> 我们可以使用"情境式超凡魅力"一词来指一些情况下,不具备救世主倾向的领袖们的个人特质也会引起克里斯玛型的回应,仅仅因为恰好在危急时刻,他显示的领导能力被认为是把组织从不幸中拯救出来的资源和手段。[9]

根据特克尔的观点,"情境式超凡魅力"在,丘吉尔和罗斯福的例子中,是非常重要的。

情境式超凡魅力,在基民盟(CDU)和阿登纳(Adenaur),意大利天主教民主党(DC)和德·加斯贝利(De Gasperi)、独立工党和哈迪(Hardie)、工人国际法国部和饶勒斯(Jaurès)等的例子中,当然是非常重要的。情境式超凡魅力,如同"纯粹"超凡魅力,使得领袖——在那些选民和大多数积极分子眼中的——成为政党政策的权威解释者,并且保证了他对塑造组织的极大控制。然而,情境式超凡魅力不同于纯粹超凡魅力之处在于,受质疑的领袖就不能如他所愿去塑造组织。希特勒、墨索里尼和戴高乐,他

---

\* 一个心理学概念,指的是解组—重组的心理过程,个体可能与其他人合并并形成具有高度团结的新的集合体,这种集体运动,类似于爱与被爱的关系。——译者注

们都可以把所有的关键决策强加给政党。阿登纳、德·加斯贝利和饶勒斯就必须与其他行动者进行协商。建立在纯粹超凡魅力之上的政党离开领袖就无法自存活,完全依赖他的垂怜;建立在情境式超凡魅力之上的政党就不仅仅是某个领袖的创造,也是许多不同力量推动挤压的结果;其他行动者对于组织不确定区域有一定的控制权。

纯粹超凡魅力型政党少之又少,但是也不是你们想象的那么少。小党经常在大范围的政治博弈中处于边缘地带;但更经常地,它们就像政治星空中的流星那样,涌现,然后迅速消失,从未制度化过。[10]制度化需要"克里斯玛型领袖的常规化",权威从领袖转移到政党,很少有克里斯玛型政党能经历这一转移而幸存。对政党的起源模式产生明显差异的三个因素是:(1)组织发展是通过地域渗透实现的,还是通过地域扩张实现的;(2)有没有外部的"发起"组织;(3)有没有最初的克里斯玛型领导。

# 制　度　化

在组织形成阶段,领袖们,无论是否有超凡魅力,通常都会扮演重要角色。他们拼出了政党未来的意识形态目标,选择组织的社会基础和"支持基础",并且基于这些目标及社会基础塑造组织——当然,要考虑到一国不同地方内的可用资源、不同的社会—经济条件与政治条件等。在这一阶段,政治企业家的领导问题,就在于"选择核心价值、并在建立组织的过程中把这些价值内化其中"。[11]这就解释了,意识形态在塑造新建的组织、在形成集体认同上通常起着重要作用。对于组织的支持者而言,组织仍是用来实现其特定目标的工具[12];他们的认同完全是根据领袖们选择的意识形态目标来确定,而不仅仅由组织本身来确定。这就是为什么,可以有效地使用"理性模型"来分析在形成阶段的组织。当制度化开始时,我们可以观察到一个质的飞跃(qualitative leap)。制度化,实际上是组织体现其创建者们的价值和目标的过程。用菲利普·塞尔兹尼克(Philip Selznick)的话来讲,这一过程意味着从某一个"能消耗完的"组织(即为了特定目标的纯粹手段)到一项制度的建立之路。[13]组织逐渐失去它作为工具的特质:组织本身有了价值,而且组织目标之于组织也变得必不可少、不可分割。在这方面,组织的维持(preservation)与生存(survival)成为了其大部分支持者的"目标"。

政党创建者们的组织目标(意识形态目标)塑造了组织的面相;随着制度化的进行,这些目标被"清晰地表达出来"(考虑到该词的特定含义)。从根本上看,有两种进程可以自动产生制度化:(1)涉及组织维持的(各级组织金字塔的那些领袖们的)利益的形成;[14](2)不断扩散的忠诚的形成。

如我们所见的那样,这两种进程同党内激励体系的形成紧密相连。组织要想生存,必须从一开始就分配选择性激励(担任要职、内部的诸职业选择)给它的一些成员,这会导致组织利益的形成。必须建立为各级组织选择并吸收领袖们的某种程序。政党创建者们只能是部分地、暂时地解决为各级组织寻找合适的领袖人选的问题。因为组织要发展,未来的精英必须要"成长"(角色任务的社会化),并且能被招募入党。

不断扩散的组织忠诚的逐步形成,取决于给组织成员(积极分子)以及一部分外部支持者,即"铁杆选民"分配的集体性激励(或认同),这种分配同政党创建者们所支配、塑造的"集体性认同"相关。[15]激励体系之巩固——选择性激励和集体性激励的调和——与制度化的关系非常密切:如果激励体系没有巩固,制度化就不会发生,组织也就无法保证自身的生存。让政党成为一命运共同体(对积极分子和许多支持者而言)的组织忠诚,再加上帮助组织成为之于外部环境更加自主的组织利益,这些忠诚和利益,为启动朝向组织自我维持的长期活动打下了基础。[16]

截至目前,我们已经讨论了制度化,好像制度化是一个分配过程、或者好像是组织在形成后的阶段内可能或不可能形成的特质的集合;因此我们也把经历制度化的政党同那些没有经历制度化的政党(它们会很快消失)区分开来。

但制度化的问题更为复杂。因为各组织不会以同一方式、或以同样的强度全然制度化。制度化的深层差异因政党而异。所有的政党必须制度化到一定程度才能生存下去。但在某些情形下,制度化进程产生了强制度;在另外一些情况下,产生了弱制度。我这里的假设是,政党能通过它们实现的制度化程度进行区分,这种程度进而依赖政党的形成方式以及起源模式之类型(这里,我把强加给组织的环境影响类型撇在一边)。这意味着,"测量"不同政党的制度化水平、并将其置于制度化连续体的不同位置上,至少理论上是可行的。

制度化,如它在这里使用的,可以通过两个刻度进行测量:(1)组织之于其环境的自主程度;(2)体系化(systemness)的程度,即组织内不同部门之间相互依赖的程度。[17]自主/依附维度指的是组织与外部环境的关系。组织必然会与其环境发生交换关系:它必须取得资源(人力资源和物质资源),组织要发挥功能,这些资源必不可少;为了获得资源,组织必须交换内部"生产的"资源。政党必须分配各类激励,不仅给它的党员,还包括外部支持者(选民、附属组织等)。当组织可以直接控制与环境的交换过程时就会达到自主地位。另一方面,当政党必须的资源在一定程度上被其他组织控制时(如英国工党为了其生存、开展竞选活动所必需的资金支持,也为了动员工人的支持,要依赖各工会),组织就是依附式的。制度化,总是包含了之于环境的部分"自主"。因而,不同政党自主水平的差异也是制度化程度的差异。几乎没有一点自主的组织,只能对环境施加很少的控制,它会选择去适应环境而非相反。另一方面,一个非常自主的组织,会对其环境施加大量的控制,并可改变环境以满足组织需要。只有那些直接控制了自身与环境的关键交换过程的组织,才能形成"潜在的帝国主义"[18]形式,"潜在的帝国主义"减少了环境不确定的组织区域。政党对其环境施加的影响越多,它能自发产生的、之于政党发挥功能所必需的资源就越多。迪韦尔热描述过的大众型政党的"理想类型",考虑到其之于环境的自主,也尽可能地制度化了。这种政党直接控制了它的经济资源(通过党员身份)、主导了各附属协会(collateral associations)——并通过这些协会扩大了对其阶级基础(classe gardée)的控制——拥有发达的中央行政机关(即强大的官僚化),而且从党内(包括最低程度的外部介入)选择其领袖;其公众会议的代表们(public assembly representatives)受政党领袖们控制——不管议员会议(parliamentary assembly)的制度化程度如何,党的组织保持着自主。[19]

在另一个极端,我们也看到了之于环境几无自主的政党,为了筹措资金而依赖环境(比如依赖利益集团);它无法控制各附属协会,相反,它被各附属协会所控制,而且,它必须同各附属协会在平等基础上谈判;这种政党的选举名单上有许多为利益集团支持的、从未在党内任过职的候选人。

政党—环境的这两种关系都是理想类型:没有一个政党完全依赖其环境,也没有一个政党形成如迪韦尔热的"大众型政党"之于环境那么多的自主。不过,我们可以区分这两类政党:更接近第一种模型的政党与更接近第二种模型的政党。一个之于环境的自主程度极易联系起来的特征是,组织边界的不明确程度:组织越自主,它的边界越明晰。一个自主的组织可以让我们明确地确定它始于何处、止于何处(即,由什么人构成,其他组织受到它的是什么影响,等)。另一方面,一个高度依附型的组织,它的边界不明确:形式上外于组织的许多集团和/或组织都是它的一部分、与该组织内的次级团体有联系、而且或多或少以隐藏的方式"穿过"它的正式边界。当边界相当明确时,组织符合"封闭"模型;当边界不明确时,它就符合"开放"模型。

制度化的第二个方面,系统性(systemicity)程度,指的是组织内部结构的团结(coherence)。当某个组织体系给组织内的次级团体留有相当多的自主时,[20]该组织的体系化程度就很低。因而各次级团体自主控制着(独立于组织的中央)它们发挥作用所必需的资源(即它们与环境的交换过程)。另一方面,高度的体系化意味着,通过对组织资源以及与环境的交换过程的集中控制保证了次级团体内的高度相互依赖。体系化程度越高,对政党—环境关系的控制就越集中(考虑到权力资源趋于集中的本性),而且对关键的不确定区域的控制也就越集中。这是相互的,体系化程度越低,对不确定区域的控制就越分散。

低水平的体系化一般会产生非常异质的组织:次级团体各不相同,因为它们从不同的环境领域吸收资源。另一方面,高水平的体系化一般产生更为同质的次级团体。

制度化的两个维度是相关联的。因为低度的体系化,通常意味着之于外部环境的自主程度很低,反之亦然。实际上,各次级团体独立于"中央"之外通常与它们对特定环境领域的依赖相关(就像当一个强有力的地方利益集团、一名重要的地方显贵等对某个地方协会的控制确保了它独立于政党全国组织之外)。最后一个例子帮我们解释了,为什么边界不明确的组织通常是高度依赖环境的,并且产生了很弱的党内团结结构,以及低度的体系化。

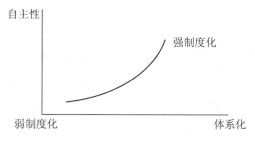

**图 4.1　制度化强弱与自主性、体系化的关系**

就环境的挑战而言,高度制度化的组织通常比那些弱制度化的组织拥有更强的防御,因为前者控制环境不确定的手段集中在"中央"手中,而不是分散在各次级团体中。同样,"强"制度可能比"弱"制度更加脆弱。实际上,当组织的体系化程度很高时,一场影响到组织某个部分的危机注定要快速地感染其他部分。当体系化程度很低时,不同部分的相对自主性允许它更易于脱离危机的影响。[21]

高度制度化的政党彻底限制了党内行动者的机动余地。组织会给行动者施加影响,让他们的策略"循规蹈矩"。高度制度化的政党,变化既慢又费力,与那些经历过重大且不期而至之变化的政党相比,它更可能会由于过于僵化而崩溃(如 1917 年社会民主党的情况)。弱制度化的政党,内部的行动者有更多自主性来与其他政党竞争;充满竞争的组织次级团体保证了对不同环境领域及外部资源的自主控制。这种组织能经受住突然的转型,比如,当组织的领导地位与意识形态的领导地位在经历了长时段的逐步僵化后会突然迎来重生。这类重生在高度制度化的政党中鲜有发生。

关于政党制度化的不同程度,我们至少可使用五个指标。

第一,议会之外党中央组织的发展程度。[22]规律是,高度制度化的政党拥有一个成熟的中央官僚组织、一个很强的全国机关以对抗政党的中阶组织与外围组织。弱制度化的政党,中央官僚机关也很虚弱、不发达。如果不是根本不可能的话,它也很难走向成熟,外围的各协会相对于党的中央而言相当独立。这是控制组织不确定区域之集权/分散的不同程度的结果(高体系化 v.s.低体系化)。比如,英国保守党的制度化程度比工党更高,而且,该党传统上就拥有更强大的、发达的中央官僚组织。因而高度制度化的政党,比起低制度化的政党而言,既更为官僚化,又更为集权化。集权是官僚化的后果。

第二,在同一科层层级内组织结构的同质化程度:比如,在高度制度化的组织内,诸地方协会趋于以相同的方式在全国范围内组织起来。在弱制度化的组织内,诸地方协会可能是非常异质性的。很明显,这取决于体系化的不同程度,或者结构之凝聚的不同程度。

第三,组织如何筹措资金:组织的制度化程度越高,就越有可能在一个来源多样化(plurality)的、定期的捐赠资金流的基础之上建立一个可供支配的收入体系。制度化程度越低,资金流就越是难以变得可延续和定期,筹资来源就越难以多样化。官僚机构主导着政党的结构凝聚力、并使政党保持高度的体系化,常规化对官僚机构的维持来说是必不可少的。筹资来源的多元化保护了政党免于外部的控制。

第四,与外部各附属组织的关系:我们也说过,不同的制度化会产生对外部环境的、不同程度的控制。高度制度化的政党主导了其外部环境,在如下情形中(对它们存在的较好时期内),意大利共产党、法国共产党、德国社会民主党和奥地利社会党(SFÖ, Austrian Socialist Party)与各工会的联系,或者英国保守党与其附属组织的联系:外部组织充当了党的"传送带"(transmission belt)。另一方面,在弱制度化的政党中,它们与外部组织或者没有联系(比如,在20世纪前十年的工人国际法国部和法国总工会);或只有不确定的关系(如1906—1922年的意大利社会党与各工会);或附属组织很弱、不重要(如基督教民主联盟);以及,最后一种,党自身依附于外部组织(英国工党)。

最后,政党的法定规范与其"真实的权力结构"之间的一致程度。这种一致性在高度制度化的政党内趋于更高。很自然,这并不意味着,那些重要制度的法规精确地描述了实际的权力分配,毋宁说行动者在党内的优势地位是因为他们的权威被正式地认可,而不是因为他们,比如说,在外部的组织中扮演重要角色。高度制度化的政党,其主导联盟如同英国的保守党那样,围绕着杰出作用被正式认可的议会领袖旋转。另一方面,工党的主导联盟,实际上包括了作用未被正式认可的工会领袖们(即,正式制度把权力赋予了各工会,而不是直接赋予工会联合会,工会的主管团体:英国工会联合会*)。

---

* TUC,Trades Union Congress,又称工会联盟、工会联合会、英国劳工联合会议、英国总工会。——译者注

这一现象正好是由与制度化程度相关的边界之不确定的不同程度引起的。如果制度很强，边界清楚明晰；根据定义，形式上外在于政党的人们、集团或协会就不能在组织内扮演领导角色。如果制度是弱的，边界也不明确，相对于环境的自主性也是最低限度的，形式上外在于政党的行动者更易于"跨越"该边界。

# 强制度与弱制度：两种理想类型

低度制度化一般产生不是很团结的主导联盟（即，主导联盟可再分为派系），而高度制度化则产生很团结的主导联盟（即，主导联盟可再分为派别）。换句话说，高度制度化意味着对不确定区域以及对组织激励分配的集中控制。低度制度化意味着对不确定区域的分散控制，因而不存在垄断了激励分配的"中央"。

因而制度化水平会塑造政党的主导联盟，特别是影响党内的团结程度。超凡魅力型政党例外（如我们将看到的那样）——与制度化最初的缺失相伴随的是，一个团结的主导联盟——这两种现象一般是密切相连的：制度化程度越低，主导联盟越是分裂，制度化程度越高，主导联盟越是团结。因而相反关系也存在于政党的制度化程度与其次级团体的组织化程度。因为政党制度化程度越高，党内集团的组织化程度就越低。相应地，政党制度化程度越低，党内集团的组织化程度就越高。在制度化极大化的极端情况下，集团几无组织化：它们代表了纯粹状态的派别。而在制度化最小化的极端情况下，集团被高度组织化为派系。因为不同政党间（以及一个政党不同时期内）制度化的程度不同，有"多少"之分，所以其内部集团之间的组织程度不同，也有多少之分（见图 4.2）。

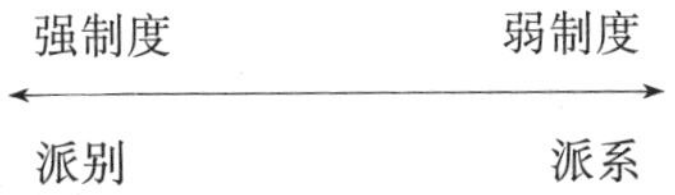

强制度　　　　　　　弱制度

←—————————————→

派别　　　　　　　派系

**图 4.2　制度化程度与组织程度的关系**

鉴于制度化的程度、每个政党的"机会结构"各不相同,或者更精确地说,鉴于党内政治竞争形成的形态和渠道各不相同,[23] 所以,精英录用形态也不相同。在高度制度化的政党中,根据主导联盟的团结特征,精英录用趋于向心(centripetal)运动:既然党内有很强的"中央"——一个团结的主导联盟垄断了不确定区域与激励的分配——因此要想在党内出人头地只有一条路:让中央增补自己为新成员。因而机会结构就是,"有野心的成员"(投机分子)为了混到党内更高层的圈子(upper rungs),必须与中央的命令保持一致。结果就形成了某种漏斗形结构,因为个人的流动和成功需要向上聚合于中央(vertical convergence at the center);一个人必须得到为数不多的全国精英的支持,并毫无保留地遵从其意愿。另一方面,在弱制度的政党内,精英录用是离心(centrifugal)运动。许多上层集团控制了重要的权力资源,因而可以分配组织激励。与其讲是一个上层集团,我们还不如说是多个彼此结盟或不和的集团。向上爬是离心运动,因为,为了成功,一个人需要把自己在政治上归为某个集团(某个特定派系),"反对"其他所有集团。

就党内"机会结构"而言,强制度趋于造成党内的不平等体系,这一体系高度自主、独立于其他的社会不平等体系(党内的各不平等主要是由官僚结构中的劳动分工规定的);弱制度化将会造成较少自主的党内不平等体系。更大程度的制度化意味着相对于环境的更多自主;[24] 因此界定一个高度制度化政党内的不平等,其标准对一个既定的组织而言首先是趋于内生的、具体的。在制度化程度较弱的情况下,这样的标准至少在某种程度上是外生的,即,由外部强加的。具体而言,这意味着,一个政党的制度化程度越高,其党内参与将会越"专业化"(因而规范其不平等体系的标准将是一个专业的—官僚化结构的那些标准)。政党制度化程度越低,党内参与越可能趋于是"公民"(civil)型,[25] 即,人们控制的外部资源在组织内的传递,反映了他们在社会不平等体系中的位置。换句话说,制度化越弱,我们就会发现,在诸如党内科层结构以及被挑选的职务中,"有地位的显贵们"越多,而"政治专业人员"越少。

我们也可以以别的方式重新确认这一点:在高度制度化的政党内,政治活动趋于呈现"真正的"职业的形式:一个人从政党的最底层做起,在漫长的见习期后,他一步一步往上升。另一方面,在弱制度化的政党内,这类"职业生涯"很少存在;党内各层级有更大的不连续性;[26]而且因为缺乏"常规的"职业生涯,[27]在严格意义上讲,人们可以青云直上,包括跻身于中—高层。更一般地,我们可以说,高水平的制度化主要与精英的"纵向整合"相一致[28]:人们进入组织的最底层,然后往上升,他们是在组织内得到哺育和提升的。另一方面,在一个弱制度化的组织内,存在着精英的"横向整合":人们从党外进入党内高层,他们在党外已经占据精英位置,即,他们把其他资源转化为政治资源(不仅有地位的地方显贵这么做,而且增补进党内的那些显贵也这么做;因为他们掌握了党的外部组织的权力)。[29]

由定义来看,相比弱制度化的政党,强制度化的政党与其追随者之间通常很少有庇护关系,对外部关系的"渗透"也较少,因为党内不存在有地位的显贵们(然而,一个弱制度化的组织也并不总是庇护式的)。

另一方面,制度化程度越高,政党的亚文化(subculture)就越强大、越广泛。只有一个强组织——可能主导其社会基础的组织——才能形成"社会整合型政党"的特征。因为这个原因,制度化越强,政党的亚文化才越类似于"社会中之社会"[30]。另一方面,一个弱组织,不得不适应其社会基础,将不会形成很强的政党亚文化。然而,宗教型政党代表了一种例外,因为虽然它们一般是弱制度,但它们会被嵌入很强的政治亚文化。这类外生合法性政党,也可以利用附属的亚文化网络,该网络事实上依赖(如政党那样)其发起组织(教会)。

到目前为止,我们已经讲了两个理想型政党:强制度化政党与弱制度化政党之间的差异。但这些是理想类型:没有一个政党会完全符合。因此,党内不平等体系绝不会完全独立于社会不平等体系,[31]也不会完全依赖社会不平等体系。成员录用绝不会完全是离心的,也不会完全是向心的,精英的整合也不仅仅是横向和纵向两种类型。而且,没有一个政党,将会完全对庇护主义(clentelism)免疫,也不会完全免于庇护关系。真实的政党可以被置于制度化的连续体内,而非处于制度化的极端。[32]

此外,政党高度制度化这一事实并不能保证它的去制度化(de-institutionalization),不能保证它丧失之于环境的自主,而且也不能保证在环境发生激烈变化的时候,组织"体系化"的衰落不会发生。弱制度化的政党也不会注定总会弱制度化。然而,制度化发生的方式,约束了党内竞争体系与政治行为，通常数十年来还对党内生活产生很大影响。

# 起源模式与制度化：一个类型学

我们已界定了制度化，以及政党起源模式的主要要素，现在我们将试着理解起源模式与制度化是如何关联的，即，某种特定的起源模式是怎样影响制度化程度的。

以一个至少在理论上可理解的方式看，以渗透与扩张进行的组织发展总是与制度化相联。渗透式的发展趋于产生强制度。从一开始的定义看就是这样，一个团结的精英阶层，可以把初生组织强大的发展进程启动起来。另一方面，扩张式的发展趋于产生弱制度，因为存在许多的竞争性精英，他们控制了明显的组织资源；组织因而被迫以多个集团的联合、妥协，以及协商的方式来发展。

类似地，我们也能轻易查明有无外部发起组织与政党能获得的制度化程度之间的关系。存在发起组织一般会导致弱制度。实际上，外部组织对巩固政党（超过某个限度后）毫无兴趣，因为这不可避免地会减少政党对它的依赖。支持者的政党忠诚是间接的（政党的合法性来自外部），这一准确事实妨碍了强制度化的确立。因而，其他条件不变时（ceteris paribus），内生合法性政党（即，不受其他组织支持的政党）更易于成为一个强组织。然而，各共产党，代表了一种非常重要的例外情况，因为它们受到外部组织的支持（第三国际），同时保持了很高的制度化。因此我们可以假设，如果发起组织与政党处于相同的（一国）社会中，发起组织会以一种方式来影响政党的形态；如果它们不处于同一国家，发起组织会以不同的方式影响政党的形态。如果发起组织为某个工会或教会，政党的高度制度化，意味着它将自主化，即政党从发起组织中获得"解放"，这类政党的形成将会被禁止。然而，如果，发起组织是在不同的（某国）社会内运转，可能的结果是，高水平的制度化保证了政党独立于其本国环境，但这一独立带来的代价是政党更加依赖发起组织。各共产党在20世纪20年代的布尔什维克化进程形成了被团结的主导联盟控制的、高度制度化的组织。然而它们相对于本国环境的自主性却与对一个国际组织的依附相伴相生，该国际组织作为它们的合法化来源以及主导联盟的外部支持而发挥作用。

当发起组织与该政党在同一(国)社会中运转时，“双重(double)组织资格”的现象影响了党的制度化进程。因为党员通常也是工会会员，或宗教共同体的积极分子。外部组织的权威由其代表(工会领袖们、教会统治集团)直接行使。另一方面，在发起组织与政党不在同一(国家)社会时，双重组织资格无法起作用(根据定义)，而且组织权威也只能通过政党行使。我们可以假设，不同水平的制度化适应于不同类型的合法化(顾名思义，党内、“同一国”之外生、“非同一国”之外生)。如果内部合法化符合强制度化，一国内的外生合法性(如工党)与弱制度相一致，非同一国的外生合法性趋于跟强制度(即，可能会非常独立于本国社会，而且党内的团结程度很高)相联。

讨论到这里，在起源模式与制度化水平之间的关系可见图 4.3：

| 渗透 | 制度化 | 扩张 |
| --- | --- | --- |
| | 强 | 弱 |
| 外生合法性 | 1 | 2 |
| 内生合法性 | 3 | 4 |

**图 4.3 起源模式与制度化水平之间的关系**

首先，第一种情况可以由各共产党来证明。它们合法性的来源是外生的，并且党内主导联盟主张反对布尔什维克主义的对手，该主导联盟在政治上是团结的。它们组织发展的主要特征是地域渗透式的(以及当它们从社会党分裂后，全面重组了接手的地方结构)。这一过程导致了高水平的制度化。

第二种情况可以由各劳工政党(labor parties)(最重要的是英国工党)与一些宗教型政党(意大利人民党、意大利天主教民主党、比利时天主教民主党，等)所代表。它们的组织发展主要是由于地域扩张以及各协会的自发形成。最初的扩张式发展与发起组织的存在一道妨碍了强大的组织忠诚的形成。而且,主导联盟的形成是分裂的、异质性的。组织在制度化,但程度有限。

第三种情况,主要但非唯一地用迪韦尔热命名"内生型"政党来代表。以地域渗透方式建立组织的党中央很有凝聚力,而且一般是团结在某个非常杰出的领袖旗帜之下的议会精英。这种进程会形成强制度。各种保守党,英国保守党可以放在这个名单的首位,都是以这种方式形成的(奇怪的是,以该方式形成的保守党远远多于自由党)。[33]

第四种情况主要包括由现存集团的联盟(federation)创立的政党,如工人国际法国支部和意大利社会党、日本社会党、基民盟,等。两个或者更多既存组织的联盟、或者最初的发展是在"纯粹"状态下以地域扩张方式进行的政党(基民盟的情况),[34]产生了团结程度较弱的主导联盟。这是由于就党中央以牺牲外围来增强自身而言,不同党内集团都拥有否决权。组织以弱方式制度化。


# 个人超凡魅力:一个反常的例子

在前面的讨论中,我们只考虑了,如何以上述三个因素中的两个来描述不同政党的起源模式(顾名思义,组织形成类型与外部组织的有无)之特征,不同起源模式被假设与不同的制度化程度相关联。不过我们还没有提及超凡魅力型的领导,因为它的作用更复杂,必须单独讨论。实际上,就此点分析而言,超凡魅力型个人的存在,会产生部分反常的结果。我们可以从认为超凡魅力既与以渗透方式进行的组织发展相关联,又与以扩张(或联盟)(federation)方式进行的组织发展相关联说起。但后一种关联考虑到可得到的一些历史个案,最大可能是协会:超凡魅力型政党通常通过一些自发形成的地方集团和/或既存的、认同并归顺同一个领袖的组织之结盟而形成。然而,超凡魅力与发起组织的自动出现是不相容的。后者仅仅容忍了,如我按照特克尔的观点所界定的"情境式超凡魅力",这实际上是个人超凡魅力的淡化形式。纯粹超凡魅力与发起组织之间完全不相容:一个存在,另一个就不能存在(尽管经常,很自然地,两个当中一个也没)。政党不会自动成为领袖的工具、完全受他塑造,也不会自动成为外部组织的政治手臂。但是纯粹超凡魅力的特殊之处在于,事实上它会产生一个团结的主导联盟,尽管缺失了组织的制度化过程。因此,我们假设制度化越强,主导联盟越团结(反之亦然):但超凡魅力代表了某种例外,主导联盟尽管由不同的派别组成,但它从一开始就很团结(虽然各派别之间经常有秘密的但鱼死网破的争斗)。领袖代表了它们的纽带,不同集团争斗的目标是从领袖处获得更多的收益和保护。团结是由如下事实保证的:只有那些从领袖的支持和信任中获益的人才有权接近政党的"内核"。因而这样的政党,如同具有强大官僚结构的强组织一样(但原因不同),精英录用也是向心运动,而且组织也是高度集权的——不管怎样,这就是超凡魅力最终常规化(routinization),即制度化前的事实。在超凡魅力型政党中(在超凡魅力常规化之前),制度化的缺失和存在一个强有力的权威集中(在非超凡魅力型政党内,这只有在强官僚组织的情况下才会发现)是相关联的。

权威的集中——毋宁说对组织不确定区域的控制集中在领袖手中——看似不存在官僚化发展的情况。因为,从普遍意义来说(这里遵循的是韦伯),超凡魅力和官僚化是相反的组织现象。

此外,个人超凡魅力一般也会与强有力地抵制制度化相关联。领袖实际上没有兴趣去巩固组织,因为这不可避免地为党"摆脱"领袖的控制创造了条件。在特定意义上,之于政党,超凡魅力型领袖与外部发起组织都占有类似的地位,因为他们都不鼓励制度化。[35]

表 4.1 　起源模式与制度化强弱

| 起源模式 | 制度化 |
|---|---|
| 1 { 地域扩张 | 弱 |
| 　 地域渗透 | 强 |
| 2 { 合法性来自内部 | 强 |
| 　 同一国内之外生合法性 | 弱 |
| 　 非同一国内之外生合法性 | 强 |
| 3 超凡魅力型 | 缺失/强 |

这一理由帮助解释了,为什么制度化对于超凡魅力型政党而言很稀缺——换句话说,为什么超凡魅力型政党一般不会比其创建者活得长,也

无法实现超凡魅力的常规化(或客观化)进程。保留原有的标志,这种情况很少可能会发生,一个业已制度化的超凡魅力型政党,将很可能维持其高度集权的党内权威模式——这些,进而成为一个相对较高水平的制度化的先决条件。

# 结　　论

上述讨论已经可以让我们逐渐获得政党形成的一种类型学。我们现在必须"经验地"检验该类型学,这意味着在这一领域,用许多具体政党在其诞生和形成进程中的有用信息,形成一种历史—比较分析。

然而,我们必须限定我们所说的。通过采用"同等条件"条款,上述类型学排除了环境因素的作用。该类型学把自己限于在起源模式(自变量)和制度化程度(因变量)之间建立特定的假设关系。通过挑选看起来特别可信的因素,并试图发现它们以相同方式对选择的其他因素有什么影响,我们获得了该类型学。当检验(经验性地核查)这种类型学时,"同等条件"条款就不再适用了。然后我们会发现自己面对着不同的环境条件,它们是在政党的起源模式与制度化程度之间起作用的干预(也是让人烦恼的)变量,这些变量证实了非常不同于之前假设的结果。这些因素——在建构类型学时排除的因素,在我们对假设进行历史—比较的控制时,[36] 必须被考虑进来。

## 注　释

1. 关于概念"起源模式",参见 Cf.D.Silverman, *Sociology of Organizations*, London, Heinemann Educational Books, 1970。

2. Duverger, *Political Parties*.

3. 关于政党的历史起源及其最原始的解释,参见 P.Pombeni, "II problema del partito politico come soggetto storico: sull' origine del 'partito moderno,' Premesse ad una ricerca," in F.Piro, P.Pombeni, eds., *Movimento operaio e societa industriale in Europa 1870—1970*, Padova, Marsilio, 1981, pp.48—72。或参见 A.Colombo, *La dinamica storica dei partiti politici*, Milan, Istituo Edito-

riale Cisalpino，1970。

4. K. Eliassen 和 L. Svaasand，"The Formation of Mass Political Organizations：An Analytical Framework，"*Scandinavian Political Studies*，X（1975），pp.95—120.

5. Ibid.，p.116.

6. J.Elklit，"The Formation of Mass Political Parties in the Late 19th Century：The Three Models of the Danish Case，"和 L.Svaasand，"On the Formation of Political Parties：Conditions，Cause，Patterns of Development，"在欧洲政治研究会的研讨会（ECPR workshop）上提交的关于政治组织的论文，Grenoble，1978。

7. L.斯瓦萨德（L.Svaasand）在之前注释引用的论文中曾涉及这个问题，他区别了"单头（monocephalic）政党"和"多头政党"（polycephalic）。

8. 关于分分合合（*statu nascenti*）的情况，有不同的侧重点，参见 F.Alberoni，*Movimento e istituzione*，Bologna，II Mulino，1977，以 及 Touraine，*La Production de la societe*，A.Melucci，ed.，*Movimenti di rivolta*，Milan，Etas Libri，1976。关于克里斯玛型领袖的文献的更深讨论，参见第八章。

9. R.Tucker，"*The Theory of Charismatic Leadership*，" in D.Rustow，ed.，*Philosophers and Kings：Studies in Leadership*，New York，Braziller，1970，pp.81—82.

10. 参见第八章对这点的详细分析。

11. Selznick，Leadership in Administration.

12. Ibid.

13. Ibid.

14. 关于制度化作为组织内部变革和组织环境变革的稳定模式，参见 S.N.Eisenstadt，*Social Differentiation and Stratification*，Glenview，Scott，Foresman and Co.，1965，p.39ff。也可参见同一出版社，Blau，*Exchange and Power in Social Life*，pp.211ff。

15. A.Pizzorno，"*Interests and Parties in Pluralism*，" in S.Berger，ed.，*Organizing Interests in Western Europe*，New York，Cambridge University Press，1981，pp.247—284.

16. "忠诚"与"利益"之间的差别，我们在这里使用它们的方式，在很大程度上对应伊斯顿的区分："弥散支持"（diffuse support）—共识给予了体系，遑论直接的补偿如何；"特定支持"（specific support）—共识给予了领袖以换得直接的利益：参见 D. Easton，*A Systems Analysis of Political Life*，Chicago，University of Chicago Press，1979，p.267ff。当然即使是特定的共识，被满足时也会产生"忠诚"，但更可能是给个人（*ad personam*）的忠诚（即，忠诚是给了领袖或能满足其特殊需求的领袖们）而非像弥散忠诚一样是对机构的普遍性忠诚。

17. 我选择且只选择了这些制度化"参数"，在我看来，通过之于环境的自主以及体系性水平，组织趋向于向同一方向前进。换句话说，就如我在本章及后续章节用具体案例证明的,之于环境的自主性越大,就越趋于系统性,相应的,自主权越小,系统性越小。众所周知的、被塞缪尔·亨廷顿(Samuel Huntington)用以判断制度化的标准——自主性(autonomy)、聚合性(coherence)、复杂性(complexity)、灵活性(flexibility)——似乎再实证研究中并不十分有用,似乎无法表征自主性的提高也能提高聚合性、复杂性和适应性:参见 S.Huntington, *Political Order in Changing Societies*, New Haven and London, Yale University Press, 1968。

18. Bonis, L'Organization et l'environment.

19. 关于议会制度和政党结构之间的相互作用,参见 M.Cotta, *Classe politica e parlamento in Italia 1946—1976*, Bologbna, II Mulino, 1979。

20. A.Gouldner, *For Sociology*, Harmondsworth, Penguin Books, 1975; J.A.Van Doorn, "*Conflict in Formal Organizations*", in A.Renck, Conflict in Society, Boston, Little Brown and Co., 1966, p.1.

21. Haldrich, Organizations and Environment, pp.77ff.

22. 关于 E.Spencer Wellhofer, "Dimensions of Party Development: A Study in Organizational Dynamics," *The Journal of Politics*, XXXIV(1972), pp.153—169, "官僚化"(bureaucratization)与"正规化"(formalization)(书面和法规用语的产物)二者都是制度化的构成要件。我同意第一点,但不赞成第二点:我们可以看到,许多迹象表明,即使组织的制度化程度很弱,也会出现正规化。

23. 关于"机会结构"的概念,参见 J.A.Schlesinger, *Ambition and Politics*, Chicago, Rand McNally, 1966。

24. Huntington, *Political Order and Social Change*, pp.21ff.

25. 参见皮左诺提出的类型学, *Introduzione allo studio della participazione politica*。

26. 关于弱组织化政党内的职业不连续性(discontinuity of careers),参见 Eldersveld, *Political Parties*, pp.140ff, Kornberg et al., *Semi-Careers in Political Work*。

27. 参见 Spencer Wellhofer, *Political Parties as "Communities of Fate"*。

28. 关于这些概念,参见 R.S.Robins, *Political Institutionalization and Integration of Elites*, London, Sage Publications, 1976。

29. 关于精英招聘的"基尔特制"(guild system,它要求在组织内长期的见习期)与"横向进入"(lateral entrances),参见 R.Putnam, *The Comparative Study of Political Elites*, Prentice-Hall, 1976, p.47ff。

30. 在某些情况下,强组织亚文化的存在与"组织封闭(organizational encapsulement)"的情况息息相关,参见 G.Sartori, "European Political Parties: The Case of Polarized Pluralism," in R.A.Dahl 和 D.E.Neubauer, eds., *Readings in Modern Political Analysis*, New York, Prentice-Hall, 1968, pp.115—149ff。

31. 这个事实说明了组织了大众阶级(popular classes)的、更为制度化的政党,趋向(在有限的范围内)内部再生产,社会不平等——特别是,在中高层中过度代表了中产阶级集团。关于实际证据,参见 D.Gaxie,"Les logiques recruitment du politique,"*Revue Francaise de Science Politique*,XXX(1980),pp.5—45。然而社会不平等,通常都更直接地反映在弱势组织而非强势组织中。米歇尔斯指出,在意大利社会党和工人国际法国支部的国家精英中,知识分子要比在德国社会民主党(该党工人成分较多)中多,这应归于制度化程度的差异,参见 R.Michels,*Proletariato e Bourghesia nel movimento Socialista italiano*,Torino,Bocca,1908。

32. 迪韦尔热在《政党》一书中区分了"强衔接"(strongly articulated)政党和"弱衔接"(weakly articulated)政党。这一区分符合我们区分体系化程度的高低与内部结构的团结程度的高低,这都取决于强有力的中央协调的存在(或缺乏)。在这一意义上,组织的基础单元是党小组(cell party)、民兵(militia)、分支部(branch)、俱乐部(caucus)之间的相关区别,在我看来——对迪韦尔热的组织理论来说至关重要的区别——符合了体系化程度的区别:一个基础单位是党小组或民兵的组织,通常要比(但并非总是如此,如我们将要看到的那样,如果是克里斯玛型政党)基于地域分部的组织有更强的内部结构的聚合性;后者,反过来,要比基于委员会的组织有更强的内部结构的聚合性。

33. Elklit,*"Formation of Mass Political Parties"*和 Svassand,*"Formation of Political Parties,"*关于意大利自由党无法组织为一现代政党,参见 G.Galli, *I partiti politici*,Turin,UTET,1974。

34. 关于我们为什么不将基督教民主联盟视为与其他教派政党(confessional parties)截然相反的外生合法性政党,可参见第七章。

35. 当然我们有可能假设,外部组织能够产生同克里斯玛型一样的影响即,制度化的缺失伴随主导联盟的强大凝聚力;当外部组织的凝聚力强大到可以将类似的凝聚力强加在资助的政党上,这是可能发生的。有可能是之前日本的公民党(Clean Government Party)的情形,一个非常团结且简明的宗教组织的政治产物——创价学会(*Soka Gakkai*),参见 T.Tsutani,*Political Change in Japan*,New York,McKay,1977,p.151ff。但组织很少如此团结的,最"正常"的结果是拥有分裂主导联盟的一个弱制度化政党。

36. 很多因素都很重要。政体的诸制度化特征是众因素中最为重要的(比如,国家官僚机构的类型);政党诞生及其入主全国政府的间隔时间也很重要。(一个在执政——而非在野时进行了组织巩固的政党,不太可能形成强制度)。在这里,组织形成阶段经历的环境威胁的强度也是重要因素,比如在两个或更多组织合并的情形中(地域扩张的变体);如我们会在下一章看到的,国家镇压和两个相对集权组织的合并有助于解释,为什么德国社会民主党会形成强制度。

# 第五章

# 反 对 党

在大部分时间内作为在野党存在的政党,其组织特征不同于那些长期执政的政党,这是一个常识。前者对强固组织的需求比后者更大。它们不能依赖政府官僚组织获得支持,也不能以为家园辩护的方式 * 来利用国家及其代理人,而且它们也无法任意支配利益集团为执政党保留的大量资金支持。在大多数情况下,它们只能依赖自己。在与执政党竞争时,强化组织,使其动员本党支持者更为有效、连续,通常是它们克服逆境所采用的最可行的方法。在野党对执政党而言才是真实的。执政党享有政治竞争的各种公共资源,而且这些资源通常是动员支持者的有效的替补。沿着这一推论轨迹,我们应当期待,那些在在野期间形成和发展的政党,易于形成强组织,而且在形成后获得国家权力的这些政党——因而也就是在执政时经历了组织的巩固——将会变成弱组织。情况经常是这样。实际上,在组织巩固的关键阶段,对政府资源的控制(或缺乏控制)经常极度倚赖制度化的形态。然而,这并不是说,这一说法总是真实的。制度化的不同程度也可能发生在"各在野党"之间(即,那些在反对党期间巩固的政党),就像它们也可发生在"各执政党"之间一样。在制度化水平与政党在全国政府内的最初地位之间没有严格关联。

然而,(政党)最初的状况是很重要的。而且,我将把它作为一种试

---

* 公元前 57 年,古罗马最著名的雄辩家西赛罗从流放地回到家乡发现他的宅第已经被对手格洛狄乌斯的煽动策划所拆毁并在原址建造了庄严的神庙。为了维护自己的权益,西赛罗发表了一篇辩护演说"Pro Domo Sua"(为家园辩护)最终说服了长老院,拆除神庙,恢复他原先的家园。——译者注

纸：我将分别检验一些"在野党"与一些"执政党"最初的组织发展，以便于在不同的案例中进行比较。利用这一方法，可能可以检验我们之前已经列举的诸起源模式和制度化水平之间关系的假设。

第一个系列的比较（第五章和第六章）包括的政党具有两个共同特征：(1)它们都是在长期在野期间制度化的政党；(2)它们都是置于工业社会根本性的"分歧"——阶级分歧同一侧的政党（命名为社会党和共产党）。尽管有这些相似性，只要考虑一下组织外形，它们也有一些标志性的区别。

在本章我将检验三个已经成为"强制度化"的政党（德国社会民主党、法国共产党和意大利共产党），在下一章，我们将分析三个"弱制度化"的政党。[1]

# 德国社会民主党

德国社会民主党（SPD），欧洲第一个大众型政党，有着异常的命运：它既成为组织权力优点的象征，又成为组织权力缺点的象征。德国社会民主党，该组织被恩格斯称誉有加，[2]也是鼓舞大多数欧洲社会主义者的典范[3]；它的政治纲领（从哥达到埃尔福特）也被许多社会党精确复制；它的宪章直接成为许多别的宪章之典范；而且几十年来，它的组织成功与选举成功也被视为社会主义社会即将出现的证明。自米歇尔斯的分析开始，德国社会民主党也成了大型组织官僚衰败、寡头衰败的象征。

在今天来看，德国社会民主党在帝国时期（这一时期产生了许多相对立的观点）形成的组织权力并没有完全消失。在经历魏玛共和国时期的变迁、纳粹时期的秘密活动、巴特戈德斯贝格（Bad Godesberg）以后，甚至在长时期执政后（1966—1982），德国社会民主党，尽管不可避免地削弱了，但仍维持了过去辉煌时代的许多特征。某些特征将德国社会民主党与其他有相类似来源的许多政党区分开来，为了理解这些特征的由来，我们必须提及德国社会民主党遥远的过去。[4]

当1863年由费迪南德·拉萨尔*（Ferdinand Lassalle）创建的全德工人联合会**（ADAV，General German Workers' Association）以及1869年由威廉·李卜克内西（Wilhelm Liebknecht）与奥古斯特·倍倍尔（August Bebel）在艾森纳赫建立的社会民主工人党（SDAP，Social Democratic Workers' Party）于1875年在哥达合并时，它们——虽然相当年轻——却是两个制度化程度相当高的组织化政治宗派（sects）。[5]全德工人联合会是以相当集权的形式组织起来的，而且受到该党超凡魅力型的建立者及其领袖拉萨尔（在他死后，由约翰·巴比斯特·冯·施魏策尔接任）（Johan Babist von Schweitzer）高压威权的领导。这两个组织在哥达合并，如历史学家告诉我们的那样，是一连串事件的结果[6]：由于统治不被认可而拒绝承认组织合并的拉萨尔在1864年过世；对他继任者继续以威权方式领导（但是缺乏超凡魅力）的不满及抵制；普法战争和巴黎公社（Paris Commune）激化了德国工人；以及最重要的是日益增强的国家镇压：1871年，李卜克内西和倍倍尔因叛国罪（high treason）被捕，并在有一段时间内被驱逐出境；1874年（在哥达一年前），拉萨尔组织被剥夺合法权利（基于1861年反破坏法），它的领袖们和支持者都受到了迫害。

战争以及战争引发的一系列事件，再加之不断增长的外部威胁（顾名思义，国家镇压），引发并助长了集体张力的不断增加，这些可以解释哥达合并的成功。新生的政党纲领（为马克思恩格斯尖锐批评的）是马克思主义意识形态要素（由"艾森纳派"强加）和拉萨尔社会主义幻想的巧妙混合。而且，爱森纳派和拉萨尔派（the Lassalian）在党的领导集团内比例相等。[7]但是哥达合并的成功首先为接下来的事实所证实。即使倍倍尔依然保持着在新的政党主导联盟内的焦点人物，但内部冲突（唯一的例外是由顽固的拉萨尔、威廉·哈塞尔曼［Wilhelm Hasselman］等发起的对倍倍尔的反对）并没有弥合（coalesce）爱森纳派/拉萨尔派的分歧；两个原生性（original）集团是在外部压力下完全合并的。

从代表们在哥达批准的党纲，其组织意识形态和政治领导的视角来

---

＊ 指望俾斯麦把帮助工人作为对工人反对自由派资产阶级的回报，以及独裁的工作方式，构成了拉萨尔主义的核心特点。——译者注

＊＊ Allgemeinen Deutschen Arbeitervereins，1863年5月23日成立于莱比锡，为德国社民党的前身。——译者注

看,是两个原生性集团面相之诸因素的结合:基于全德工人联合会模式之上的强集权、守纪律的组织和基于德国社会民主工人党模式之上的中央权力分享型领导(central collegial leadership)相连。[8]这些因素在 1890 年废除《反社会主义法》后,构成了德国社会民主党组织发展的基础。然而,在 1890 年前,党的领袖们不得不避谈许多的组织发展计划,它们受到俾斯麦的镇压。1878 年批准《反社会主义法》迫使社会民主党采取紧急措施。与此同时,高水平制度化的基础已经得以建立。在哥达后,出现了组织与选民的持续增长:在哥达时,有 24 433 名党员;一年后的党代会上,98 名代表已经代表了 38 254 名党员和 291 个地方协会。[9]在 1877 年帝国议会选举中,德国社会民主党获得了 49 344 张选票(大约占全部选票的 10%),赢得了 12 个席位。

它的财务状况也相对稳定:

> 从 1875 年 6 月到 1876 年 8 月,党的财务部门收入 58 763 马克,从 1876 年 8 月到 1877 年 4 月,收入 54 763 马克,从 1878 年 2 月到当年 10 月,收入 64 218 马克。由于有了这些资金,党可以给其领袖们(即,中央选举委员会成员)报酬,支持专业的政治鼓动家,并给日常的报纸和刊物的出版提供资助。[10]

许多日刊和周刊的出版物都以政党为中心。在 1878 年,德国社会民主党控制着 47 份报纸——全国性和地方性的日报、周报、月报——并拥有一个非常强的沟通网络。

执行《反社会主义法》阻碍了社会民主党的组织发展,或者更好地说,把在哥达确立的组织发展导入了一个完全不同的方向。因而议会党团(Fraktion)成了当时社会民主党唯一合法出现的政治中心。各地方协会必须自发地(以及秘密地)组织起来——基于地方没有中央协调的情形下——这一行为受到中央领袖的鼓励。[11]而且,它们是在选举联盟的伪装下行使功能(为法律所容忍)。然而,"外围"独立于党"中央",比真实情况更加明显:议会党团和诸地方秘密协会的关系,实际上,为一些忠诚人士(vertrauensmänner)所担保,他们——在《反社会主义法》有效的二十年内——尽管有各种困难和风险,不合法地维持着政党外围和中央的沟通,保证了后者对前者(非正式)的控制。正式的政治沟通网络,即党的出版物,被破坏了。但是其秘密出版物《社会民主党》还是在倍倍尔的政治控制下,在瑞士出版发行,并通过"忠诚人士"于全德境内进行分发,这有助于维持党的意识形态的团结。

党的创建者们在哥达起草的计划,确立了议会党团对党内机关的依附。然而,因为《反社会主义法》,议会党团成为党的统治中心。

但也只是在某种程度上如此。倍倍尔,虽然1881年到1883年间不是议员,却总是在议会党团会议中分享要职。李卜克内西也是这么做的,尽管他1887年至1889年不是帝国议会的议员。[12]没有人敢质疑这两个备受欢迎的、杰出的领袖参与政党决策制定的权利。换句话说,即使当时该党的法理结构表明该党朝议会内政党(即,议会党团主导政党)方向的一种至少是潜在的发展以及地方协会之于"中央"的高度独立(这种演化,如我们将看到的那样,是典型的弱制度化政党的演化),这种可能的发展,被"忠诚人士"稳固的、尽管非正式的中阶结构给阻止了,也被领袖们的存在(如倍倍尔和李卜克内西)给阻止了。这些领袖们的权力与对组织的控制取决于他们在政党支持者中的受欢迎程度,而不是他们正式的组织角色。

那些"忠诚人士"是志愿者,即他们是不付薪的。这些人是官僚(在随后政党回归合法的时期内)的前身,其循规蹈矩的特征以及保守的特征,被米歇尔斯解释为工人出身的好斗者不可避免的资产阶级化(embour-geoisement),并被解释为寡头统治形成的主要原因。这些"忠诚人士"有不同的特质,他们政治工作的困难情形强烈激化了他们的情绪。在整个秘密时期,他们不断批评议会党团的"柔弱"行为以及由务实的改革主义(着眼于有利于工人的具体措施的议会活动)和"革命语言"组成的"模棱两可的议会制"。[13]换句话说,"忠诚人士"抗议的是,议会党团割裂了意识形态的陈词和预示着之后"消极整合"基本方向的实际行为。在这一时期,该党保持着"团结体系",即,可以根据第一章所描述的"理性模型"检视该组织:集体认同激励依然是唯一真正的组织黏合剂。1890年后,随着帝国议会拒绝延长《反社会主义法》,党的组织形式发生了根本性变化。主导联盟,随后将被界定为"马克思主义中心"(或用卢森堡的恶意界定,"进退两难之境"),业已巩固了。

在整个19世纪80年代,倍倍尔"清理"了左派的挑战,该挑战是由无政府主义者、拉萨尔派和哈塞尔曼本人组成的一个混杂联盟造成的。然后，在圣加尔（ST Gall）党代会期间（1887），在一场艰苦的、预示着接下来十年反对修正主义（revisionism）的冲突和争辩的斗争后，倍倍尔赢得了对"温和派"的（议会的改革主义者）一次决定性胜利。

在1883年，卡尔·考茨基（Karl Kautsky）创办了《新时代》杂志（*Neue Zeit*），这是该党的意识形态杂志，最好的德国社会主义知识分子促成了这份杂志。这份杂志，亏得考茨基作为马克思主义理论家的名声，变成了倍倍尔"模棱两可的议会制"——藏匿在"反议会"与"反体制"修辞后的小改良主义政治战略——的意识形态"合理化"[14] 的主要中心。"马克思主义中心"，之于倍倍尔是政治中心，之于考茨基是意识形态中心，开始代表党内多数派的观点。从1887年开始，倍倍尔和他的人控制了党内所有的关键职位，对他的挑战只有来自南部地区的一个边缘的右翼议会党团，以及一小部分组织上无权的左翼知识分子。[15] 在1891年的埃尔福特，"马克思主义者"倍倍尔，当时稳妥地作为党的领袖，修改了党纲，清除了所有的、在哥达与拉萨尔支持者们的政治的一组织的妥协所强加于党的"杂质"（从马克思主义意识形态的观点看）。

埃尔福特的"马克思主义"纲领——支持对"不可避免"且注定会发生革命的救世主式的（Messianic）等待，但只有当资本主义的矛盾已经迸发（所以同时人们可以完全组织起来并等待着）时，革命才会发生。埃尔福特纲领为一系列的组织发展，以及为冈瑟·罗思（Gunther Roth）恰如其分地描述过的、政治体系的某种"消极整合"，提供了意识形态的借口。[16] 只要小心审慎并且不去推动该议题，我们可以坚持认为，组织的制度化进程在党回归合法（1890年）到1905年的耶拿党代会（Jena Congress）（党的官僚化发展加速了）的15年间呈现出来了。组织在各级逐渐形成了利益，这些利益由与党内科层体系以及阶级基础的纵向联系相连的某种选择性激励体系提供。与此同时，由革命理想提供的、由"协助服务"以及其他的附属活动所强化的"忠诚"，深入人心，"嵌入"了组织。

在19世纪90年代，政党的主导联盟不得不直面左翼"激进派"和右翼"修正主义者"发动的之于组织稳定的挑战。马克思主义中心用他们自己的革命语言阻止了激进派，并以诉诸议会改良主义阻止了修正主义者（以伯恩斯坦和沃尔玛为其代表）。[17] 换句话说，政党的组织稳定是由"议会制上的模棱两可"政策所确保的。亏得有这一政策，主导联盟可以保证其生存，并保证了组织发展，还与敌对方建立了一个暂行架构（modus vivendi）；并且从周期性的、来自左与右的两面夹击*中保护了党内权威。

许多历史学家误认社会民主党的党内争斗为——就像所有政党那样——特有的派系（factional）争斗，但这些争斗更类似于派别（tendencies）之争。

反对马克思主义中心的各集团都是一盘散沙。而派系是一个高度团结的集团，它可以纵向分割政党。但无论是激进派还是改良主义者都不是以此种方式组织的。它们，更像是党内熟知的反对派领袖们（opposition leaders）（而且他们与各地的支持者集团的联系也是很弱的、不定期的），他们定期地——特别是在全国党代会中，但偶尔还在党的两个主要领导机关，执行（executive）委员会和控制委员会中（commission of control）——挑战主导联盟，并且在这些场合下，把围绕在其职位周围的人聚集起来。

因而，党内冲突是弱内聚的、易变的派别间的冲突，是团结在对手的某个标语之下变化无常的、无连续性的集团聚集的产物。反对派领袖们总是一样的，这一事实不应当误导我们：使得某个集团成为派系的，并非是领导层的连续性（continuity），而是领导层的持久性（duration）以及其组织的可靠性。长期以来，反马克思主义中心的集团并不具备前述任一特征。在那个时期，马克思主义中心（即党的主导联盟）的掌权十分安全。当1912年党内政治极化已经十分明显时，激进的领导层只能在各种地方席位上与其追随者建立更持久的关系（因而组织为一个真正的派系），这一实际情况是有征兆的。在那年（1912年），我们第一次"发现了，不莱梅（Bremen）和斯图加特（Stuttgart）的激进组织向党代会提交了类似措辞的请求"[18]。换句话说，激进派团体的"派系式"协作只是在1912年才开始的。而且只有到了1913年，当"卢森堡（Luxemburg）、梅林（Mehring）和卡斯基（Karski）建立了其激进派组织：社会民主党通讯（Sozialdemocratische Korrespondenz）"[19]时，该派系才确立了自己独立的沟通渠道。但是在那个新的时代，组织也已处于崩溃边缘：在著名的、就战时信贷（war credits）的投票后，社会民主党正在等着一分为二。

---

　　* stage-coach holdups, 直译为"公共马车式的交通阻塞"，即交通堵塞严重。——译者注

社会民主党党内冲突的"派别"特点,是其主导联盟高度团结的后果。而且,这反过来也让社会民主党在 20 世纪初发展成为一个强组织,其权力为当时欧洲所有的社会主义者钦佩。

组织的巩固以及官僚化,在整个 19 世纪 90 年代逐步推进。由于多年秘密活动,修补组织结构的裂缝花了很长时间。在耶拿党代会采用了一项新法规,执行委员会得以强化,为今后组织"质的飞跃"打下了坚定的基础。[20]党的官僚化发展(在倍倍尔之前的许多年就已经开始了)在几年后为埃伯特(Ebert)完成了,他在同一次党代会上进入了党的秘书处(1905 年)。组织经历了集权,中阶的地区结构也完整了,并得到了加强,而且组织的同质性也被强加给了各地方协会。同时,组织规模的并行增长也在进行中(以党员数、附属服务活动等进行测量)。

到了 1909 年,官僚化进程就完成了:社会民主党有一个强大的官僚组织,它能自主筹措资金,它很集权,从中央拓展到了外围的官僚结构保证了主导联盟对党的紧密控制(根据被米歇尔斯以及在他之后的学者很好描述过的那些形态)。

然而,没有一个组织的制度化可以超过某个点;没有一个组织可以完全独立于其环境。实际上,社会民主党在 20 世纪之初的强化被党与工会权力关系的一次重要权力移转给抵消了。

在德国社会民主党形成时,德国工会没起作用。在 19 世纪 80 年代,工会各协会都很弱小,而且缺乏全国性协调。只有到了 90 年代,工会在全国范围内的集权、发展以及组织加强才得以开始。1893 年,工会拥有223 530 名会员,但它依然很弱小。在这些情形下,社会民主党对工会的完全控制就非常合乎逻辑。党自身也鼓励工会加强自身结构。在 19 世纪 90 年代,各工会与依附于社会民主党的许多附属组织并无区别。

但是从 1896 年开始,各工会开始在组织上发展起来。到了 1900 年,工会已经有了 60 000 名会员,社会民主党与工会的权力平衡迅速转移了。在 1906 年,虽然社会民主党有 384 327 名党员,但工会自诩有 1 689 709 名会员。1912 年,相较于社会民主党 4 250 000 张选票,工会有 2 530 000 名会员。[21]这一进程改变了这两个组织精英的权力关系,并产生了两种影响:第一,工会精英已经领导着一个强大的组织,可以解除社会民主党的保护,并与它平起平坐。第二,随着规模增长以及招募范围的扩大,工会成为一个政治上混杂的组织。虽然在该组织历史的初始,其成员毫无例外都是社会民主党员,但工会的活动以及特定的工人救助开始吸引更多的非社会主义取向的工人,之后这些工人对社会民主党对工会的政治利用进行了更为强烈的抵制。

因而,工会组织变得既更为强大,又更加多样。它的领导层也必须平衡并调节不同需求之间的冲突:比如,社会主义工会分部和非社会主义工会分部。社会主义分部想要维持社会民主党的至高无上,然而非社会主义分部想要工会独立于社会民主党。这引起了对妥协的寻求,并最终导致一种既"包含了"各冲突性需要,又保证了工会组织稳定的工会—社会民主党的联合关系。

到 1900 年初,工会已经制度化了,而且,正如一贯发生的那样,制度化意味着,以重新定义、重新平衡这两个组织间关系之方式,至少从母体组织,即发起组织(在这种情况下是政党)一定程度上的"解放"。

这导致了社会民主党主导联盟的重大变化。这一变化显示为 1905 年耶拿党代会上一场关于"总罢工"的争论。虽然激进派主张把总罢工作为"革命性工具",而工会反对这种政治策略,但是跟往常一样,马克思主义中心的"和稀泥"立场获胜:倍倍尔让党代会支持这样一个解决方案,总罢工是可接受的,但只是作为最后的"防御武器"[22]。在一年后的曼海姆(Mannheim)党代会上,权力移转巩固了:从政党主导工会移转到这两个组织之间的联合关系被正式承认了。尽管考茨基不同意[23](他还维护着 19 世纪 90 年代的惯例,即工会依附于党),倍倍尔仍成功地通过了一项在诉诸总罢工前需要与工会协商的动议。组织的"平等尊严"在那时已被接受,主导联盟也已经变了,这在随后的几年里日渐明显。在 19 世纪 90 年代,主导联盟完全在党内,即,主导联盟行动者的组织权力取决于他们在党内的角色。曼海姆党代会后,"新的"马克思主义中心包括了社会民主党的领袖以及工会领袖。即使是党的派别斗争也为新的均衡所重塑了。工会无政府工团主义(anarcho-syndicalist)分部开始支持"激进派"与主导联盟的斗争,而工会的右翼确立了与议会"改良主义者"的密切关系。主导联盟的变化,即,从旧马克思主义中心到新马克思主义中心的移转,也是一次意识形态上向右的移转。在 1907 年第二国际斯图加特(Stoccard)大会上,在倍倍尔与饶勒斯(Jaurès)就工人国际主义和反黩武主义的争论中,这种转向就明显了。[24]

新马克思主义中心(社会民主党与改革派的工会领袖之间的联盟)由第二国际内保守主义阵线的捍卫者构成,为党准备好了1914年的民族主义的选择。[25]即使,与一些人声称的相反,工会从未真正控制过社会民主党(因为该党也是一个非常强有力的组织),社会民主党的政治抉择毫无疑问是调停体系的副产品,也是这两个组织的精英间跨组织交易的副产品。

从整体来看,社会民主党的情形确认了起源模式与已显示的制度化程度之间的联系。从形成开始就是一个内生合法性政党,即不是由一个超凡魅力型领袖发起或者创造,这一事实有利于高度的制度化。不利因素——由两个既存组织合并的结果——在所有的目的和效力上,会被一个并存的、非常严重的外部挑战(即,国家镇压)给抵消了:它作为永远的反对党(在重新获得合法性后)的角色强化了社会民主党起源模式诸特性已预先假定的某种组织发展。

# 法 国 共 产 党

正如我们看到的那样,德国社会民主党是一个内生合法性政党,它的起源并不是为某个既存协会所发起的,而且在该党的整个历史上,它也不曾为另一个组织所控制。第二国际只不过是不同政党必须考虑的一个国际仲裁体系,即,它是各"工人党"之间的一个松散的、相互依赖的关系体系,而非可以将其意志强加给任何参与者的组织。如果有点什么的话,反过来才是真实的:德国社会民主党——当时最有权势的社会党(拥有组织上的成功以及选举中的胜利,还有它在国际上的巨大声誉)的领袖们——对第二国际起到了某种支配作用。[26]各共产党与第三国际的关系完全不同。第三国际是一个组织——凭借苏联共产党施加完全的控制——它可以给不同的政党施加其影响,可以控制它们,并指导它们的组织发展[27](即使第三国际,如我们在检视意大利共产党时将要看到的那样,也必须考虑每个共产党形成的不同国家情境)。布尔什维克化(Bolshevization)

这个词习惯用来指明如下进程，政党的生成是通过与既存的各社会党的分裂（是后者拒绝承认列宁的二十一条条款的后果），它们自己仿效了俄罗斯布尔什维克党，并让俄共的政治控制深入人心。从我们的视角来看，布尔什维克化就是这样，但它也是制度化进程的一个特殊表现。这一进程的破裂和/或中断（由于各国背景的多样性），可以解释欧洲各共产党之间的当代差异（或至少在不存在小且无影响力之分部的那些政党之间的差异）。[28]

不同政党的比较史证实了，布尔什维克化的过程既不是一帆风顺，也不是一蹴而就的。它是一个国际化的超凡魅力领袖：列宁（后来斯大林继续了这项工作），以及在十月革命影响下欧洲所有社会主义运动产生的集体热情极大喷发的产物。起领导作用的俄罗斯集团，利用它的威望保证了布尔什维克化，并得以完全控制各共产党的领袖（达到了这样一个程度，某个领袖表示出了之于共产国际地位的任何不满都会自动导致对他本人的政治清算）。而且，正如我们曾说过的，这一过程很长、很复杂。法国共产党以典型的方式证实了这点。[29]

虽然该党萌生于 1920 年图尔市（Tours）的分裂，但布尔什维克化的进程只是到了 1924 年才开始，并到了 30 年代随着主导联盟的巩固才得以完成（以莫里斯·多列士为党首）（Maurice Thorez）。因而，它也花了超过十年时间才在共产国际的指令下得以巩固，而且事实上成为了共产国际机构的一个温顺的组织工具。

法国共产党的布尔什维克化进程也与该党的制度化相符。应当指出，法国共产党的起源包含了一个极其含混的元素：在图尔，工人国际法国支部的大多数代表并没有投票赞成列宁的 21 条条款。反而，他们投票赞成卡西恩·弗罗萨德（Cachin Frossard）加入第三国际的请求（3 208 比 1 022）。"布尔什维克"（Bolsheviks）与"左翼社会主义者"之间的斗争开始了。这两大团体合力将工人国际法国支部的大部分领袖和成员带入了第三国际，并在开始时领导了新生的政党。在第三国际的压力下，联盟结束了，接着发生了中间集团（在党的第一书记弗罗萨德的领导下）与"布尔什维克"（在鲍里斯、苏瓦林、弗尔南多·罗里奥等人的领导下）之间的公开论战。弗罗萨德被迫辞职，与其他试图把党带回到前图尔（pre—Tours）情势下（即，回到工人国际法国支部留下的一个新的联合）的中间派人士（centrist）一起抛弃了党。然后中间集团分裂了：右翼在弗罗萨德的领导下离开了党,左翼加入了布尔什维克。在成功驱逐了其他的宗派集团(比如,极端左翼)后,法国共产党准备着手实施布尔什维克化进程。因而主导联盟的形成包括两个最初集团更多中间派的趋同及融合,以及排除了两个极端派的复杂进程。

从1924—1926年,重组进程开始了。之所以为重组是因为,法国共产党继承了过去的工人国际法国支部大多数地方组织与中阶组织,并重新定义了其面相。具体来看,它从一个基于地域分部的组织模式移到了一个基于党小组(cell)的模式。而且,重组影响了上层、中阶层同各协会之间的关系,包括"民主集中制"的采用。

因而党被组建成一个密封舱。一种特殊的官僚组织(它的成员被训练为"专业革命者")确保了对各级组织的严密纪律(工人国际法国支部所没有的)以及集权控制。这一过程最终是通过地域渗透完成的,即,通过在党尚未扎根的地方建立新的协会以及中阶协会的方式完成的。

有趣的是,虽然布尔什维克化发生了,但法国共产党也被简化为一个小党派(sect)。在1920年,如我们已经看到的那样,工人国际法国支部的大多数成员加入第三国际。因而,工人国际法国支部也由于共产主义的分裂而简化为一个小型组织。党原来的大多数地方领袖与地方结构也为新组织据为己有。但是在这期间,工人国际法国支部(在利昂·布卢姆与保罗·福尔的领导下)也经常收复失地,直到它再次强过法国共产党(1924年),后者在布尔什维克化进程中失去了大量的组织实力。这可以通过比较分裂后两党的成员数得以证实[30]:

表 5.1　法国共产党与工人国际法国支部成员变化情况表

| 年份 | 法国共产党 | 工人国际法国支部 |
|---|---|---|
| 1921 | 110 000 | 50 000 |
| 1922 | 79 000 | 49 000 |
| 1923 | 55 000 | 50 000 |
| 1924 | 60 000 | 73 000 |

两个组织之间的权力关系的变化还在继续:1932年,工人国际法国支部总计有138 000名党员,法国共产党勉强有30 000名党员。一直等到人民阵线时代(1934—1936)以及工人国际法国支部作为执政党随之而来的困难,才使得法国共产党的数量跃升为引以为傲的300 000名。

　　然而,布尔什维克化,并不仅仅是各党小组根据列宁主义模式的重组;它也包括了苏联领导层控制的内化。后一进程在莫里斯·多列士20世纪30年代早期担任组织领袖时完成了。只有在那时,法国共产党才基本上全部完成制度化。通过经常使用"苏维埃王牌"来反对党内的对手,多列士的事业发展极其迅速(因为成功的事业总是由年轻的组织完成的)。[31] 多列士与意大利的葛兰西和陶里亚蒂不同,他不是党的创建者之一;而且他没有在图尔扮演过重要的全国性角色,因而当时他还没有成名。他只是在1924年加入了中央委员会,当时前面提及的驱逐已然发生,布尔什维克已经差不多完成了对共产国际的内部对手的政治清除。1925年,他被赋予了党首(head)一职,这是组织重组阶段的关键角色。在同一年,他进入了党的政治局(Political Bureau)。到了1929年,他成为了党的书记——由于总书记盛纳德(Senard)被捕。接着,他也被捕了,并于1930年释放,他攻击新领导层(亨利·巴布与皮埃尔·色泽尔)的机会主义,在当时的共产主义行话中,机会主义意味着执行共产主义指令的迟缓。在共产国际的支持下,他在30年代早期成为总书记。在1934年,斯大林对多列士的选择是决定性的,而多列士的主要对手雅克·多里奥(Jacques Doriot)受到了共产国际的谴责,进而被排除出党的中央委员会。从那时起,法国共产党就为一个完全依赖外部发起组织的统治集团所控制,而且多列士在党内的合法性也依赖于他对斯大林的忠诚。

　　在20世纪20年代以及30年代的前五年中,法国共产党只不过是一个小党派,党员数不断下降。对于党员数的不断损失,斯大林的阶级对抗策略,以及1928年后反对社会法西斯主义的争论[32],都要承担责任(即使党员数的减少在很大程度上符合党的主导联盟作出的审慎选择)。[33] 1933年,法国共产党只有28 000名党员了,而且,法国共产党总工会(CGTU),即共产党工会(the communist trade union)的成员数也急剧下降,以至于无法同法国总工会(CGT,即General Confederation of Labour)竞争(后者在1922年到1930年之间进步神速)。

　　随着人民阵线的出现,情势改变了。法国共产党,成为了来自左翼胜利的这种激情的主要受益者:它开始迅速发展,其集权结构可以控制并引导这种增长(从1933年的28 000名党员到1936年的280 000名党员)。1936年3月,法国共产党总工会与法国总工会合并,在短短数年内,法国共产党控制了全部工会。[34]

从此之后,法国共产党成为拥有强大官僚机构的强组织,可以组织自己的阶级基础成为一个真正的"社会反对面"(counter-society):"它进行了重大的转型。从一个专业信众的、小型的、结构精良的党派发展为一项事业(基于布尔什维克的模式),法国共产党凭己之力形成了一个完整共同体。"[35]考虑到大约 100 000 名党员;过量的全职官僚;[36]一个由党费、第三国际的明显捐助(战前)与进出口商业活动的发展(战后)组成的筹资体系;[37]以及密切控制各附属协会的一个关系网,法国共产党可能是欧洲各政党之中最接近"强组织"的理想类型:之于全国环境最大程度的独立,以及非常高水平的组织团结的"体系化"。最初的列宁主义模式——深深扎根在组织的布尔什维克化进程中——由于党员增加以及外部情势的转型,进行了改变,[38]但该党拥有的、为同时期无法实现制度化的其他共产党所无从知晓的实力,是其一直以来的特征。

# 意 大 利 共 产 党

即使在意大利共产党内,布尔什维克化的进程也是既曲折又复杂的。然而,法西斯政权的兴起中断了这一进程(这在法国共产党中并没有发生)。

这就是为什么已然在党派相争时以及其后发生过(即,在变化的历史期间)的组织重组遵循了至少某种不同的道路。意大利共产党的起源模式与法国共产党一样:外生合法性;其形成是由于在里窝那(Livorno)分裂(1921)中被意大利共产党继承了的地方组织与中阶组织的重组;以及为法西斯主义所打断的地域渗透。布尔什维克化的进程是由葛兰西·陶里亚蒂集团在共产国际的指令下领导的(同法国共产党的例子一样)。[39]同法国共产党一样,意大利共产党的布尔什维克化包含了严重的党内冲突,特别是在葛兰西—陶里亚蒂集团与博尔迪加(Bordiga)之间。[40]在这一点上,两个政党的发展分道扬镳了。实际上,意大利共产党的制度化进程(在共产党的布尔什维克化变异下)被它的非法之路给突然中断了。在马泰奥蒂(Matteotti)暗杀以及墨索里尼(Mussolini)于1925年1月3日向议会发表演说之后,法西斯对所有对手的攻击迅速破坏了意大利共产党的现有组织。

在法西斯政权没落后,意大利共产党的起源模式对于组织的重生(1944—1948)也有很大影响。但是陶里亚蒂——一个在第三国际非常有声望的领袖、也是意大利共产党的创建者之一、而且也是该党在非法时期的书记(因而拥有对组织不确定区域的部分自主控制)——能够为显著偏离列宁主义模式的发展打下基础(用"新党"——新的政党的组织章程)。反过来,1944—1948年组织巩固的形态解释了,意大利共产党一系列的"偏离"其组织的根源矩阵;这是意大利共产党在第八次党代会上对1956年危机进行回应的结构前提(不同于法国共产党的回应)。[41]

当然,不应当过分夸大意大利共产党与其他共产党的不同之处,[42]就好比意大利共产党编的史书倾向于做的那样。之所以不应当夸大,是因为,尽管法西斯主义导致其历史的中断,但统治阶级的延续性在很大程度上得以维持,[43]而且该党起源模式的许多元素也在后法西斯的重建中为组织吸收。由于其领导层的延续性,斯大林对意大利共产党的控制,在20世纪30年代与20年代一样强。同时,斯大林迷思在党的追随者中渐涨。他不再仅仅是列宁的继承者,而且也是反对纳粹法西斯斗争的胜利者。

从1944年到1948年,意大利共产党实际上是一个正在经历重组的布尔什维克党。但它是一个有点差异的布尔什维克党。这一差异,是由陶里亚蒂的"新党"章程所象征的,它解释了意大利共产党和法国共产党之间曾经存在的广泛差距,以及意大利共产党缓慢地移向一种之于各社会党(比如,德国社会民主党以及澳大利亚社会党,它们都是强组织,但比传统的共产党弱)来说更典型的作用发挥。

意大利共产党的结构类似于法国共产党,但它们也有两大区别。首先,工厂党小组,尽管被党章规定为重要的基本单元(一直到1956年),实际上受到了许多地域型和功能型的地方党小组(即由年轻人或妇女等组成)的支持。[44]与法国共产党相比,意大利共产党的这类党小组数量巨大,这起因于政党向更广阔的社会领域扩展的决定(这些领域超越了传统的阶级基础,工厂工人)。其次,招募党员的标准也比法国共产党不那么严格些,这就解释了意大利共产党在组织重组时巨大的组织扩张。1946

年,在意大利和法国都在进行紧张的政治动员之时,法国共产党的数量达到了800 000名之多,而意大利共产党已经有1 800 000名成员,而且一直增加到了两百万。

从根本上看,差异是制度化水平的差异。在"布尔什维克党"内,法国共产党多年来一直是最忠诚的典型之一,[45]它有很强的组织,在组织内,令人畏惧的内部结构之团结伴随着之于全国社会的巨大自主。这些特征是由如下因素保证的:党小组体系(cell system)优于其他基础单位,如实复制了列宁主义基本原理的民主集中制体系,以及一个潜在的官僚机构。这个官僚机构的团结被委托给了一个中央分配选择性激励和认同性激励的同盟(combination)。另一方面,各社会党(其合法性来自内部),有时候也可以变得很强大,但是它们绝不会强大到这样:它们很少能独立于全国社会,内部也较少有凝聚力。陶里亚蒂式的组织选择导致了意大利共产党更深融入意大利社会,比布尔什维克模式所允许的融入社会更甚。政党的大众特征——即,在一个具有很强的社会—经济及政治地域差异的社会中确立的大众型政党,其无法避免的党内的社会异质性与政治异质性[46]——既妨碍了意大利共产党能像法国共产党那样有独立于全国社会的强大自主性,也妨碍了高水平的结构凝聚力的获得。

在紧随组织重组之后的阶段中,意大利共产党遭遇的许多困难都与它的"混合"特征有关,即与意大利共产党既是一个革命型宗派、又是一个大众型政党的特征有关。[47]它最终走向了第二个解决方案,即一个大众型社会主义政党。[48]因而"新党",根据制度化的程度,将自身定位于法国共产党和德国社会民主党之间(帝国的后1905年时期),并更趋于社会民主党,而非法国共产党。

意大利共产党慢慢地从其发起组织(苏联共产党)中解放出来,在20世纪70年代中期,它加快了从外生合法性走向内生合法性之路,也加快了权威从苏联共产党向意大利共产党组织内机关的转移。这导致了更低水平的制度化:自主性减少,党内结构凝聚力下降。近年来,随着主导联盟的团结程度显著地逐渐削弱,以及随着传统派别向派系(尽管组织化依然很弱,但在全国范围内的协调和纵向协调更多了)的早期转型,这种抛物线式的运动结束了。[49]

总之,在第一阶段(1921—1925年),意大利共产党的演化非常类似于法国共产党，除了全国的政治情势有明显差异以及法西斯对新生组织的不断侵略之外。在法国共产党内，通过不断地排除左翼（博尔迪加）与右翼（安格鲁·塔斯卡）（Angelo Tasca），布尔什维克的主导联盟缓慢浮现。然而，法西斯政权的巩固，中断了组织的延续性。这不仅让意大利共产党不同于在组织巩固阶段一直享有组织延续性的法国共产党；而且也不同于在《反社会主义法》时期（1878—1890）些许偏离既定路线的德国社会民主党的发展。在陶里亚蒂于1944年回到意大利后，组织，在某种意义上来说，重生了。这至少部分解释了领导层在塑造（或重塑）组织中的自主行动。如果组织的巩固在之前的二十年内未被中断，它在第二次世界大战期间只是经历了一段短暂的秘密时期（也发生于法国共产党），这种自主行动遂不复存在。组织将必须围绕战前的利益和忠诚的基本原则予以重建。在同党派斗争有关的集体张力的波动中，陶里亚蒂领导层得以锻造组织（通过采用较早前提到过的"差异"），并且至少在一定程度重新界定了该党的意识形态目标（同其在"全国团结"政府中的参与有关）。对目标的部分重新界定——结合了与苏联关系以及适应意大利社会情况的尝试——形成了名为"意大利社会主义道路"的前提（1956年之后）。一旦忠诚及组织利益已然巩固，这一差别就成了新的意大利共产党有机的组成部分。最后该差别的影响也越来越明显。[50]

# 结　　论

到目前为止，我们已经比较了本书第一部分提出的类型，三个政党的历史起源与巩固都具有共同的特征：它们都是作为反对党产生并巩固的（意大利共产党在战后"全国团结"政府时期的部分例外）。这三个组织都成了强组织，尽管其强度不在同一水平：因为德国社会民主党的主导联盟最终包含了工会诸领袖，这在意大利共产党和法国共产党的制度化过程中没有发生。意大利劳工总联合会 * 与法国总工会作为两党的"工会手

---

　　＊　CGIL, Confederazione Generale Italiana del Lavoro.——译者注

臂"(union arms)维持了很长时间。对于所有其他的依附组织来说也是如此,工会成员与积极分子的忠诚不是给工会的,而是给党的,而且这削弱了工会(及其他附属协会)可能的活力与自主。[51]然而,如同政党—工会关系的演化所显示的那样,意大利共产党和法国共产党的制度化程度十分不同。

意大利的共产主义工会,在 20 世纪 60 年代末期、70 年代初期的组织强化阶段,部分地从意大利共产党的控制中解放出来,遵循了德国社会民主党的工会模式(在 20 世纪 70 年代后期工会衰落阶段,工会恢复了对意大利共产党的依赖)。[52]法国总工会与法国共产党则再无任何关系发生。

这三个政党的不同制度化水平(法国共产党最高,德国社会民主党最低)可以由它们不同的起源模式予以解释:德国社会民主党不是由外部组织发起的,其他两个政党则是。

由于意大利共产党的一场组织中断,以及在历史情境改变之后制度化又重新开始这一事实,我们的模型正常预测的结果被意大利共产党的情况给修正了。意大利共产党短暂地执政,它的领袖们在重建组织时,必须斡旋在推动组织走向"复兴"的特殊"环境情势"与推动组织走向"延续"的其他因素(比如,其起源模式诸特征以及斯大林的权力)之间。

除了讨论过的差异之外,这三个政党表现了许多相似性。在"强组织"的标题下,这会合法化我们对它们的分类。它们都是强有力的官僚组织,具有高度团结的主导联盟,而且它们的集体激励体系和选择性激励体系都掌握在有限的精英手中。它们的党内之争是派别斗争(tendency struggle),即组织化程度很低的集团之间的冲突。当派别开始组织起来时——就像发生在 1912 年后、或者在巴特戈德斯贝格修订(revision)[53]前发生冲突的德国社会民主党一样——我们可以确定,由于即使是强组织也只有在一定范围内才能控制环境压力,去制度化的进程正在发生(即制度化水平降低)。组织化派系的缺失,比如在意大利共产党,并不仅仅契合了正式章程的禁令。比如,我们也可以在英国工党和意大利天主教民主党的章程内发现这样的禁令。但是英国工党是一个派系化的政党,而意大利天主教民主党的派系主义(与日本自民党一道)也为国际上所有的政党文献引为经典。意大利共产党、法国共产党以及意大利天主教民主党(也包括其他许多政党,如澳大利亚社会民主党),[54]它们党内之争都是派别斗争,而非派系斗争。这是因为,强制度化意味着,要想出人头地就有必要服从中央的指令(精英招募是向心性的),以应付一个团结的、垄断了激励分配的中央。它们都是派别类的政党,因为它们有发达的、为传统的官僚事业主导的官僚组织。[55]官僚享有的激励是不可取代的:官僚在某个政党习得的技能,通常无法重新用于其他政党,或政治之外的职业。主导联盟在组织金字塔各个层级都能依靠的服从被集体认同激励的集中分配所强化,这个激励是在别处无法获得的。在这种情况下(用赫希曼众所周知的分类)[56],"退出"包含了沉重的代价:忠诚是崇高的,该机制保证了人们在控制之下的"呼吁",即,决不允许持异议者聚在一起、并组织起来。[57]

然而,并不是所有在反对党位置形成并巩固的政党都是这样。在某些情形下,即使是"反对党"也是弱制度化的。这将是下一章的议题。

**注 释**

1.关于这点,我想要给读者三点评论:(1)本书接下来及之后三章,是想检测第四章形成的起源模式和制度化之间关系的类型学。所以这一分析将局限于尽可能简要地检视不同政党的形成阶段。当特殊的历史情境使我不得不涉及接下来的历史事件时,我将其说得简短,有时甚至会粗浅。另外,特别在提到组织变革问题的第十三章,我提到了更多的新近发展。(2)这一分析包含了,根据本书第一部分列出的理论框架体系重读某些政党史(简短但涉及所有要点)。读者必须在脑海中有一个框架,才能抓住接下来的比较"意义"。为了提高可读性,我希望保持背景框架,以避免(如果可能的话)引入的概念湮没在社会学俗语的历史解说中。(3)部分地出于相同的理由,我选择比较分析不同政党的形成,而不涉及对不同政党机构的面相和功能进行数据堆积和/或进行琐碎的描述。我更喜欢有规律地在注释中提醒读者其中的数据。这不是为了使正文失色,而是为了说明组织分析,与大多数意见相反,无须枯燥无味且平铺直叙的数据堆砌和琐碎迂腐的法定描述。这可以被理解为力图解释组织运作的"逻辑",并力图理解组织运作的"句法"。

2.L.Longinotti, "Friedrich Engels e la, 'Rivoluzione di Maggioranza'", *Studi storici*, XV, 1974, pp.769—827.

3.J.P.Nettle, "The German Social Democratic Party 1890—1914 as a Political Model," *Past and Present*, LXXIV, 1965, pp.65—95.

4.德国社会民主党的重要性在于该党的大致的历史并未拖垮它。在这么多作品中,能从F.梅林(F.Mehring)(帝国时期社会民主党企业制的倡导者)的经典著作中获益,参见 F. Mehring, *Geschichte der Deutschen Sozialdemokratie*, Berlin, 1960。D.A.Chalmers, *The Social Democratic Party of Germany*:*From*

*Working—Class Movement to Modern Political Party*，New Haven and London，Yale University Press，1964，以及 I.Rovan，*Histoire de la social-democratie allemande*，Paris，Editions du Seuil，1978。

5. 关于这两个政党的构成与组织，参见 R.Morgan，*The German Social Democrats and the First International*，*1864—1892*，London，Cambridge University Press，1965。

6. V.L.Lidtke，*The Outlawed Party：Social Democracy*，*1878—1890*，Princeton，Princeton University Press，1966，pp.39ff.

7. Ibid.，p.43.

8. U.Mittrmarm，"Tesi sullo sviluppo organizzativo di partito della socialdemocrazia tedesca durante l'impero，" in L.Valiani，A.Wandruszka，eds.，*Il movimento operaio e socialista in Italia e in Germania dal 1870 al 1920*，Bologna，Il Mulino，1978，pp.69—70.

9. Lidtke，*The Outlawed Party*，p.54.

10. Ibid.，p.54.

11. Mittrmarm，"Tesi sullo sviluppo organizzativo，" p.73.

12. Lidtke，*The Outlawed Party*，p.98.

13. Ibid.，pp.82ff.

14. 关于考茨基(Kautsky)的地位，以及更为普遍的，社会民主党内的意识形态冲态，参见 H.J.Steinberg，*Sozialismus und Deutsche Sozialdemokratie*，Bonn-Bad Godesberg，Verlag，1976。也可参见 M.Salvadori，*Kautsky e la rivoluzione socialista*，*1880—1938*，Milan，Feltrinelli，1976。

15. 巴伐利亚州议员[最活跃和最有代表性的是格奥尔格·福尔马尔(Georg Vollmar)]支持右翼，他们的选民主要由农民组成。他们的右派"异端"可以用"选举区"的差异进行解释。爱德华·伯恩斯坦(Eduard Bernstein)在疏远了考茨基和新时代(*Neue Zeit*)团体后，成了他们的意识形态发言人(他之于福尔马尔的角色，就像考茨基之于倍倍尔)。在德国社会民主党内，主导联盟和反对派派系都通过大道理说服的方法，对各自跟随者分配集体认同激励(彼此之间在水平权力博弈中斗争)。左翼派别曾在由卢森伯格(Leuxemburg)和其他"革命知识分子"(revolutionary intellectuals)领导的党校和研究组中有一群特定追随者。参见 C.E. Schorske，*German Social Democracy*，*1905—1917*，Cambridge，Harvard University Press，1955，pp.111ff。

16. G.Roth，*Social Democrats*.

17. K.Egon Lonne，"Il dibattito sul revisionismo nella social democrazia tedesca，" in Valiani and Wandruszka，*Il movimento operaio e socialista*，pp.121ff.

18. Schorske，*German Social Democracy*，p.251.

19. Ibid.，p.252.

20. 关于耶拿党代会组织变革的准确分析，出处同上，第 118 页之后。官僚化

（Bureaucratization）发展如此迅速，短暂几年之后，在 1910 年，社民党就拥有了 3 000 个永久党员，每一级有 250 名党员，参见 Duverger, *Political Parties*, p.206。

21. Schorske, German Social Democracy, pp.12—13.

22. 关于倍倍尔的胜利，以及更普遍的，关于耶拿党代会的结果，见米歇尔斯（Michels，当时是一个社会民主激进分子）慷慨激昂的总结："Le socialisme allemande et le congres d'Jena", Mouvement Socialiste, 1905, pp.283—307。

23. 关于党对工会的首要地位之强硬回应，参见 K.Kautsky, *Der Weg zur Macht*, Berlin, Buchhandlung Vorwarts, 1909。

24. 关于德国社会民主党与工人国际法国支部的冲突，参见 C.Pinzani, *Jaures, l'Internazionale e la Guerra*, Bari, Laterza, 1970。

25. 参见 A.J.Beralu, *The German Social Democratic Party*, *1914—1921*, New York, Octagon Book, 1970,以及 L.Steurer, "*La socialdemocrazia tedesca e la prima Guerra mondiale*," in Valiani 和 Wandruszka, *Il movimento operaio e socialista*, pp.281—318。

26. 参见 W.Abendroth, *Sozialgeschichte der Eurpaischen Arbieter Arbeiterbewegung*, Frankfurt am Main, Suhrkamp Verlag, 1965。也可参见 F.Andreucci, "La Seconda Internazionale," in L. Bonanoate, ed., *Politica Internazionale*, Florence, La Nuova Italia, 1979, pp.178—194。

27. 参见 A. Agosti, ed., *La terza internazionale: storia documentaria*, Rome, Editori Riuniti, 4 vols., 1976。关于共产党形成的更普遍的讨论，参见 A. Lindemann, *The "Red Years": European Socialism versus Bolshevism*, *1919— 1921*, Los Angeles-Berkeley, University of California Press, 1974。

28. 关于组织规模在组织动力中的作用，参见第十章。

29. 参见 J.Fauvet, *Histoire du Parti Communist français*, *1920—1976*, Paris, Fayard, 1977,关于法国共产党的起源阶段，参见 A.Kriegel, *Aux origines du communisme français*, Paris, Mouton, 1964。也可参见 R.Wohl, *French Communism in the Making*, *1914—1924*, Stanford, Stanford University Press, 1964。

30. R.Tiersky, *Le Mouvement communiste en France*, *1920—1972*, Paris, Fayard, 1973, p.351.

31. 关于这一点，参见 A.Downs, *An Economic Theory of Democracy*, p.92ff。关于政党的各级组织发展与领导者晋升速度之间的关系，参见 E.S.Wellhofer, T. M.Hennessey, "Political Party Development, Institutionalization, Leadership, Recruitment, and Behavior," *American Journal of Political Science*, VIII(1974), pp.135—165。

32. 关于这个问题，参见 F.Claudin, *La Crisis del Movimiento Communista*。 *De la Komintern al Kominform*, Paris, Ruedo Iberico, 1970。

33. 关于法国共产党决定减少其党员与采用教派政策之间的关系，参见 N. McInnes, *The Communist Parties of Western Europe*, London, Oxford University

Press，1975，p.5ff。关于组织边界的"收缩"与"扩张"，参见第十章。

34. 关于这一时期，参见 G.Dupeux，*Le Front Populaire et les élections de 1936*，Paris，Colin，1959 以及 N.Racine，L.Bodin，*Le Parti communiste français pendant l'entre-deux-guerres*，Paris，Colin，1972。

35. R.Tiersky，*Le Mouvement communiste en France*，p.269.

36. A.Kriegel，*Les Communistes français*，Paris，Editions du Seuil，1970，pp.117ff。

37. Ibid.，pp.126ff.

38. 参见 S.Tarrow，"Communism in Italy and France：Adaptation and Transformation，" in D.L.M.Blackmer，S.Tarrow，eds.，*Communism in Italy and France*，Princeton，Princeton University Press，1975。

39. 关于这些议题，参见 J.Humbert—Droz，*Mémoire de Jules Humbert-Droz*，3 vols.，Neuchâtel，Editions de la Baconnière，1969。

40. P.Spriano，*Storia del Partito Comunista Italiano*，*Da Bordiga a Gramsci*，Turin，Einaudi，1967 以及 G.Galli，*Storia del Partito Comunista Italiano*，Milan，Il Formichiere，1976 和 the pro-Bordiga interpretation by L.Cortesi，*Le origini del PCI*，Bari，Laterza，1971.

41. 关于 1956 年危机，参见第十三章。

42. L.Paggi，"La formazione del partito comunista di mass，" *Studi Storici*，XII（1971），pp.339—355.

43. 参见 S.Bertelli，*Il gruppo*，Milan，Rizzoli，1980。

44. 意大利共产党基层、中层、中央结构最好的分析，参见 G.Poggi，ed.，*L'organizzazione del PCI e della DC*，Bologna，Il Mulino，pp.27—196。也可参见 G.Sivini，"Le Parti communiste：structure et fonctionnement，" in AA.VV. *Sociologie du communisme en Italie*，Paris，Presses de la Fondation Nationale des Sciences Politiques，pp.55—141，1974，以及 G.Are，*Radiografia di un partito*，Milan，Rizzoli，1980。

45. 参见 Blackmer 和 Tarrow，*Communism in Italy and France* 一书中的实证分析。

46. Poggi，*L'organizzazione del PCI e della DC* 和 Tarrow，*Peasant Communism in Southern Italy*，New Haven and London，Yale University，1967。

47. 关于五十年代意大利共产党的组织张力，参见 Poggi，*L'organizzazione del PCI e della DC*，pp.167ff。

48. 参见 G.Pasquino，"The PCI：a Party with a Governmental Vocation"（Occasional Paper），Johns Hopkins University，Bologna Center，1978 和 P.Lange，"La politica della alleanze del PCI e del PCF，" *Il Mulino*，XXIV（1975），pp.499—527.关于六十年代的事件，参见 P.Allum，*The Italian Communist Party since 1945：Grandeurs and Servitudes of a European Socialist Strategy*，Reading，

University of Reading，1970 以及 G.Mammarella，*Il partito comunista italiano*，*1945—1975*。*Dalla liberazione al compromesso storico*，Florence，Vallecchi，1976.

49. 关于组织变革，参见第十三、十四章。

50. 关于意大利共产党对环境影响的敏感，尤其是来自集体运动的压力，参见 M.Barbagli 和 P.Corbetta，"Base sociale del PCI e movimenti collettivi，" in A. Martinelli 和 G.Pasquino，eds.，*La politica nell'Italia che cambia*，Milan，Feltrinelli，1978，pp.144—170。

51. 参见 F.Alberoni ed.，*L'attivista di partito*，Bologna，Il Mulino，1967 年。关于法国共产党对各附属协会的态度，参见 J. Lagroye，G. Lord，"Trois federations des parties politiques：esquisse de typologie，" in *Revue Francaise de Science Politique*，XVI(1974)，pp.559—595。

52. 关于 20 世纪七十年代意大利各工会的衰落，参见 B.Manghi，Declinare crescendo，Bologna，Il Mulino，1977 年。

53. 参见第一章。

54. 关于奥地利社会民主党的组织，参见 M.A.Sully，"The Socialist Party of Austria"，in W.E.Paterson 和 A.H.Thomas eds.，*Social Democratic Parties in Western Europe*，London，*Croom Helm*，1977，pp.213—233。

55. 关于列宁主义模式的意识形态构成和组织构成，参见 A.G.梅耶(A.G. Meyer)无与伦比的著作：A.G.Meyer，*Leninism*，Cambridge，Mass.，Harvard University Press，1957 年。关于政党官僚制和更一般的政治专业化，参见第十二章。

56. A.O.Hirschman，*Exit*，*Voice*，*and Loyalty*，Cambridge，Mass.，Harvard University Press，1970.

57. "党内反对者的被摧毁、分裂以及制度机制的缺失，有利于与党内某种特定取向的流行(就如选举结果所示的)有关的领袖们个人的崛起，而非党内或集团内发生的人员更迭。因而人员更迭，在某些时候可以维持最低限度——更为缓慢地发生。"参见 G.Poggi，*L'organizzazione del PCI e della DC*，p.195。

# 第六章
# 反 对 党 之 二

前一章检视的三个案例包括：在反对党位置"出生并成长"的政党，在反对党位置创立并完善（matured）的政党，那些利用官僚机构以及与各自的阶级基础有牢固的纵向组织联系、可以动员成千上万支持者形成强组织的政党。这些政党已经可以利用它们掌握的唯一资源：组织。

然而，情况并不总是如此。一些政党的制度化也可能很弱，即使它们在一开始就处于反对党位置，并且在很长时间都是如此，即使它们起源模式之诸特征发展到了好像要抑制组织的强势成长。我们现在将检视三个这类政党的历史：英国工党、工人国际法国支部和意大利社会党。

## 英 国 工 党

与德国社会民主党一样，英国工党也是一个典型的劳工政党。然而，该党呈现出的组织模式诸特征与德国社会民主党截然相反。英国工党成立于 20 世纪伊始，由各工会与一个规模小但组织良好的派别，即由英国社会主义杰出领袖之一的詹姆斯·基尔·哈迪（James Keir Hardie）领导的独立工党（Independent Labour Party）合并而成。[1]这发生在 19 世纪 90 年代后期，当时各工会决定结束它们与自由党本已脆弱的联盟并各自相互独立地组织起来。[2]

然而，工会决定这么做的代价就是严重的党内冲突，这些冲突塑造了工党的组织前景。与英国工会联合会（Trade Union Congress，工会的中央政府）书记乔治·麦恩斯（George Marnes）一起，铁路工人是这次试验背后的主要推动力量。另一方面，自由党—劳工联盟（Lib-Lab alliance）的捍卫者们，受强大的采棉者工会与矿工工会的领袖们的领导。在1899年，一项有利于自发的政党形成的动议被提交给了英国工会联合会的全会。该动议仅以112 000票的优势（546 000∶434 000）获得通过，[3]这是自由党—劳工联盟仍然享有很多人支持的明确标志。工党的成立大会定在1900年2月召开。

筹备委员会由来自各工会、费边社（the Fabian Society）、独立工党和社会民主联盟（一个马克思主义取向的小宗派）的代表们组成。在筹备工作期间，人们已经能够瞥见将来的稳固联盟的蛛丝马迹：哈迪——最强的、最著名的社会主义组织的领袖——与各工会之间的稳固联盟。哈迪主导了筹备工作，并且保证了他所在的组织之于其他社会主义协会的重要位置。在劳工代表委员会的成立大会上，哈迪获得了执行委员会十二个席位中的五席，并且得以将书记一职交给拉姆齐·麦克唐纳（Ramsay MacDonald）。

从工党的起源看，由各工会聚集起来的组织力量解释了，为何工党会被创立，为何工党注定是工会的政治手臂，以及为何工党是从外部发起的、弱制度化的组织。独立工党的作用不应被低估。正是这个小却组织化的政治协会移植到了联合体上，才为这个新的政党提供了大多数的议员，并最终促进了组织的制度化。

新的组织刚开始时困难重重。缺乏资金资源，没有中央办公室，甚至书记都没有薪水。而且，在成立当年（1900年），这个新生的政党必须要通过选举的考验。

选举结果加剧了工党在其形成阶段的严重困难。实际上，在反对南非战争以及其他许多政治问题上，一小部分工党党员迫于整个政治形势而被迫与自由党结成联盟。这立即引发了认同（identity）问题。在英国，工人阶级已长期忠于自由党——劳工的联盟；而且大多数工会，首先是矿工工会，仍旧反对这个新政党，工党有被自由党左翼吞并的危险。由于工党无法形成一个鲜明的、选民忠诚得以维系的政治认同，与自由党的政治联盟包含着被自由党融化的危险。

因此，最初的困难非常之大。然而，麦克唐纳却是一个非常有能力的组织者，并且他从一开始就得到了阿瑟·亨德森（Arthur Henderson）的支持。亨德森以其毕生的精力致力于工党组织的发展。主要的问题是，许多工会抛弃自由党—劳工的联盟，并申请加入工党要花费大量的时间。在完成这一过程前，工党的生存无法得到保障，而且所有最重要的各工会加入工党至少需要十年时间。

除了筹措资金外，对麦克唐纳和亨德森来说，一个紧迫的问题就是组建各地方协会。正是由于工党的依附性特征以及工党外生合法性特征之征兆，组建地方协会的这一行动才表现为，鼓励地方的首创精神，并且只有极小部分受到中央的直接干预。1901年，一个在亨德森领导下的、关于组织问题的特别委员会反对"全英的任何统一的组织体系"，理由是"我们已经在某些选区组建了一些附属社团。我们认为这些尝试应受到我们的鼓励，并且应该成为以后整个组织的基础"。[4]

因而，各地方协会在全国的发展非常随意。工党是一个在建的政党，在这一过程中：(1)几乎完全以地域扩张的方式进行发展，即，通过自发的地方首创精神；(2)党中央将自己局限在鼓励和促进这一过程，既不指引该过程，也不会从中央层面上控制该过程；(3)工党的建设确实开始于各地方工会的工作。多年以来，在许多地方，党的各协会仅仅是地方工会的委员会。

扩张式发展、不确定的组织边界、外生合法性的特征，以及党的"外围"依赖于各工会，是诸模式的全部自然的结果，工党正是通过这些模式得以创建。但是，这只是在原来的独立工党（它已隶属于工党）之地方协会考虑下必须完成的一部分画面，首先是通过麦克唐纳和亨德森的决定——要谨慎地表现出来以免遭到工会的反对——来领导工党的形成，至少在地方工会缺乏自主首创精神的情况下。在1905年年会上，他们成功促使一项决议通过，该项动议允许由"中央"创建的各地方协会从属于"全国性的党"，"在1906年之前，这些协会的数量已被多方估计在70个至100个之间。因此，在大选之前，麦克唐纳、亨德森和他们的同僚们已成功建立起了至少是一个全国的政治机器的框架"。[5]

工党在1906年大选中取得极大的选举成功，在议会中坐拥29席。哈迪被选为议会党团主席。虽然哈迪声望卓越，但是这次选举还是很艰难:哈迪仅以一票之优击败了他的对手戴维·沙克尔顿(David Shackleton)。由此,我们可以立即发现工党凝聚力弱,派别之争激烈,这些在英国劳工史上也曾有过。扩张式的发展结合了对某个外部组织的依赖,这种起源模式从逻辑上使得每个议会代表对其选举区工会(electoral ward's unions)(他因这些工会而取得胜利)的依赖要强于其对政党领袖的依赖。问题由此产生,在接下来的几年中,党内政治冲突的一个典型而永恒的主题是,议会党团应当由来自党内的领袖领导,还是应当依赖党代表大会,即依赖于年度的党的大会,并因此依赖控制党代表大会的各工会。哈迪的对手们〔受议员本·蒂利特(Ben Tillet)领导〕支持后种观点。然而,哈迪却有能力捍卫议会党团的自主角色。他让工会的领袖们站在他这边,因为工会领袖们担心控制着议会党团的年会可能会撤换他们,把党置于普通的工会代表们的手中。[6]特有的工党主导联盟已经形成,几乎在其存在的全部时期内都控制着工党。这个联盟建立在交叉联盟(cross-cutting alliances)与互惠式保证(reciprocal guarantees)的一个微妙机制基础之上:领袖的职责是控制议会党团,以换得之于年度大会的某些独立性,而工会的领袖们或多或少地有保证这些独立性的非正式职责,即,保持对党内的工会代表的监督(防止他们过多干预议会活动),以换得对党务管理的参与。工党议会党团内的左/右区隔(divisions)很快开始出现。但是,因为工党处于形成阶段,即处于结构性的"流动"的状态,这些区隔仍具有"派别"的特征。但是,这种状态并没有持续多久:外部发起组织(地方和全国的各工会)给这些"派别"提供了最终促使它们转变为派系的组织参照点。"左翼"由议员维克托·格雷森(Victor Grayson)领导,从1907年起以特有的力量不断攻击议会领导层。议会中的"右翼"同样好斗,这始于1905年党的会议上,当时它试图驱逐马克思主义取向的诸社会主义协会。在这点上,麦克唐纳作为调停者的作用至关重要。1911年他被选为工党议会党团主席,结束了这个职位两年一轮的时代(哈迪从1906年到1908年任主席,亨德森从1908年到1910年任主席,巴恩斯从1910年到1911年任主席),并将领袖的作用制度化。在麦克唐纳身上,工党找到了它的第一个真正的领袖,麦克唐纳为左翼和工会领袖们双双接受。[7]但是,这个组织仍然非常脆弱,经常因党内冲突而濒于分裂。只是在1918年组织改革之后,以及在克服一次足以摧毁这个政党的危机之后,制度化才最终完成。这场危机发生在世界第一次大战开始时,和欧洲大多数社会党一样,工党受到了在国家主义者(nationalists)与和平主义者(pacifists)之间冲突的强烈冲击。正是经过麦克唐纳、亨德森和最致力于工党建设的工会领袖们的调节,这场危机才逐渐化解。到1917年,工党仍是一个软弱的机器,在伦敦的基础薄弱,不同地区间的组织也各异:在全国至少有七种不同类型的地方组织。[8]

因为入党依然采用某种完全集体化的形式,工党长期饱受缺乏资金之苦。1918年,亨德森设计并——在工会领袖们的支持下——通过一项具有决定性意义的组织改革议案,这项改革是党的制度化正在进行的信号。工党很快得到了巩固,呈现出的面相基本没有改变(除了定期调整外)。1918年,在集体党员(即党员身份基于个人加入了工会)外又增加了直接吸收的个体党员。[9]从那时起,工党便能够依赖一些直接入党的普通党员的行动主义(direct rank and file activism),而不再依赖于工会的赐予。然而,这并没有使工党完全脱离工会;但它确实为组织的制度化提供了一种必需的元素:储备了直接的忠诚,这种忠诚不是从外部组织传来的。1918年改革也把哈迪已然确立的议会党团与党的议会外部分之间的不对称关系——不同于德国社会民主党,特别是意大利共产党和法国共产党在议会党团与党的议会外部分之间的关系——神圣化了。在德国社会民主党、意大利共产党和法国共产党中,"党内领导层"主导着党,议会党团处于从属地位。在工党内,相反,议会党团主导着党。这不容置疑是弱官僚制发展的原因,同时也是弱官僚制发展的结果,其标志就是,党官僚被排除在公共活动之外,"集中"(ghettization)于纯粹的党务管理工作。

1918年改革导致各工会与依附于工党的其他协会(如合作运动、费边社等)之间的关系正式化了,正式化确保了工会在党的全国性会议、在党的全国执行机关以及全国经济委员会(the National Economic Council)[10]中的相对多数,此外,正式化还保证除了代表不同的附属协会外,还代表了个体党员。

1918年改革使工党的混合(composite)特性与联盟(federal)特性正式化,也使得工会对工党的控制正式化。工党的弱制度化特征有三个范例面(paradigmatic aspects)。第一个范例面与筹资有关。1918年改革结束了不确定性与财政动荡的时代,但是工党的自主筹资还不可能:直接入党党员的筹资在财政中的比重依然很低。相反,政党对工会的依赖,得以加强和定型。从那时起,工会贡献了工党所需资金的四分之三。[11]

在 20 世纪 70 年代,个体党员与集体党员的资金维度(financial dimension)和工党整个复杂的财务状况总结如下:

> 从财务来看,真实的情况是:从 1972 年 1 月 1 日起,单个党员每年缴纳 1.2 英镑,而附属党员每年只缴纳 10 便士。但是,单个党员的党费只有一小部分到了党的中央组织,而当前党费的资金筹措是,88% 来自工会的会费(affiliation fees),剩下的 12% 来自于单个党员和其他组织。工会,除了每年的会费外,也为工党地方组织提供资金,并且几乎完全承担起了为大选活动筹集资金的责任。[12]

考虑的第二个因素是中央官僚结构、中阶官僚结构与外围官僚结构的软弱,尤其是与保守党相比时,正如我们将看到的,保守党有着更为成熟的、专业的官僚机构。这不仅仅是机构规模的问题,也是内部关系的问题:相对于全国经济委员会(工党的地区干事们在职务上依赖于它),工党的区域干事们(regional agents)(他们控制着中阶组织)比保守党的同僚们(他们为中央办公室紧紧地控制着)拥有更多的自主权,这个事实揭示了工党内部结构凝聚力低的迹象。[13]少量的工党协会设有一名常任(permanent)官僚(即一名选举干事),这也揭示了其组织的软弱。[14]

工党弱制度特征的第三个方面与它的议会候选人的选择方法有关。选择是由全国经济委员会(我们已知工会在其中占多数)规定的两份可能的候选人名单为基础进行的。第一份名单包括工会愿意直接资助(资助他们的竞选活动)的候选人,以及那些如果真被挑中并当选、成为工会在议会"正式"代表的候选人。[15]组成第二份名单的候选人来自于各地方协会挑选的、它们各自的代表。在每个协会,提名选择的机构(其实它要由地方大会批准):全体管理委员会(the General Management Committee),全部由当地附属协会的代表组成。工会在全体管理委员会中也非常有影响力,而单个党员却不能控制选择过程。[16]结果不容置疑:除了直接被工会安排进议会的那些代表外,如果某个候选人没有工会的支持,那么他被选中的几率就很低。而且,全国经济委员会对不需要的候选人也有否决权(当主导联盟的均衡是以牺牲左派为代价而支持右派时,传统上会使用该否决权)。

总之,工党是个弱制度化的组织,它的起源模式诸特征解释了其原因。它进一步分成了派系,即,分成许多控制着组织不确定之关键区域的权力中心、并且为各自的支持者们分配选择性激励和/或集体性激励。各派系的组织发展前途依赖于它们与某个工会、某个挂靠协会或者甚至偶尔与个体党员(习惯上工党的左翼是这样的)的稳固联系。相对分散的组织资源的可获得性解释了党内各种集团的长期性。自然,它也就解释了主导联盟相对分裂的本性。我说的是"相对"分裂,因为,由各工会所施加的外部控制通常妨碍工党派系以牢固的方式组织起来,比如,像意大利天主教民主党的派系那样。只要工会领袖们控制着各自的组织,工党的组织稳定一般就能保证。主导联盟依然由工会的领袖们和议会领袖组成,这种交叉寡头统治体系考虑到了党内冲突的某种可控管理。然而,当工会的领袖们意识到,他们有(或者事实上)被其普通成员排挤的风险时,这个主导联盟内部合作的协定便会瓦解,派系博弈(factionistic games)就会重获力量和活力。这是工党对工会依赖的结果。党组织的稳定是工会组织稳定的函数。[17]这解释了为什么,工党的主导联盟在野(in opposition)时比执政时显得更为稳定。直到最近,当工党在野时,它典型的主导联盟包括实力最强的各工会(即控制着总工会的那些工会,英国工会联合会)的领袖们和一个从中右派系中选出的议会领袖。双方对这个合作协定都很满意:主导联盟得以建立一条共同阵线,既反对保守党政府又反对工党左派,从而确保了工党组织的稳定性。[18]然而,在工党执政时,它从未能捍卫自身的稳定——艾德礼(Attlee)政府(1945—1951)是唯一一次例外。[19]在执政无法避免的困难张力下,主导联盟通常"把持"不住;普通的工会成员倒向"左派",鼓动不满的外围(fringes)工人,因而扩大了左派队伍,然后工会失去了团结和稳定。最后,工会领袖们与议会领袖之间的合作协定就会终结。工党随之而来的不稳定以一场组织危机而告终,这种组织危机是这个"政党"(顾名思义,各工会加上各个左派)与议会领袖冲突的典型表现。[20]

# 工人国际法国支部

与许多别的社会主义政党一样,工人国际法国支部的起源,是一个长期酝酿过程的产物。在这一过程中,几个小组织成立并分裂为相互争斗的集团。[21]当工人国际法国支部在 1905 年的巴黎代表大会(Paris Congress)上成立时,它今后弱制度化的条件就已经出现了。实际上,工人国际法国支部是通过法国社会主义的五个主要流派(currents)联合成立的——每个流派差不多都组织为一个自主的政治协会——在其周围有几个小集团。这五个有组织的流派是:盖德派(the Guesdistes),也就是前法国工人党(POF),是朱尔·盖德(Jules Guesde)的追随者,奉行马克思主义取向;保罗·布鲁斯(Paul Brousse)的实行派(Possibilistes)*;让·阿勒芒(Jean Allemande)的阿勒芒派(Allemandistes);以爱德华·瓦扬(Edouard Vaillant)为首的布朗基派(Blanquists);让·饶勒斯(Jean Jaurès)和亚历山大·米勒兰(Alexandre Millerand)的独立社会党联盟(Socialistes Indépendants)。在这些小宗派(sects)中,最有组织性的无疑是由朱尔·盖德和保罗·拉法尔格(Paul Lafargue)在 19 世纪 90 年代早期创建的法国工人党(POF)。[22]盖德派的组织优势确保了他们在工人国际法国支部第一阶段的领导角色:在 1906 年代表大会上,工人国际法国支部产生了一部宪章(这部宪章存在于工人国际法国支部整个时期),宪章完全采用了盖德派自 1890 年以来的章程(by-laws)(这个章程模仿的是德国社会民主党的章程)。

尽管盖德和拉法尔格努力将法国工人党建成一个强有力的集权组织,但它只是一个小宗派,在其整个短暂的存在期间带有法国社会主义早期困难的痕迹。它通过地域扩张而产生,不同地区在组织上差异极大。它的各中阶结构——联盟——高度独立于党中央。[23]与法国的其他社会主义团体相比,法国工人党当然是个强有力的、组织良好的宗派;但是与德国社会民主党的前身之一——拉萨尔组织相比,实在微不足道。由于盖德在工人国际法国支部成立时的重要作用,法国工人党的组织特征成为了工人国际法国支部的组织常态。工人国际法国支部起源模式的重要特点是:(1)它起源于许多团体的联合,不同派别间的某种政治妥协非常必要;(2)它继承了法国工人党分权传统与弱结构凝聚力(structural cohesion)

---

　　* 实行派(Possibilistes),即法国社会主义劳工会会员的名称,又称为布鲁斯主义者(Broussistes),以保罗·布鲁斯(Paul Brousse, 1854—1912)为领袖。——译者注

的组织模式。

尽管盖德派在这个新的政党组织中独占鳌头,但是他们却无法收获这一胜利开始的果实。选举地理学(electoral geography),即围绕新组织形成的选举忠诚的方式,对他们非常不利。法国工人党在巴黎和其他地方的工业工人中有些追随者,虽然它的领袖积极努力——但仍不能——建立一个依附于政党的工会(像19世纪90年代的德国社会民主党那样)。[24]法国总工会(CGT),工人的工会,诞生于1895年,但从一开始就注定了由无政府—工团主义者(anarcho-syndicalist)派别控制,他们对政党充满敌意。[25]工人国际法国支部从法国工人党那里继承了与工会微弱的、甚至有时微不足道的关系。这意味着,除了巴黎和其他几个城市中工人阶级环境(milieu)外,这个政党扩大选举(甚至是组织的)基础最重要的地区是法国农村。因而,工人国际法国支部是激进的社会主义政党(它的阶级基础在农村)、而非工团主义(syndicalism)的重大竞争者。这对政党内部权力结构的影响是,以牺牲盖德为代价,在1905年联合中,另一位著名的领袖让·饶勒斯的权力急剧上升。他的混杂着共和主义理念的人道社会主义——在选择党的社会基础(social base),即"支持场所"的关键时刻——提供给组织的政治认同,与盖德的工人宗派主义(workers' sectarianism)提供的政治认同相比,更适合该党扩大选举的社会区域(social area of electoral expansion)。在十年内:"工人国际法国支部在农村地区获得了最重要的收获。饶勒斯的农村社会主义(rural sort of socialism)——反映了一个宁静的、以农民为根基的法国——取代了原来法国工人党寄希望于工厂和城市的社会主义。"[26]

表6.1　工人国际法国支部:战前的党员、选民与议席数量

|  | 党　员 | 选　民 | 席　位 |
|---|---|---|---|
| 联合之前 | 34 688 | — | — |
| 1906 | 51 736 | 877 999 | 51 |
| 1910 | 56 164 | 1 106 047 | 74 |
| 1914 | 76 667 | 1 398 000 | 103 |

资料来源:M.Perrot, A.Kriegel, *Le Socialisme français et le pouvoir*, p.85。

这些数据"显示了一种强势发展的节奏,但也显示了它的局限,并让我们去检视工人国际法国支部的性质。作为一个选民型政党(voter party)

而非积极分子型政党(activist party),工人国际法国支部不能指望工人的选票。它大部分是在农村激进主义地区中欣欣发展"[27]。无论这是因为饶勒斯的领导风格——即,他特有的一套认同符号——还是因为法国总工会对工人的垄断,在一定程度上,还不得而知。这两种因素无疑彼此相互强化。但是这种发展——阶级基础的选择带有强烈的农村特征——确实有助于解释该党内部权力斗争的结果,即,虽然"工人主义者(workerist)"盖德起初比较强大,但他不能够阻止饶勒斯获得对党的控制。

因此,工人主义者,在一个成功的开局后,便成了一个位居少数的派系(只在北部联盟中力量较强),而饶勒斯的领导能力却在"蔓延"。党的组织结构——正如我们之前看到的,是以法国工人党为原型的——在这一阶段成形了,并在之后整个法国社会主义兴衰和从饶勒斯时代、两次大战间的布卢姆(Blum)和富尔(Faure)时代、直到摩勒(Mollet)的战后时代的主导联盟构成成分的变化中幸存下来。这些组织特征的许多迹象在新的法国社会党(PSF)中仍能找到,法国社会党在1969—1971年的重组中诞生。[28]因此,我们又有了起源模式之诸特征延续的一个经典的、范例式的个案。工人国际法国支部早年产生的组织结构,正如我们稍后看到的,与意大利社会党的组织结构极为相似。与意大利的社会主义者一样,法国的社会主义者对令人嫉羡的德国社会民主党的努力模仿并没有成功。

新的组织的基本特点是:组织的形式因地区而异、而变;中央机构非常软弱(或者毋宁说在保罗·富尔在20世纪20年代成为书记前,根本不存在中央机构);高度独立的中阶机构,也就是联盟,直接组织成足以阻挡中央干涉意图的自治封地(fiefdoms)。同时,与这些特征形成对比的是党内领袖们对议会党团的正式控制(这个传统继承于法国工人党,该党从德国社会民主党那里借鉴过来)却从未完全实现。事实上,党内领袖对议会党团的优势(supremacy),只有当前者成为操作一个庞大官僚机构的全国领袖时才能实现。而就工人国际法国支部而言,党内的领袖们却反而是联盟的外围领袖。因此,工人国际法国支部位于由显贵组成的议会型政党和大众"社会主义"政党之间(用迪韦尔热的话说),以某种混合组织(hybrid organization)的特点得以形成并巩固。中央机构无力控制各中阶结构和各地方协会(例如,在选择候选人的关键时刻),而且饶勒斯的"情境魅力"——对无数选民和大部分积极分子而言,饶勒斯已成为法国社会主义的象征——趋于支持被选举的官员，即议员的至高无上（supremacy）。这一趋势被联盟内的组织权力资源相对强力的集中所平衡，联盟在全国代表大会中占有优势（就它们成员数量的比例而言），并且控制着软弱的执行机关。[29]党内权力均衡不断在议会议员们与党内领袖们（在此情况中，是联盟的领袖）之间动荡不止，因为前者——试图确保自身的政治独立和自主的选举势力基础——而后者，试图控制前者，他们之间斗争不断。

因此，弱制度化的基础就奠定了：一个软弱的、半自主的中央机构，在某些情况下的独立代表（还有那些被选进地方公职的人），以及独立于党中央的联盟，这三者的结合使得这个组织无法实现之于环境的高度自主，例如，不能通过"社会整合型政党"（social integration party）特有的纵向纽带网络来控制其阶级基础。在工人国际法国支部整个存在期间，它依然是个意见型政党（opinion party），具有虚弱的、断断续续的选举忠诚，并且过于依赖组织性不强的选民之心血来潮（whims）。[30]

政党倾向于这样一种发展，在于其形成不仅是由于拥有自主的组织权力资源的各集团的联盟（因而它抑制了中央官僚机构的发展），而且也是由于工会的政治独立。这种独立妨碍了工人国际法国支部控制某种资源，某种其他政党（例如德国社会民主党和奥地利社会党）构建牢固的政党亚文化所必需的资源。

该党非常依赖环境（因为它的弱组织化），以至于轻微的环境变化——与选民的关系或在政治体系中的处境——对它的内部事务都会产生直接的、深远的影响。因而，工人国际法国支部也难以自主应对外部环境——因为它的中央机构软弱以及联盟拥有自主权——组织不同部分缺乏了结构的凝聚性。党的组织形式在地区之间差异很大，并且党的资金筹措基本上为外围、即联盟的领袖们所控制，但在某些情况下，也被市长和当地显贵们所控制。

这种发展的必然结果是主导联盟团结程度低以及主导联盟超强的派系主义。除了1920年共产主义分裂后短暂的重组阶段与20世纪50年代摩勒的影响达到鼎盛时期之外，通过对不同联盟的一种"分割影响力"（partition of influence），党内集团直接导致它本身的一种亚联盟（subcoalition）。

工人国际法国支部的主导联盟在其整个存在期间，其缺乏凝聚力的实质为如下事实所证实：如果最强力的联盟领袖们没有达成共识，如果没有卷入外围领袖们和全国领袖们的交易体系与互惠体系中，党内领袖就无法出现。稍后（例如在考察与之有几分类似的阿登纳时期的基督教民主联盟时）我将更系统地讨论下面这一事实，即这种发展从不考虑大量发展党员，这是封建式（feudally）组织化结构的一个典型方面。不同联盟的领袖们，无论是绝对权力的君主（monarchs），还是不常见的、一个全国性派系的次级领袖们，都没有兴趣在某个最低限度之上以传教（proselytizing）的方式来发展组织。因为党员的大量扩张会危及组织的稳定：过多新（特别是青年）党员的加入，甚至会对联盟内的权力关系带来明显的、意想不到的改变；旧积极分子的政治社会化与新来者的政治社会化之间的差别可能会导致联盟内部的严重冲突。而且，最严重的是，党员扩张可能会形成乐于接受敌对派系政治动员的、大量的积极分子团体。党的组织稳定长期（除了20世纪20年代后期重组期间）依赖信仰的坚定，即，依赖一种可根据实力均衡很好地进行解释的组织停滞（organizational stasis）（在居伊·摩勒时代前后达到了顶峰）。

组织内部关系的局部重组开始于1920年共产主义分裂后；重组是必要的，分裂带来的严重挑战危及了党的生存。[31] 工人国际法国支部缩减为（reduced to）一个小政党。许多地方结构和中阶结构被法国共产党接管（随后按照列宁主义模式重新组织起来）；为了使分裂揭示的组织问题和财务问题系统化，两党进行了一系列的协商和斗争。[32] 工人国际法国支部紧紧抓住最早的联盟（主要是在农村地区），还紧紧抓住了大多数的地方公职人员与几乎所有的党议员，即，抓住了让党运转自如（afloat）的、勉强够的资源。这一"重生"让工人国际法国支部很快在组织实力方面超过法国共产党（其专注于内部斗争），这主要是由于保罗·富尔（Paul Faure）的组织能力。

在分裂后的最初时期，这个政党非常软弱。另外，作为法国社会主义之父的饶勒斯在1914年被刺杀，而莱昂·布卢姆（Léon Blum）成为新的、有威望的领袖尚需一段时日。在这种情况下，保罗·富尔被选入秘书处（这一部门不是根据党章设定的，正如我们所知，党章不利于中央机构），这是理解工人国际法国支部迅速恢复的一个决定性因素。作为该党二三十年代的"有组织才干之人"、保罗·富尔首次建立议会外的（extra-parliamentary）权力及威望中心。富尔的班子建立了一个控制党的印刷和财务的中央机构。[33] 相较于德国社会民主党的官僚机构的发展,这没有什么,但是它说明了一个中央机构开始出现。

富尔已远离"左派":在图尔市时,他也站在"左派社会主义"一边支持第三国际,尽管他仍反对二十一条。

只是在与布尔什维克最后时刻的决裂,阻止了富尔与弗罗萨尔(Frossard)一起倒向另一方。这一行径增强了党内左翼对他的认可,以及更一般地,总体来说没有选民"温和"的——党员——对他的认可。富尔掌控着一个至少是局部复兴的中央组织,并且在政治上获得党员很高的认可,这使他成为接下来十五年内稳定政党主导联盟的真正支撑点(fulcrum)。主导联盟内第二个关键人物是莱昂·布卢姆。布卢姆温和善诱(moderate persuasion),但不属于任一专门的派系,他很快便被认为是法国社会主义的人道主义传统的化身(incarnation)。布卢姆的威望解释了为何他拥有对议会党团行使的权力。

最开始布卢姆和富尔的联盟是隐性的,后来越发地明显,这一联盟是无法避免的:富尔能克服来自联盟领袖们的阻力(因为法国共产党的竞争已让他们更为依赖中央)以及能在联盟、议会领袖和全国秘书处之间实现一种持久互惠的内部妥协。新的主导联盟使得工人国际法国支部克服了二十年代的诸多困难,这个联盟现在的组成是:一个议会外中央(即富尔)、与富尔结盟的最强联盟的领袖们以及由布卢姆控制的大多数议会内领袖。布卢姆—富尔的联合是这个联盟的支撑点,只要这两个人团结一致,就是不可战胜的。派系博弈并没有完全消失(事实上,右翼的议会内领袖们在1933年分离出去),但它们却处于可控之中。

然而,工人国际法国支部仍然是个软弱的组织;它的低度制度化使它极易受到环境变化的影响。

随着人民阵线(Popular Front)的诞生,随着法国共产党竞争力的壮大(它在1936年的选举中接连赢得惊人的胜利),工人国际法国支部的主导联盟开始第一次显示出崩溃的迹象,派系博弈重新回到往常的紧张之中。[34] 左派政府,连同处于强势政治上升期的法国共产党一道,给工人国际法国支部这样的软弱组织造成了严重的认同危机。在议会中的右派〔与反共产主义的选举追随者(clientele)有关〕和"革命的"左派〔皮维特和茨罗沫斯基集团(Pivet and Zyromski)〕的共同滋养下,派系主义恢复了力量，"革命的"左派在党的外围分部尤为强势，外围分部因为有工人基础而更容易受到共产党的挑战。富尔和实力较强的联盟领袖们加强了反共产党的论战（polemic），以加大对左派的反对，以便于维护党的组织认同。然而，在法国共产党支持下掌权的政府首脑布卢姆，不得不抑制这场论战，并且对共产党人显示出一种安抚的态度。

因此，布卢姆和富尔的政治立场开始产生分歧（主要是因为他们在组织中的作用不同）。几年后这一主导联盟完全崩溃，使得党内派系主义更为紧张。富尔，党二三十年代的重心，结束了其作为党内最为右翼的领袖的生涯。[35]

居伊·摩勒是作为战后重组期间的一位新星出现的，但他并没有改变党的基本结构。他善变的政治策略（tactics）也没有改变。他借助于左翼马克思主义的宣言（顾名思义，新盖德主义，neo-Guesdism）赢得了 1946 年大选，随后他领导该党与法国共产党决裂，并使之成为执政党：摩勒成功实现了政治策略的转变，只是因为他能够运用政府机构以有助于他控制政党的象征资源（例如，集体性认同激励）来代替物质资源（例如，物质上的选择性激励）。[36]

这个过程成功如此之快，是因为它是在一个弱制度化的组织中实行的，这个组织对环境的变化具有高度渗透性和敏感性。在具有强有力的官僚机构特质的一个"强"制度中，激励转换不可能如此迅速地实现，并且任何试图这样做的主导联盟（正如摩勒在 1946—1947 年做的）不久就会遇到严重的问题。

摩勒时期的组织僵化（例如党员的减少、党员干部老龄化，等）[37]"否证"（falsify）了组织总是趋于以一个"企业家"的逻辑扩展这一理论。无论是秘书处还是最重要的联盟的"独裁者"（despot）都没有兴趣冒组织稳定的危险而采用积极进取的政治策略。党内权力结构在整个第四共和国时期维持了总体稳定。

# 意大利社会党

和工人国际法国支部一样，意大利社会党在形成时期也以德国社会民主党为榜样。[38]也像工人国际法国支部那样,意大利社会党只不过是这个德国社会主义组织的一个糟糕的复制品。在这种情形下,意大利社会党的起源模式同样成为其后来低水平制度化的可靠指标。在 1892 年热那亚代表大会(Genoa Congress)上,全国至少有 200 个社会主义合作社(socialist cooperatives)和社会主义的地方性互助协会(mutual aid associations)加入到了米兰工人党(the Milan Workers Party)(一个与拉萨尔派组织和盖德派组织相似的小型政党),那时米兰工人党已经放弃了它最初的工人至上宗派主义(workerist sectarianism)。[39]那次代表大会后,许多别的地方协会自发涌现。因此,意大利社会党是在许多既存的地方组织与随后的地域扩张结合后诞生的。

既然聚集在热那亚的不是一个个积极分子而是各协会,因此该党是以一种集体基础(collective base)(即包括了集团,而非个人和附属机构)开始的。只是到了 1895 年,幸亏领导组织建设的图拉蒂(Turati)与其他米兰社会主义者们的努力,该党在个体的基础上组织起来了。但是软弱的中央组织(必需仰赖其他的诸集团与协会)这一原初特征深深地笼罩着这个政党数十年。尽管它采取的是德国社会民主党的模式:"以一种更温和、更一般的方式来看,党的功能更多被视为是协调者,而非工人运动被进一步分成的不同组织的指导者,而且该党必须与工人运动保持一致,并说明这些运动不同的成熟水平。"[40]这是特殊形成模式的政治后果,也是意大利社会党被迫与其他社会主义运动组织建立的特殊关系类型的政治后果(与德国社会民主党相反)。

1896 年,在一次对如此软弱的意大利社会党印象深刻的资金筹措的努力后,报纸《前进报》诞生了。它是意大利社会党唯一全国发行的党的出版物,也是唯一的组织权力中心,它代表意大利社会党对议会党团的至少部分的取代。

该组织的特征在 19 世纪末得到了加强,并且长期保持不变,这些特征可以总结如下:

(1)选民—党员比最好时是 20 比 1(相较于德国社会民主党的这一比例是 4 比 1,或 5 比 1)。[41]与 1912 年"最高纲领派"(maximalist)派系的胜出、尤其是第一次世界大战后的组织扩张相比,意大利社会党,与工人国际法国支部一样,更多的是一个选民党而非积极分子(activist)党。也像工人国际法国支部那样,意大利社会党在农村成分占优的地方很快就有了社会基础。意大利社会党的阶级基础通常包括众多的农业劳动者(即便当第一次世界大战后,该党增强了工人群体对其支持的能力)。在1913年实行普选后,虽然社会党在全国的平均得票率是17.7%,而在艾米利亚(Emilian)农业劳动者中的得票率却是38.3%。[42]

因为农村的情况,意大利社会党不得不选择一种更"大众"(就像工人国际法国支部那样)的社会基础,而非"工人至上"的社会基础(像德国社会民主党那样)。

地区间的巨大差异使得该党内部也有所不同,地理基础上的政治差异总是与全国政治中的左、右分野相交叉,但从不会完全一致。

(2)全党议会外组织非常软弱。前锋(The Direzion Nazionale),党中央历届代表大会的全国机关,从未有足够的财力来雇用一支官僚队伍。它仅能够勉强支付政治秘书处的薪水以及非常有限的行政服务费。[43]

(3)地区间组织差异巨大——该党的出现是以地域扩张的方式进行的,这种扩张的后果无法为"中央权力"所平衡——与模糊不明的组织边界并存(这两个因素都是党内结构凝聚力弱的症状)。例如,由该党的各地方分部、各工会总部、合作社和其他社会主义组织共同为公共部门挑选候选人,这已经是该党的惯例。[44]这使意大利社会党严重依赖于地方上的外部组织。

(4)鉴于不存在中央官僚机关[直到第二次世界大战后鲁道夫·莫兰迪(Rodolfo Morandi)重组前都没有],对党的支持主要是基于选择性激励体系,选择性激励体系主要利用了两种渠道:社会党占多数的城市("市政社会主义")[45]和那些赢得了有利于自己选区的国家特许权(state concessions)的个体代表。[46]

(5)在工会、意大利总工会(Confederazione Generale del Lavoro,CGL,成立于1906年)和意大利社会党三者之间建立的是一种复杂的[47]、令人苦恼又模糊不清的关系。与其说没有关系(如工人国际法国支部);或者工会起初从属于政党,后来逐渐脱离政党(如德国社会民主党);甚至是政党依赖于各工会(如英国工党的情况),还不如说是,图拉蒂的议会党团与意大利总工会(CGL)的改革派领袖们在平等基础上形成的、形式上相互独立且非正式合作的一种关系。然而,由于党内多数派的压力和意大利总工会的革命工团主义(这在地方工会总部(Camere del Lavoro)非常强势),这种联合经常处于崩溃边缘。

与议会外组织的薄弱并存的是议会党团的优势地位。这种优势地位,首先源于一个偶然的原因:图拉蒂,是该党创建人之一,也是意大利社会主义最有威望的人物之一;这种威望使他成为议会党团的"中心",因此使得议会党团成为党的"中心"(完全和让·饶勒斯在工人国际法国支部中做的一样)。但是,议会党团的优势地位也更因为结构性的原因,例如,因为中央组织软弱,给予本党追随者的选择性激励,是由议会议员通过政府官僚机构(依据意大利代议制政体的典型模式)以及现存的"市政社会主义"[即在图拉蒂与乔里蒂(Giolitti)政治关系伪装下传递的利益流]进行分配的。[48]而且,党内议员几乎全是显贵(特别是律师和其他专业人士),能直接控制他们的选民,并将这些选民变为他们名副其实的封地(就像同一候选人在许多选举人团中重复连任证明的那样)。[49]社会党代议制的显贵(而不是官僚—专业化)特征也是由于这样一种事实,即在1912年之前,代表们并没有议会补贴。[50]各地方分部(sections)为议员们所控制,它们不容党的中央机构侵犯,这与德国社会民主党的情况一样;它们也不容强大的中阶结构侵犯,这与工人国际法国支部的情况一样。

(6)议会党团居优且党的中央组织软弱,意大利社会党与工人国际法国支部共享的这些特征,再加上与中阶结构的软弱相辅相成(与工人国际法国支部不同)。党的地域分部(territorial section)(不是联盟)是组织权力在外围的真正所在,虽然也有例外,因为它完全独立于党的中央组织。[51]这个特征解释了两个紧密相连的现象:首先,许多议员营造其自己的地方封地的能力;其次,后果就是,党的全国精英集团的碎片化,比工人国际法国支部还要显著。事实上,如果组织权力集中在联盟层面,那么能够与全国性的领袖们协商的外围领袖(就像保罗·富尔与摩勒在工人国际法国支部中做的那样)将几乎没有。但是,如果中阶结构软弱,就像意大利社会党那样,而且,组织权力是以各地方分部为基础,就会有许多的地方领袖,就不可能形成牢固的党内联合。

这就解释了为什么意大利社会党的派系比工人国际法国支部的派系

更不稳定。意大利社会党的每个派系都有自己牢固的权力基础:最高纲领派的权力基础主要在党分部(反对力量)和工会总部。改良主义者的权力基础在于议会党团与意大利总工会改革派领袖们之间的联盟(在乔里蒂的十年当中);在于党能够支配地方政府(如在艾米利亚)的外围协会和附属协会(如合作社,等)那里;也在于已变为议员/地方显贵封地的党分部。

正是该党高度碎片化、高度地方化的特征——没有被一个牢固的中阶结构连接起来——这解释了党内派系的不稳定;无论在党的高层还是基层,人们经常从一个派系转向另一个,派系间的界限十分不明确。[52]工人国际法国支部的派系界定比较清晰,因为它们是通过控制不同联盟而得以巩固的。这也解释了意大利社会党议会党团臭名远扬的纪律缺乏。

与英国工党发生的情况相反,意大利社会党仅仅是利益的一个聚合体,这些利益使得党内压倒性多数的议员与图拉蒂的地位保持着同盟关系。在英国工党,议会领袖与各工会共同决定哪个代表能够竞选公职。相反,在意大利社会党,竞选公职是由每位代表依靠他的个人威望与他为其选区获得物质利益的能力自行决定。由于议员将他们的连任归因于向选民分配的选择性激励,他们"自然地"支持图拉蒂的改革策略:他们只能通过接受改良主义来分配恩惠。

中央组织和中阶组织极度软弱,这解释了为何最高纲领派在1904年博洛尼亚(Bologna)代表大会的胜利并没有改变权力结构,也未能中止改革派议员持有的党真正的推动力。[53]最高纲领派无法以获得对议会党团的控制来加强自身的地位,这就解释了他们为何迅速地衰落,以及改良主义者为何会在短短的两年时间里又成功地回归到党的领导地位。但是,如果1904年最高纲领派的胜利是短暂的,那这也是对意大利社会党主导联盟凝聚力弱最有力的证明。改良主义者远不团结,像他们那样在一起,更多是由于能为单个议员带来便利(正如我们已经提到的),而不是因为存在一种集权式控制的组织机制。随着政治形势的变化——图拉蒂政治策略的可靠性所依靠的乔里蒂主义,衰落了——受利比亚战争[54]的影响,改良主义者联盟受到内部离心力[例如萨维米尼(Salveminian)左派、比斯拉蒂—波诺米(Bissolatian-Bonomian)右派和图拉蒂中间派〕*的困扰,直到联盟解散和最后最高纲领派1912年的胜利。

在整个改良主义时期,意大利社会党防止出现信仰改变(proselytism),它仍是一个只有区区2 000—3 000名积极分子的软弱组织。它的选举实力更多地应归因于来自其他意大利社会主义运动组织的外部支持,而非该党自主的组织能力。不存在改信他党,部分是因为该党缺乏一个强大的、能持续推动并维持组织发展企图的议会外中心。但这也是,或许尤其是,改良主义者故意保持内部的权力平衡,即,他们维护组织停滞(就像工人国际法国支部的情况)的结果。另一方面,在德国社会民主党内,党员数的增长受一个强大的中央官僚机构的控制,例如,中央官僚机构能"引领"党代会:

> 在意大利,党的全国代表大会至高无上,并没有遇到严重的障碍或调解形式。其要点如果不只是保障政治纲领的稳定的话,就在于相对较少的党员以及这些党员极其缓慢的更迭;因此,那些对传统敏感的人,那些对最有名望和权威的领袖们敏感的人,最后总会胜出[55]。

在1912年雷焦·艾米利亚(Reggio Emilia)大会,随着最高纲领派的掌权,这种情况有所改变。主导联盟新的领袖贝尼托·墨索里尼(Benito Mussolini)发起了一场重要的运动来增加党员。两年后——在1914年安科纳(Ancona)代表大会前——"党员的数量几乎翻了一倍。传统的守卫者淹没于这个庞大的新组织内,这个新组织现在只能被创造它的力量所控制"[56]。

---

* 比斯拉蒂(1857—1920),是十九世纪之交的意大利社会主义运动的领导之一。他曾于1889年至1895年组织了农村地区的农民示威和社会运动,以争取更好的生活条件,1889年组建了"人民回声",并在随后成为了意大利社会党在克雷莫纳的地方组织。他还曾经出版《共产党宣言》的部分译本。1897年当选为克雷莫纳的众议院议员,之后由于不反对土耳其入侵利比亚而于1912年辞去议员职位,并在五个月后被逐出意大利社会党。他迅速组建了意大利改革社会党,与波诺米等人强烈主张站在三国协约一边参加第一次世界大战。波诺米为意大利政治家,他于1919年作为社会党意大利北部城市曼图亚代表当选众议院议员,因为他主张改革派和温和主义,以及他主张入侵利比亚,他于1912年被驱逐出党。在墨索里尼政权前均担任过首相,并在第二次世界大战期间领导了反法西斯运动,1943年作为工人民主党的一名创建者,之后他加入了意大利民主社会党,并担任名誉主席至其去世。参见 http://en.wikipedia.org/wiki/Bissolati。——译者注

原因很明显：新的主导联盟，在（软弱的）前锋（Direzione Nazionale）（改良主义派被从中驱逐出去）和《前进报》中有枢轴点（pivot point）——为了消除议会党团的权力——必须强化党的议会外组织，即，用其他的组织权力资源，尽快地平衡、消除图拉蒂的威望。这项计划野心勃勃，但是起源模式的影响力无法简单地被完全消除，即使是经由像墨索里尼这样敢作敢为的领袖。事实上，改良主义者（在那时的少数派）仍然自主维持着党的议会政治策略，对最高纲领派不断干扰并努力试图让议会党团服从于最高纲领派的政治选择来说，这是一种嘲讽。改良主义者在失去对党的优势后，仍然可以依靠工会和其他社会主义组织的支持。尽管墨索里尼的组织努力，但相对于其他的"自主中心"[57]，意大利社会党依然很软弱。比如，1913 年，意大利社会党还只有 45 000 名党员，而意大利总工会的会员则超过 300 000 名。[58] 只是在战后动员之后，意大利社会党才成为一个大众党，在 1920 年时党员总共也仅超过 200 000 名。[59] 那时，最高纲领派（那时已剥夺了墨索里尼的领导权）成功地以对自己有利的方式重新平衡了与议会党团的关系，改良主义者的政治衰退已然进行中。直到那时

> 意大利社会党是改良主义者分权理想的组织化身，其支持者在市政一级。该党由许多不同的、在地方上独立的分部（sections）组成，它们与党的领导层的垂直关系只在微弱地发展……直到第一次世界大战结束、该党成为大众党的时候，由政治上的杰出人物组成的改良主义派集团，才占据了一个极具影响力的党职。[60]

但是，最高纲领派的决定性胜利和改良主义者的衰退，与该党作为一个整体更普遍的衰退相一致。与工人国际法国支部一样，俄国革命也给意大利社会党带来了新的情况，而加入第三国际则导致了它的分裂（分为三个政党）。

随着意大利社会党在第二次世界大战后的重生（该党于 1943 年在罗马正式重建），这个社会主义组织只是部分成功地从过去的历史中解脱出来。与该党的起源模式诸特征——它们在党的重建中发挥了重要作用（新、旧集团的结合[61] 只是在一定程度上合并了）——一道，竞争力极高的意大利共产党帮忙阻止了意大利社会党成为一个强组织。在两极化的战后冲突中，不同政党有着自己的国际定位，处于其间，对这个重生的党来

说,事实上不可能形成一种自我认同。

意大利社会党,一个处在冷战风口浪尖的前沿组织,不停摇摆于左右两翼,频繁的内斗使其四分五裂,党受到的惩罚是不断分裂、难以为继。然而,法西斯主义引起的组织崩溃导致了意大利社会党(与意大利共产党一样,但却因为不同的原因)部分地重建。1946 年,意大利社会党拥党员700 000 名,这是党争(partisan war)期间政治动员的结果。1949 年以后,莫兰迪[鲁道夫·莫兰迪和彼得·南尼(Pietro Nenni)是社会党 20 世纪四五十年代最有影响力的领袖]正是在此基础上试图强化这个组织。在莫兰迪领导下,意大利社会党作了最持久不懈的努力(和范范尼领导的意大利天主教民主党一样——关于这点请见下一章内容),以成为一个强政党。这种尝试(如天主教民主党)只取得了部分成功,这既是因为没有一个政党能完全摆脱其组织遗产,也是因为环境(即组织相对于国内分歧和国外分歧的处境)的特征没有为形成一种牢固的认同留有余地(也没有为稳固地控制自主选民中的支持基础留有余地)。

在自治论者派系(autonomist faction)"重夺社会主义"(riscossa socialista)[其领袖是隆巴迪(Lombardi)和贾科迈迪(Jacometti)]由于1948 年选举失利而暂时获胜后,在第 28 次党代会(1949 年)上通过一项与意大利共产党重新合作的政治策略而肯定自身的主导联盟,是基于鲁道夫·莫兰迪的组织能力和彼得·南尼的崇高威望。一直到莫兰迪去世(1955 年),实际上到了 1957 年的威尼斯党代会,该主导联盟一直存在。对党的核心集团来说,这一时期最不稳定。检视 1945 年至 1966 年间前锋的组成证实,"从 1949 年至 1957 年间较低级别的人员调整相当于是这样一个时期:社会党最坚定地遵循某个政治纲领(无论接受与否)而无须经历该党在这段时期前后频频出现的各种危机"[62]。

莫兰迪豪情万丈,把意大利社会党转变为一个强组织、一个以意大利共产党为榜样的大众型政党的尝试,在这一阶段初现端倪。[63]前锋成为党的中央机关,并且以地域分部传统的独立为代价,形成了一个(以前没有的)中央官僚机构。党也试图获得对各附属协会的控制。

但是,莫兰迪的尝试只取得了部分成功。无论在团结程度还是规模上,意大利社会党的官僚机构都无法比拟意大利共产党。正如政治科学家扎尼斯基(Zarinski)在 1962 年观察到的,在评论南尼 1957 年后改革的原因时，一项针对意大利社会党官僚机构的细心调查揭示："一个由 500 名领薪官员组成的简易框架。它宣称的职责——即，立法参考、研究——许多职责的履行方式明显非常分散、随意，在某些情况下根本就不履行"。[64]

该组织从未能用科层结构完全取代前法西斯的显贵网络。所以，即使联盟比战前强大了许多，它们从未强大到使地方显贵们屈服的地步。前锋之于议会党团的新优势本身就不明确。与巩固前锋（Direzione）一起，紧随其后的是全国领导层的迅速议会化。[65]

意大利社会党对各附属协会的控制从未真正被保证过。例如，工会各组织的社会主义要素，由于缺乏一个强力政党的领导，受到了最高纲领派的共产主义要素（是一个强大机构的"工团主义的得力助手"）的影响。

所以，即使在主导联盟最大程度团结的时期（1949—1957），该党的派系生涯仍在继续。统治集团经常不得不面对一个少数却好斗的、在组织内以及地方显贵中有其自发基础的右翼派系。

1957 年，这个主导联盟开始瓦解，引发了南尼右派（Nennian right）（一个软弱且趋于"中左"的多数集团）和一个强大的左翼少数集团之间的对峙。我们可以称之为双派系时期：就像两党体系一样，这两个派系类似于诸集团的合并，在各个方面都相匹配。[66]

20 世纪 60 年代的中—左政府以及可获得的新公共资源——这些保证了该党进入政府，并且在党内竞争中被利用——很快便导致软弱的意大利社会党内部分裂。意大利社会党的演化与中—左政府期间该党的执政伙伴（天主教民主党）的演化并行：该党在 20 世纪 60 年代面临的派系化比过去更为显著。在这一阶段，派系获得了最大程度的制度化。

意大利社会党不得不坐等中—左政府的终结，以及对其政治生存的威胁的出现（威胁出现于意大利共产党在 1975—1976 年的选举成就），目的是随着米达斯*大会的代际更替（1976），参与在更团结的主导联盟指导下新阶段[67]的重组。即使在这个"全囊括"（catch-all）政党的指导下发生了一些组织转型，并且在大众传媒领域采取了更专业、更加积极进取的

---

　　* 米达斯起初是一家旅馆的名字，意大利社会党 1976 年的全国大会在此召开。结果，新生代的社会党领袖掌权。——英译注

姿态,但却不能克服该党的软弱。它的软弱是诸多因素长期发展的结果。

# 结　　论

本章谈到的三个政党,全是弱制度化的例子。它们都高度依赖其环境:英国工党(甚至一定程度上的意大利社会党)依赖的是外部组织,工人国际法国支部依赖其选举环境,该党未能对其行使直接控制(而德国社会民主党、意大利共产党和法国共产党则通过强大的组织确保了对其选举环境的直接控制)。它们必须"适应""外界"发生的情况。它们无法形成支配环境的"帝国主义"策略(就像强组织形成的那些策略)。而且,它们的内部结构几乎都没有连贯性,即低度的系统性:换言之,随着时间流逝,它们会在不同的地区呈现出不同的形式,证明它们的组织边界非常不明确(尤其是英国工党和意大利社会党的组织边界)。通常很难弄清楚组织止于何方、外部组织源于何处。

这三个政党与德国社会民主党、法国共产党和意大利共产党不同,它们从未形成强大的中央官僚机构。工人国际法国支部和意大利社会党的官僚组织(直到战后)多多少少都是不值一提的,英国工党的官僚组织仅处于萌芽期。

它们的弱制度化蒙受了许多后果。这三个政党都是派系化政党,由竞夺政党控制权的组织化集团组成。因此,它们的机会结构是离心的。英国工党算是部分例外(其党内不平等是其发起组织面相的一个函数),党内的不平等体系与社会不平等体系直接相关。在工人国际法国支部,更进而在意大利社会党,官僚结构内的劳动分工的逻辑不决定王牌的分配和权力资源的分配。倒是社会不平等体系决定了王牌的分配及权力资源的分配。例如,显贵们在这里起到在德国社会民主党中没有的作用。"专业人员"参与的不足,为这些显贵们大量的"公民"参与给弥补了,这在弱制度化的情形中经常发生。他们参与的结构主要包括随扈(clientelary)的选择性激励,这不同于官僚机构分配的物质奖励。

虽然这三个政党都是弱制度化政党,但它们并非所有方面都完全相同。英国工党是外生合法性政党的起源模式,究其一生,它都是某个发起组织的"政治助手"。相反,工人国际法国支部却是一个内生合法性政党。意大利社会党却在两者中间:既不是外部某个组织的政治助手,也非完全独立于其他社会主义协会。下述因素已经预示了这点:意大利社会党原初形态包含的依附类型是非直线性的、集体性的,再加之它与工会的关系模糊不清。

另一个不同之处在于主导联盟的团结程度,以及后来党内派系的组织程度。在意大利社会党,各派系的连贯性,至少在整个图拉蒂时期要低于工人国际法国支部:它们组织化较低、边界更易变(尽管没被分类为派别)。这很可能是因为这两个政党的组织结构不同。在工人国际法国支部,联盟构成了党的支柱(backbone)(有围绕这个支柱组织起来的、基础牢固的派系),在意大利社会党,各地方分部履行了这项职能(这使得派系斗争更加复杂,更不易于协调)。

在这方面,意大利社会党更像英国工党(正如我们看到的,工党党派之争并不具有——除了在严重的组织危机时期之外——别处发现的僵化与组织程度)。这可能部分地是由于如下事实:两党(虽然在英国工党是十分严谨且正式,而在意大利社会党内只是非正式且零星的)的议会党团和工会领袖们之间有一个联盟在起作用(在党的左翼和工会左翼之间也有这样一个联盟)。这种交叉的、组织间(inter-organizational)的联盟(工人国际法国支部中没有),至少能部分地解释这两党的内部派系相当不团结的特性。事实上,在主要是外部依附型的组织内,党内各集团间的权力关系从属于党的组织以外(严格来说),即其他组织(有全国的,也有地方的)发生的政治取向的改变。

然而,英国工党与意大利社会党的相似之处不应过分夸大:它们的不同之处基于该事实,即工会有权来干涉工党内部事务,干预的程度比意大利各工会组织对意大利社会党的干预程度要深(即便是在图拉蒂时期)。

在结束时,我想强调最后一点。迄今为止,检视的三个强制度化的政党(德国社会民主党、意大利共产党和法国共产党)与三个弱制度化的政党(英国工党、工人国际法国支部和意大利社会党),它们之间的一个明显区别就是,只有在后者中,议会党团才起着主导作用,即,它掌握的组织权力比哪一级党组织都多(即使工人国际法国支部也受到各联盟的权力的制衡）。然而，我们不应当得出这样的结论，强制度化就等同于党内领袖占优，弱制度化就等同于议会议员占优。存在着这样的事实，即一些政党由于它们的某些起源模式诸特征，它们的制度化相对较强，但也有一个占优的议会党团（而且我们应更加深入地讨论它们）。

## 注　释

1. 关于英国社会主义的起源，参见 H.Pelling, Origins of the Labour Party, London, Oxford University Press, 1965。关于哈迪，参见 K.O.Morgan, Keir Hardie: Radical and Socialist, London, Weidenfeld & Nicolson, 1975。非常有用的书还有 D.Marquand, Ramsay Macdonald, London, Cope, 1977。关于该党的形成和英国政党的大体情况，参见 A.R.Ball, British Political Parties, London, Macmillan Press, 1981。

2. 参见 R.Moore, The Emergence of the Labour Party, 1890—1925, London, Hodder and Stoughton, 1979, pp.75ff. 也可参见 C.F.Hoover, The British Labour Party: A Short History, Stanford, Hoover Institution Press, 1974。关于工团主义（syndicalism），参见 H.Pelling, A History of British Trade Unionists, Harmondsworth, Penguin Books, 1976。

3. Moore, *Emergence of the Labour Party*, pp.75ff.

4. Ibid., p.98.

5. Ibid., p.99.

6. Ibid., pp.111—113.

7. R.T.McKenzie, British Political Parties, London, Heinemann, 1963, pp.300ff.

8. R.Moore, Emergence of the Labour Party, p.156.关于工党"外围"组织的演变，参见 D.J.Wilson, Power and Party Bureaucracy, pp.31ff。

9. 关于这次的改革，尤其是对中间组织（the intermediate organization）的影响，参见 D.J.Wilson, Power and party Bureaucracy, 以及 R.McKibbin, The Evolution of the Labour Party, 1910—1924, Oxford University Press, 1974。

10. R.罗斯（R.Rose）对工党的法定（statutary）机构做了很好的分析，参见 R.Rose, *The Problem of Party Government*, Harmondsworth, Penguin Books, 1969, 以及 S.E.Finer, *The Changing British Party System 1945—1979*, Washington, America Enterprise Institute, 1980。

11. Rose, *Problem of Party Government*, pp.226ff.

12. B.Simpson, *Labour: The Unions and the Party. A Study of the Trade Unions and the British Labour Movement*, London, Allen and Unwin, 1973, p.226.

13. 想了解强调这些不同的比较分析,参见 D.J.Wilson, "Party Bureaucracy in Britain: Regional and Area organization," *British Journal of Political Science*, II(1972), pp.373—381 以及 *Power and Party Bureaucracy*。

14. 例如,在 1970 年,保守党的 537 个地方组织有 357 个选举代理人,而工党 618 个地方组织有 141 个选举代理人。Rose, *Problem of Party Government*, pp.152—153.

15. 参见 M. Rush, *The Selection of Parliamentary Candidates*, London, Nelson and Sons, 1969, pp.131ff。也可参见 W.L.Guttsman, "Elite Recruitment and Political Leadership in Britain and Germany since 1950: A Comparative Study of MPs and Cabinets," in I.Crewe, ed., *British Political Sociology Yearbook*, vol.1, pp.89—125。

16. Rush, *Selection of Parliamentary Candidates*, pp.153—154.

17. 因此,对工会组织发展的分析显然是一大关注点。除了先前注释引用的著作之外,还可参见 T.Forester, *The Labour Party and the Working Class*, London, Heinemann, Educational Books 1976。工党内部团体组织资源的传播要归因于在英国盛行的特殊类型的工团主义结构:它比其他欧洲国家的工团主义结构类型更加分散,它是由职业而不是企业组织起来,以至于"同一企业的工人可能被 15 或 20 个不同的工会所代表,这些工会经常就各自的权限范围(areas of jurisdiction)而发生争执",参见 Pizzorno, *I soggetti del Pluralismo*, p.221。

18. 当工党在野时,在普通工会代表的压力下,工会与议会领袖之间的这一协定也会瓦解:例如,工党领袖盖茨克尔(Gaitskell)1960 年 1 月在废止一项条例(关于生产方式社会化)第四条这个著名问题上与工党产生了矛盾。参见 L.D. Epstein, "Who Makes Party Policy: British Labour, 1960—1961," *Midwest Journal of Political Science*, VI(1962), pp.165—182。

19. 关于战后工党政府与工会之间的矛盾,参见 L.Minkin, P.Seyd, "The British Labour Party," in Paterson 和 Thomas, *Social Democratic Parties in Western Europe*, p.113ff。

20. 关于工党组织更新的变化,参见 Finer, Changing British Party System。

21. 参见 J.J.Fietchter, *Le Socialism francais: de l'affaire Dreyfuss à la grande guerre*, Geneval, Librairie, Drotz 1965, P. Luis, *Histoire du socialisme en France*, Paris, Librairie Marcel Rivière, and J.Touchard, *La Gauche en France depuis 1900*, Paris, Editions du Seuil, 1977.

22. C.Willard, *Les Guesdistes: Le mouvement socialiste en France* (1893—1905), Paris, Editioons Sociales, 1965.

23. Ibid., pp.108ff.

24. Ibid., pp.355ff.

25. J.Touchard, *La Gauche en France*, p.64.

26. M.Perrot, A.Kriegel, *Le Socialisme francais et le pouvoir*, Paris, EDI,

1966，p.88.

27. Ibid.，p.85.这一时期的一个有趣分析是由 M.Reberioux 提供的" La class operaia francese e le sue organizaoni di fronte alla nascita della società industriale agli inizi del xx secolo，" in Piro and Pombeni，eds.，*Movimento operaio e societa*，pp.145—165。

28. 参见 C.Hurtig，*De la SFIO au Nouveau parti socialiste*，Paris，Colin，1970 以及 F.L.Wilson，*The French Democratic Left*，*1963—1969*，Stanford，Stanford University Press，1971。关于法国社会党，参见 B.Criddle，"The French Parti Socialiste，" in Paterson 和 Thomas，*Social Democratic Parties*，pp.25—57。

29. 对法定机关尤其是执行机关——常务执行委员会作用的说明，参见 Touchard，La Gauche en France，pp.142ff 以及 G.A.Codding，W.Safran，*Ideology and Politics：The Socialist Party of France*，Bouldner，Westview Press，1979，pp.60ff。

30. 这解释了在饶勒斯时期这个政党干涉主义(movimentista)的特征，即用同官僚化进程有关的选择性物质激励来代替集体性认同激励的不可能性。在第三国际中，巴贝尔(Babel)与饶勒斯的对抗是在一个高度官僚化的组织——它必须采取谨慎的政策(在重整军备和军国主义的重大问题上)以求自保——与一个灵活的组织之间的冲突。相对于其组织需求而言，这个灵活的组织还没有明确表达其目的，因此不得不一贯地(和强烈地)追求它自身明显的意识形态目标。参见 C. Pinzani，Jaurè's *L'Internationale e la guerra*.

31. 参见 T.Judt，*La Reconstruction du Parti Socialiste*，*1921—1926*，Paris，Presses de la Fondation Nationale des Sciences Politiques，1976.

32. Ibid.，pp.31—32.

33. Ibid.，pp.50ff.

34. 关于这一时期工人国际法国支部的内部斗争，参见 N.Greene，Crisis and Decline：the French Socialist Party in the Popular Front Era，Ithaca，Cornell University Press，1969。

35. Ibid.，pp.208ff.

36. 参见 R.Quillot，*La SFIO et l'exercise du pouvoir*，*1944—1958*，Paris，Fayard，1972。

37. Ibid.，p.239.

38. 参见 E.Ragionieri，*Socialdemocrazia tedesca e socialisti italiani*，Milan，Felterinelli，1976。

39. G.Arfé，*Storial del socialismo italiano（1892—1926）*，Turin，Einaudi，1965，p.31.也可参见 L.Valiani，Qustioni di storia del socialismo，Turin，Einaudi，1958. 一份关于意大利社会主义的 I.Granata，*Il socialismo italiano nella storiografia del secondo dopoguerra*，Bari，Laterza，1981。

40. Arfé，*Socialisme italiano*，p.31.在涉及欧洲社会主义潮流中意大利社会

党及其战略地位,关于图拉蒂在党内的地位,参见 L.Strik Lievers, "Turati, la politica delle alleanze e una celebre lettera di Engels", *Nuova Rivista Storica*, LVII (1973), pp.129—160.

41. L.Valiani, "Il Movimento operaio e socialista in Italia e in Germania del 1870 al 1920," in Valiani and Wandruszka, eds., *Il movimento operaio e socialista*, p.22.

42. Ibid., p.18.

43. H.Hesse, "Il gruppo parlamentare del Partito Socialista Italiano: la sua composizione e la sua funzione negli anni della crisi del parlamentarismo italiano," in Valiani and Wandruszka, *Il movimento operaio e socialista*, p.210.

44. Ibid., p.211.

45. 关于"市政社会主义"(municipal socialism),以及更一般地,关于社会主义"亚文化",参见 G.Sivini, "Socialist e cattolici in Italia dalla società allo Stato", in Sivini, ed., *Sociologica dei partiti politici*, Bologna, Il Mulino, 1971, especially pp.79ff.

46. 关于当时各政党与政府官僚的关系,可参见 M.Minghetti's classic, *I partiti politici e la ingerenza loro nella Giustizia e nell' Amministrazione*, Bologna, Zanichelli, 1881.

47. 关于各工会参见 I.Bardadoro, *Storia del sindacalismo italiano. Dalla nascita al fascismo*, 2 vols., Florence, La Nuova Italia, 1973.

48. 关于这两个领袖的关系,参见 B.Vigezzi, *Giolitti e Turati. Un incontro mancato*, 2 vols., Milan-Naples, Ricciardi, 1976。"乔里蒂主义"("Giolittism")——在20世纪前二十年的几届意大利政府中担任首相的乔瓦尼·乔里蒂之后——一词被现在的历史学家用来描述自由资产阶级(the liberal bourgeoisie)(以乔里蒂为代表)与社会主义运动(由图拉蒂领导)妥协与合作的时代。

49. H.Hesse, "Il grouppo parlementare," p.211.

50. 参见 R.Michels, *Political Parties*。该书谈到意大利社会党领导与德国社会民主党领导相比,具有资产阶级(bourgeois)和理智(intellectual)的特点;尤其是该书第76页和第106页。在本世纪之初,87.8%的社会党议员是大学毕业生,而同时期德国社会民主党的议员则只有16%是大学毕业生。也可参见 Hesse, "Il grouppo parlementare," pp.213ff.

51. Hesse, "Il grouppo parlementare," p.211.

52. Arfé, *Storia del socialismo italiano*, pp.111ff.

53. Ibid., pp.163ff.

54. M.Degl'Innocenti, *Il socialismo italiano e la guerra di Libia*, Rome, Editori Riuniti, 1976.

55. Arfé, *Storia del socialismo italiano*, p.156.

56. Ibid., p.156.

57. 这一表述来自 Arfé，*Storia del socialismo italiano*。

58. Hesse，"Il gruppo parlementare，" p.204.

59. Valiani，"Il movimento operaio e socialista，" p.22.

60. Hesse，"Il gruppo parlementare，" p.219.

61. 参见 C.Vallauri，*I partiti in Italia dal 1943 al 1975*，Rome，Bulzoni，pp.105ff。

62. F. Cazzola，Carisma e democrazia nel socialismo italiano，Rome，Edizioni Sturzo，1967，p.30.

63. 参见 C. Vallauri，"Morandi e l'organizzazione di partito，" *Citta e Regione*，no.6（1978），pp.38—56；关于莫兰迪的政治活动，参见 A.Agosti，*Rodolfo Morandi. Il pensiero e l'azione politica*，Bari，Laterza，1971。

64. R.Zarinski，*American Political Science Review*，LVI(1962)，p.389.关于莫兰迪时期意大利社会党官僚化的特征，参见 S.H.Barnes，Party Democracy：Politics in an Italian Socialist Federation，New Haven，Yale University Press 1967，pp.138—139。

65. 参见 Cazzola，*Carisma e democrazia*. On socialist organization after World War II，Cazzola，*Studio di un caso*：*il PSI*，Rome，Edizioni del Tritone，1970。

66. 关于当时党内派别的动力，参见 Barnes，*Party Democracy*。

67. 关于 1976 年之后的变革 A.Panebianco，"Analisi di una sconfitta：il declino del PSI，" in A.Parisi，G.Pasquino，eds.，*Continutia e mutamento elettorale in Italia*，Bologna，Il Mulinno，1977，pp.145—184。

# 第七章

# 执 政 党

有更多的证据支持我提出的分析图式,我们可以从三个政党的历史中发现这一图示。这三个政党都是从中心而非从边缘制度化的,它们在成立后(在组织巩固前)就参加了全国政府,并且一直执政了很长时间。正如我提到的那样,在组织巩固阶段控制政府,在正常条件下,便于低度制度化。公共资源,规定了由执政党(governing party)支配的控制地位,这经常会抑制强组织的发展。然而,就像处于反对党地位并不能保证很高的制度化那样,在政党巩固阶段控制政府不会不可避免地使政党处于低度制度化——它只是可能,但并非必然。特定的起源模式诸特点(比如,是地域渗透式的发展,还是如我们下一章将要看到的那样,是超凡魅力型起源)可能预设了执政党高水平的制度化。除了政党的起源模式之特征外,其他因素也起到了很重要的作用,比如政府官僚机构的本质以及政治体系的竞争性程度。

首先,之于"私人"目的(在政党竞争中)可获得的公共资源的数量是重要的:可获得的公共资源越多,领袖们越不需要将组织高度制度化。由于官僚机构的特征,可分配的公共资源(以激励的形式)能广泛获得之处,我们就会发现弱制度化的执政党。公共资源的易获得性阻碍了强有力的组织发展,领袖们对创立政党官僚机构毫无兴趣,而且选择性激励通过其他的渠道(比如,政府渠道)传递。另一方面,在公共资源易获得之处:官僚机构有相反的各种特征,它不容易被控制(比如,在这种情形下:有强力的公共管理精英,他们独立于政党存在,并且具有普鲁士模式很强的团队精神),公共资源极其稀缺,因而我们必须期待执政党更为稳固的组织发展：领袖们别无他法，必须巩固他们的政党组织。执政党也可以被置于一个连续体中：从"私人"支配的公共资源最大化到最小化。意大利天主教民主党（Christian Democracy of Italy），在这里考察的众多政党中，是控制了最多公共资源的执政党。英国保守党，在二十年不间断的执政中（1886—1905年）——期间一个短暂的、为自由党执政而造成的中断（1892—1894年）——在组织巩固阶段，可以被置于这个连续体的另一极，获得公共资源的途径相当有限。制度化的不同水平受科层体系的差异、政党政府—官僚诸关系的差异，以及在各自的国民经济中的国家干预的差异影响。

第二个重要的因素是政治体系的竞争性程度。德国的基督教民主联盟（German Christian Democrats，下文简称"基民盟"，直至社会民主党在巴特戈德斯贝格（Bad Godesberg）修正了意识形态为止）以及意大利的天主教民主党都是这样的组织：它们很长一段时间未受到反对党的挑战，而且在其组织巩固阶段它们作为执政党的作用没有受到很大威胁。另一方面，英国保守党，经常受到一个实力相当的竞争者——自由党的威胁。

在本章我们将检视三个执政党的形成。其中两个（基民盟和意大利天主教民主党）是弱组织，只有一个（英国保守党）成为了强组织。与前面几章提出的问题相比，这一比较提出了更为微妙的、实质上的以及方法论上的问题。

要检视的两个政党，基民盟和意大利天主教民主党，产生于第二次世界大战后，而且它们的起源模式反映了这一事实。但下面的情况也是真实的：由于所在环境经历了一个制度化的中断，许多组织"重头开始"——在这一情形下是政治体制（political regime）的改变——新组织与它们的前身之间的关系是有问题的。基民盟和意大利天主教民主党都有他们的前身*。它们都在前威权（pre-authoritarian）政体中活动过。尽管人们可对意大利天主教民主党提的问题比基民盟更多，但它们起源模式的一些要素，毫无疑问，必须往前追溯，即从过去以及地下党时期，去寻找从老旧组织到战后组织（特别是统治阶级）的延续性。这是我们这里不能充分应对的一个问题，但当我们试图界定这些组织的起源时，这个问题一定会

---

* 分别是德国天主教中央党和意大利人民党。——译者注

出现。

第二个问题关系到保守党，并与保守党起源模式的界定相关联。我们决定以保守党从一个议会精英向一个现代政党的转型之际开始。我们已然这么做的原因在于，只有现代政党拥有一个全国性的议会外组织（不管它是坚固的或脆弱的），它们才是我们这里分析的重点。然而，保守党，作为一个议会集团，可追溯到更早时期，至少在其起源模式的某些方面，我们必须回溯到过去更甚（然而，本书的篇幅不允许我们这么做）。

在检视的三个案例中，还有一个问题与历史迟滞的重要性相关联。最重要的一点是，基民盟和意大利天主教民主党在其本国政府对全国经济进行干预扩张的阶段，它们作为执政党得以巩固——因而他们获得了妨碍了它们的制度化的（政府）资源——保守党在竞争性资本主义阶段（19世纪晚期）得以巩固，该阶段的环境条件十分不同于第二次世界大战刚结束后的欧洲。在解释不同的组织后果时，我们必须将这一事实，以及英式民主传统上的竞争性特征牢记于心（这使得执政党决不能放松警惕）。


# 基督教民主联盟

基民盟起源模式的基本因素可归纳如下：

第一，不像大部分其他的教派性（denominational）政党，合法性只是最低限度地"外生的"。基民盟是一个新的政党，而非过去德国天主教中央党（Zentrum）的继承者[1]。在第二次世界大战末期，德国天主教中央党身败名裂（如同魏玛时期的大部分政党），保守的政治家们试图创立一个新的政治组织。结果，尽管德国天主教中央党试图重建并与基民盟分庭抗礼，但成效不大。[2]基民盟的新颖之处在于它是一个多教派的政党，包括了天主教徒和新教徒。基民盟需要在两种信仰中维持平衡，这就解释了，为什么宗教组织对新的政党的影响力来说虽然巨大，但绝不是压倒性的。[3]基民盟的领袖们必须经常防止以天主教徒/新教徒为界的分裂（schism），如果某个教派霸占了该党的政治抉择，这种分裂是不可避免的。因此基民盟不仅不同于过去的德国天主教中央党，而且也不同于其他所有的基督教—民主党。虽然宗教组织对该党有一定的影响，但这种影响不会比其他的利益集团所施加的影响更大。在这种意义上看，基民盟能够巩固成一个内生合法性政党。在没有其他因素干预下，这将使得组织易于高度制度化。

第二，在最纯粹的形式上，基民盟经由地域扩张的方式形成。该党各地方协会与各地区协会形成并自发巩固，没有中央的任何协商，并且各区域之间几乎没有横向联系。在 1945 年到 1950 年[这一年联邦党（Federal Party）形成]之间，各地方协会、中阶协会、地区协会及区域协会，作为自主权力中心形成并得以巩固。这一发展解释了组织未来的联邦特征。[4]

第三，伴随着组织发展的是康拉德·阿登纳（Konrad Adennauer）的声望在党内以及整个国家的冉冉上升。他的情境魅力（situational charisma），以及组织经由地域扩张的方式逐步形成，如我们将要看到的那样，一起导致了低度的制度化。

第四，在不同协会统一为联邦党之前，议会党团以及一个基民盟主导的政府形成了。

如果我们希望理解在基民盟控制全国政府（1949—1969）的漫长时期内它的组织逻辑，如同对其他政党那样，对基民盟形成的第一阶段的检视是至关重要的。

就在占领结束之时——在散布全国的许多政治集团的自发倡议下——后来成为基民盟的胚芽形成了。[5]在地方上成功组织起来的第一个集团是柏林集团（Berlin Group，在基督教工会的支持下）。它的领袖们[起初是安德烈亚斯·赫尔梅斯（Andreas Hermes），接着是雅各布·凯泽（Jacob Kaiser）]试图不成功地利用他们最初的组织优势去控制整个党。赫尔梅斯组织了第一次党的大会，目的是把 1945 年秋在巴特戈德斯贝格出现的所有地方集团和地区集团聚集起来。然而，赫尔梅斯，与苏联在柏林的指令不和，他自己无法获得必要的权威去巴特戈德斯贝格，因而无法主导此次会议。那里作出的唯一重要的决定关系到新政党采用的名称（基督教民主联盟）以及创立一个新的联络办事处（liaison office），其任务是协调不同协会。因为被占领区域的沟通问题，以及地方领袖们不情愿接受集权化领导，能垄断对党的组织发展进行控制的"中央"在这一阶段还没有出现。基民盟的命运从一开始就被决定了。最重要的发展发生于区域级，而非全国级，特别是在阿登纳很快作为无可争议的领袖出现的英语区；这主要是由于作为与其他盟友主要且最有前途的政治对话者[就像意大利的德·加斯贝利（De Gasperi）]，阿登纳将精力投入他所在区域的基民盟组织中。他的组织成为未来联邦党最重要的内核。因为阿登纳在这一阶段"私"用了政党，阿登纳所在区的秘书处（由阿登纳的得力助手控制）作为该党从1948—1950年的全国秘书处发挥了非正式的作用。利用作为"新"人的形象，阿登纳的权力在英语区也迅速上升：他在魏玛时期以及第二次世界大战期间未曾持有全国性的政治职务，因而不如旧管理者那样臭名昭著。几个月后他成为莱茵州（Rheineland）组织中无可争议的领袖。他能够吸引从天主教工联主义者到保守的新教徒的不同利益集团。阿登纳与威斯特伐利亚地区（Wesphalian）的基民盟领袖霍尔茨帕格尔（Holzapgel）联合，使整个组织团结在其身边。阿登纳—霍尔茨帕格尔协议让莱茵地区党以及威斯特法伦地区党去建立、并在之后垄断他们所在区域的组织。一个区域委员会，即整个英语区的一个协商、执行的党机关，在阿登纳的控制之下成立了。委员会的秘书处被委托给了阿登纳的人，约瑟夫·隆斯（Joseph Löns），他用各种可能的努力去控制、并从中央来协调该区域的所有地方协会和地区协会；到了1947年，他们的组织是全德组织最好的。

在整个1946年间，政党的发展，在没有中央的任何控制或协调下，在地方层面与联邦层面进行着。与创立一个有效的全国组织相比，阿登纳与其他的区域领袖们更关心强化他们各自的组织（以及他们个人对组织的控制）。迈向真正的全国性协调的第一步是由外部事件激发的：即1945—1946年社会民主党在舒马赫（Schumacher）领导下迅速的再组织化。[6]在前纳粹时期即具有同样集权特征的社会民主党人的重组非常迅速。到1946年底，社会民主党已经成为基民盟非常危险的竞争者。这一挑战迫使基民盟最有名望的显贵们第一次试图走向联合。1946年11月在法兰克福，基民盟的不同领袖们举行了一次预备会议，目的在于协调他们的努力，以应对他们共同的敌人。在法兰克福会议上，在组织最好的两个集团中享有声誉的领袖：阿登纳和凯泽（柏林组织）之间的冲突顷刻间爆发了。政党的全国领导层处于危险中；关键议题是鲁尔区（Ruhr）重工业的国有化。工会所支持的凯泽尔与左翼赞成国有化。阿登纳,在这一议题上团结了基民盟的中—右翼以及在他身后支持他的工业团体,他反对国有化。1947 年 2 月在柯尼希施泰因(Konigstein),一场全国性的会议最终得以举行。一个党的中央机构 * 得以形成,该机构的第一任秘书是来自法兰克福的布鲁诺·德平汉斯(Bruno Dorpinghans)。但是尽管这一纲领是由柏林集团提出的,但未能形成真正的全国组织。阿登纳自己到柯尼希施泰因的意图是,阻止任何将剥夺区域组织权威的解决方案。而且其他的地区领袖们也有同样的意图。基民盟通过"纯粹的"地域扩张方式形成,这就解释了在柯尼希施泰因的失败,即,已经形成并且巩固的各地方组织、地区组织和区域组织都不愿意把他们的组织权力转让给一个更高的机构。因此,这个中央机构无法成为全国组织的中心。在其短暂的存在期内(1947—1950 年),它依然是一个很弱的机构,完全缺乏权威,而且甚至其资金筹措都依赖于地区领袖们的好意。

基民盟在这一阶段形成的组织特征事实上毫无变化,并一直延续到 20 世纪 70 年代党内改革前。党的资金筹措、成员资格,以及官僚职员均各自为政(at their seat),与其说是全国的中心,还不如说是基民盟在各州(Länder)的组织。因而组织只不过是自主且独立的当权者的一个集合体,每一个都单独发展。

吊诡的是,"全国性的"忠诚最终融合了凯泽尔的左翼以及阿登纳的右翼之间的分歧。这种融合之所以发生,部分地,是由于从工会到宗教协会的外部的集团,以及企业家协会和金融协会,集中了凯泽的左翼或阿登纳的右翼。1947 年一个英裔美国人(Anglo-American)的倡议导致了法兰克福经济委员会的设立。社会民主党和基民盟一起加入其中,每个党拥有四席。因而基民盟的议会党团先于全国组织形成了。指出这点是有趣的:基民盟的组织发展正好与社会民主党相反。后者迅速重建并且到 1946 年已经是一个强大的组织了。社会民主党的权力也让它在大多数州的地方代表委员会中稳固确立。另一方面,在地方层级,基民盟与社会民主党相比太过弱小。它只能寄希望于赢得对中央政府的控制[7]。因此党的联合被延误了,既由于地方显贵的抵制,又因为全国领导层的问题

---

\* the Arbeitsgemainschaft,德语词,即工作团体。——译者注

尚未解决。只有到了1948年,阿登纳才在与其对手凯泽竞争对该党的控制中胜出。封锁柏林以及西方控制区的自主行政联合才逐渐清晰:德国的统一(为凯泽所支持的)是不可能的。一个至少暂时不包括苏联控制区的政治联合,这一阿登纳的政治宣言(代表了工商业部门)成为了唯一现实的见解。因为天主教教会极力反对凯泽极为标新立异的社会经济改革主张,他后来失去了更多的支持。阿登纳成为该党享有全国声誉的唯一重要领袖,部分是因为他能团结右翼的利益集团,部分是由于环境。他是西方联盟信赖的人。

1948年6月,阿登纳在一个新的特设(ad hoc)全国党组织:州主席委员会(the Council of the Länder's Presidents)上,提名自己为党主席,这没有遇到明显阻力。因而组成该党在20世纪整个五十年代特有的主导联盟,在于未来总理(和党主席)与各联邦组织的领袖们之间的一种联盟。在1949年大选中,该党吹嘘一种有效的协调机制,它由地区领袖们与唯一的全国中心阿登纳本人组成。1949年9月,阿登纳成为了德国总理。以这样的方式:"1949年年末,基民盟发现它处于奇怪的境地:它已经胜选,却还没有将自己正式统一为一个政党。"[8]但阿登纳于1949年拒绝了各方提出的建立一个真正的联邦党的主张。他依然害怕不同的党内反对派领袖们[来自黑森的维尔纳·希尔珀特(Werner Hilpert),来自下萨克森州的贡特尔·格克(Gunther Gerke),以及来自柏林集团的凯泽,等]将会因而统一起来并占了上风。然而,到了1950年,他对中央政府的控制已经足够巩固,在不会危及其优势地位时,他允许组织联邦党。那时"在联邦政府内巨大的重要职位的任命权现在正由他支配,这让他处于极其强大的地位"[9]。

全国性政党的组建代表大会于1950年10月在戈斯拉尔(Goslar)召开。正是在那里,该党正式通过了它的第一部章程,并在全国范围内组织起来了。

尽管章程之后也有一些小的修正,但在戈斯拉尔形成的政党面相(实际上是业已存在的党内权力关系的一次简单修正)事实上延续到了它成为反对党之后(始于1969年)的再组织化。在某些方面,基民盟类似工人国际法国支部。

首先,该党也有一个"联邦"结构,这反映了它是以地域扩张的方式诞生的,并反映了它适应德国国家的联邦秩序。联邦结构意味着高度自主的中阶组织,并且缺乏控制该组织的中央。在其执政的 20 年里(幸亏它与联邦官僚以及许多利益集团——特别是与工业协会的密切联系——这让该党领袖们支配了连续不断的大量资源用于竞选),基民盟从未被逼无奈到成长为一个强大的组织。相反,它坚持认为,选举委员会的特征是由许多拙劣合并的团体组成,这些团体之所以团结起来是因为它们共同的政府收益以及阿登纳的个人形象——所有温和德国人的公众舆论的焦点。

第二,政党党团(Fraktion)。西德联邦议会(Bundestag)的议会党团是——当没有议会外官僚时情况总是如此——中央全国机关。然而,它的组织权力受限于内阁精英(当时由阿登纳得力的人手组成)的支配,而且受到总理(阿登纳在戈斯拉尔当选为该党主席)的控制。像工人国际法国支部一样,它也受到了中阶领袖们的权力限制,这些中阶领袖们掌握着半自主的地区组织。

第三,议会外组织相当弱。它的各总部(the Bundesgeschäftstelle,联邦办事处)在 1952 年开始运转。然而,它只有行政任务,并且只是在非常有限的范围内运转;它也没有自己的财产,依赖地区领袖们的支持。该组织没有中央的成员身份体系,它的财源完全受到各地区级组织以及各地方级组织的控制。而且它也没有中央科层结构(甚至萌芽期的结构也没有),总理与地区领袖们都不愿意去强化党组织,害怕挑战到他们的权力地位。

第四,它虚弱的议会外中央组织的后果(在工人国际法国支部也一样)就是有一个强大的中阶(intermediary)结构。州联合会(The Landesverbände),即各地区组织,是名副其实的自主封地,可以成功地避开党"中央"的干预。它们有自己的官僚结构与财务资源。[10] 地方委员会依赖于这些中阶组织,而且中央同"边缘"并没有直接接触。多年来地区领袖们成功地中止了议会外的党中央试图强化自身的所有努力。长期以来,为了防止创建一个党中央的党员名单索引,他们甚至更加过分,拒绝提供地区党员的名单给总部。

党主席和地区领袖们一起控制了两个主要的全国机关(根据党的章程),联邦委员会(Bundesausschuss)以及联邦行政局(Bundesvorstand)。

基民盟从未高度制度化过。它过重依赖外部环境,组织生涯的所有重要关头利益集团的直接卷入证实了这种依赖。比如,在挑选议会候选人时，各工业家附属协会、商人附属协会以及农场主附属协会直接参与到了州一级[11]。结果就是有相当多的一批代理人来自组织外及/或集团外。而且，组织的资金筹措依赖于各利益集团。无论是中央的党员登记还是某地区的党员登记都没有重要到足以影响政党的预算。比如，在1961年，只有50%的党员支付会费（相比而言，社会民主党有94%）。[12]作为丧失了中央官僚机构的选举型组织，政党在全国一级由利益集团筹措资金（首先经由工业协会），而且特别是在竞选期间。基民盟的特点是不具备定期的资金筹措或者一个多样化的资金来源（强制度化的两个指标）。[13]

　　基民盟对外部环境的依赖可由领导层中地方显贵与地区显贵的重要性予以证实。基民盟的精英整合是"水平式"的。因而通过在党内向上爬来升职，这是不可能爬上去的。人们依靠之前的显赫地位，或者依靠一种特许的外部地位（比如，成为一名最重要的地方显贵，或者成为某个利益集团在地区或全国层面的代表），一般通过地方、州或联邦的公职选举进入组织。[14]过度倚赖环境导致了一个非常低水平的党内结构的凝聚力。缺乏一个中央官僚机构——即，统一的、能够控制组织不同部分的发展的中央——政党发展的方式不同，是地方状况的结果，也是地区领袖们和地方领袖们选择的结果。这里最重要的差别取决于如下事实：政党在不同的州可能执政也可能不执政：当该党执政时，占优的"地区"联盟一般受公共议员的领导；当政党不执政时，占优的"地区"联盟受各州联合会的主席们领导。

　　如同所有弱制度化的政党那样，对不确定区域以及组织激励分配的控制在党内非常分散。因而，政党的主导联盟肯定是团结的。这首先在政党党团（政党党团，尽管温和地接受了阿登纳的外交政策选择，但对于国内政治却不怎么一致）相对缺少的纪律中得到反映。[15]国会议员，实际上，或者是许多不同的利益集团（支持彼此冲突的职位）的代表，或者是前高级政府官僚的代表。议员们在国家机关中也有私人联系，或者他们之所以当选，不是因为总理的决定，而是因为他们与地区性组织领袖们的联系。就像工人国际法国支部的主导联盟是由一名议会领袖饶勒斯（Jaurès）以及最强大同盟的领袖们组成一样。基民盟的主导联盟是由阿登纳——作为首相与党主席的双重身份——以及一个最强大的州委员会（Landesverband）的领袖们组成。阿登纳既象征着党组织，又控制着联邦层级的物质利益的分配。尽管存在阿登纳的全国政治角色，地区领袖们依然是党真正的领袖。主导联盟,由于对它的权力资源的控制是极度分散的,被一个非常微妙的均衡团结起来了。尽管阿登纳声名卓著,他从来都无法胜过地区领袖们的意愿。[16]比如在1956年当他试图制止选举他的主要对手(卡尔·阿诺尔德,Karl Arnold)为副主席时,他的意见为主要的地区领袖们领导的多数派给断然否决了。每一项决策都必须在组织内进行协商。即使在阿登纳的声望达到了至顶点,强有力的党内集团依然存在,他们可以采取相反的立场,并利用存在的组织权力的许多自主中心。然而,只有当阿登纳能确保党的选举胜利时,组织不同组成部分之间最低限度的"暂行架构"(modus vivendi)才得以维持。

在20世纪50年代和60年代,党内的权力结构应把它的稳定——这对基民盟和工人国际法国支部而言是真实的——归功于党员的不离不弃,也归功于不增加组织规模的决定。在1954年基民盟有21 500名党员,在1968年也仅有280 000名党员,这是基民盟被排除出政府的前一年。基民盟不得不走向反对党,成为一个拥有将近700 000名党员的大众型政党。在整个阿登纳时代,甚至是在阿登纳时代之后,总理以及地区领袖们倾向于组织停滞,以避免可能危及政党权力结构的内部参与的扩大。组织停滞也让总理以及地区领袖们得以对组织行使不间断的控制。随着阿登纳的政治没落(他在1963年退出了全国政治)以及社会民主党形成的政治危险渐增——社会民主党在巴特戈德斯贝格后已经成为潜在的执政党——基民盟的组织均衡开始瓦解。"改革"基民盟的压力——更高制度化的压力——开始让他们感知到新生代领袖们施加的压力,新生代的领袖们视"组织改革"为清除旧守护者的一种方法。然而,只要基民盟通过联邦政府继续控制重要的公共资源,这些策略都不能成功。只有在基民盟被迫成为反对党时,它才有了更高的组织化。这一转型,就如同组织转型一样,是与政党权力结构的转型相关联的。[17]

# 意大利天主教民主党

基民盟在一定程度上只是一个宗教组织的世俗一派。与德国天主教中央党相比,基民盟是一个多教派(multi-denominational)的政党。而且,基民盟需要维持不同教派之间的平衡,这使它对宗教组织(天主教徒和新教徒)的依赖,不会超过它对工业、商业、农业以及其他利益集团的依赖。另一方面,意大利天主教民主党,是一个单一教派(uni-denominational)政党:它是由一个单一的宗教组织创立的。意大利天主教民主党是一个由外部发起的、外生合法性的政党——像工党和各共产党那样,但更甚于基民盟。如果基民盟的弱制度化源于其经由地域扩张这种"纯粹"的形式(依附于不同占领国之间的国土分割)诞生,意大利天主教民主党的弱制度化主要是由于它的外部合法性。它源于法西斯主义没落后的转型时期中的教会的"最高誓约"与"最高参与"[18]。教会希冀创造一个与它自身的组织利益相一致的、对意大利政治剧变的解决方案。

教会不仅合法化了新生的政党,而且给它提供了一些基本的组织资源:(1)天主教协会(以及其基层结构——教区)网络起到了意大利天主教民主党外部支持的作用;而且教区以及公民委员会经常强化该党的基层选举组织,并且在意大利天主教民主党的基层选举组织不存在时代行其职能。(2)教会提供了政治的人事安排,在其中天主教民主党的执政精英脱颖而出:世俗化的年轻人[意大利天主教行动中政治上出现的("Azione Cattolica Italiana")][19]以及过去的、普选前的政治家们,这两类集团都与教会等级制有非常密切的联系。

但是,一个外部组织的合法性及其义务还不足以单独赋予一个政党生命。具有在外部组织与其他集团、组织之间承担斡旋角色所必须的专门知识和权威的、部分自主的政治企业家们也是需要的。虽然工党的成立是由工会发起的,哈迪、麦克唐纳以及英国独立工党也起到了决定性的作用。类似地,在意大利天主教民主党的形成中,阿尔契德·德·加斯贝利(Alcide De Gasperi),自由派天主教(Liberal Catholicism)中最享有盛誉的政治倡导者(exponent),扮演了这样一个非常重要的角色。[20]加斯贝利是一名政治企业家,他与外部组织结盟,用一股强大的助力建构组织,确立组织的意识形态目标,并且选择了其社会基础。

然而,外部组织控制了政党(就如同各社会党与各共产党那样)。意大利天主教民主党的前身:意大利人民党(Partito Popolare Italiano, Popular Party of Italy)(1919—1926),在路易吉·斯图尔佐(Luigi Sturzo)的努力和意愿下成立了,这更多的是由于教会的"授权",而非由于他自己的重大贡献。但是意大利人民党如此依赖教会,以至于当教会决定同法西斯主义展开直接对话时它立马垮台了。[21]因此,意大利天主教民主党对教会的过重依赖可以由教会直接且大量的干预进行解释。党的外围经由地域扩张而发展,也促进了它的低水平制度化。在教会的协调(orchestration)与监督下,第一次主动行动(initiaives)来自中央:起因于 1942 年中期加斯贝利与所谓的新归尔甫派集团(neo-Guelfs,又译教皇派,知识分子的一个天主教团体)之间的冲突。[22]组建的第一个中央机构是省委员会(Provisional Commission),它在 1943 年为中央指导委员会(Central Directive Committee)取代,最后在 1944 年为行政委员会(Executive Committee)取代(根据加斯贝利的提议)。

全国机构的形成迅速但却不成熟,而且之后外围组织却没有经由地域渗透而发展。从 1944 年到 1945 年,在缺乏中央的协调下,将政党植入不同区域的主动行动仍在继续。它的迅速扩散符合了意大利地区从德国占领之下的逐步解放。天主教民主党各地方协会的形成常常并不是由于积极分子的独立行动,而是由于地方神职人员(clergy)遵循了中央的命令。

因而,我们也可以提及两个同步进行但大体独立的进程:中央的加斯贝利及其他前党派(ex-populari)的形成,以及外围的自发形成:

> 在边远地区,主动的行动开始于天主教运动,而且神职人员经常发挥了关键作用。由于动议经常不协调,以至于意大利天主教民主党的中央指导委员会决定着手实施一项共识,要求分部以及省委员会的组织者与中央建立联系。到了 1945 年已经有超过 500 000 名党员;但却无法将所有的外围组织都置于全国级的党的控制之下。[23]

1944 年 7 月,全部已解放地区的代表在那不勒斯(Naples)举行了地区间的党代会。[24]在那里组建了第一届全国理事会(the First National Council)以及指挥部(Directorate)。总书记办公室正式挂牌,而且德·加斯贝利毫无异议地当选为总书记。党章尚未被批准的事实显示了,组织在那个时候的分散性与联合性,以及地方自主权力中心建立的不成熟。对意大利天主教民主党的组织形式的热烈争议,让章程的批准延误了几年时间。像其他许多政党一样,批准意大利天主教民主党的章程,代表了组织不同组成部分间的权力关系的事后（ex post facto）认可，这些权力关系在政党最初几年的生涯中非正式地开始生根发芽。[25]1946 年 4 月第一次全国党代会在罗马举行，拥护共和政体的（Republican）主张被采用了＊。尽管这是该党最为重要的政治决策，但与此相关的组织事件却屡见不鲜。新生组织独特的碎片化实质以及大量的内部权力中心的存在——其起源模式特征的影响——有其政治后果：在全国理事会（National Council）的选举中，八个不同名单，包含 200 名候选人，被提出来参选 60 名委员职位。只有德·加斯贝利的权威提供了部分的政治统一：他的融合不同政党名单的主张只是勉强通过。尽管德·加斯贝利是党的主导联盟的中心，但业已形成的组织类型妨碍了他完全地控制组织。由于严重冲突[26]而延缓了章程批准，这是他只能局部控制政党的一个很好的指标。

尽管范范尼＊＊（Fanfani）启动了意大利天主教民主党后来的再组织化，但它的主要特征依然没有变化，这又是另外一个由于外生合法性以及以地域扩张式的发展而导致弱制度化的例子。政党主要是作为一个选举组织组建的，它的边界脆弱且不确定，完全缺乏稳固的中央机构。如果意大利天主教民主党的议会外组织看起来比基民盟（以及工人国际法国支部、图拉蒂领导下的意大利社会党）稍许强大，可能是因为与全国中央的组建同时发生，而不是由于外围的发展（以及一类特殊的、由天主教协会定期支付薪水、在各全国总部工作的官僚）。它的地方结构与中阶结构非常虚弱，并且受到外部组织（各天主教协会及神职人员）的支配，特别是在传统的天主教群众运动的心脏地带（strongholds）。[27]

在天主教结社主义传统上较弱的地方（比如，意大利的南部），地域扩张式的发展便利了显贵们对该党的迅速垄断。因此，意大利天主教民主党作为一种组织混合体得以巩固，在某些区域为天主教协会控制，在其他区域则为显贵们的传统网络所塑造。因此，该党也总是依赖宗教组织，或者在社会上居于优势地位的个人和地方集团。鉴于在德·加斯贝利时期

---

＊ 这涉及了所谓的"制度之争"。即君主政体或共和政体的选择问题，这在当时是一个重要的全国性议题。——英译注

＊＊ 范范尼（1908—1999），意大利政治家，曾六次担任总理职务。——译者注

党内结构的低度团结,该党的其他特征包括脆弱的组织连带[28]以及强大的中央官僚机构的缺失。在这一时期,路易斯·盖达(Luigi Gedda)的公民委员会*、地方神职人员直接参与到了政治与行政的竞选中、显贵们的积极作用(特别是在南部乡村地区),以及教会等级结构(ecclesiastical hierarchy)对大量亲天主教民主党之意识形态的干预,就解释了为什么政党的全国领袖们支配着外部的组织资源,却丝毫没有兴趣去强化组织。

意大利天主教民主党的行动主义(基层和上层)也是由外部的天主教组织提供的,而且它的资金筹措来自外部的利益集团(就像基民盟那样)。[29]工业联盟(Confindustria)——一个私营企业主协会——是意大利天主教民主党在德·加斯贝利时期最重要的出资者。这些状况使该党倾向于过度依赖外部组织。

作为以地域扩张方式生成的外生合法性政党,意大利天主教民主党早期在全国政府中的支配地位强化了它的弱制度化。结果利益集团在上层联合,而显贵们则在基层联合。因为它是执政党,低水平的制度化导致了议会党团对党的其他部门的支配,以及首相和其他部长们对议会党团的支配。

低水平的制度化导致了领导集团内的深层区隔。在第二次党代会期间(那浦路斯,1947年),讨论了已经形成的党内派系(称为"流派",currents)问题。在这一阶段左翼和右翼之间的主要分歧实际上是代际冲突:控制着该党中—右(即多数派)的加斯贝利以及中央的其他前党派(ex-populari),与来自金融卡托里卡(Azione Cattolica)阶层的新生代相互平衡。两个左翼派系,有它们自己的出版物和初期组织,受前工团主义者乔瓦尼·格隆基**(Giovanni Gronchi)来自政治社会主义派(Politica Sociale faction)以及朱塞佩·多塞蒂(Giuseppe Dossetti)的领导。多塞蒂集团确定了更富进攻性、更为清晰的立场来反对德·加斯贝利,主张意大利天主教民主党转型为一个真正的大众型政党(这一主张后来被采纳了),在不同的背景下,与不同的联盟包括前多塞蒂集团以及阿明拖雷·

---

* 公民委员会,Comitati Civici,是地方的选举组织,直接受盖达的指导与协调。盖达是一名右翼的天主教政治家,他与神职人员有非常强的联系,他完全独立于政党,并且对选民有极大的影响力。——英译注

** 意大利政治家,1955年至1962年任总理。——译者注

范范尼集团结盟。为了让公开选举的议会议员依附于党,多塞蒂进行了抗争。多数派领袖德·加斯贝利(他的行为非常类似于德国的阿登纳),成功地击退了这一主张。从各方面来看,占优势的组织政策都不鼓励巩固党的结构。在短暂且部分地修正该党的主导联盟,以便使少数派派系中一些人进入管理组织(比如,多塞蒂成为党的副书记)之后,多塞蒂的攻击立即失败。这一失败也让多塞蒂于1951年卸任党的副书记一职,并不再参与政治生活。

多塞蒂退出的非常重要的原因之一就是,他以及他的政治战略在教会等级制度中引起了敌意。在一个外生合法性政党中,内部的权力斗争是由外部组织所决定的。德·加斯贝利在写给庇护十二世*的著名的信件中,呼吁罗马教皇介入进来以反对多塞蒂,这是意大利天主教民主党外部依赖特征的一个清晰指标。[30]

最重大的强化组织的尝试,是在范范尼任总书记时(1954—1959)做出的。虽然对于加强中央官僚机构(制度化程度的一个关键指标)的内容,几乎没有有用的资料,但一般认为组织在各个层级都变得更强了。范范尼的党中央试图增强中阶组织和外围组织的结构凝聚力,减少党对外部组织的依赖,从贵族的铰链下解出来,并且使中央以及外围的执政阶层职业化。范范尼的行动导致了意大利天主教民主党的制度化,并且出现了至少部分自主的政党忠诚(即,不是唯一或首要地忠于其他组织)。与这一过程同时发生的是,该党对教会(教会也开始采取新的政治立场)的逐步独立;[31]部分地脱离工业联盟以及其他的利益集团的金融保护;通过党控制的国有企业(比如,半自主的国有企业)开始自主筹资。[32]

范范尼想让意大利天主教民主党成为大众型政党的尝试也只是在一定程度上成功了。到了范范尼主政的末期,组织虽然比德·加斯贝利时期强大许多,但依然在很大程度上符合弱制度的理想类型。范范尼在1959年的失败——由于民主行动派(Iniziativa Democratica)的分裂以及一个新的反范范尼派(Doroteans)[33]的产生——可被视为是由于组织无法在很大程度上摆脱它的组织传统(它们起源模式的影响力)。

---

* Pius XII,庇护十二世(1876—1958),罗马教皇(1939—1958)。第八章显示为 Pious XII,这个写法是正确的,原文此处应为笔误。——译者注

范范尼着手加速垄断国家（occupazione delle Stato）＊，这包含了天主教民主党今后发展的种子：巩固党内派系而不是巩固作为整体的党。各派系，通过公共及半公共的官僚机构的互惠式竞争而膨胀，形成了一个与许多的党外权力中心自主联系的复杂体系。[34] 这导致了主导联盟的碎片化及其派系主义的制度化。各派系最重要的制度化发生在中—左政府执政之前以及执政的十年期间＊＊。1964 年党内选举采用了比例代表制，这并不是天主教民主党强派系主义的主要原因，相反，这是（就如通常发生在组织的博弈规则上），对主导联盟形态（conformation）的事后（ex post）确认。这种形态为政党的弱制度化所证实，也被由许多的党内集团做出的——对不同国家机构的——"垄断"所证实。[35]

所以，尽管有范范尼的努力，但天主教民主党依然是一个弱组织，它依赖私人集团以及教会（尽管不如德·加斯贝利时期），还有公营企业的经理人，以及如农业组织（Coldiretti）（天主教的农场主协会）这样强有力的压力集团。[36]

精英录用仍旧是"同阶层"类型：领袖们继续来自外部组织，或传统的显贵等级[尽管由于垄断国家（occupazione）以及公营经济的自主扩张，他们不得不将自己在许多领域的地位转给一个特有的、与国家银行信用和意大利南部地区（Cassa del Mezzogiorno）等相连的显贵（sui generis）网络]。[37] 意大利天主教民主党从教会支持下的部分解放，被一个与公共结构相当密切的联系给抵消了。模糊的边界、对外部的依赖以及党内低度团结的组织特征在继续。

在 20 世纪 60 年代，只有 25.3% 的全国领袖们（相对于共产党 65.5%

---

＊ occupazione delle Stato 被译为了"垄断国家"，在意大利的政治行话中，该表达指的是通过招募、提升忠诚于政党的国家官员，以及利用国家官僚机构和国有企业来实现政党目的，将国家机构转型为执政党的一个追随者库。——英译注

＊＊ "中—左"是 20 世纪 60 年代与 70 年代初期的政治图式，其特点是：社会党与天主教民主党，以及更古老的执政合伙方一起参与。中—左政府的形成经历了一个长期的、复杂的进程，在这期间两个反对党（意大利共产党与意大利社会党）同盟破裂，意大利社会党与意大利天主教民主党逐步和缓，意大利统治阶级暂时放弃了 1947 年以来所谓"中间"政府的统治形式，而采取同南尼社会党合作的"中左"的统治形式。1962 年 2 月 21 日组成了一个以天主教民主党为核心，有社会民主党和共和党参加，并得到社会党在议会中直接（投赞成票）或间接（弃权）支持的所谓"中左"政府。——译者注

的全国领袖们)愿意将自己界定为"政治专家"，[38]这是该党的显贵特征而非专业化特征的标志。而且意大利天主教民主的组织虚弱也为如下事实所表明：在同一时期，绝大多数天主教民主党的积极分子宣称他们更"忠于"天主教协会，而不是天主教民主党，即，他们更多的是认同外部的发起组织，而非政党。[39] 最后，"垄断"国家也对组织有新的影响。尤其是，一类新的政治专业人员出现了：来自公共机构和半公共机构的、实际上是党全职积极分子的官僚。在天主教民主党内活动的公职官僚（也像意大利其他政党），通常是由党安置在官僚机构的公众角色中的"隐匿"政治专业人员。[40]

天主教民主党的面相并没有发生重大的、随之而来的变化（尽管在20世纪70年代"重建"的尝试下，也做出了一些变化）。[41] 只要天主教民主党与国家的象征性纽带保持不变，它就无法经历改革：如果该党发现它在相对较长的时期内处于反对党位置，只能进行重要的转型。

天主教民主党组织活力的一个重要特征是，它经常——不同于执政时期的基民盟，也不同于处于在野党时期的工人国际法国支部，以及图拉蒂治下的意大利社会党——有之于环境的高度扩张性和"侵略性"(imperialist)。我们已提到过"垄断"国家的过程。但对天主教民主党的成员招募政策来，这也同样存在。

天主教民主党——不同于基民盟和工人国际法国支部——它并不是主导联盟选择组织停滞以保护其内部权力平衡的一个政党。尽管制度化很弱，但天主教民主党实行了扩张政策。主要的扩张阶段（随着时间流逝）与外部选举的截止期限或者党职（分区党代会、省党代会以及全国党代会，等）更新之际是一致的。由于天主教民主党不同派系间的竞争，即，各派系不断努力去变得更强，以及它们对公共资源和支持者的竞争——该党实行了扩张主义政策——包括传教，也包括党对国家机关的垄断。[42]我们已经看到了这些情形：(1)拥有团结的主导联盟的那些高度制度化的政党（比如，德国社会民主党与意大利共产党）——它们的扩张战略源于有限的精英们的协商选择，以及(2)环境适应战略引起了组织停滞（比如缺乏传教、干部老化等），这是由分裂的主导联盟在均衡时领导的弱制度化政党特有的（基民盟、工人国际法国支部以及意大利社会党）。天主教民主党让人想到了第三种可能性：组织扩张并垄断环境，并不是基于党中央形成的协商战略,而是(统治集团如此分裂,以至于只能达成甚至可以说是最不可靠的妥协)党内竞争的次要后果。

# 英国保守党

英国保守党,跟欧洲的其他保守党一样,[43] 能够成为一个强组织,尽管在它关键的制度化阶段,执政时间接近 20 年(1886—1892 和 1894—1905)。

根据罗伯特·麦肯齐(Robert McKenzie)的观点,工党和保守党都受到其议会内领袖的主导。[44] 然而,工党的情况更为复杂:它的主导联盟以议会领袖们与最有权势的各工会领袖们之间的结盟为中心,而且该党的团结取决于后者控制各自组织的能力,以及防止普通的工党积极分子在党内承担太过自主的作用的能力。然而,麦肯齐在论及保守党时是相当正确的。该党的议会领袖,直到最近,还近似于独裁者,与一小群重要的全国显贵们一起统治,他不需要为了控制议会外组织而去竞争。[45] 他是集结在议会党团内的主导联盟的中心,并享有巨大的权力:政党不过是他直接控制下的机器,而且他亲自挑选居于最重要岗位的人选。[46]

所以保守党是被议会党团主导的。该议会党团,反过来,依附于该党的议会领袖以及他的小部分随从(entourage)。与其他议会内精英主导的政党不同(比如,工人国际法国支部、英国工党,意大利天主教民主党以及意大利社会党),它很强大,而且一如既往更加强大。要想理解它怎会如此、为什么如此,我们必须回到其从一个议会派系到一个现代政党的转型,即 1867 年在前首相迪斯雷里(Disraeli)领导下通过的改革法案。[47] 在 18 世纪的最后三十年里,保守党成为一个相对强大的组织:具有一套中央官僚机构、中阶官僚机构以及外围的官僚机构,实力持续增加;有遍及全国的、组织良好的地方组织;而且具有许多的支持组织,它们起到的作用就如同选民政治社会化的传送带或有效渠道。之所以这样,是因为有三个主要的理由。

首先,因为保守党的合法性来自内部,如我们将要看到的那样,起源模式的这个特征趋于产生高度的制度化(如果不与其他的因素相抗衡的话)。

其次,因为该党是由既存的议会精英围绕着一名有声望的领袖组织起来的。政党的驱动力来自中央(而非像意大利社会党和基民盟那样来自外围)。尽管各地方协会形成了它们自己的传统(但不完全独立于中央,如我们将看到的那样),但中央精英的努力非常重要,以至于保守党的发展可以被界定为是一种地域渗透式的发展。[48]

第三,因为英国的政府官僚体系。不像德国和法国的官僚,英国的官僚没有自主传统——它依附于政治权力(首先是王权,然后是政府)——在英国社会中高阶官僚也不会享有特殊的威望。[49]当保守党执政时,它与其他的所有执政党一样,有一个"正常"份额的庇护(clientalistic)活动,但该党领袖们与政府行政建立了一种关系,这种关系的特点是既非垄断也非依赖。很自然,不仅仅是英国官僚结构独有的特征有助于产生这种结果——国家也还没有开始增加对经济的干预(这是工业化国家的发展中后一个阶段的特点)。但在任何情况下,保守党无法控制大量的公共资源。因而它的主导联盟不能分裂成不同的权力中心,让每个中心都有跟不同政府官僚部门的联系,以及激励分配的可能性。在这种情况下,政党领袖们别无他法,只能积极发展组织。

保守党展示给我们的是:(1)长时期控制全国政府并不必然导致低水平的制度化;(2)政党的发展只是在一定程度上受到了,该党的某种意识形态目标和/或该党社会基础的社会实质所约束。通常的论点是,强的组织发展只会发生在"左翼"(革命的)政党,这类政党致力于动员底层阶级来反对现有的政治秩序,与之相反,保守党显示了,即使一个政党的社会基础主要是由特权阶级组成,它也可以被高度组织起来。这就突出证明了,在考虑政党的组织成长时,建立在我们之前命名的"社会学偏见"和"目的论偏见"基础之上的方法是不充分的。

保守党的产生——即,它从由单个议员掌握的地方选举机器、一个联系松散的议会内集团,转变为一个现代政党——在1868年大选失利后迅速展开。在那一年,J.E.戈斯特(J.E.Gorst)被选为党的干事[取代了马卡姆·斯波福斯(Markham Spofforth)]。戈斯特是一名年轻的、非常受迪斯雷里尊重的国会议员,是保守党需要"开放"给工人大众(并与自由党展开竞争)的一名坚定的拥护者。无论如何,改组需要这样。在迪斯雷里的支持下,戈斯特致力于这项事业。他建立了保守党中央办公室(Conservative Central Office)作为组织的大本营;而且当统一、协调地方保守党协会——全国联盟(National Union)在1867年成立时——戈斯特成功让自己被指定为名誉书记。在这种方式下,中央办公室和全国联盟在一人(他享有党首的全力支持)的控制之下统一起来了。有这样一个顺利的开始,戈斯特发展组织的努力产生了迅速、明显的成效。这里有一名历史学家描述了在戈斯特的指导下,保守党中央办公室在1869—1874年的成效:

> 戈斯特办公室的日常工作是收集信息、在疲软的选民中推进活动、选出地方领导人、发现候选人、以全国联盟的名义出版书刊……与媒体的联系已经形成了,而且戈斯特自己是伦敦保守党日报《标准》(*The Standard*)的政治代表。在1874年,保守党中央办公室出版了英格兰和威尔士的一份保守党干事与保守党协会的名单,揭示了保守党在全国范围中令人印象深刻的一项组织计划。在形成这份名单时,保守党中央办公室毫无疑问在其中起到了显著的作用……就其本身而言,政党组织从不足以确保在大选中胜出,但戈斯特的新大本营,以及它提供给地方努力的激励,从各个方面来看都走在了自由党的前面。[50]

在1874年,让人难忘的努力最终得到了回报:保守党赢得了压倒性胜利,占据了它们以前的执政党角色。政党的发展不久就停止了。戈斯特发现自己在与党的领袖们的冲突中——由于个人的竞争,以及由于老的国会议员拒绝组织的转型——丧失了他的职位。在1880年败选后,他被要求去帮助复兴政党。他官复原职,但时间不长,因为他的政治野心非常大,以至于他不可能无条件地服从党的领袖们。1885年,在一次平淡无奇的小插曲后,戈斯特的职位被G.C.T.巴特利(G.C.T.Bartley)补上了,R.W.E.米德尔顿[R.W.E.Middleton,西肯特(West Kent)一个保守的选举干事]被选出来担任职务:

> 在队长米德尔顿带领下,适合此工作的正确人选终于找到了。担任党代表一职的人应当承担多少政治权重,必须在经验中恰当地学习。米德尔顿成功确立了……与选民和党的领袖们之间的、和谐

并卓有成效的关系,他也可以一直担任该职到 1903 年。[51]

尽管从 1886 年到 1905 年保守党的统治几无中断(这导致无人问津党的组织问题),这项工作始于戈斯特,并为米德尔顿延续下去。在 1886年,米德尔顿决定建立一个中阶结构(地区组织)以确保党中央办公室与各地方协会的稳固联系。[52]他组建了十个省分部(八个在英格兰,两个在威尔士)。中阶组织控制在党中央手中。为了便于中央控制,中央办公室的主要干事以及一个保守党国会议员 * 是每个省分部的协商与行政委员会的当然(ex officio)成员。在 1906 年大选失利后,政党进行了一次组织重建。如往常的情况一样,改组是党内权力关系由于一场外部挑战(即败选)而剧烈调整的结果。这次失败让党首贝尔福(Balfour)既失势又失信于他的对手约瑟夫·张伯伦(Joseph Chamberlain)。主导联盟不再像以前那么团结,保守党派系化了。1906 年改革涉及大量的去制度化。在这次改革中,保守党中央办公室的权力急剧下滑,全国联盟的影响力范围相应上升了。中央办公室的主要干事不再是全国联盟的名誉书记了:两个组织正式分家。省分部被废除,各地方协会开始自主选举它们自己的书记,而不再依靠中央办公室的干事。全国联盟承担了一系列任务(比如,涉及文件、宣传、地方协会的协调等等),直到 1906 年这些任务才再次由中央办公室执行,而一个由全国联盟领导的委员会承担了控制、监督地方干事的责任。[53]

地区干事们(对中阶组织负责)变成了由各个地方协会付薪的官僚。中央办公室最终作出决定,除了选举花费外,每年再付给全国联盟 8 500英镑的年度活动费用。[54]

在保守党的历史上,1906 年改革标志着,该党在组织科层化的发展中唯一的、真正的倒退。正如我们所说的,这是由于一场导致了党内主导联盟内派系形成的权力斗争。事实上:

> 中央办公室是有组织地抵制张伯伦及关税改革的主要中心,并且,贝尔福的追随者们依然坚定地控制着中央办公室。张伯伦及其追随者被迫转向别处,以试图推翻旧的守卫者,所以他们试图以扩大中央联盟的权威,来削弱中央办公室的权力。[55]

---

* 副党鞭,即该党在议会议员的副主席。——译者注

但 1906 年改组是临时的,是争夺组织控制的不同集团间政治僵局的后果。因为这些权力关系改变了,一次新的改组必然发生。1910 年的大选失利是一场导致重新洗牌的外部挑战。在组织层面,这意味着取消了1906 年作出的所有决定,归还给中央办公室的所有权力暂时让与了全国联盟,强有力的组织发展新阶段开始了。贝尔福确定无疑的政治衰落以及张伯伦在 1910 年大选失利后退出政坛标志着,主导联盟最大的分裂阶段的结束。让组织更有效的改组需求增加了,让全国领导层改变的需求增加了。因而一个涉及组织问题的委员会[顾名思义,联盟组织委员会,(the Union Organizational Commission)]成立了,该委员会安排了改革的基本方面。但是比这一委员会的工作更加重要的是受影响的政治变迁。一名享有盛誉的领导人(迪斯雷里)与一名有能力的组织者(戈斯特)的结合,更轻而易举地把该党转型为一个现代的政治组织,并为随后的制度化奠定了基础。一名新的、有威信的领袖博纳·劳(Bonar Law)*一个新的官僚首领斯蒂尔-梅特兰(Steel-Maitland)完成了组织的巩固。

当斯蒂尔-梅特兰担当此职时,他年轻且名不见经传。贝尔福背水一战,挑选梅特兰而不是一个声望更卓越的人领导中央办公室,以维持对保守党的控制。他想要阻止重要的政治人物占据这一职位,因为它是旧领袖们的最后的要塞。在斯蒂尔-梅特兰被提名时,没有人意识到,这个年轻的组织者将在短短数年后,深刻影响着保守党。真正的改组始于 1911年,当贝尔福的党首一职被博纳·劳取代时;博纳·劳对自由党采取了进攻立场。其他重要的党办公室在当时也易手了:勋爵巴尔卡雷斯(Balcarres)成了党鞭(chief-whip),勋爵法夸尔(Farquhar)成了党的总书记。巴尔卡雷斯、法夸尔以及斯蒂尔-梅特兰受到博纳·劳的完全信任,他们规划了党的新航向。各总部雇用了三名专业人员:约翰·博拉斯顿(John Boraston),一名专业的组织者,他被任命为党的干事长(head agent);威廉姆·詹金斯(William Jenkins)负责组织以及干事招募;以及保守党日报(《标准》)的主编马尔科姆·弗雷泽(Malcolm Fraser),他成了名誉公共

---

* 安德鲁·博纳·劳(1858—1923),加拿大出生的英国保守党政治家和首相(1922—1923)。——中译注

关系顾问，后来又成为党的媒体办公室领导。

斯蒂尔-梅特兰、博拉斯顿、詹金斯和弗雷泽组成一个专家团队，地位足够应对那些打电话到办公室的政客们；办公室的工作室首先是分门别类，办公室领导再把这些问题汇总到监事会（supervising board）。[56]

一项新的、适用于所有地方协会的宣传体系也被采用了，[57]改组甚至还包括了财务体系：

中央办公室、区办公室（district offices）以及伦敦办公室的开销增加了两倍之多，从 1909—1910 年的 32 466 英镑增加到了 1913—1914 年的 68 957 英镑；从中央专款拨出的党组织的全部开销也增加了两倍，从 73 000 英镑增加到了超过 150 000 英镑。为了支付这些开销，法夸尔与斯蒂尔-梅特兰为这些额外支出大干了一场。1912 年普通的募捐基金（subscription）一年进款依然只有 12 000 英镑，要满足他们所需，这一点远远不够。他们采用的方法是游说资金捐赠（donation），然后可以将捐赠用于投资以带来定期收入……从贵族以及特许市中开始了系统的捐赠；到战争爆发时，可投资的资金总计达到 671 000 英镑——是 1911 年总额的两倍，可够四年的花费——有 120 000 英镑的特别金存款可以用于接下来的大选中。[58]

好戏还在后头。随着中央办公室对保守党杂志之影响力的增加，加之财务支持的增加，沟通体系也合理化了。中央办公室保卫了它的影响力，并且控制了保守党活动圈子内（"樱草会"*、税改联合会、反社会主义联盟等等）的大多数组织[59]。

各地方协会有独立于中央的传统。因而，保守党的改革也必须通过直接依赖中央办公室的中阶及外围的金融体系（包括了地区干事们和地方干事们），小心谨慎地达到目的。斯蒂尔-梅特兰有能力在党的外围实现显著的组织统一。在中央办公室提供给各地方协会的服务和政治援助下，外围的资金依附上升了："1913—1914 年，超过 25 000 英镑是以服务和政治援助的方式发放的，作为回报，中央办公室干事们可以确保任命适

* Primrose League，1883 年为纪念樱草爱好者比肯斯菲尔德（Beaconsfield）伯爵而成立的一个保守党协会。——译者注

当的选区干事,以及选择好的候选人。"[60]尽管各地方协会的自主没有受
到非难,但是它们的权力给了中央。这并没有阻止某些地方协会成为某
些重要的显贵们的私人采邑[兰开斯特的德比(Derby),伯明翰的内维
尔·张伯伦(Neville Chamberlain),等]。但是保守党十分不同于基民盟、
工人国际法国支部以及意大利社会党的情况。保守党全国中央有足够的
权威,可以行使控制权,尽管是间接的、有限的。博纳·劳和斯蒂尔-梅特
兰让保守党成为一个强组织;保守党在1923年至1930年期间完全巩固
了,它具有了新的方向,这与鲍德温(Baldwin)1923年上升为保守党领袖
相关,即为人熟知的"新保守主义"。

劳和斯蒂尔-梅特兰的改良主义行动为1914年的战争爆发给中断
了:与自由党的联合政府(1915—1921)把党引向严重的党内冲突阶段。
主导联盟的解散(就像在1906—1910年前发生的那样)导致不同集团陷
入了政治僵局,把党引向了倒退与组织停滞阶段。鲍德温的参选与1924
年的败选,以及新的工党政府的产生,所有这一切都有利于重新激励保守
党之前的停滞状态。

在鲍德温领导下,新保守主义时代引起了中央办公室的职员扩张
与该党的资金筹措的进一步合理化。赫伯特·巴林(Herbert Blain,新
的干事长),戴维森(Davidson,党主席),扬戈(Younger,财务官)蓄意
变革。

后来的扩张也导致了过度官僚化所特有的全部问题。在20世纪20
年代后期,中央办公室:

> 已经变得更有效率,但现在也遭遇了任何大型组织内生的所有
> 张力。幕僚专业人员(staff),1910年的时候还少,目前已经超过了
> 200人,而且还有50人左右散布于国家的十一所区办公室。如果有
> 时候中央办公室的干事们不会以根深蒂固的、地方的反对为借口去
> 拒绝他们不支持的一个规划……或者如果中央办公室某些部门鉴于
> 相同的理由而不利用他们的专业知识,这是让人很吃惊的……在党
> 内,中央办公室以统一的力量发挥其权威正变得很难,因为它变得太
> 大了以至于很难有统一的观点。到1930年,中央办公室也变成了党
> 内一个根深蒂固的官僚势力,与由全国联盟和保守党议员所代表的
> 社会力量与政治势力相对抗。[61]

**表7.1 中央办公室雇用的官僚数**

|  | 1926 | 1927 | 1928 | 1929 |
|---|---|---|---|---|
| 组织与行政 | 60 | 75 | 123 | 127 |
| 宣传部门 | 43 | 65 | 54 | 50 |
| 妇女部 | 16 | 15 | 29 | 22 |
| 其他部门 | 25 | 30 | 22 | 19 |
| 合　计 | 144 | 185 | 228 | 218 |

资料来源:拉姆斯登:《贝尔福与鲍德温时代:1902—1940》,朗曼出版社1978年版,第229页。

**表7.2 中央办公室的开销(1926—1929年)**

|  | 1926 | 1927 | 1928 | 1929 |
|---|---|---|---|---|
| 部门联合会 | 4 140 | 1 729 | 1 049 | 851 |
| 组织处 | 9 150 | 7 467 | 7 234 | 7 350 |
| 发言处 | 7 618 | 8 696 | 5 936 | 5 141 |
| 宣传部 | 22 269 | 29 586 | 49 599 | 49 786 |
| 全国联盟:财务和秘书处 | 6 088 | 5 494 | 2 611 | 3 837 |
| 妇女部 | 7 547 | 8 664 | 11 853 | 11 161 |
| 杂项支出 | 9 422 | 11 090 | 12 568 | 15 219 |
| 中央行政 | 22 887 | 25 874 | 24 759 | 21 740 |
| 合计 | 89 127 | 98 600 | 115 609 | 115 085 |

资料来源:拉姆斯登:《贝尔福与鲍德温时代:1902—1940》,朗曼出版社1978年版,第229页。

在中央办公室尤其是赫伯特·布莱恩(Herbert Blain)的支持下,专业的保守党干事们在1920年代向实现全面的专业化地位迈出了前行的一大步。自从20世纪早期从律师—干事的变化以来,进步在继续,但是这是干事们的重新洗牌,也是布莱恩时代作出的决策产生了真正的作用。到了20世纪30年代,保守党的干事们已经拥有了专业化的名声,无论是在他们自己的眼中,还是在官员们的眼中抑或是在外人的眼中。这一进步可以通过职业化的几个共同的特征进行追溯:一份专业化的报纸、补助金、一项资格认证和检查体系、行业内的平等,以及财务状况。[62]

1929年大选失利使保守党形成了得以一直维持到20世纪的70年代(伴随定期的调适与修正)的形态。1930年以后在该党的中阶层和外围层产生了最为重要的发展:

行政单位的统一范式在整个英格兰和威尔士都被采用了,除了伦敦主要的改组之外,这一范式大部分保持不变……中央办公室的标准化影响到了省一级,这是 20 世纪 30 年代的一个重要特征,这影响了每一个组织单位。[63]

这种标准化的后果之一就是,保守党工人组织(the Conservation Workers Organization)的最终嵌入,可被理解为在保守党官僚的直接控制之下与工党竞争时的一个重要工具。[64]

在接连的几个阶段中(始于原初的、在一个既存的议会精英高度团结的基础之上的地域渗透),成型的保守党因而成为了一个高度制度化的组织,具有一个强大的议会外组织,牢固的中央、中阶和地方官僚结构,一个牢固的财务体系,以及一个控制着整个组织的议会领袖。候选人选举竞争的资金在 1949 年时受到限制,结果完全阻止了显贵们对地方协会的个人控制。[65]保守党形成了一个强组织的诸特征,尽管事实上它常常在执政。但是英国的政府官僚制的诸特征禁止领袖们把公共资源转变为政党激励;因而一个强大的组织是完全必要的。

其他政党,像保守党那样,靠工业圈和金融圈提供资金支持;但与其他政党截然不同的是,保守党能够建立一个定期捐赠(contribution)基础之上的、坚固的筹资体系。这就产生了一个早熟的构造,具有一个稳固的中央的、中阶的以及外围的官僚结构。[66]

比较保守党和基民盟 20 世纪 60 年代末期的筹资体系[67]可以说明两个组织之间的差别:一个具有强制度,它的自主为稳固的筹资体系所保证;一个是弱制度化的政党,依赖外部利益集团并受它们的控制。在保守党有一个定期的收入体系以及持续的政治活动的同时,基民盟,像所有"纯粹的"选举型政党一直做的那样,更迭于二者之间:从竞选期间的重大活动(幸亏在这一时刻有大量的、来自工业圈、金融圈和商业圈的资金捐赠)到选举结束后几乎完全静止与休眠(主要由于党的资金枯竭了)。这种差别可归结为:保守党有更大的自主活动的能力,而基民盟决然依附给其竞选筹资的利益集团。这两个政党之间的另一个区别也是很重要的:那就是党员的自筹资金。从 1959 年到 1969 年,基民盟超过 50%的开销是由公共基金负担的,剩下的来自利益集团;党员起不到一丁点重要的筹资作用。在保守党内——一个大众型组织,自夸在 1948 年就有接近三百万党员——如果党员支付其每年的会费少于 26%,他们就会被开除出党。[68]

这种组织会产生一个团结的主导联盟(在这种情形下,为议会内领袖控制的主导联盟),该主导联盟控制了党内的激励体系;而且该主导联盟的内部分裂并不会导致拥有自主权力资源的各次级集团的形成。这就是为什么理查德·罗斯(Richard Rose)声称,保守党内部分裂的特征是派别,而不是派系。[69]尽管这一断言必须要被证实,因为偶尔也会有朝向派系化(factionalization)的压力,[70]然而从原则上看这是正确的。除了某些关键时刻(这些时刻导致了对没落领袖的取代),保守党一般统一在现任领袖的旗帜下。保守党向心的机会结构,是强组织的典型,这解释了官僚以及议员私人忠于领袖的规范选择,也解释了传统上牢固的政党纪律。而且,它也解释了,政党采取之于政党环境的进攻性战略,至少与最大可能地扩充其党员有关。保守党,在第二次世界大战后党员数略有波动(1948 年接近 300 万,在 20 世纪 70 年代大约 150 万),是西方世界最大的保守党组织之一。

保守党党内结构高水平的凝聚力(为一个坚固的官僚制所保证)符合其对环境的相当程度的独立(为上文讨论过的筹资体系所保证),这清楚地表明了利益集团在挑选候选人的关键时刻缺失制度化(对于基民盟来说不是这样的)。组织的两个方面看似让一个强组织的形象自相矛盾:(1)政党领袖与议员并不是官僚出身这一事实(对意大利共产党、法国共产党和德国社会民主党来说,政党领袖与议员都是官僚出身),即,并不是在组织内往上爬(因而组织缺乏了“精英纵向整合”的必要条件);以及(2)各地方协会传统上的政治独立。其政治生涯非官僚化(党官僚被排除在公共政治活动的参与之外)的特征事实上让保守党比上面引用的各个政党更为虚弱。除了这点之外,保守党是一个非常强的组织。但是我们也必须观察到,议会候选人和未来的政治领袖们都是因为他们在商界和专业领域的声望而被选中的,而且这种选择机制阻止了,或者至少限制了有利的显贵地位的形成。[71]各地方协会的候选人挑选趋于落在能够引起选民共识的名人的身上——即显贵们身上——但后者,一般来说,也绝不会通过直接控制各协会而成就他们的政治生涯(与显贵—政党关系的诸特有形态相一致)。这就解释了为什么,各协会趋于挑选社会上有代表性的、相对年轻的、并具有积极进取、勇于开拓形象的人。对于欧洲议员构成的许多比较研究证实了,保守党的议员,平均来看,比起属于传统上由显贵们构成的那些政党的议员,要年轻得多。[72]

各地方协会的政治独立,比它们的实际状况要更为明显。保守党证实了,集权化是多么容易"隐藏"在明显的分权化后面。中央的控制可以通过不同的方式进行维持:首先,通过招募地方干事——这是中央办公室及其地区干事们的特权。[73] 在各志愿协会中,参与不足,而且是零星发生的,控制官僚经常意味着控制了整个协会。在这些情形下控制既强大又有效,因为职业升迁只能通过中央的选择进行。候选人的选择取决于某种离散的、互不相连的集权式控制:它发生在地方层级,以全国联盟的一个特别委员会(Standing Advisory Committee on Candidates,候选人声望咨议委员会)确立的一份潜在候选人名单为基础。因而每个协会都可以公开自由地挑选它自己的候选人,然后中央办公室(通过它的地区干事)局限于在一种简单的、形式上的控制(即,它核实选择是否根据正式的程序进行)。然而,在现实中,候选人挑选的情况相当不同。当挑选的候选人受到党内领袖反对时(这在 1949 年到 1969 年之间只发生过两次),中央可以限制这些人的候选人资格(candidature),并拒绝支持他们。[74] 换句话说,保守党非常团结一致,它的各地方协会趋于"自然地"选择那些深得领袖信任、而不是上面明显干预的候选人。[75] 只有在极个别的情形中才不会这样,领袖们通过中央办公室的、隐藏的集权式控制变得明显,而且中央——尽管各地方协会声称传统的、仪式上的政治独立——占了明显的优势。

组织相当统一,因而无需明显的程序体系就可这样做:强团结是通过坚固的、专业化的(但不是专横的)中央、中阶以及地方官僚机构的组合来维持的,也是通过积极分子和精英之间和谐的政治关系来维持的(在保守党,以及意大利共产党、德国社会民主党以及法国共产党,和谐并不是偶然的,而是高度的组织制度化的结果)。这让我们可以最大地简化程序的规则化。另一方面,工党,在一个高度派系化的全国领导集团与地方领导集团内,一套明确的规则体系回应了工党平息、惩戒并缓和党内冲突的需求。保守党主导联盟的团结让程序的规则化显得多余。主导联盟统一(这是由于强制度化)最明确的迹象是,地方积极分子在挑选议员候选人时习惯使用的标准具有高度的"无政治意义"(apolitical)特征:在支持某个候选人时举足轻重的,与其说是政治标准——即候选人个人的政治地位——就如工党的情况那样,还不如说是候选人的社会地位。在派系化的、分裂的组织内,左和右的区分在精英的选择中扮演了极其重要的角色,而这种区分在统一的政党中收效甚微:"所以,符合候选资格的某个申请者被接受与否,是由于他在一般意义上被认为是左翼或右翼,这是值得怀疑的。无论如何,特定的议题可能与此有关,但这些议题通常是非政治的事件或者是类政治的事件……"[76]

只有在危机时刻,即当政党的主导联盟动荡不定或者有一些问题明确地分裂了全国的领导层时,候选人的选择才变成政治化的。比如,在苏伊士运河危机(Suez crisis)时这种情况就发生了。[77]

# 结　　论

本章检视的三个案例都是"执政党"的情形。当这三个政党执政时,它们都经历了组织的巩固。但保守党却成为了一个强组织,而其他两个政党则成为了弱组织。起源模式的诸特征要为这种情况负主责,但在这三个政党在巩固阶段中不同的历史情境、政体以及政府制度也起到了重要作用。无论如何,这两个弱组织并不完全相同:基民盟的合法性来自内部,而意大利天主教民主党的合法性来自外部;政党与政府官僚,在基民盟中更为自主(尽管依然存在着对公共资源的庇护以及党对公共资源的控制),在意大利天主教民主党中——由于为一个软弱的、无效的政府官僚组织所"控制"——更具"象征性"。

之于国家机关的一种部分不同的关系可能是另一个根本差异的主因:意大利天主教民主党的联盟比基民盟的联盟更为破碎化。在派系主义的文献中,意大利天主教民主党被用来与另外一个执政党日本自民党(Liberal Democratic Party, LDP)作比较。对自民党(就像意大利天主教民主党,是在第二次世界大战后的1955年产生的)而言,意大利天主教民主党的内部派系变得更为制度化(特别是在20世纪60年代后),这是真的；而且这两个政党都具有"庇护主义的大众型政党"（clientelistic mass parties）的特征。[78]不管比较的价值为何，我们都不应当忘记，意大利天主教民主党既不同于日本自民党，又不同于多少是纯粹的庇护主义政党（类似自民党）。最终，与像基民盟那样的"保守主义"政党相比，意大利天主教民主党更接近"庇护主义"政党。无论如何，意大利天主教民主党从一开始就非常不同于这两种类型，它是作为天主教世界的一个"团结体系"、作为教会的世俗武器形成并巩固的。大众庇护型政党的特点最终被添加到其原初的诸特征中，但并没有使原初的诸特征完全消失。[79]对于工党以及其他许多外生合法性政党来说，这点也是如此。意大利天主教民主党从未完全放弃对其最初的支持基础（顾名思义，天主教徒）的控制，因为这包括了放弃其组织认同的一个重要方面。多种认同的结合——难以合为一体、并限制了合作共事——与"垄断"国家以及与其他政党共同执政的必要性一起，[80]就解释了意大利天主教民主党的领导集团无止境的冲突（即主导联盟稳定的不可能性）以及在检视该党的组织体系时包含的许多难题。

## 注 释

1. 关于魏玛共和国时期德国天主教中央党的角色，参见 G.E.Rusconi，*La Crisi di Weimaraner*，Turin，Einaudi，1977。

2. 关于联邦德国的政治体制的形成，可参见 T.Burkett，Parties and Elections in West Germany，The Search of Stability，London，Hurst and Co. 1975。以及 K.W.Deutsch 和 E.A.Nordlinger，"The German Federal Republic," in R.C. Macridis，R.E.Wards，eds.，Modern Political Systems：Europe，Englewood Cliffs，Prenticehall，1968，pp.301—450。

3. 基督教—基民盟关系的一个重要方面来自如下事实：新教徒被分裂为两个集团：路德教派（Lutherans）和加尔文教派（Calvinists）。前者的取向更加保守，而且支持阿登纳与基督教结盟；后一个集团，考虑到对左翼意识形态更为开放的政治取向，经常代表了基民盟内部张力的来源。

4. 占领区的存在让沟通变得困难，这当然是解释基民盟外围组织自发形成的直接原因。然而，应当记住，这一因素只有在历史上看具有非常强的社会—经济区域差异特征的全国背景中起作用。这些差异趋于从外部"统合进"组织中，因而这些差异也反映了组织内部的区别（在它们之间以及在它们与全国领袖的关系中，有组织的外围具有"自动"的影响）。这一现象很自然地反映在基民盟内部，但一个强大的中央机关的存在平衡了这种现象。

5. 基本上，我的结论是基于 A.J.Heidenheimer，*Adenauer and the CDU. The Rise of the Leader and the Integration of the Party*，The Hague，Martinus Nijhoff，*1960* 以及 G.Pridham，*Christian Democracy in Western Gemany. The CDU/CSU in Government and Opposition*，*1945—1976*，London，Croom Helm，1977。

6. 关于此点，可参见 D.Childs，*From Schumacher to Brandt. The Story of German Socialism*，*1945—1965*，Oxford，Pergamon Press，1966。

7. A.J.Heidenheimer，*Adenauer and the CDU*，pp.152ff.

8. Ibid.，p.187.

9. Ibid.，p.190.

10. G.普里德汉姆(G.Pridham)在《西德的基督教民主联盟》第 97 页之后对政党的组织体系有详细的分析。关于它的资金筹措体系，可参考 U.Schleth，M.Pinto-Deschinsky，"Why Public Studies Have Become the Major Source of Party Funds in West Germany but Not in Great Britain，" in A.J.Heidenheimer ed.，*Comparative Political Finance*，Lexington，Heath and Co.1970，pp.23—49。这些分析显示，在 20 世纪 50 年代，每 500 个受雇的官僚中有超过 400 名在外围组织工作，而且剩余的也被分配给党的各总部、议会党团以及党的附属组织。

11. W.L.Guttsman，"Elite Recruitment and Political Leadership in Britain and Germany since 1950：A Comparative Study of MPs and Cabiniets，" in Crewe，ed.，*British Political Sociology Yearbook*，p.270.

12. Pridham，*Christian Democracy*，p.270.

13. 参见 Schleth，Pinto-Deschinsky，"*Public Subsidies*."

14. 参见 D. Herzog，"Carriera parlamentare e professinismo politico，" *Rivista Italiana di Scienza Politica*，I(1971)，pp.515—544。

15. G.Pridham，*Christian Democracy*，pp.79—80.也是由于基民盟的议会党团统一于巴伐利亚州基督教社会联盟，即基社盟。所以为了不使问题复杂化，我没有分析基社盟，基社盟领导层时而冲突时而合作，这是主导联盟妥协的结果，而且这两党的关系是基于复杂的组织间交换体系。关于基社盟，可参见 A.Mintzel，"The Christian Social Union in Bavaria：Analytical Notes on its Development，Role，and Political Success，"出自 M.Kasse，K.Von Beyme，eds.，*Elections and Parties：German Political Studies*，Vol.3，London and Beverly Hills，1978，pp.191—225。

16. Heidenheimer，*Adenauer and the CDU*，p.204.

17. 关于基民盟在成为反对党之路的变化，可参见第十三章。

18. G.Poggi，"La chiesa nella politica italiana dal 1945 al 1950，" in S.J.Wolf，*Italia 1943/50. La ricostruzione*，Bari，Laterza，1975，p.271ff.也可参见 Poggi's analysis of the role of "Azione Cattolica，" *Il clero di riserva*，Milan，Feltrinelli，1963。也可参见 A.Giovagnoli，"Le organizzazioni di massa dell' Azione Cattolica，" in R.Ruffilli，ed.，*Cultura politica e partiti nell 'eta' della costitu-*

*ente*，vol.I，Bologna，Il Mulino，1979，pp.263—362。

19. 参见 P.Pombeni，*Il gruppo dossettiano e la fondazione della democrazia italiana*（*1938—1948*），Bologna，Il Mulino，1979，和 R.Moro，*La formazione della classe dirigente cattolica*（*1929—1937*），Bologna，Il Mulino，1979。关于天主教民主党领导层涉及宪政秩序争论的政治本质，参见 R.Ruffilli，ed.，*Costituente e lotta politica*。*La stampa e le scelte costituzionali*，Florence，Vallecchi，1978，pp.141—167。更一般地，关于在中左政府之前天主教民主党与国家的关系，可见 R.Ruffilli，"La DC e i Problemi dello Stato democratico（1943—1960），*Il Mulino*，XXV(1976)，pp.835—853。

20. 关于德·加斯贝利的作用，参见 P.Scoppola，*La proposta politica di De Gasperi*，Bologna，Il Mulino，1977。

21. 关于"人民党"，参见 G.De Rosa，*Il partito populare italiano*，Bari，Laterza，1969。

22. 关于这些事实，我用了 Poggi，ed.，*L'organizzazione partitica del PCI e della DC*，J.P.Chasseriand，*Le parti democratie Chretien en Italie*，Paris，Colin，1965；G.Baget Bozzo，*Il partito cristiano al potere*。*La DC di De Gasperi e di Dossetti*，*1945—1954*，2，Vol. Florence，Vallecchi，1974；G.Galli，Storia della DC，Bari，Laterza，1978。

23. A.Cavazzani，"Organizzazione，iscritti ed elettori della Democrazia Cristiana，" in G. Sivini，ed.，*Partiti e partecipazione politica in Italia*，Milan，Giuffre'，1972，p.172.

24. G.Poggi，ed.，*L'organizzazione del partitica del PCI e della DC*，p.201.

25. Ibid.，p.206.

26. Ibid.，p.206.

27. 这种运动的社会—历史的分析是由西维尼（Sivini）在《社会主义者和天主教徒》（*Socialisti e cattolici*）以及加利（Galli）在《政党》（*Partiti politici*）（第 101 页之后）形成的。

28. 1965 年前后政党的组织体系的全球演变，可参见 G. Poggi ed.，*L'organizzazione del partitica del PCI e della DC*，pp.295—308。

29. 参见 A. Manoukian，ed.，*La Presenza sociale del PCI e della DC*，Bologna，Il Mulino，1968。

30. G.Miccoli，"*Chiesa，Partito Cattolico e societa' civile*，" in AA.VV.，L'Italia contemporanea. 1945—1975，Turin，Einaudi，1976，p.227.

31. Ibid.，p.238ff.

32. 在德·加斯贝利时代一系列发展还是有先兆的，当许多的宪政法律的颁布被拖延，以及议会控制政府法案的能力/可能性被牺牲时："这一战略符合了政党最近形成之需，显示了意大利舞台上没有巩固的政治基础，并且没有获得公共机关的特许渠道；下面两个方面是完全有必要，一方面不要向左翼力量提供政治空间,另一方面,组建自主的权力基础,使其能减少政党对教会以及大的金钱利益的依赖,甚至避免陷入前法西斯以及法西斯来源的内阁官僚集团,这并不能提供对忠诚的充分保证(无论如何,强烈垄断了内阁官僚中该党一部分党员)"。参见 F.Ferraresi, *Burocrazia e politica in Italia*, Bologna, II Mulino, 1980, p.63。

一个重要的角色应被归因于缺失关于"博弈规则"的一致意见,也应当被归因于不同政治行动者的心理保留。参与新政体"组建"与协商的不同政治行动者不可能对始于议会的所有的制度有影响。参见 G.Di Palma, Surviving without Governing, Berkeley, University of California Press, 1977。

33. 关于此类事实,可参见 R.E.Irving, *The Christian Democratic Parties in Western Europe*, London, Allen and Unwin, 1979, pp.77—82。

34. 关于这一进程及其对政党的影响,可参见 G.Pasquino,"意大利天主教民主党 Crisis della DC e evoluzione del sistenma politico," *Rivista Italiana di Scienza Politica*, V(1975),特别是第 453 页之后; A.Zuckerman, *Political Clienteles in Power: Party Factions and Cabinet Coalitions in Italy*, Beverly Hills, Prentice—Hall, 1975 以及 F.Cazzola, ed., *Anatomia del potere DC*, Bari, De Donota, 1979。

35. 参见 G.Sartori, ed., Correnti, frazioni e fazioni nei partiti italiani, Bologna, II Mulino, 1973 年以及 A.Zuckerman, *The Politics of Faction. Christian Democratic Rule in Italy*, New Haven and London, Yale University Press, 1979 中收录的论文。

36. J. La Palombara, *Interests Groups in Italian Politics*, Princeton, Princeton University Press, 1964.

37. 关于意大利庇护主义的转型,可参见 L.Graziano, *Clientelismo e sistema politico. II caso dell' Italia*, Milan, Franco Angeli, 1980。对该个案的深度分析,参见 M. Caciagli, *Democrazia Cristiana e potere nel mezzogiorno*, Florence, Guaraldi, 1977 年。"南部意大利资金"("Cassa del Mezogiorno")是一个专门的公共组织机关,它一直在处理第二次世界大战后意大利南部工业欠发达的状况。

38. G.Poggi, ed., *L'organizzazione del partitica del PCI e della DC*, p.500.

39. F.Alberoni, ed., L'attivista di partito, p.312ff 以及 p.391ff。在这一意义上,意大利天主教民主党从教会的"组织解放",积极分子的忠诚从外部组织移转到党的一种次类型,在 20 世纪 70 年代末期几乎全部完成了。参见 P.Ignazi, A. Panebianco, "*Laici e conservatori. I valori politici della base democristiana*," in A.Parisi, ed., Democristiani, Bologna, II Mulino, 1980, pp.153—174。

40. 参见 Zuckerman, *Political Clienteles*, pp.102—103。第二次世界大战后,意大利官僚体系中充斥着各执政党的人,这是由于与欧洲其他国家的官僚机关相比,意大利国家机关虚弱且无效率。关于意大利官僚体系的特征,参见 Ferraresi, *Burrocrazia e politica in Italia* 以及 S.Cassese, *La formazaione dello stato amministrativo*, Milan, Giuffre', 1974。

41. 参见 G.Pasquino, "La Democrazia Cristiana: trasformazioni partitiche e

mediazione politica," in Martinellli 和 Pasquino, ed., *La politica nell' Italia che cambia*, pp.124—143。

42. 参见 G.Cavazzani, "*Organizzazione*," p.182 以及 M.Rossi, "Un Partito di anime morte? II teseramento democristiano fra mito e realta," in Parisi, ed., *Democristiani*, pp.13—59。

43. 参见 Elklit, *The Formation of Mass Political Parties* 以及 L.Svaasand, *Organizing the Conservatives：A Study in the Diffusion of Party Organizations in Norway*。

44. Mckenzie, *British Political Parties*.

45. 关于新近的转型,可参见第十三章。

46. Mckenzie, *British Political Parties*, pp.54ff.

47. 关于政党的形成,参见 R.Blake, *The Conservative Party from Peel to Churchill*, London, Eyre & Sportiswoode, 1970 以及 C.L.Butler, ed., *The Conservatives. A History from Origins to 1945*, London, Allen and Unwin, 1977。

48. Eliassen 以及 Svaasand, *Formation of Mass Political Organizations*。

49. 参见 H.Parris, *Constitutional Bureaucracy*, London, Allen and Unwin, 1969。

50. E.J.Feuchtwanger, "J.E.Gorst and the Central Organization of the Conservative Party, 1870—1882," *Bulletin of Historical Research*, XXII(1959), p.199.

51. Ibid., p.208.

52. Wilson, *Power and Party Bureaucracy*, p.17.

53. J.Ramsden, *The Age of Balfour and Baldwin, 1902—1940*, London and New York, Longman, 1978, p.26.

54. Wilson, *Power and Party Bureaucracy*, pp.19—20.

55. Ibid., p.19.

56. Ramsden, *Age of Balfour and Baldwin*, p.68.

57. Ibid., p.68.

58. Ibid., p.69.

59. Ibid., pp.71ff.

60. Ibid., p.72.

61. Ibid., p.231.

62. Ibid., p.236.

63. Wilson, *Power and Party Bureaucracy*, p.23.

64. Ibid., p.23.

65. Schleth and Pinto-Duschinsky, "Public Subsidies," pp.47—48.当时设立了一项禁令,禁止利益集团向单个候选人的选举提供资助,参见 Rush, *Selection of Parliamentary Candidates*, p.31。

66. D.J.Wilson, *Power and Party Bureaucracy*;也可参见 Rose, *The Problem of Party Government*, p.162ff。1970 年,除了中央办公室与它的中阶层官僚之外,

保守党在各地方协会雇用了 399 名选举干事,而工党只雇用了 144 名。

67. Schleth 和 Pinto—Duschinsky, "Public Subsidies"。

68. Ibid., p.38.

69. Rose, *Problem of Party Government*, pp.312—328.

70. 关于"周一俱乐部",保守党右翼集团,及其在某种程度上组织为全国性的派系,参见 P.Seyd, "Factionalism within the Conservative Party: the Monday Club," *Government and Opposition*, VII(1972), pp.464—487。关于战前某些时候严重的派系主义,参见 G.Peele 和 M.Hall, "*Dissent, Faction and Ideology in the Conservative Party: Some Reflections on the Inter-War Period,*"论文提交给了欧洲政治研究协会(ECPR)关于保守主义的研讨会,Brussel, 1979。

71. 参见 Rush, *Selection of Parliamentary Candidates*, p.13ff。也可参见 Guttsman, *Elite Recruitment and Political Leadership in Britain and Germany since 1950*。

72. 在分析五国(美国、加拿大、英格兰、澳大利亚和法国)的政治生涯时,保守党的议会党团被证明是这五国所有议会党团内最年轻的。有 75% 的保守党代表低于 45 岁。参见 J.A.Schlinger, "Political Careers and Party Leadership," in J. A.Edinger, *Political Leadership in Industrialized Societies*, New York and London, Wiley and Sons, 1967, pp.266—293。

73. D.J.Wilson, *Power and party Bureaucracy*.

74. Rush, *Selection of Parliamentary Candidates*, p.19.

75. L.Epstein, *Political Parties in Western Democracies*, p.219.

76. Rush, *Selection of Parliamentary Candidates*, p.100.

77. Ibid., p.100.也可参见 L.Epstein, "British MPs and their Local Parties: The Suez Case," *American Political Science Review*, LIV(1960), pp.374—390。

78. 意大利天主教民主党和日本自由党的比较,如果是不超过某个范围还是合理的。但这些不应当让我们忘了这两个组织间的根本差异:(1)日本自民党自其成立以来就一直拥有绝对多数的议席:在萨托利的用词中,这是支配型政党(dominant party)。这有助于解释更为稳定的主导联盟。(2)日本自民党是通过两个既存政党民主党和自由党的合并而诞生的,反过来看,这两个政党都是派系化的组织。(3)帝国的日本官僚结构传统上看是很强且高效的组织,掌握丰富的资源。党和官僚的关系,同意大利相比,更为同质化。(4)日本自民党的派系是自主组织,各有其地方的选举机器(koenkai,即"local support groups",后援会),包括了大约 900 000 名"雇员"(根据可靠的估计)。党组织,反之,直至近年前,在全国层面也几乎不存在。在我来看,这两个案例最根本的差异在于,意大利天主教民主党是(显著地)作为团结体系而诞生的,而日本自民党的诞生具有相对纯粹的利益体系之特征。关于日本自民党,可参见 A.Scalapino, J.Masuky, *Parties and Politics in Contemporary Japan*, Berkeley and Los Angeles, University of California Press, 1967, 以及 N.Thayer, *How Conservatives Rule Japan*, Princeton, Princeton

University Press，1969。

79. 意大利天主教民主党承认……它不可能完全变成像德国和日本例示的"资产阶级"政党。天主教民主党为"尤西比乌"政治神学（"Eusebian" political theology）合法化的重要本性阻止了这种演化。正是因为这一原因，政党消除教会势力（laicization）的问题也只能是纸上谈兵。就其明确的纲领和它的选举基础而言，意大利天主教民主党是一个温和政党，而且它不同于大的自由—资产阶级大众型政党，因为它从教会获得其神学的启示，并从教会的管理中维持其对社会的控制——政治权力没有其他获得途径。Calli，*Storia della DC*，p.378.

80. 与竞争型政党执政结盟有关的组织问题，可参见第十一章。

# 第八章
# 克里斯玛型政党

本章将要检视的两个案例，明显不同于之前讨论的、以政党起源模式的某个特征为基础的那些政党。它们都是一个个领袖建立的、特有的组织实例，这些领袖利用它们来实现自己的目的。自从韦伯构建了他的克里斯玛型权力理论以来，关于克里斯玛这一议题的研究已经写了非常之多。这一概念总是被频频当作一把万能钥匙，用来描述个人权力的某种类型。[1]

在大多数情况下，一般被命名为"克里斯玛"的，是政治中最司空见惯的事情之一：一个成功的领袖对其追随者的巨大影响。在此种情况下，克里斯玛被当做声望或权威的同义词。这里缺少了韦伯式概念之严格意义上的、有所限制的（technical and delimited）含义，在韦伯的概念中，克里斯玛不仅仅是声望和/或权威的同义词（虽然它常常是这些特质的来源）：事实上，克里斯玛包括了多项内容。[2]

(1)"革命的"与"超经济的"（extra—economic）组织合法性原则。克里斯玛与以遵循规则或者尊重传统为基础的"常规"行政截然相反。它既是法理型（即官僚化的）权力的对立面，又是传统型权力的对立面；而且与社会上的主导关系相比较，克里斯玛总是破坏性的、革命性的。就其本身而论，一个克里斯玛组织"存在于这个世界，但不属于这个世界"。

(2)组织以排他性的私人（personal）纽带为基础，并且以"信徒"（disciples）对领袖的直接忠诚为基础——就像在传统的（例如家长制的）权力关系中那样。然而，与传统的私人纽带不同，在这里忠诚是基于某种"受上帝的恩宠"（state of grace），基于某种"使命感"（mission），这种使命感召唤着领袖,而且也逐渐灌输给他的信徒一种传教热忱般的精神。正是克里斯玛的这种革命气质区分了克里斯玛型私人联系与传统的私人联系;后者的服从关系与权力关系是为传统认可的、一种已存在的不平等体系的结果;而前者的服从关系与权力关系反对传统。在韦伯看来,克里斯玛反映了社会革新与政治革新的主要源泉,是历史上唯一"真正的"革命性力量。[3]

(3) 与其他形式的权力不同,克里斯玛权力产生了一种社会关系的组织,这种组织的特征是缺乏"规则"、缺乏内部的"职业发展模式"(career pattern)以及缺乏明确的劳动分工。直接的忠诚,以及组织领袖私下任意地委托权限,是组织运作的唯一准则。因而,克里斯玛组织以完全的不确定与不稳定取代了支配着科层化的、传统型组织的稳定预期。领袖的选择,以及他不断显示的对下属的信任,是组织"机会结构"所依据的唯一标准,也是塑造内部(非正式)等级体系的唯一标准。尽管韦伯没有明确地这样说,但这种组织形态的主要影响就是下属之间不断竞争,以赢得领袖的好感,从而在权力等级中晋升(以其他人为代价)。

(4) 作为一种超经济力量,克里斯玛组织回避了正常的筹资形式,至少一开始是这样的。在韦伯看来,克里斯玛组织经常通过"庇护"和/或战利品分肥(spoils of conquest)来筹集资金(这有助于延缓组织的官僚化)。

(5) 克里斯玛本质上是不稳定的,而且迟早会被常规的行政需求所摒弃。当萌芽状态(statu nascendi)[4]之局面(这产生了克里斯玛)消逝后,追随者开始对稳定的报酬(remuneration)产生了兴趣:日常工作开始了,与之一起产生的期望代替了最初的传教士精神。此时,组织只有两种选择:克里斯玛分崩离析或"常规化"(即客观化)。当超凡魅力消失不见后,成功将不再恩沐(shine on)克里斯玛运动,而且领袖"受上帝恩宠"的信仰终结了。当这种情况发生在一个领袖成功阻止了克里斯玛的常规化的组织中时(为了使自己不丧失对组织的完全控制权),克里斯玛运动随即停止,组织便解散了。或者,相反,克里斯玛客观化了,经过从个人的克里斯玛转型为法定的(official)克里斯玛,组织克服了危机。[5]在后一种情况下,组织逐渐实现了制度化。克里斯玛的常规化也可以采取两条道路(或者说有第三条道路,它是这两条道路的结合):在调节内部关系时"规则"取代了个人的克里斯玛(即合法化),组织变成某种科层结构;或者最初的克里斯玛关系渐渐"传统化"(traditionalize)了。在后一种情况下，有权势的显贵们代替了克里斯玛型力量，他们的合法性源于组织的创立者所拥有的那些"理想的延续性"。

韦伯的理论应用于政党意味着，领袖亲自建立政党、提出政党的意识形态目标并选择政党的社会基础。他——在积极分子与外部支持者看来——成为了"教义"的唯一传译者以及"教义"的鲜活象征，他也是未来实现"教义"的唯一可能的途径。领袖形象与政党认同的完全重合是克里斯玛权力的必要条件(sine qua non)。因此，创立组织的领袖垄断了对组织不确定领域的控制权和对激励的分配权。一旦某个政党的起源模式是建立在个人的超凡魅力之上，组织就会形成某些确定的特征。

(1) 主导联盟依靠对领袖的忠诚而结合起来。只要追随者们只认同领袖的权威，主要的集团就不会分为纵向分割组织的派系：无论是普通的积极分子，还是党外的支持者，都不会接受派系的招募；因而他们不会认同某个特定的党内集团。因而，主导联盟是团结的，内部的竞争呈现出不同派别之间的竞争形式。区隔影响的只是次级领袖们；这些人无法触及党的外围。因而，克里斯玛型政党的机会结构具有(这在强组织中的确如此)向心性竞争与精英录用的特点：只有唯领袖马首是瞻，才能在组织中成就一番事业。在这类组织中，没有人可以公开反对领袖，并希冀胜出。不同派别之间的竞争可能会变得很激烈，但它发生在领袖之下的层级：竞争不会直接涉及领袖本人。为了更接近领袖，次级领袖们彼此争斗。他们的目标是在党内权力等级中占据第二、第三或第四的位置。这是克里斯玛权力存在的主要指标。每个政党都有享有卓越声誉的领袖们，通过与组织追随者的直接联系，他们能够控制重要的不确定区域。但是，如果克里斯玛型关系不存在，与领袖发生冲突并公开反对他，就不一定会导致反对者政治生涯的结束。多塞蒂和格隆基(Gronchi)公开反对威权领袖德·加斯贝利；最高纲领派(maximalists)反对图拉蒂；饶勒斯在工人国际法国部遭到少数派派系的反对；以及哈迪和麦克唐纳在工党内受到的严重挑战。此类事情绝不会发生在克里斯玛型政党中：公开反对领袖会自动导致对手们政治生涯的结束(例如，他们被"驱逐")，或者至少会导致他们在政治上的孤立(他们被当作"异教徒"而边缘化)。

克里斯玛型领袖之于组织的关系，等同于外部的发起机构之于组织的关系：他有最终的发言权，而且可以决定在他周围展开的派别之争的结果。换句话说，他所拥有的控制权同庇护十二世（Pious XII）对意大利天主教民主党最高职位行使的控制权是相同的，同斯大林对各共产党以及各共产党内的权力结构的控制权是相同的；积极分子和选民忠于外部的发起组织，如果对党有忠诚的话，也只是排第二位的：这解释了后者对前者绝对的依赖关系。类似地，在克里斯玛型政党中，追随者的忠诚向着领袖，而不是向着党。

（2）克里斯玛型政党不会呈现出官僚制的特征。可能存在一群官僚（以专业鼓动者的特殊形式），甚至在不同的组织办公室之间也存在着"正式的"劳动分工——在魏玛时期的纳粹党以及在列宁逝世前的俄国布尔什维克党内，的确如此。但是，现实总是更为复杂：官僚制存在的前提是付薪的官员、稳定的科层体系、正规的程序、稳定的职业预期以及以严格界定的标准为基础的职业晋升。另一方面，在克里斯玛型政党中，劳动分工任凭领袖自行处理，经常被重新界定，职业的不确定性相当大，不存在公认的程序，而且即兴行为（improvisation）是唯一真正的组织"规则"。克里斯玛型政党通常也没有稳定的收入：它们不定期的收入取决于其领袖与外部金融业者联合的能力和/或领袖个人对公共资金的控制能力。

（3）而且，克里斯玛型政党是一个高度集权的组织。克里斯玛型领袖同强有力的、全面的官僚体制有相同的作用：所有的重要决定都由组织最高层作出——即由克里斯玛型领袖作出。资金筹措的集中几乎总导致对委托给各级组织的金钱的全面控制。

（4）克里斯玛型政党经常是，如果并非总是如此，聚集在其周围的、边界模糊且不确定的团体与组织的焦点。不同的、形式上自主的各协会组成了"克里斯玛型运动"，派别冲突经常是这些协会的领袖们之间的、组织间的冲突。

（5）不管克里斯玛型政党的意识形态取向具体指什么（保守的或进步的，回应性的或革命性的，自由主义的或社会主义的），克里斯玛的"革命性"本质总是推翻政治现状和/或社会现状，这解释了该组织的反政党特征。克里斯玛型政党总是以现存政党的一种替代性选择而出现（在宪政规则之内还是在宪政规则之外取决于领袖"选择"的意识形态目标），它提供了一种波拿巴主义（Bonapartist）的政治解决方案。

（6）在由外部发起的政党中，制度化至少包含了从发起组织中的部分解放；而在克里斯玛型政党中，制度化包含了克里斯玛的客观化或常规化、从忠于领袖到忠于组织的一种转变以及在政党的组织认同与领袖个人的政治命运之间的不断偏离。制度化还意味着从团结体系向利益体系的移动，以及最初的目标日常的组织需求的适应。然而，制度化，在一个克里斯玛型政党中是不太可能的：领袖常常故意试图去阻止制度化过程；克里斯玛特质无法被客观化，而且组织被迫在其领袖权势的黯然失色中夭折。

上述特性适用于所有的克里斯玛型政党，即，那些在领袖认同与组织认同之间完全共生的所有政党。

然而，克里斯玛型政党，在许多方面也有差异。在本章中，我将粗略地检视两个克里斯玛型政党，法兰西第五共和国时期的戴高乐主义党和魏玛时期的国家社会主义工人党。它们不同的原因是多方面的：一个是执政党，另一个是反体制政党；一个是民主—保守的选举组织，另一个是准军事组织；一个在从一种民主政体转向另一种民主政体中起着主导作用，另一个催生出了一个极权主义的独裁。这些不同解释了它们显而易见的组织差异。然而，偏爱韦伯式的对"克里斯玛"一词的用法，而非"新闻业"对"克里斯玛"一词的用法的那些人，也将会很容易地发现许多相似之处。

# 新 共 和 联 盟

1958年，在批准法兰西第五共和国宪法的9月全民公决前不久，新共和联盟（The UNR）成立了。法国人民阵线（Rassemblement du Peuple Francais，RPF）——成为政治戴高乐主义（1947—1953）第一个重要前身的一个群众组织——促成了新共和联盟的形成。[6]戴高乐主义党是少有的、克里斯玛被成功客观化的超凡魅力型政党之一。事实上，在戴高乐逝世后，该党的制度化才成功地达到一个相对较高水平。米歇尔·克罗泽（Michel Crozier）在新近对法国政党的检视中，将戴高乐主义党（正好位于法国共产党之后、社会党之前)列为法国政治舞台上结构最佳、设置最好的组织[7]。毫无疑问,这是相当合理的。戴高乐主义党建立于第四共和国向第五共和国的转变运动中[从那时起就被冠以不同的名称,最开始是保卫新共和联盟(Union Pour la Nouvelle Republique),最近的是保卫共和联盟(Rassemblement Pour la Republique)]*,[8]并逐渐演变为这样一个组织:也许比执政的英国保守党要弱、但比执政的意大利天主教民主党或德国基民盟要强得多。然而其起源模式的大部分特征以及控制政府(在其巩固阶段它被迫就职)十分不利于这种结果。

首先,戴高乐主义党一开始就是一个克里斯玛型政党,其唯一的存在理由是为戴高乐以及从反抗之日起戴高乐将军就认同的思想服务(例如,"法国的某种信念")。[9]它被视为一种反政党运动,反对第四共和国的"政党主导式政权"。

其次,戴高乐主义党是通过重要人物主导的许多团体、运动的融合而产生的,这些人各以其自己的方式诠释戴高乐主义。换句话说,这是一个寡头集团分裂成了若干个、在同样的戴高乐主义保护伞之下的各政治派别。

第三,戴高乐主义党成立于戴高乐执政时期。这意味着,该党从一开始到其后很长一段时间内都是一个执政党。

超凡魅力型领袖的出现、各种不同的政治派别的融合(仅仅是基于他们个人对戴高乐的效忠及对一个模糊的"国家教义"的忠诚,这从意识形态上来说,就构成了戴高乐主义)以及执政党的身份,正是在理论上导致制度化很弱的全部因素(假设制度化在这些条件下还是可行的)。但是新共和联盟的历史展现了一种完全不同的发展。某个政党的演化可以被视为:该党起源模式诸特征互动的产物、在组织巩固阶段该党在政治体系中的地位(即执政或在野)的产物,以及最后,"环境"结构的产物。这些因素以不同的方式彼此强化和/或抵消:起源模式的某个特征可以被其他因素所抵消。例如,我们已经看出,单拿"内生"合法化来看,它有利于强制度化。然而,当我们把内生合法化与地域扩张式的发展(如工人国际法国支部和意大利社会党)结合起来,或者把内生合法化与地域扩张式的发展以

---

* 1997 年改名为人民运动联盟,2015 年,由萨科齐改名为法国共和党。——译者注

及执政党地位（如基民盟）结合起来时，它就不会引起强制度的形成。类似地，将"内生"合法化与地域渗透式的发展结合，很可能产生一个强制度，即使政党制度化发生于控制全国政府之时（对于英国保守党来说，的确如此）。各种因素之间要么相互强化、抵消，要么相互弱化，并以此确定了每一个政党的组织轨迹；我们只能通过对每种情况的历史考察来对它们进行评估。

在新共和联盟中，上述诸因素——理论上都可以促成该政党非常弱的制度化——被制度的秩序给平衡了，即被政治体的类型以及政府官僚制的特征给平衡了。结果就是这样一个组织：应置于弱/强制度连续体的中间（mid-way）。

为了更好地了解这一发展，我们需将事实进行扼要重述。凭借许多戴高乐主义运动的联合，新共和联盟于1958年正式成立：中心国家独立共和联盟［The Centre National des Republicains Sociaux，由雅克·沙邦-戴尔马（Jacques Chaban-Delmas）和罗杰·弗赖（Roger Frey）领导的］；共和公约［the Convention Republicaine，由玛丽-马德莱娜·富尔卡德（Marie-Madelaine Fourcade）和莱昂·德尔贝克（Leon Delbecque）领导的］；法国复兴联盟［the Union Pour le Renouveau Francais，由雅克·苏斯戴尔（Jacques Soustelle）领导的］；劳工委员会［The Comites Ouvrieres，由雅克·韦西埃斯（Jacques Veyssieres）和阿尔贝·马苏尔特（Albert Marceuet）领导的］，以及由其他著名的戴高乐主义者领导的集团。[10]

新共和联盟的第一个理事委员会由十三名"历史戴高乐主义者"（compagnons de toujours）组成——他们自第二次世界大战以来就忠于戴高乐将军。这些团体中最有组织、力量最强大的是由苏斯戴尔（戴高乐政府的信息部长）领导的。

在创建法国复兴联盟上级组织的过程中，苏斯戴尔在该组织早期阶段发挥了主导作用。他设法把自己最信得过的合作者"安排"进要职。后来，在关于阿尔及利亚问题上，苏斯戴尔—戴高乐之间的较量爆发，导致苏斯戴尔被"开除"出党。直到那时，不同的重要人物（及他们所代表的派别）为了独自赢得戴高乐的偏爱而存在竞争。苏斯戴尔，受戴高乐"中心"地位的鼓动，想继任党主席职，但戴高乐以此职空缺的方式封堵了此路。

立法院选举(1958 年)中挑选候选人证实了,新共和联盟已完全在戴高乐将军的控制之下,而且也证实了,在中央委员会中,雅克·苏斯戴尔和莱昂·德尔贝克也只不过是众多平等主体中的普通一员——而非同样行动的头头。[11]

苏斯戴尔对戴高乐是有威胁,因为在阿尔及利亚问题,当时的一个关键问题上,他以清晰、明确的立场领导了一个派别。苏斯戴尔在组织起源阶段的实力可以让新共和联盟变得不同于戴高乐希望的那样,即变成一个温顺的机构、一个在政治上可操纵的大众型机构[12]。

在戴高乐追随者们议会大选后[13],接下来的年度全国代表大会的筹备工作开始了。与此同时,党的领导层开始形成。中央委员会(1959 年 9 月为准备党代会而集合起来)是由十三位创始人、各联盟的代表以及大量法理上的成员(部长、议会党团主席,等)组成——总共六十余人。控制权掌握在部长和国会议员手中。因而,新共和联盟是一个议会党——同在执政时得到巩固的大多数政党一样(如保守党、基民盟,天主教民主党等),遑论其制度化的水平如何。尽管不断转型,新共和联盟的议会特征永远不会消失。苏斯戴尔冲突爆发于第一次全国党代会上[1959 年在波尔多(Bordeaux)];发生了苏斯戴尔反对戴高乐对阿尔及利亚问题的决定。竞争不再限于戴高乐主义的显贵们,而是直接涉及了党领袖。苏斯戴尔打了败仗,他被逐出政府,并且最终(在 1960 年)被开除出党(只有三十个代表追随他)。他的经历是这类政党反对领袖的典型:谁公开反对克里斯玛型领袖的决定谁就会被开除。

从 1958 年到 1962 年,第五共和国的新政治体与新共和联盟都巩固了。这几年高水平的冲突接连不断:

从 1958 年到 1962 年,权力斗争发生在行动的高层,让人回想起第四共和国的不稳定:四年内换了 5 位秘书长*、5 位党主席,在各部及其他领导机构中也有若干变动。新共和联盟的州党代会上每年有超过一半以上进行改选;在中央委员会保住自己的职位要容易些,但即使这里冲突也是不计其数。然而,到 1962 年 11 月,一个有能力掌

---

* 1958—1959 年的罗歇·弗赖(Roger Frey)、1959 年的阿尔班·夏朗东(Albin Chalandon)、1959—1961 年的雅克·里夏尔(Jacques Richard)、1961—1962 年的罗歇·迪索(Roger Dusseaulx)、1962 年的路易·泰勒努瓦尔(Louis Terrenoire)。——译者注

控行动的统治集团形成了。[14]

1962 年大选后，组织稳定了，但这种稳定也让该党转型了。戴高乐主义的成功，使得越来越多的新政治家进入党内，这些新政治家实行戴高乐主义，以更好地捍卫自己传统的权力地位。

戴高乐的部长们（党真正的"核心圈"）控制着团结的议会内新共和联盟。它很难说是一个"大众型"政党了；夏洛（Charlot）提供了以下估计：[15]

| | |
|---|---|
| 1959 年 | 7 000 名党员 |
| 1960 年 | 35 000 名党员 |
| 1961 年 | 50 000 名党员 |
| 1963 年 | 86 000 名党员 |

这个组织受到该党政府成员与议会成员的支配，他们当中选举产生的比例（member—voter ratio）很高。然而，它却是一个高度集权、紧凑与纪律化的组织。

超大型的中央委员会几乎将其所有权力授予了政治委员会和秘书长。议会党团的指挥机关（directive organ）与政府人员之间的密切联系，建立了某种"核心圈"，把党交到"历史上的"戴高乐主义者手中。这一集团既对议会议员行使控制（服从严明的纪律），又对"党的"议会外机关行使控制，通过这种方式，该集团逐步获得了团结。即使秘书长也只不过是执行该集团指示的行政官。[16]

外围的省级（departmental）联盟——它们的选举权力与其成员数不相称——在 1963 年后被重组了。新共和联盟的各联盟（不像工人国际法国支部的联盟）在党中央以外没有政治—组织独立性。这由以下事实得到证实：各部秘书长由总秘书长选择，而非由地方上选举产生。总秘书长将拨款分配给每个联盟，并每五个月就要求精确的财务报表，这一事实进一步证实了中央严格的财务控制。[17]

党中央通过两种渠道来控制各联盟：通过地方的选区代表（依次从属于议会党团），或者更经常的是通过专职代表团（chargés de mission），通过真正的钦差*将指示从中央传至外围。这些专制钦差类似于"得力助手"，他们是反社会主义法时期德国社会民主党组织背后真正的凝聚力所

---

＊ missi dominici，法国加洛林王朝特别是查理曼大帝时代的。——译者注

在："专职代表团必须对地方干部有权威,对省议员(departmental parlia-
mentarians)必须保持一定的自主判断。因此,他们是曾与法国人民阵线
(Rassemblement du Peuple Francais)一起共事过的、最有经验的人"。[18]

财政资源与政治行动主义的传递,是通过与各种商业、工业和农业利
益集团的关系网络进行的,这些利益集团被附属的各戴高乐主义协会
(Gaullist associations)给整合到党内。[19]

这种集权又紧凑的组织——1962 年到 1967 年(即直到里尔党代会,
这是一个转折点,它改变了党的领袖)的戴高乐主义党——与英国保守党
颇为相似:议会党团主导着这一组织,政党在每一级都很团结、有纪律。
然而,戴高乐主义党没有强大的中央机构(尽管还缺乏该机构前后连贯的
资料),而且其顶层比基层更具组织上的一致性。[20]

在这方面,戴高乐主义组织不会像英国保守党那样是一个大众型政
党。它的党员数极少,而且无法(不像天主教民主党和基民盟)依靠既存
的显贵网络。塔罗(Tarrow)指出,法国中—右翼的市长们明显倾向"非党
派政治"[21]。那些同情戴高乐主义的市长们都不是党员。戴高乐主义
党——一个在国家层面上主导的政治行动——无法排挤掉法兰西右翼传
统的显贵关系网。显贵们多少与这种运动无关;这解释了戴高乐主义者
为何在地方选举中的失败,也解释了戴高乐主义者为何无法获得对屈指
可数的几个自治区的控制。[22]这部分地由于戴高乐主义派倾向于将自治
区的竞选选举"国家化",并在相当不适于此类宣传的区域利用了全国性
的议题(如,戴高乐将军的肖像和成就)。[23]然而,有一种更深刻的解读:传
统权力(显贵们的权力)与戴高乐的克里斯玛权力永不相容,这本身就解
释了法国显贵对戴高乐主义的不信任,以及戴高乐主义者对显贵们的蔑
视。传统权力依靠社会关系现有体系的维持,并以这种维持来存活;相
反,克里斯玛权力则取决于它修正、推翻此体系的能力。

该党在地方层级的软弱也是由于到一定程度就不再发展党员这样一
个明确的决定。这避免了大众型政党的形成,大众型政党(如原法国人民
阵线)有可能限制戴高乐将军的自主,增加党内的政治异质性,进而破坏
组织的稳定。[24]

尽管在联盟内,新共和联盟很团结,并能有效、集权地组织起来,但它
在地方层级依然十分薄弱,特别是在农村地区(这些地区是该党在全国性

选举中的重要选举储备区)。然而,在省级以上,戴高乐主义党确实是法国右翼曾经拥有的第一个强大的组织。其主导联盟是一种金字塔结构:戴高乐(从未担任过一项党职)在最顶端,处在一种正式超脱的地位;其下是支配着组织权力的"历史戴高乐主义者"——他们构成了一个核心圈,无论是通过委任还是政治荣誉都无法进入这一圈子。能否进入这一主导联盟严格地取决于一种"先赋"(ascriptive)标准:以前与戴高乐一起战斗过的同志们,才可以加入其中。在权力等级制中,紧随其后的是那些太过年轻、无法参加抵抗的国会议员们,以及在第四共和国时期坚持戴高乐主义的人。处在底层的是那些在各联盟和地方当选的"新"戴高乐主义者。

该党的组织演化也可以通过历史戴高乐主义者之间的关系予以解释。他们为野心、个人竞争及分殊的政治立场而分裂;忠于戴高乐将军是他们唯一的共同点。他们(以及他们代表的不同戴高乐主义派别)的竞争不断进行着,尽管是台面下的。因此,该主导联盟的凝聚力是由上面强加的,即由戴高乐本人强加的。他防止让组织成为公开的派系,避免在党内为了权力而公开斗争。他迫使他们共处合作:公开叛乱意味着政治死亡(正如苏斯戴尔)。这解释了该党强有力的中央集权。

因此,戴高乐主义党是一个克里斯玛型政党,一个没有自身认同或生命的组织。1958 年大选后随即做出的一项民意调查显示,新共和联盟的选民有 93% 只是为了"支持戴高乐的行动"而投票给该党。[25]新共和联盟依然是一个克里斯玛型政党(至少在其内部关系方面),不仅在第五共和国初期是(1958—1962 年,全民公投[plebiscitary]的戴高乐主义时期——当时戴高乐是"全法国"的总统),在其后的时期内也是(当时戴高乐作为一个法国"派系"的领袖,不得不更加公开地完全依靠政党)。

克里斯玛组织存在所有上述特征:显贵们与戴高乐主义的对抗;不同派别围绕在党的周围,忠于戴高乐将军是它们唯一的共同点;[26]集权组织确保了对戴高乐忠实信徒铁一般的控制;以及反对传统的政党政治之组织形式的激烈争论。[27]

戴高乐超凡魅力的客观化发生在这样几个阶段:从 1958 年到 1962年,新共和联盟是某种"秘密"政党,戴高乐禁止在竞选活动中使用他的名字;在下一个阶段,戴高乐主义党公开存在并得以巩固。在 1965 年总统选举中,当戴高乐不得不忍受一次呼吁(让选民投票)的"令人蒙羞的"考验时(在大选第一轮选举中未能胜出),政党之于总统的作用得到了强化。组织内的代际更替——第五共和国主要的制度性特征——以及新共和联盟作为选举共识的焦点而重要性渐增,迫使戴高乐接受政党的逐步制度化。制度化与成为一个相对强大的组织(正如新共和联盟那样)不同。在戴高乐极其活跃并主事时,组织的集权化也许仅仅是由于他的个人控制,而且他的超凡魅力随后的客观化将可能导致一个比实际后果更加分裂、脆弱且"联合"的组织。现实的后果也许可以用第五共和国的制度秩序与法国官僚制的特点予以解释。这两个因素迫使戴高乐主义者去建立一个比该党起源模式预示的还要稳固的组织。以下因素促成了相对强大的组织发展。

首先,宪法授予国家元首[28]一个非常重要的角色,强化了戴高乐已经很强的地位(成功地挺过了新秩序的创始阶段,并解决了阿尔及利亚危机),并且鼓励他无须阻碍其克里斯玛至少部分的客观化。由于制度化发生在他继任之前,该组织吸收了戴高乐领导层形成的强大集权。这种组织巩固解释了后来的政党团结。

既存制度体系也使得组织的强大成为可能。虽然意大利天主教民主党和基民盟都不是克里斯玛型政党(因此这种比较并不理想),尽管如此我们可以注意到,它们的组织发展肯定会限制德·加斯贝利和阿登纳的机动性(而且他们均阻止这种发展),[29]就保卫共和民主联盟(the UDR)而言,法国国家元首牢固的宪法地位也让组织发展对戴高乐的威胁极其微弱。

第二个条件就是议会之于政府与国家元首的弱势地位。这种弱势,意味着议员从属于政府,代表们为自己选区谋取相称资源的机会更少了(与在第四共和国时他们的机会数量相比)。这使得戴高乐主义的国会议员们非常依赖政党以求得连任,并在法国右翼议会团体中导致了前所未闻的集体纪律。[30]这也防止了党的精英分解为若干自主的权力中心。

影响政党发展的第三个环境因素是,法兰西国家官僚制的实力和威信。与其他国家的官僚制相比,它较少受到垄断和勒索的影响。上层官僚们与戴高乐主义党建立起了密切的联系[31],其中许多人在议会和政府中供职(正如在德国那样)。然而,这种官僚制结构并不拥有"意大利式的"特点：它并没有脆弱到可以被党内各派系轻而易举地控制。到1967年里尔党代会时期，戴高乐主义党已经制度化了。它的制度化伴随着该党领导层的变革。在那一届国会期间[决定为政党起一个新的名称：保卫共和民主联盟（Union des Democrates pour la Republique）]，历史戴高乐主义者不得不将他们的部分权力让渡给新生代。核心圈中的权力关系在20世纪60年代逐渐改变。最初，历史戴高乐主义者在党的高级部门有超额代表；四十位过去的戴高乐主义者以一种"封闭群"的形式控制着该组织，即无论是通过委任还是政治荣誉都无法进入这一圈子。然而，随着时间的推移，特别是在议会，新戴高乐主义者的数量不断增长。[32]

这些发展只可能导致代际更替。由于外部的挑战，机会出现了：在1965年总统大选中（在戴高乐和密特朗之间进行了两轮选举），戴高乐主义者的动力明显减少；然后是1967年议会选举失利，并丢失大量席位。里尔时期该党领导层的变化导致了一次重要的政党重组。[33]

中央机构得到了加强，而且总秘书长被赋予了更大权力，他有权招募新成员，从而导致成员相比于1963年增加了一倍。[34]

因此，该组织得到了巩固，并且在不分崩离析的情况下承受住了历史性的戴高乐主义者的式微。它生存下来了，然后，在德斯坦时代，失去了对总统和政府的控制。[35]克里斯玛的客观化——戴高乐没有限制它，环境条件也对其青睐有加——解释了这种发展。

# 德国国家社会党

德意志民族社会主义工人党*，纳粹党——在魏玛共和国垮台期间及其后的时间里——是一个"纯粹的"克里斯玛型政党，在新共和联盟内已然发现的组织动力在该党表现得很明显。[36]德意志民族社会主义工人党与新共和联盟有许多共同特点：

（1）集权化的组织，在该组织内"忠于领袖"的原则盛行，而且组织认

---

\* The NSDAP, Nationalsozialistische Deutsche Arbeiterpartei.——译者注

同和领袖—创始人是完全共存的；

（2）缺乏官僚化的组织纽带，与之相伴随的是不定期的外部支持者（他们的重要性在 1923 年暴动失败后不那么重要了，1929 年后又再次增强了）的资金筹措，以及微量的财务控制；

（3）在党及其领袖周围存在大量的、界限不明的政治—意识形态组织［例如，纳粹冲锋队（Salvation Army，the SA），希特勒青年团等］；

（4）存在着不同的、意识形态彼此竞争的派别，这些派别代表了解释国家社会党教义（National Socialist doctrine）的不同方式。在国家社会党的统一旗帜下——德意志民族社会主义工人党的创立者、无争议的阐释者以及鲜活的象征是希特勒——许多团体和派别聚集起来：以罗森贝格（Rosenberg）为代表的种族主义派别（the racist tendency），勒姆（Röhm）的纳粹冲锋队，施特拉塞尔兄弟（Strasser brothers）的"社会主义"派（the "socialist" tendency，相当于意大利的"左派法西斯主义"），与工业界联系紧密的国家主义团体与保守团体等。[37] 国家社会主义（正如在民主体制下的戴高乐主义那样）语焉不详，有许多相互矛盾的解释。希特勒本人也鼓励这种意识形态的多元化，不仅因为它让政党可以吸引社会各界，而且因为它将领导集团分割成相互竞争的派别，以保护希特勒的权力并防止敌对联盟的形成。这样，纳粹党就成了听从希特勒指使的温顺工具。

然而，德意志民族社会主义工人党与新共和联盟之间的差异显而易见，这与它们不同的特性有关（各自为极权和民主）。

（1）新共和联盟是一个选举型政党，而德意志民族社会主义工人党则在结构上类似于一个准军事组织，就像迪韦尔热描述的"民兵党"。[38]

（2）德意志民族社会主义工人党被组织成"国中之国"，在许多方面类似于极左组织（如德国共产党）。[39] 1925 年 6 月后，德意志民族社会主义工人党在其内部复制了现存的国家各办公室和各职能部门（尽管，如我们将看到的那样，其正式章程从未符合组织的实际运作）。

（3）最后，德意志民族社会主义工人党强烈趋于扩张，并迅速成为一个大众型政党，而戴高乐选择尽可能让组织小规模。这种差异，很明显至少部分是由于如下事实：希特勒试图夺权，而当戴高乐领导的党巩固时，他已经控制了政府。

在纳粹党夺权之前，其历史可分为两个阶段：1923 年暴动失败前为一个阶段,1923 年暴动失败后为一个阶段。主导第一阶段的是,希特勒集团争夺对德国工人党[the DAP,由安东·德雷克斯勒(Anton Drexler)建立于 1919 年]的控制权,并确保对兴起于 20 世纪 20 年代早期的所有极右翼运动的控制。希特勒(作为德国工人党的最佳演说家迅速脱颖而出)联合罗姆(其属下包括许多前军官)在 1921 年赢得了对党的控制权。政党被改名,并以采用"元首原则"(fuhrer-prinzip)在威权基础上进行了重组,所有运动的追随者都无条件地服从希特勒的意志。了解下面一点是有趣的:"德意志民族社会主义工人党,尽管想把自己与种族主义宗派(sects)区分开,但绝不想成为众多政党中的普通一党,而是想成为在其他纯粹的'政党—政治'组织之上的一支独特的'运动力量'。"[40]试图于 1923 年发动暴动的失败导致了希特勒入狱,并让这支政治运动力量解散。直到 1923 年,希特勒还没有足够重视增强群众运动,反而寄希望于迅速夺取权力。1924 年,希特勒一经释放就改变了他的策略,决定建立一个真正的民族主义政党。在短短数年内,以前只在巴伐利亚州(Bavaria)相对强大的纳粹组织很快在全国各地扎根。在运动完全未波及的德国北部,纳粹党的地方组织迅速出现并得到了巩固。

通过地域扩散,这包括了当地活动家与各种团体的努力,他们组成了多样的纳粹运动,纳粹组织如野火燎原般蔓延开来。组织总部在慕尼黑成立[在菲利普·布勒(Philip Bouhler)的领导下],它对外围行使集权控制。地方协会(它们分别被组织进各个区域)的费用和资金筹措都被中央控制着:

> 中央办公室发行党证的专有权,让它可以精确地记录每区的党员数。既然党员数决定了地方组织之于慕尼黑的财务义务,这一消息让布勒能对地方上的政党财务实行严格的控制。地方党组织需要收集每名新党员 1 马克的入党费以及之后每个月 50 芬尼的党费。如果存在区办公室,入党费及每月上缴党费的一半由地方组织转交给区办公室,否则将直接上缴给慕尼黑总部。区的党领袖也被要求将入党费及每名党员每月党费中的 10 芬尼上缴给慕尼黑总部。此外,从公民个人或公民团体中接收到的全部额外捐赠,地方党的领袖们与区的党领袖们也都必须原封不动地送达慕尼黑。[41]

但是党费始终只是组织资金筹措中的很小一部分,另一部分则更依赖于希特勒从产业界收到的捐赠。在 1924 年,纳粹党仍然只有 50 000 名支持者。[42]《我的奋斗》的出版以及希特勒因暴动失败而受审(这一审讯被希特勒的演说能力和法庭的仁慈转变成了其思想的宣讲台)所获得的声望,使得纳粹党在极右运动中让人无法抗拒。

到 1928 年,该党有 10 万名支持者和党员,次年党员数量如滚雪球一般增长。该组织从一个吸引各类流氓的破坏性宗派转变成了一个中间阶级的大众型政党——没有失掉其起源特征。到 1929 年底,该党有 17 万名党员;到 1930 年春,党员人数达到 21 万。[43]

德意志民族社会主义工人党在 1928 年大选中只获得了 2.6% 的选票,但到 1930 年就赢得了高达 18.3% 的选票,离执政只有一步之遥。

1924 年到 1926 年的组织重构是十分彻底的。纳粹冲锋队不再受罗姆控制(因为其不受控制的政治野心,他有几年退出了这一运动),而是完全从属于党。纳粹党卫军(Schutzstaffel,The SS)和希特勒青年团[44]成立。此外:

> 1926 年:……帝国指导处创立了[赫斯(Hess)为秘书长,F.K.施瓦茨(Schwarz)为财务官,P.布勒(Bouhler)为首席执行官],一系列任务依赖于该指导处。起先,帝国指导处可以支配超过二十五名雇员和三辆汽车。一个庞大的组织迅速形成,这使(德国人)误认为它是党的真正本质。对外政策办公室、新闻办公室、商业办公室、农业办公室、经济办公室、党内事务办公室、法律问题办公室以及技术与政治工作办公室,小规模地复制了国家机器。纯粹的国家社会主义机构的兴起——如那些"种族和文化"机构及宣传机构——而且他们的活动迅速扮演了主导作用。从 1926 年起,其他附属党组织的基础得以奠定:希特勒青年艺术派(HJ);巴尔杜尔·冯·施拉齐(Baldur von Schrach,他在 1931 年也成为希特勒青年艺术派和德意志帝国青年团的领袖)领导下的德意志国家社会党学生联合会(National Socialist League of German Students,NSDSB)的任务是增强党对青年的吸引力的国家社会党者联合会(国家社会党学者联盟)(League of National Socialist Scholars),后来负责增强党对各专业性协会(教师,律师,医生)的吸引力;以及纳粹妇女组织(国家社会党妇女联合会,National Socialist Women's League)。[45]

这一描述可能会让人相信一个科层化的组织出现了,但实际上,克里斯玛的组织原则妨碍了它的形成。希特勒禁止"规则"形成,以保持他对党的完全控制:

> 希特勒厌恶规则,并坚持对其意志的绝无条件的权威,这些就把官僚化的原则排除在政党组织之外……他正确地认知到,任何官僚秩序,不管它可能多么威权,都会限制专断权,并保护国民以及底层的管理部门。[46]

在纳粹党上台前后,组织的特征是:职能领域的持续重叠、排他性的私人关系以及缺乏明确而界定清晰的科层制。

> 代替制定政策的正式程序,希特勒引入了"对下的绝对权威和自由以及对上负责而完全服从"的原则……这首先意味着,领袖对整个运动拥有"不受限的权力"。他不受相对多数要求、程序性规则或权力界限等形式的任何限制。他可以挑选任何方式来行使自己的权力,或者可以将部分权力委托给他挑选的任何人。按照克里斯玛权力的不可分割性,他的权力是专断的,源自于他个人而非任何制度:无论在理论上还是在实践中,在运动中只有一种权力是决定性的,那就是领袖的意志。[47]

权力由希特勒直接委托,以个人的忠诚为基础,无须任何任命程序。这导致各级组织持续不断的不安全感:个人命运与事业的可能性取决于希特勒的仁慈。个人之间、集团之间的竞争完全热衷于赢得希特勒的支持,以及希特勒对其对手的不信任。这既发生在全国的领导层,也发生于地方领导层,而且地方领袖们经常宣称自己是希特勒的直接代表。这通常是真实的:地方领袖们掌权是因为希特勒支持他们。中阶与地方的权力委托是通过私人联系进行的。区领袖们:

> 发展追随者和亲信的关系网络,他们不断试图进入权力职位。这加剧了阴谋与竞争,在缺乏任何严格的能力界定的情况下,他们的权力因此仅限于希特勒的信任……次级领袖的智慧及其保持希特勒对其信任的能力是他权力的唯一决定因素。[48]

私人基础之上的权力委托支持竞争和分工;分工越细,就越强调希特勒作为组织统一的唯一保证者的作用:

> 希特勒的组织原则让人感兴趣的方面是,尽管次级领袖们在他

们的授权范围内有绝对的权力,但他们在执行领域却不完全有专属的司法权。希特勒在没有任何机构协调的情况下分配重叠的司法权,与此同时还强调绝对的权威:结果是混乱不堪、重复工作。[49]

因此,希特勒组织是官僚组织的对立面。但同官僚组织一样,希特勒组织的内部动力有利于向心性的精英招募,即以与希特勒的个人关系为基础进行遴选,与官僚机构中的职务晋升有相同的作用。这导致了高度的墨守成规与毕恭毕敬。

正如新共和联盟那样,不同集团的派别为了获得希特勒对他们"政治策略"(即他们对国家社会党的特定解释)的支持而相互争斗。在某些情形下,某个派别的领导人不得不直接反对希特勒(就如苏斯戴尔在新共和联盟中那样)。当这种情况发生时(罗姆在 1924 年和 1934 年,斯特拉瑟在 1926 年、1930 年和 1932 年),要么该领导人屈服——如,戈培尔(Goebbels),他最初是施特拉塞尔集团的成员,在 1926 年慕尼黑与希特勒私下会面后,被希特勒增补到了领导职位——要么他被政治清算(而且,鉴于这一运动的性质,往往是肉体上的终结)。政治分歧使领导集团分裂,但并没有割裂整个组织:大多数党员和党外支持者只认同希特勒,只愿意追随那些明显享有希特勒信任的领袖们。创始领袖使主导联盟变得团结,集中控制了党的外围;而且,在克里斯玛客观化(即通过忠诚于党的最高领袖到忠诚于组织的移转——希特勒明确反对、并抵制这种转变)时制度化的缺失,使得德意志民族社会主义工人党成为克里斯玛型政党的一个典型案例。它破坏性的右翼性质并没有排除它作为一个组织体系,该组织体系的特征可以在任何一个起源模式具有克里斯玛特征的政党中找到。

# 结 论

检视的这两个案例不一样,是由于它们最初的意识形态目标及其环境中根深蒂固的差异。将它们区分开来的,是每个政党(是否克里斯玛型的)历史上独一无二的东西——它是特定的、不可复制条件下的产物。把这些案例结合起来、并能使它们作为一个更普遍类型的次级分类被予以考虑的因素，就是它们确定无疑的克里斯玛型起源。如果我们无视这一点，这些政党的组织逻辑就完全不能理解。这并不偶然，例如最早研究戴高乐主义的学者让·夏洛（Jean Charlot），他采用了传统的迪韦尔热分类，却无法将新共和联盟置于"干部型政党"之列，也不能归为群众型政党之列，而被迫回到"选举型政党"[50]的非原创类型；这完全不符合迪韦尔热（Duvergerian）的类型学，它（像我的分类法一样）是一种组织的类型学（它是这样一个类型学，以政党内部的组织化来区分政党的类型学）。实际上，迪韦尔热式分类法在检视克里斯玛组织时不十分有用。

克里斯玛型政党彼此差异很大。他们可能是"民兵党"（militia party），像迪韦尔热描述的准军事组织（但并非所有的民兵党都是克里斯玛型政党），或者它们可能是"选举型"组织：能采取积极的组织扩张策略（如纳粹党），或选择保持政党规模的最小化（如戴高乐主义党）。无论我们论及的是纳粹党、戴高乐主义党、布尔什维克党[51]、意大利法西斯政党（在被伦佐·德·费利斯（Renzo De Felice）定义为"法西斯主义运动"的阶段），[52]布热德分子（Poujadists），[53]还是任何其他此类组织（不论其政治—意识形态的推动力和社会基础为何），它们都呈现出共同的特征。这些共同特征，从组织的角度看，至少同它们的差异同等重要。[54]

根据韦伯的理论，对若干克里斯玛型政党的历史案例进行检视的比较研究，可以对当前无法回答的问题给予回应。主要的问题当然是要分离出，让克里斯玛型政党制度化以及客观化的条件。领袖在何种条件下可接受部分的权利削减（diminutio capitis），对组织的制度化来说必不可少的个人权力的削减？

第二个问题特别有趣，论及的是克里斯玛型政党制度化时采取的形式。它们会成为强组织还是弱组织、官僚—专业型组织还是传统组织？它们会成为主导联盟分裂成若干派系、为了争夺创立者的"精神遗产"而争斗的政党，还是会成为主导联盟在新领袖们旗帜下统一起来团结的政党？答案并非不证自明。新共和联盟的案例（不是唯一充分的）使我们认为，传统化与合法化有可能发生，即，控制国家的显贵们，他们的影响力源自与强官僚—专业化特征相关联的一种精神遗产。今天雅克·希拉克（Jacques Chirac）的保卫共和联盟[55]似乎是这类组织，而且似乎表明如果

制度化发生的话,权力的集中——最初由克里斯玛型领袖产生的——会
有助于一个相对强大组织的形成(即使克里斯玛型政党的形成经常是通
过扩张与联合,而不是通过地域渗透)。克里斯玛型领袖最初的集权推动
力似乎异常强大,并克服了反对这种推动力的所有因素。无论克里斯玛
型领袖是为他人或一个权力共享的董事会(collegial direction)所取代,结
果都是组织依旧非常强大并高度集权——这将有利于政党的科层化。如
果一个克里斯玛型政党制度化了(这类政党鲜有做到),那么,该党的制度
化水平,比起其起源模式和环境因素的其他特征所显示的制度化水平来
说,应该会更高。

在克里斯玛型政党中,由于缺乏制度化而解体是最可能的后果,第二
个可能的后果是形成一个相对强大的组织,最后一个可能的结果是形成
一个弱组织。

然而,后者不应被完全忽略。当有足够的公共资源可利用时,克里斯
玛的客观化可以抵消高度集权(由克里斯玛型领袖最初建立),甚至可以
完全消除其影响——推动领导集团的解体,并推动政党各级派系的形成。

**注　释**

1. 例如参见 C. J. Friedrich,"Political Leadership and the Problem of
Chrismatic Power," *Journal of Politics*,XX(1971),pp.299—305,以及 H.
Wolpe,"A critical Analysis of Some Aspects of Charisma," *The Sociological Re-
view*,XVI(1968),pp.305—318。

2. M. Weber, *Economy and Society*, Berkeley, University of California
Press,1978.

3. 参见 R.Bandix, G.Roth, *Scholarship and Patisanship: Essays on Max We-
ber*, Berkeley, University of California Press,1971。也可参见 L.Cavalli,"Il ca-
risma come potenza rivoluzionaria," in AA. VV., *Max Weber e l'analisi del
mondo moderno*,Turin,Einaudi,1981,pp.161—188。

4. 关于起源状态,参见 Alberoni, *Movimento e istituzione*。

5. 关于"官方克里斯玛"以及尤其是在政体和共产党中的"克里斯玛官僚化"
现象,参见 V.Belohradsky,"*Burocrazia carismatia*. Ratio e carisma nella societa
di massa", in L.Pellicani, ed., *Sociologia delle rivoluzioni*, Naples, Guida, 1976,
pp.181—231。然而,问题是想转向"克里斯玛官僚化"(像俄国布尔什维克党那
样),必须首先将个人的克里斯玛客观化(比如列宁),这一问题贝洛拉茨基并没有
充分展开论述。

6. 有许多著述论述了第五共和国。关于对同一时期法国政治演进和制度化的分析,参见 R.C.Macridis, "France," in R.C.Macridis 和 R.E.Ward, eds., *Modern Political Systems: Europe*, Englewood Cliffs, Prentice-Hall, 1968, pp.153—298;以及由 S.霍夫曼(S.Hoffmann)作出的最初和提示性的解释, *Sur la France*, Paris, Editions du Seuil, 1976。聚焦第五共和国,参见 S.Bartolini, *Riforma istituzionale e sistema politico*, Bologna, II Mulino, 1981。以及关于戴高乐主义宪法,参见 M.Volpi, *La democrazia autoriraria*, Bologna, II Mulino, 1979。对从第四共和国到第五共和国转变的一种韦伯式解读,参见 M.Dogan, "Charisma and the Breakdown of Traditional Alignments," in Dogan and Rose, eds., *European Politics: A Reader*, London, The Macmillan Press, 1971, pp.413—426。关于"法国人民阵线",参见 R.Barillon, "La Rassemblement du Peuple Français," in M.Duverger, ed., *Partis Politiques et Classes Saciales*, Paris, Colin, 1955, pp.277—290。

7. M.Crozier, *I partiti francesi*, Turin, Quaderni della Fondazione G.Agnelli, 1980, pp.10ff.

8. 经常性的更改名称与政党的克里斯玛出身有关。运动的"再起"(1976 年雅克·希拉克最后的表演)提示我们一个组织不是通过其本身来评价,而是通过其创立者最初的教义来评价。在重建的那一刻,政党最初的"起源状态"或多或少地被再造。

9. 关于戴高乐主义教义和戴高乐的人格,参见 J.Touchard, *Le Gaulisme. 1940—1969*, Paris, Edition du Seuil, 1978。

10. J.Charlot, *L'UNR Etude du pouvoir au sein d'un politique*(UNR), Paris, Colin, 1967,以及 *Le phenomene ganlliste*(PG), Paris, Favard, 1970。

11. Charlot, *UNR*, p.41.

12. Ibid., p.43.

13. Ibid., p.40.

14. Ibid., p.106.

15. Ibid., p.47.

16. Ibid., p.50.

17. Ibid., p.50.

18. Ibid., p.139.

19. Charlot, *PG*, pp.130ff.有无数的戴高乐主义组织,而且许多并不是严格意义上的附属组织,而是由其领袖操纵的自治性政治组织并仅与其忠于戴高乐的"运动"有关。在 1963 年,其中一个代表着戴高乐主义左翼倾向的组织——劳工民主联盟(the Union Democratique du Travail)与新共和联盟联合起来。但是很多戴高主义组织没有隶属于这一"中央"组织,导致大量团体认同这一"运动"但不认同这一政党。

20. 同样,因为这一政党在地方上由各地区来组织,这使得它成为一个全国选举的有效选举工具,但却不利于积极的基层参与。

21. S. Tarrow，*Partisanship and Political Exchange in French and Italian Local Politics：A Contribution to the Typology of Party Systems*，London，Sage Publications，Contemporary Political Sociology Series，Vol.1，N.06—004. 关于法国右翼的这一特性,同时参见 M.Anderson，*Conservative Politics in France*，London，Allen and Unwin，1974，pp.231—268。

22. 参见 Bartolini，*Riforma istituzionale*，pp.85ff.

23. Ibid., p.90.

24. Ibid.，p.57,以及 Charlot，*PG*。关于政党中组织规模和权力结构之间的关系,参见第十章。

25. 由 M.沃尔皮(M.Volpi)引证,La democrazia autoritaria，p.200。

26. Charlot，*UNR*.

27. Charlot，*PG*.

28. 关于戴高乐主义宪法,参见 Volpi，La democrazia autoritaria。

29. 参见第七章。

30. F.L.Wilson，R.Wiste，"Party Cohesion in the French National Assembly：1958—1973，" in *Legislative Studies Quarterly*，XII(1979)，pp.82—103.

31. S.Bartolini，Riforma istituzionale，pp.249ff.

32. Charlot，*UNR*，pp.216ff.

33. Charlot，*PG*，pp.133—135.

34. Ibid.，pp.134—135.

35. 参见 P.Lecomte，"Rassemblement pour la Republique et Parti Republicain. Elements d'analyse comparative，"呈交给关于"保守政治学"CERP 专题研讨会上的文稿，Brussels，1979，未出版的底稿;同时参见 C.Crisal，La Machine RPR，Paris，Fayolle，1977。

36. 我很自然地将自己局限在只考虑魏玛时期,在这里假定引起我们兴趣的只是那些在一种竞争性民主中运作的政党。

37. 纳粹意识形态倾向的异质性已被证实，B.Miller Lane，L.J.Rupp，eds.，*Nazi Ideology Before 1933. A Documentation*，Manchester，Manchester University Press，1978。

38. M.Duverger，*Political Parties*，pp.36ff.

39. 参见 K.D.Bracher，*Die Deutsche Diktatur. Entstehung Struktur folgen des National-sozialismus*，Cologne，Berlin，Kiepenheuer Witsh，1969。也可参见 D.Orlow，*The History of the Nazi Party：1919—1933*，Pittsburgh，University of Pittsburgh Press，1969。

40. Bracher，*Diktatur*.关于领导原则，W.Horn，*Führeideologie und Parteiorganisation in der NSDAP(1919—1933)*，Dusseldorf，Droste，1972。

41. J. Nyomarkay，*Charisma and Factionalism in the Nazi Party*，

Minneapolis，University of Minnesota Press，1967，p.78.

42. Bracher，*Diktatur*.

43. Ibid.，p.225.

44. 直到 1931 年,希特勒青年团还大量的保持着独立于德意志民族社会主义工人党和纳粹冲锋队的机动性。它在社会主义风格上对国家社会主义有着自己的"解释"。参见 P.D.Stachura，*Nazi Youth in the Weimar Repubiic*，California，Clio Books，1975，pp.43ff。

45. Bracher，*La dittatura tedesca*(译自意大利文版本)，p.187。

46. Nyomarkay，Charisma，p.27.在纳粹党中,"由希特勒任命的党员成为'核心圈'中的一部分。由于希特勒的喜好是在这一'圈子'中的进行安置的唯一决定因素,因此获得准入权的方式就是正当地服从他的职位并奉承他。一旦进入这一'圈子',每一个助手不得不持续性地维护希特勒的嗜好和信任。"J.V.Downton，Jr，*Rebel Leadership. Commitment and Charisma in the Revolutionary Process*，New York，The Free Press，p.49.

47. Nyomarkay，*Charisma*，p.28.

48. Ibid.，p.31.

49. Ibid.，p.31.关于纳粹精英,参见 D.Lerner et al.，"The Nazi Elite,"in Lasswell and Lerner，eds.，*World Revolutionary Elites. Studies in Coercive Ideological Movements*，Cambridge，Mass. The MIT Press，1967，pp.194—318。关于社会构成,参见 H.Gerth，"The Nazi Party：Its Leadership and Composition,"*American Journal of Sociology*，XLV(1940)，pp.517ff。

50. Charlot，*Les Partis politiques*，Paris，Colin，1971，pp.55ff.

51. 参见 A.Ulam，*Lenin and the Bolsheviks*，Glasgow，Collins，Fontana，1969；and E.H.Carr，The Bolshevik Revolution，1917—1923，3 Vols.，London，Macmillan，1950—1953。

52. R.De Felice，Mussolini il rivoluzionario，1883—1920，and Mussolini il fascista. La conquista del potere，1921—1925，Turin，Einaudi，1965 和 1966。关于法西斯政党组织,参见 A.Lyttelton，La conquista del potere，II fascismo dal 1919 al 1920，Bari，Laterza，1974，pp.67—122。

53. 参见 S.Hoffmann，*Le Mouvement Poujade*，Paris，Colin，1956。

54. 很明显,更重要的区别是在极权或者专制导向型的克里斯玛政党与民主导向型的克里斯玛政党之间。后者不会内在地包含那些使他们服从领导的正式组织原则。因此,这些政党可能会以克里斯玛组织和民主—合法性组织两极之间的必然的紧张状态为特征,这导致了在其内部更剧烈的冲突。

55. 参见 Lecomte，"*Rassemblement*"。

# 第九章

# 组织次序：一个类型学

是到了得出结论，并估量所获结果的时候了。首先，应当观察到，我们已经用强组织和弱组织两种模型，重读了某些特定政党的组织史，试着让它们的相似之处和差异之处明白易懂，这么做是尝试让政党文献中只有在一定程度上概述过的观念(ideas)体系化的结果。用二元分类法描述政党之间的相似与差异当然毫无新意。比如，根据某项研究[1]，在 20 世纪 60 年代合法化的意大利天主教民主党与意大利共产党之间的组织差异证明它们置于完全不同的"两头"是有理由的(虽然，用迪韦尔热的术语，它们都是外生的大众型政党、都是基于某种"直接结构")。政党文献中将"阶层统治"模型(stratarchy)[2]与米歇尔斯的"寡头统治"模型对立起来的普遍趋势，也属于相同的传统。如果只是在有限的范围内，寡头统治和阶层统治符合制度类型的"强"与"弱"(因为寡头统治和阶层统治依据集权/分权轴可以区分为强制度与弱制度)。[3]

我们的分析基于两个假设：第一，组织的诞生与巩固极大地影响它之后的组织"形态"。政党分析(以及可能的一般意义上的组织分析)必须回到政党的形成阶段，并重点介绍其历史维度。

第二，在政党的起源模式、制度化阶段的情形，以及环境特征三者之间的互动，比传统文献提供的那些解释更好。比如，这样的分析超越了迪韦尔热的传统分类(内生型政党和外生型政党，直接形成的政党和间接形成的政党，等)，它更为广泛，把不同政党集合在一起。它也有助于消除许多常识性的误解，最显著的是，社会学偏见(即政党是根据其社会基础的成分与利益组织起来的观念)以及目的论偏见[即政党是根据其世界观

(Weltanschauung)、其政治目标等被组织起来的观念]。它解释了为什么,所有的克里斯玛型政党都有特定的共同特征,不管它们的"意识形态"或"社会基础"(丧失社会地位的小资产阶级、边缘团体或多阶级运动等)为何。事实就是,具有相似意识形态目标与社会基础的政党(比如,社会党)也可以彼此差异很大,正如同具有不同意识形态目标与社会基础的政党也可以显示相似的特点。这并非消除政党的意识形态目标或社会基础的重要性,而是约束它们的作用。

# 政党的组织演化

我们检视广泛介绍的组织情境下的代表性案例,很明显还不够透彻。相比于我们这里提供的,每个案例还需要深入研究。而且案例都以"便利为由"被筛选出来(比如,数据的相对可用性、关于不同案例的好的历史专著等)。事实上,它们是否具有代表性,依然不得而知。其他案例可能与组织演化有关,但与我们的主题自相矛盾。[4]这里作出的归纳仅适用于这里考虑的案例;甚至于仅适用于具有相似政治背景与起源特征的政党。然而,我们已经有了一组可观的案例,而且我们可以更仔细地对它们与第一章描述的组织演化的理想类型进行比较。因而,政党组织形式的多变性与复杂性也将变得更为明显。同理想类型的比较考虑到了一个更精确的理念,即每个案例偏离理想类型或达不到理想类型的不同方式。

让我们总结一下理想类型的突出特征。从起源阶段到组织成熟的制度化之路中,我们看到了如下的过渡:(1)从一个团结体系走向一个利益体系,即从创造一个以实现其参与者目标的组织(根据理性模型)过渡到一个保证其本身的生存、调节多重目标和需求的组织(根据自然体系模型)。(2)从意识形态明显的阶段过渡到组织的意识形态隐匿的阶段。伴随这一转型的还包括激励体系的同步改变:从集体性激励为主到以定期酬劳的形式对官僚集团进行的物质性—选择性激励为主。这就导致了从"社会运动"型参与到专业化参与的过渡。(3)从全面控制环境的策略过渡到谨慎周全的适应环境策略。(4)从领袖们的行动自由最大化阶段(在界定目标阶段、选择社会基础的阶段，以及更为一般地，在组织形成阶段）过渡到他们的选择与机动性的自由受到最大限制的阶段。

至少这里检视的案例中有一个几乎完美地符合了这一理想类型：德国社会民主党。这并非巧合，因为我们用了米歇尔斯的理论界定该理想类型，这一理论详细地分析了德国社会民主党的组织演化。另一个接近这一理想类型的案例是英国保守党，然而，英国保守党轻微偏离了这一模型，因为它并非简单地从社会—运动型参与走向官僚—专业型参与。沿着这一路径，由于政党的原初特征，从一开始就有许多显要人物的"公民参与"（该模型未能预测到）。组织总是会官僚化，专业化的参与也是主要的，尽管随着英国保守党中央办公室权力的扩张，该参与还未成为支配因素。虽然官僚化迟早会导致显贵的重要性下降（比如，各地方协会不再是他们的个人采邑），议会精英不断地从"有教养的"专家中，而非从政党的政治专家中招募有威望的人。

意大利共产党和法国共产党在许多方面都接近理想类型，但是由于其包含了一个外部发起组织的特殊起源模式，它们偏离了该模式。发起组织也可以在一国之外，俄罗斯共产党推动了这些政党的高度制度化。政党的忠诚依然是间接地，首先是对苏维埃共产党、对列宁、对斯大林。结果，各共产党是作为外生合法性政党形成的，并保留了这种外生合法性。它们的强制度化（以及随之而来的独立于该国的政治体系）可以由如下事实予以解释：普通党员与外部组织之间的关系是通过政党（及其领导层）为调节的。从显性意识形态到隐形意识形态的这种"正常的"过渡并没有发生在意大利共产党和法国共产党，而且它们保留着许多的团结体系特征（尽管它们也官僚化了，并且出现了利益体系的许多特征）。[5]意识形态依然很明显，因为意识形态的操纵与持续强调国际共产主义运动的目标，保证了外部组织对党的控制。即使在制度化之后维持了相对较高程度的参与（就像在社会运动中发现的那样），以及党官僚直到最近都在得到的认同激励（专业革命者的神秘性）、选择性—物质激励与地位激励这一事实，都意味着，最早的团结体系依然未受损害。相当大的权威移转——如同当前的意大利共产党那样——从外部组织转移到了党（尽管不完全是由于存在着亲苏的积极分子的强大阵容），产生了一个不能为理想类型解释的现象：至少随着领导层初期的派系化以及参与程度的降低，政党在一定程度上去制度化了。对组织造成的后果——为这一模型预测到了——在于组织的意识形态变得更为隐匿（减少集体性认同激励的作用），以及庇护激励变得更为重要。各级组织的国会议员们以及当选的代表们（大城市市长等）也为操纵留下了更大空间。其他对理想类型的悖离也可以在工人国际法国支部和意大利社会党的某些相似的情况中发现，那里存在着一个坚固的政治显贵结构，而且官僚化的缺失产生了这样一个情势，恩荫式（clientelary）激励，以及一般来说，重要职位的任命权从一开始就获得了重要作用。而且，即使在形成阶段，这些组织也无法显示出扩张的趋势（相对于提到这点的案例而言）。

组织停滞及环境适应策略发生于制度化之前（而非理想类型假定的，发生在制度化之后）。在应付弱组织时，那些"创建者们"［如墨索里尼、1912年之后的多数派成员（Maximalist）、1949年之后意大利社会党的莫兰迪，以及1920年之后的保罗·富尔］总是比后继者们拥有难以比拟的机动自由。当然，之所以这样是因为弱组织比强组织少了更多"繁文缛节"，并且组织的博弈规则也更容易被修正。

意大利社会党也与理想类型背道而驰，由于它与工党以及意大利天主教民主党等外生合法性政党相类似，它们边界模糊、为外部组织渗透，而且高度依赖外部组织。就外生合法性的组织来说——英国工党与意大利天主教民主党——制度化意味着从团结体系到利益体系的过渡，以及从外部组织的"解放"（就像其他共产党的情况那样）。这种解放不只有一种方式，而且也可能突然中断。工党只是部分地解放了自己。1918年改革（潜在的解放时机）设立了不可逾越的界线：介绍党员与直接入会，也只让组织得到了少量的"直接"忠诚。组织对各工会的依附不容更改，它从未获得过真正的自主。在某个方面，工党类似于克里斯玛型政党，不过克里斯玛的客观化给中断了，置组织于某种无人问津之地。工党在20世纪60年代遭遇的直系党员（direct members）的丧失、去官僚化（即减少官僚的数量）[6]以及由它们导致的组织停滞都意味着，政党无法形成组织自我维持的自主机制。

另一方面，意大利天主教民主党，通过在范范尼时期进行的制度化，尤其是通过"垄断国家"，把自己更为彻底地从外部组织中（教会）解放出来。意大利天主教民主党从一开始就是一个复杂的组织：一个受外部直接领导的组织——为传统显贵们控制——结合了依靠外部组织信任的团结体系特征，以及利益体系特征。

而且，随着制度化的进行，意大利天主教民主党也逐渐偏离了该理想类型。由天主教人员进行的社会运动型参与弱化了，而专业化的参与（这里已经有了隐匿的专业化的特征）[7]和显贵们的公民参与上升了。制度化是由于（部分也是因为制度化引起的）分裂的统治精英的内部竞争，在这之后意大利天主教民主党实行了一项更大的控制环境战略。

基民盟也偏离了该模式：它出生于具有强利益体系的派别，制度化被延缓了很长时间，而且在制度化之前它也实行了组织停滞战略（如同意大利社会党和工人国际法国支部）与适应环境战略。在 1969 年成为反对党之后发生的组织巩固，与团结体系特点的获得相一致（该模式未曾预见的）。并伴随以社会运动型参与的渐增与公民参与的降低，以及同步进行的官僚化。

新共和联盟的情形也非常特殊：（1）因为戴高乐主义（Gaullism，类似于所有的基督教教义）太过模糊，不能被视为党的宣言（意识形态也不如戴高乐那么重要，因为戴高乐本人是象征性认同的中心）；（2）因为随着制度化的进行，政党也官僚化了（像模型预测的那样），但也"传统化"了，即形成了显贵网络，显贵们的权威依赖于对传统的维持（奠基者的教义）；（3）因为新共和联盟只有在制度化完成之后才趋于扩展（即在 1967 年里尔党代会之后），当时它已经成为了一个利益体系。

很明显，相较于组织演进的理想类型，我们将会发现各种各样的偏离的情况：这一理想类型事实上无法考虑到不同的起源模式，以及环境对政党发展的影响。分析这些因素也让我们获得了一个关于政党发展的更全面的画面，而且理想类型也帮助我们突出这些可能性。[8]


# 主导联盟的形态：团结与稳定

像我们已知的那样，制度化影响主导联盟的团结程度。强组织有团结的主导联盟（具有弱组织化的集团/派别），而弱组织有分裂的主导联盟

（高度组织化的集团、全国化的派系或者次级联盟）。然而，团结程度，只是界定某个政党主导联盟形态的众多因素之一。其他因素是稳定程度，以及组织权力图，我们现在将要讨论它们。

团结/分裂程度指的是对不确定区域的集中控制/分散控制，以及对激励分配的集中控制/分散控制；因而，它也指纵向的权力分配（领袖—追随者交换）。另一方面，稳定/不稳定指的是，（精英之间）横向的权力博弈方式。更具体地，它指的是，在关系党内有影响力的领域内，这些精英做出持久妥协的能力。自然地，主导联盟的团结程度与其稳定程度之间会有一种关系，因为一个强制度化政党，其团结的主导联盟也是稳定的。这样一个强大的"中央"，通过在必要时增补其内部成员的方式，以及通过使反对派派别（在其左翼或右翼）边缘化的方式，保证了它的稳定。

相反，在弱制度化政党的情形中，组织主导联盟的形态各异，可能与稳定/不稳定的不同程度相关联。下面两个例子：（1）尽管制度化弱，或者甚至制度化缺失，主导联盟围绕一个强中央旋转；（2）没有强中央的主导联盟。

第一类最适合克里斯玛型政党。强中央（克里斯玛型领袖们）保证了这类政党主导联盟的稳定，它们将不同的次级集团统一起来，并迫使它们彼此妥协。外生合法性政党，如工党、在德·加斯贝利时期的意大利天主教民主党，以及一定程度上在图雷尼时期的意大利社会党，也适合这一类型，不过原因各异：这类政党的中央很强，并非是因为它们控制了不确定区域，而是因为控制这些政党的外部组织的支持。即使在这里，弱制度化也可以与（相对）稳定相关联。

如果强中央控制不确定区域，或如果强中央没有外部垄断组织的支持，分裂的主导联盟将很可能是不稳定的。然而，主导联盟内强中央的缺失，可以部分地由其他可降低潜在不稳定的因素予以弥补，特别是：

（1）与非常有名望的全国领袖（比如，工人国际法国支部的饶勒斯与布卢姆）关联的一个强中阶结构的存在，以及支持稳定且有利于这个全国领袖卓越超群的外部宪政秩序；或者这两个因素的某种结合（比如，阿登纳时期的基民盟）。[9]在这些情形下，通过全国领袖和中阶领袖们的某项协议与他们各自的影响力范围之划分（division），主导联盟会表现稳定。各派系主要是次级联盟（组织强大的诸集团，但只有地区基础而缺乏全国根基),而且全国领袖与地区领袖之间的妥协(相对来说)易于达成。

(2)支持政党稳定,以及在执政党情况下领袖卓越超群的某种制度秩序。强行政趋于让执政党的主导联盟相对稳定,不管该执政党党内集团的组织水平如何。在选择总理时,为反对其他派系而结盟的派系创立的主导联盟,直到下一场继承危机时才会再次合作。[10]

我们可通过图表区分三种情形,如图 9.1 所示。

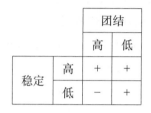

**图 9.1**

因而,我们就有了三种不同的可能性:

(1)团结—稳定的主导联盟;

(2)分裂—稳定的主导联盟;

(3)分裂—不稳定的主导联盟。

很明显,我们讨论的是三种纯粹假设的结构(configuration)。主导联盟绝不仅仅是团结或分裂,也不仅仅是稳定或不稳定,但多多少少是团结的或者分裂的,或者说多多少少是稳定的或者不稳定的。经验分析必须考虑的事实是,不同的团结程度与不同的稳定程度有联系,以及许多(但非无限)真正可能性的存在。政党起作用的不同方式符合这三种可能性。

而且,不同类型的主导联盟,与组织—环境诸关系的重大差异以及成员的参与/动员程度的重大差异有关系。第一类(团结—稳定联盟)一般会同之于环境的进攻性的组织战略有联系,以及同强大且持续的成员动员有联系。第二类(分裂—稳定联盟)总是与适应性的/防御性的环境战略有联系,该战略的目的是阻止扩张或让扩张完全停止,并置内部参与的低水平于不顾。第三类(分裂—不稳定联盟)指向了一种组织,其组织扩张与组织巩固的驱动力,更多是由于内部集团的竞争战略而非审慎的中心战略。这类联盟的特点是:根据政治运动,更迭于动员和不动员(immobility)之间的周期性参与。

表 9.1　主导联盟的类型

| | 团结—稳定 | 分裂—稳定 | 分裂—不稳定 |
|---|---|---|---|
| 战略 | 扩张/主导 | 停滞/适应 | 扩张/主导 |
| 参与 | 高的 | 低的 | 变化的 |

在第一种情形下,主导联盟的团结稳定保证了整个组织的团结稳定。因而,主导联盟可以实行审慎的扩张政策,比如,扩大成员基础又不会牺牲新来者的社会化。既然在全国性精英的分裂中假定的异议人士缺乏固定的参照点,成员招募的向心性特征将表达(voice)的风险,即组织化抗议的风险,估到了最低。因而,尽管有扩张,或持续审慎的扩张的努力(至少在特定的范围内),但内部团结可以被维持。[11]参与水平趋于更高。对积极分子强大持续的动员不会危及组织的稳定,因为也不存在利用动员使内部权力关系不稳定的派系。

主导联盟的团结与稳定使得,组织扩张与强动员不会"自食其果"＊到危及政党的稳定。相反,鼓励党内参与的扩张政策,实际上对稳定来说是好事:领袖们也可以把扩张作为他们的政治策略有效性的"证据"。[12]

在第二种情形下,主导联盟内稳定与分裂相结合,强化了组织的停滞状态,并阻止了其扩张。主导联盟的分裂让妥协很脆弱:即使轻微的干扰就能改变权力关系,并让外来者接近权力。因而,稳定是基于主导联盟心照不宣的、中止政党扩张的选择。结盟各方尊重这种妥协,这避免了垄断环境的帝国主义战略,也避免了作茧自缚。虽然团结—稳定的主导联盟以扩张来保证它的稳定;分裂—稳定的主导联盟也通过适应环境、认可组织停滞来保证其稳定(表现为不愿扩大其成员基础以及积极分子的老去)。工人国际法国支部、在图拉蒂治下的意大利社会党、在"中—左"时期的意大利社会党,以及阿登纳治下的基民盟符合后者的描述。由于领袖们选择了不进行动员以避免失去对党的控制的风险,由这种选择导致的低水平参与与组织的停滞有关。

第三种情形说明了"派系各为其主"(every faction for itself)这种情况。在这种情况下,派系之间的妥协是相当靠不住的:既然长期协议无法达成,

---

　　＊ boomerang-effects,澳大利亚原住民用曲形竖木制成的能飞回的飞镖。——译者注

每个派系都通过扩张来加强其权力。这种结果就是扩张主义的组织战略,这并不是稳定和团结的成果,而是极度的不稳与分裂(如,在某些阶段的意大利天主教民主党)。当不同派系之间来一次摊牌时,党内参与趋于增长(比如,在党代会选举以及大选中):只有在这一时刻,某个派系才会动员它的全部追随者。随后参与趋于下降,而且在两次选举期间处于最低点。

在极其简化的术语中,[13]可以用传统的权力理论概念来描述三类主导联盟为:寡头统治(oligarchy)、独裁统治(monocracy)、多头统治(polyarchy)。寡头统治,根据最近一些学者的定义:"是一种控制形式,其中一个小联盟趋于对一个集团的集体决策行使不对称的影响力。领袖们的权力不完全是一模一样的,但一些重大区别,根据定义来看,无法分裂寡头集团统治成员(oligarchs)。"[14]

另一方面,独裁统治是一种控制形式,其特点是一个人对集团的决定有占优势的影响力。整个组织倾向于把组织本身与这个人等同。他,当然需要其他有地位的领袖们的支持,但是这些领袖对他的依赖甚于他对这些领袖的依赖。[15]

最后,多头统治的特征是,存在着两个或多个组织化的集团,它们当中没有哪个集团能够单独垄断对组织的控制。[16]

将这些概念与我们的类型学关联起来,我们就会发现,团结—稳定的联盟总是寡头统治或独裁统治。分裂—稳定的联盟或分裂—不稳定的联盟总是多头统治。引入制度化这个标准后,我们导出了如下结论:(1)寡头统治总是与强制度化相联系——如意大利共产党、法国共产党和德国社会民主党;(2)独裁统治或者导致强制度化——像在保守党、密特朗(Mitterrand)治下的法国社会党,雅克·希拉克治下的保卫共和联盟(RPR)那样,等等——或者导致制度化的缺失,如克里斯玛型政党那样;(3)多头统治总是与弱制度化相关联,我们用表9.2说明了这些相关性。

表9.2 组织类型及其相关性

| | 主导联盟 | 制度化 |
|---|---|---|
| 寡头统治 | 团结—稳定 | 强 |
| 独裁统治 | 团结—稳定 | 强或缺失 |
| 多头统治 | 分裂—稳定或分裂—不稳定 | 弱 |

最复杂的情况是多头统治。这种组织类型需要分解为子类型(sub—types)。对我们而言,在由次级联盟组成的多头统治与由全国性的派系组成的多头统治之间作出区分是必要的。在第一种情形下,多头统治,乍看之下,似乎是独裁统治:主导联盟在事实上由一个非常受尊敬的、处于中心的、因而要公开露面的领袖,再加上次级联盟的外围的领袖们所组建(如,在阿登纳治下的基民盟,饶勒斯治下的工人国际法国支部以及摩勒治下的工人国际法国支部)。在第二种情形下,主导联盟是许多派系的结盟,这些派系的领袖们(即派系头子)都备受瞩目。多头统治还可以根据派系的数量、它们的相对权力等进一步细分。然而,这种方法不会告知我们太多关于主导联盟稳定与否的特征。主导联盟的稳定性太过依赖环境要素了(比如,政体的制度化特征,环境挑战的类型与强度,等),以至于在检视稳定或不稳定的原因时,我们不能不考虑这些要素。

# 主导联盟的形态:组织权力图(1)

在初略画出某个政党的主导联盟的形态(因而区分政党的不同类型)时,需要考虑的第三个、也是最后一个因素是,我称之为组织权力图,即党的各机关之间的各种关系结构(configuration)。组织真实的(非形式上的)组织结构图(organogram)必须被理解为:主导联盟控制组织取决于对哪些职务的控制? 两个因素促成了组织权力图:

(1) 组织不同职位之间的关系(控制/依附);

(2) 组织与其他的组织中心和/或其他的制度中心的关系。

让我们考虑第一点。迪韦尔热预测,权力中心从议会党团向党内领袖们的移转将发生在大多数政党内,这一预测只在部分政党成立。我所检视的案例,表明了权力中心移转的可能性更为广泛。就像迪韦尔热自己观察到的那样,[17]存在三种理论的可能性:为党内领袖们控制、为议会议员们控制、或者两者之间的不稳定平衡。在高度制度化的政党内,前两种都有可能:党内领袖占优(像德国基督教民主联盟、法国共产党和意大利共产党)和议会议员占优(像各保守党)。因而,当党内领袖居优或者议会议员居优时,主导联盟将是团结—稳定的。

弱制度化总是,或者与议会的优势相关(如,工党以及图拉蒂治下的意大利社会党),或者与党内领袖们同议员优势的某种不稳定结合相关(如,工人国际法国支部)。议会党团的权力取决于如下事实:一个强大的中央官僚机构的缺失;因而议会党团支配了自主资源,并用这些资源来控制政党。在某些情形下,比如,在工人国际法国支部和德国基督教民主联盟内,一个很强的中阶结构(政党诸联合会)减缓了该趋势。在其他情况下——如在后范范尼时期的意大利天主教民主党——党内领袖们(在这一案例中是全国性的领袖们)和国会议员们相持不下。

这些因素证明了,党内(全国性的)领袖们与议会党团之间的关系只是重要因素之一,第二个重要因素是地方结构(configuration)和中阶结构。问题在于中阶结构的强弱。如果它很强,像在工人国际法国支部和德国基督教民主联盟那样,中阶的领袖们可以平衡议会党团的权力;如果它很弱,由于缺乏制度性的平衡力,议会党团(比如,1895—1912年期间的意大利社会党)就占了上风。

组织各职位间的关系为什么应当被视为主导联盟形态的一个组成部分呢? 在不同职位之间不同的控制/依附关系,以及在各种次级单元之间不同的控制/依附关系为什么会在横向和纵向的权力交换中产生形态的差异。主导联盟是团结和/或稳定的、还是分裂和/或不稳定的,确认这一点对于区分政党的组织次序还不够;人们也必须要知晓,主导联盟的权力是通过哪些党内的组织关系行使的。

组织权力图能顺应不同的面相;图9.2描绘了五种最为常见的组织结构图。

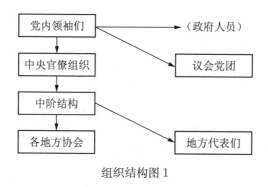

组织结构图1

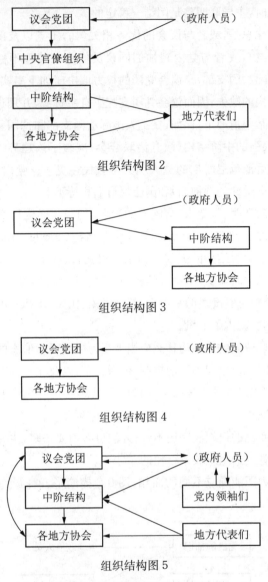

组织结构图 2

组织结构图 3

组织结构图 4

组织结构图 5

**图 9.2　组织结构图种类**

说明:箭头意味着组织不同层级内控制/依附的关系方向。为了便于更好地看清图标,没有提供从依附层到控制层的反作用过程的指示。这样的过程在现实中总是存在的,它取决于不平衡交换的本质,而非取决于组织权力的支配。

组织结构图 1 和图 2 符合高度制度化政党的组织权力图。组织结构图 1，我指的是德国社会民主党（帝国时期的）、意大利共产党（一直到前几年前）以及法国共产党。组织结构图 2，我指的是保守党，在某种程度上也指新共和联盟（UNR）。这两个结构图都包括了权力的高度集中（团结—稳定联盟），但在第一个结构图中，党内领袖们的控制是第一位的，而在第二个结构图中，议会议员们的控制是第一位的；因而，第一种情况保证了精英的纵向整合，而这在第二种情况则不存在。如果权力掌握在党内领袖的手中，我们会发现常见的职业类型（即，从较低阶进入，缓慢升迁）。如果权力掌握在议会党团手中，这种可能性就被排除了（直接进入高阶）。尽管这两种组织结构图都包括了强制度，但组织结构图 1 的制度化更高。

组织结构图 3、4 和 5 是弱制度化政党的组织权力图。组织结构图 3 符合了议会党团与中阶领袖们几乎均等共享权力、且各地方协会被后者控制（如，基督教民主联盟和工人国际法国支部）的政党。在组织结构图 4 中，议员们和各基础（地方）结构间的组织区分很弱，或不存在。议员们直接控制了各基础协会，并且把它们组织为自己的私人封地（比如，在图拉蒂时期的意大利社会党）。

组织结构图 5 指党内权力结构高度碎片化的政党。它十分符合艾尔德斯维尔德（Eldersveld）的"阶层统治"模型，在组织不同层级的不同"阶层"（strata）控制了重要的资源，无论是在同一级还是在不同级，集团之间都存在着竞争[18]（如，意大利天主教民主党在其历史上的许多阶段中）。

不同的组织权力图与不同的主导联盟形态相联系。组织结构图 1 和 2 意味着团结—稳定的联盟（寡头统治或独裁统治）。由于组织不同级和组织内各部门相持不下，组织结构图 5 总是与分裂—不稳定的联盟相关。与组织结构图 3 和 4 相符的主导联盟是，尽管分裂，却依各政党活动的制度环境而展示出不同程度的稳定。在图拉蒂治下的意大利社会党，由于各工会的支持而具有了相对稳定的主导联盟（组织结构图 4）。在基督教民主联盟，稳定取决于制度的优势，以及由此导致的、在德意志联邦共和国的政体下为阿登纳控制的行政机构的稳定（组织结构图 5）。

这些观察，再加之上述组织结构图无一能充分地描述工党的结构这一事实，证明了，某个政党的组织图不能局限于不同的组织职位之间的控制—依附关系。它也必须考虑组织之间的诸关系。

# 主导联盟的形态:组织权力图(2)

截止到目前,在描绘主导联盟的形态时,我们所检视的因素并非总会满足需要。在某些情形下,从形式上看外于政党的各集团或组织领袖们,在组织内起到了指向作用。在单独检视不同组织的次级单元时我们并没有考虑这些集团和组织领袖们。因而,我们必须分离出政党与外部组织之间——如果有关系(connections)且当这些关系存在时——的关联及这些关联的本质。从这个角度看,有必要作一个专门的评论。

两个组织的合作关系(像人们之间的权力关系)总是意味着它们之间物质资源和/或象征性资源的一种交换关系。[19]组织 X 与组织 Y 的协作是基于彼此需要对方的资源而自己又无法独自取得这些资源(不存在诉诸组织之间的交换)。工会与政党通过交换资源而合作:比如,政党,给了工会政治合法性,以此交换工会在支持政党活动中的动员资源。如果政党需要利益集团的资金资源,并且如果利益集团需要政党支持以获得有利的立法议案时,利益集团与政党就会合作。每个政党,在不同程度上,与许多的集团、协会以及组织有关系。这些关系会呈现三种形式:

(1) 政党控制了组织。在这种情况下,政党和组织之间存在着一种不平等的交换关系。资源的某种交换会有,但交换是倾向某一方的。政党所得大于外部组织所得,而且,像一种典型的帝国主义关系,不平等的交换总是强化了组织对政党的依赖。这种情况的极致就是等级同盟(hierarchical association)。[20]外部组织过于弱小,它没有资源同政党交换:物质资源和/或人力资源从政党流向外部组织以让它能存活。党可以没有外部组织,而外部组织不能没有党。等级同盟就类似于这样一种情况:经济上的强权通过无偿援助支持一个弱小的、但战略上重要的国家。不平等交换和等级同盟之间的区别在于,后者并不意味着两种组织之间的张力与冲突;然而前者却意味着两种组织间的张力和冲突,因而代表了一种潜在的不稳定关系。

不平等的交换关系,是最初偏袒政党的情形的后果,而且它增加了这种情形,趋于将组织对政党的依赖固化。组织领袖们依赖于同政党交换中获得的资源,以维持组织的稳定,但政党却不像组织那样,依赖从外部组织获得的资源。在这种情况下,组织的领袖们不应当被视为政党主导联盟的一部分。

(2) 第二种可能性是"平等交换":政党领袖们获得的益处同外部组织领袖们获得的益处同样重要。这里,政党和外部组织之间有一种"同等尊贵"(equal dignity)的关系。当组织间的平等交换更多的是制度化的、而非偶尔为之时,每组领袖需要其他组的资源,以维护自己的组织稳定。在这种情况下,组织的领袖们,形式上看外于政党,却应当被视为政党主导联盟的组成部分;而且政党领袖们很自然地参与到了外部组织的主导联盟(比如,德国社会民主党 1950 年之后的工会—政党关系,以及在较小程度上,图拉蒂时期的意大利社会党)。

某些政党同利益集团的关系,如果是制度化的,非常类似于党与工会的关系。

(3) 第三种情况是"不平等交换"(或者甚而是等级同盟),不过这时是偏袒组织而非政党。这适应于所有外生合法性政党。发起组织的领袖们是政党主导联盟必不可少的一部分(比如,教会统治集团在宗教型政党选择议会候选人中的作用),但是,与第二种情形相反,他们不仅仅是主导联盟的一个组成部分;相反,他们是中心。

政党与外部组织的关系当然会演化和变迁。比如,德国社会民主党—工会之关系的变化,从 19 世纪 90 年代早期的等级同盟(即,工会很弱,依附于党)到不平等交换(因为工会的地位加强了),再最后转变到平等交换(1905 年之后)。从 20 世纪 50 年代早期到 70 年代中期(即使交换从来没有平等过),意大利劳工总联合会—意大利共产党(CGIL—PCI)关系的特征是典型的抛物线(之后因为意大利劳工总联合会开始削弱,不平等的交换关系重新出现)。

在这种分析的基础上,我们可以系统阐述三个一般命题(propositions)。

高度制度化的政党与外部组织的关系包括了形式 1 或形式 2,根据定义,形式 3 被排除的原因在于,它意味着依附环境(更一般地,依附另一个组织)的程度与强制度化不相一致。这里合乎标准能排除的是各共产党—苏联共产党(PCUS)关系。

　　弱制度化的政党趋于同形式 2 和形式 3 发生关系。形式 1 被排除在外的原因在于政党必须控制它的环境(特别是,另一个组织);由定义来看这同弱制度化不相容。

　　不管制度化程度如何,执政党最有可能形成形式 2 的组织间关系(即包括了平等交换);如果这些执政党是弱制度化的,形式 3 的组织间关系也最有可能(即,偏袒外部组织的不平等交换)。这是因为,利益集团趋于聚集在执政党周围,并密切它们与政党内部次级集团的纽带;而且主导联盟的不同组成部分可以轻易增强与国家机关不同部门稳定的组织纽带。这取决于在执政党中"边界雇员"(boundary personnel)激增的事实:即,在政党与外部组织之间扮演调解作用的政治家。这就解释了为什么,总是发展成强制度的各反对党,在它们从反对位置进入政府内时,至少在一定程度上,会去制度化(de-institutionalize)。

# 结　　论

　　主导联盟的团结程度和稳定程度,以及组织权力图,产生了对政党主导联盟的一种分类法(taxonomy),也产生了对政党本身的一种分类法。并不是每类组织结构图(1、2、3、4、5)都同时存在一类政党—外部组织关系(形式 1、形式 2 和形式 3)。它也不会同时存在主导联盟的团结/分裂程度或稳定/不稳定程度。表 9.3 说明了不同因素之间的可能的关系。可能性是多样的,创建的分类法能作为涵盖所有可能组合的、一种更为复杂的类型学的开始。

　　不同因素趋于彼此强化。比如,一个团结—稳定的主导联盟与形式 1 和/或形式 2 的组织间关系,符合了组织结构图 1 和 2。主导联盟的团结/稳定保护了现存的权力图:组织结构图维持不变,形式 3 的组织间关系被排除了。比如,组织结构图 5,总是与分裂—不稳定的主导联盟相关联(因为这种图谱包含了权力的碎片化)。具有一个分裂—不稳定的主导联盟的政党可能变迁——比如,联盟,尽管维持分裂,也可能变得更为稳定,因而更改了它的权力图（从组织结构图 5 移到图 3 或图 4）。这里引入了影响组织变迁的因素问题，我将在下面几章探讨。团结程度和稳定程度的改变总是可能的，但总是意味着组织权力图的改变（无论是关于组织结构图或者关于组织间关系）。主导联盟变化了，并进而把政党给转型了。这些变化绝不可与更一般的组织次序的变化分开。

**表 9.3 组织结构与制度化、主导联盟的关系**

| 制度化 | 组织权力图 | 主导联盟 |
| --- | --- | --- |
| 强 | 组织结构图 1 | 团结—稳定（寡头统治） |
| | 组织间关系形式 1/2[a] | |
| 强 | 组织结构图 2 | 团结—稳定（独裁统治） |
| | 组织结构图 3 | 分裂—稳定（多头统治） |
| 弱 | 组织间关系形式 2/3 | |
| | 组织结构图 4 | 分裂—不稳定（多头统治） |
| 弱 | 组织结构图 5 | 分裂—不稳定（多头统治） |
| | 组织间关系形式 2/3 | |

注：在前斯大林时代和斯大林时代的共产党与共产国际（Comintern）（形式 3）的关系是一个例外。

## 注 释

1. Poggi，ed.，*L'organizzazione partitica del PCI e della DC*.

2. Eldersveld，Political Parties.

3. 我们也不应当忘记其他类似的努力。比如，迪韦尔热在《政党》中"强连接"政党与"弱连接"政党的区分；克罗蒂（Crotty）的"科层作用"（hierarchical role）的政党与"弥散作用"（diffused role）的政党的区分［《政党的比较分析视角》（*A Perspective for the Comparative Analysis of Political Parties*）］。也可参见 T.伯恩斯（T.Burns）和 G.M.斯托克（G.M.Stalker）使用的"机械连带"和"有机连带"模型，*The Management of Innovation*，London，Tavistock，1961；或者甚至是冯·多伦（Van Doorn）使用的"宗派"和"结盟"的区分，*Conflict in Formal Organizations*。

4. 这对某些政党而言可能如此——首先代表种族或语言少数派的区域政党，或者斯堪的纳维亚由农民组成的政党，它们代表了小的斯堪的纳维亚民主国家的历史发展中的特殊政治现象——更别提在这里的研究了。

5. M.Barbagli，P.G.Gorbetta，"*Una tattica e due strategie. Inchiesta sulla base del PCT*，" *Il Mulino*，XXVII（1978），pp.922—967.

6. 参见罗斯（Rose）的数据，*The Problem of Party Government*，pp.165ff.

7. 关于隐匿专业化，参见第十二章。

8. 大量案例的优点在于，它们增加了其他（未考虑过的）案例与检视过得某个案例相类似的可能性,并且仍有其他案例可能是已经描述过的案例之诸多特征的一些综合,可以更直接地解释它们的组织"逻辑"。

9. 有人可能反对,像饶勒斯、布鲁姆或阿登纳这样的领袖们都是强"中心","制度性克里斯玛"准确来说是这一情境的反应和/或原因。然而,并非如此:饶勒斯、布鲁姆或阿登纳与其他较不太明显的领袖们分割了对不确定区域的控制。他们毫无疑问是大部分政党选民的忠诚的集合体,但组织的所有部门逃脱了他们的控制。一个真正的"中央"必须控制或基本控制组织不确定的所有主要区域。

10. 对日本自由民主党的大部分历史来看,确实如此。

11. 关于组织门槛的问题,参见第十章。

12. 如我们反而看到的那样,考虑到我们对此类政党起作用的知识准备,克里斯玛型政党(在制度化缺失条件下主导联盟的团结)能以不同的、完全无法理解的方式行事。在某些情形下,它们将会扩张,并将维持高水平的党内参与(就像纳粹那样)。然而在其他政党中,领袖们害怕克里斯玛不成熟的客观化有可能阻止他行使扩张政策(就像戴高乐主义的案例中一样)。后一种情形更加可能,尤其是在民主的克里斯玛型政党,在这类政党内存在正式的纽带以尊重党内的民主—选举程序,而且党内竞争领导层的风险更大。

13. 这些概念趋于模糊作为权力关键维度的交换和议价。

14. W.R.Schonfeld, "La Stabilite des dirigeants des parties politiques: la theorie de l'oligarchie de Robert Michels," *Revue Française de Science Politique*, XXX(1980), p.858.

15. Ibid., p.858.

16. 参见 R.A.Dahl *Polyarchy. Participation and Opposition*, New Haven and London, Yale University Press, 1971。关于反对多头统治寡头统治的讨论,可参见 H.Eckstein, T.R.Gurr, *Patterns of Authority*, *A Structural Basis for Political Inquiry*, New York, Wiley and Sons, 1975, pp.121ff。

17. 迪韦尔热:《政党》,第182页之后。

18. "阶层统治的一般特征是,统治集团的倍增,特权(power prerogative)扩散和权力行使的扩散。不是说'统一指挥'的集中或者权力在结构内的基本稀释,'阶层指挥'的存在是在各种各样但相当程度的独立下活动。"Eldersveld, *Political Parties*, p.9.

19. 参见 White et al., *Exchange as a Conceptual Framework*。

20. A.Anfossi, "Le interazioni fra organizzazioni," *Studi Organizzativi*, XI (1979), pp.86ff.

第三部分

结构的不确定性

# 第十章

# 规模与组织复杂性

权力、冲突与组织内联盟的作用,比起所谓的技术因素——如,劳动分工、科层层级数、组织规模、与环境不同部分有关的内部专业化,等——这些为组织社会学传统上论述的因素,在解释组织的动力上更为重要。这是一种新的视角。在本项研究过程中,以及在检视一些政党的历史兴衰上所尝试的"试验"过程中确立的分析框架是这种视角的一部分。不管怎样,在优先分析组织的权力维度而非其他维度时,上述技术因素以及其他的技术因素不能被忽略。在第三部分,我们将检视,在政党组织的结构化过程中,上述部分因素的作用(或可能的作用)。

依据工业社会学(industrial sociology)中首先形成的科学化取向,组织规模、环境以及技术是影响组织动力最重要的因素,后来发现这一观点在其他的组织环境下同样适用:即所谓的权变理论(contingency theory)*,根据这一理论,组织的作用发挥,本质上是刚才提及的三个变量中的一个或几个的产物;因而,组织面相的变化取决于,在与环境的关系上、在技术状态上或在组织的规模上产生的偶然的变化。一些学者特别强调了技术的作用,[1]一些学者特别强调规模的作用,其他的学者则强调环境的作用。然而也有一些学者假设,在组织面相存在的这三个变量一起发挥作用。[2]对所有这些学者而言,这三个因素影响了组织的面相:官僚化的程度、劳动分工的广度、科层层级。

在权变理论的不同版本和流派中,该理论也受到了严厉的批评。有

---

* 权变理论认为,每个组织的内在要素和外在环境条件都各不相同,因而在管理活动中不存在适用于任何情景的原则和方法。——译者注

两个不同意见与我们特别有关。首先,批评决定论(技术决定论、环境决定论等),即批评的是这样的事实:该理论假设在因变量(组织的面相)和自变量(规模、技术、环境)之间存在严格的因果联系,没有为领袖们的"自由选择"留下任何空间;[3] 以及/或者没有在结构的不确定性与组织的面相——组织的"权力博弈"——之间的调解留下任何空间。[4]

第二个不同意见推翻了把组织视为是任由规模、技术和环境等权变变数(contingent variable)摆布的一种"被动对象"的定义;它把组织界定为,在特定情形下,可以操纵这些变数(根据权变理论,这些变数是被操纵的)的"积极主体"。组织也可以,比如,在特定情形下影响其环境,让环境适应自己,扩大或缩减组织规模,在各种可用的技术选项中挑选出一个最适合组织面相的选项。如果这些反对理由是正当的,权变理论仅仅处理了问题的一个方面:它帮助我们分离出了技术变迁、环境变迁和空间变迁对组织施加的各种压力,但是它不能帮我们规定组织的回应,即,它不会告诉我们哪些变化实际上是被制造的。

我们这里所做的努力是把一系列技术需要整合为一个框架,该框架强调了组织权力的问题;我们现在将考虑政党在技术需要和组织内的权力博弈之间的互动(及其后果)。

为什么引入这些议题?因为尽管许多的政党研究看起来无视组织研究中权变理论方法的存在及其适用性,然而也有许多假设(一般以模糊的观点为其形式)和大量的观察涉及了,比如,大、小政党之间的组织差异与行为差异(因而强调规模的重要性),政党体系、选举行为和阶级结构变化对政党的影响(因而强调环境及其变化的作用)。

在本章,我们将开始处理的问题是,组织规模对政党发挥作用的可能影响。在第十一章,我们将检视政党——环境关系的诸方面。在第十二章,我们将分析性地讨论政党官僚化的现象,试图在更一般的政治专业化问题内定位(situate)这一重要议题。

# 政 党 规 模

根据米歇尔斯的观点,政党的大小是解释寡头形成的主要自变量。

在他的视角中,组织的规模既直接地、又间接地影响了党内的权力关系。间接是因为组织的增长影响了领袖们的机动程度。

> 在理论上,领袖只是受其收到的命令约束的一名雇员。他必须执行某个人(the man)的命令,对这个人而言,领袖不过是执行机关。但实际上,当组织在规模上增长时,这一控制变成纯粹虚设。所有成员不得不放弃由他们控制甚至监督整个行政机关的想法,被迫把这些任务授予可信赖的、专为这一目的而设的人,即领薪官员。[5]

在超过特定的数量门槛后,[6]任何组织不可避免地屈从于少数人的控制。在米歇尔斯看来,这部分是由于大众心理学(大众"被操纵"),部分是由于纯粹的技术—组织因素:"定期召开的拥有一千名成员的协商会议面临的最大困难在于空间和距离;而从地形学的观点看,如果成员数有一万,这样的集会将完全不可能。"[7]这就解释了委托制的必要性,并且解释了,一段时间后民主的终结。但是组织的增长对于党内的权力分配也有间接影响,导致权力分配复杂性的增加:规模增长与内部劳动分工的增长(即功能专业化)、科层层级倍增以及官僚的发展相互关联。组织复杂性增加也会导致政策制定过程的集权,[8]米歇尔斯[9]坚称,寡头的形成基于大众心理学(即大众对领袖们的漠不关心和盲从)、领袖心理学(即个人保有权力的欲望)以及严格的技术—组织因素三个相互关联的原因。但在这里组织的规模明显十分突出,因为它作为主要的因果关系要素,其他的心理因素和技术—组织因素都源于此。[10]正如米歇尔斯告诉我们的,大型政党——那些组织起大量成员并且能控制他们的政党——设法把党内的复杂性和寡头权力结合了起来。米歇尔斯的理论,事实上,是单一因果的:规模增长(而非环境或某种特定的模式特征)被认为是一个政党进行每次变迁的原因。马克斯·韦伯对米歇尔斯的批评主要在于他不同意这一点。[11]不管怎样,当代一个重要的组织理论学派就是源于米歇尔斯关于组织规模的奠基之作。从那时起,许多的经验研究也为把规模作为组织内部次序主要自变量的组织理论铺路搭桥。[12]

规模通常是由成员数来测量。但就政党而言,这一标准不易适用,当提及选票数(如选举实力)和/或成员数时,通常说的是"很多"和"较少"。然而,这二者有很大的区别。许多政党党员不多而选票却很多,这样的例子有很多。在20世纪50年代,基民盟的党员数比德国社会民主党少,但选票比社会民主党多。因而我们必须证明,哪一种测量政党规模的方法之于政党的作用发挥更为适当。正如迪韦尔热证实的,这两个因素之间不存在意义明确的关系。[13]这两个因素都会影响组织;但这里我们需要区分这两种影响。选票数对组织有间接影响,影响组织与环境的关系[14](比如,决定它入阁的政策选项、对利益集团的吸引力等)。然而,如果我们关注规模对政党组织的直接影响,我们就必须用党员身份作为规模的指标,尽管这可能是相对适当的、很不精确的标准。比如,政党之间关于党员录用的标准差异巨大;因而,与那些人为地无限吸纳(inflate)成员数以迎合党内选举最后期限的政党相比,成员数对那些非常仔细甄别其成员的政党有完全不同的意义。虽然党员数对经验研究只有粗略的价值,[15]但这一标准(政党党员数)对于衡量组织规模是必不可少的。

# 规模作为自变量

尽管关于规模对政党的影响几乎没有过经验研究(有一个例外,后文会考虑),政党文献充斥着对它的观察。许多作者看起来感觉到了规模在与下述内容的关系中的重要性:(1)党内团结;(2)党员参与/动员;(3)官僚化。

## 党内团结

一般的观点主张,规模差异直接造成了行为差异。经典的宗派—教会(sect-church)的区分被用来证实,在党内团结的不同水平上,小型政治组织和大型政治组织的根本差异。根据这一观点,共有的政治价值和牢固的组织地位,在小的组织中更容易得到。

对政治宗派的研究提供了更多的例子,这些例子显示,严格的加入条件(即仔细挑选新成员)让那些小型且高度集中的集团在政治上很团结[16]。

一个类似的论证,视规模为影响团结的变量。[17]比如,基希海默尔(Kirchheimer)主张,政党领袖们主要的关切之一就是防止政党过度扩张,以使党内冲突最小化。[18]

这些学者将小规模与党内政治同质性一视同仁(并进而与执政集团的团结一视同仁),反之亦然。但是并非所有的小型组织都是宗派[如果我们承认冯·多伦(Von Doorn)对宗派的界定]。对于小型政党所知甚少意味着,党内团结水平是有差异的。[19]

另一方面,大型组织也并非都缺乏内部团结:意大利共产党和英国保守党都是非常团结的。小型组织也并不能保证内部团结(即不是充分条件),它也不是保证内部团结的必要条件。第二,没有分离出规模门槛(顾名思义,小型的、中等的和大型的),就无法知道规模对组织而言有多重要。我们所能说的就是,规模和政治同质性之间可能存在某种关系,影响内部的团结程度;比如,大型组织比小型组织更会出现代际分层(即就成员年龄、录用期限、政治社会化的类型等而言[20])。

然而,比真实的规模/团结的联系更重要的是如下事实:领袖们自己信奉这种联系,并根据这种关联去行动。某些主导联盟中止或阻碍成员发展的决策源于对下述情况的担忧:不断增加的政治异质性对可能会出现的不稳定的影响。

## 参与

自从米歇尔斯开始,人们普遍接受,组织的增长对内部参与/动员有抑制效果。即,部分成员的政治冷漠是大型组织的特征。与增长相伴的是劳动分工的增多、官僚化与中央集权化。这些转型被认为会导致参与下降。[21]

以这种方式把规模和参与联系起来,产生了两种主张:(1)小型组织比大型组织更易于"参与";(2)规模的变化会导致参与程度的反向变化。几乎没有论点支撑第一个主张。人们也可以坚信,参与者跟全体成员之比在不同规模的组织中保持不变(如果有变化,是因为其他的干预变量)。有研究反驳了第二种主张,比如,意大利共产党的党员数在20世纪50年代下降了,但参与也下降了。[22]

值得注意的是,在政党登记在册之党员的绝对数下降的同时,党员的积极性也同样下降了,而且经常会下降更多。意大利共产党的党内外资料表明,在20世纪60年代末期,分部会议的平均出席率大概达到全体党员的 10%，而 25% 就被认为是非常特殊了。[23]

参与水平，看似仅根据政党规模是无法解释的。奥尔森的理论[24]表明，在小集团内高参与度是可以维持的；该理论也坚称，只要大集团分配足够的选择性激励，它们的参与水平同样可以很高。因而小规模并非高参与度的必要条件。正如我们看到的那样，政党在其形成阶段倾向于动员其成员，但并非因为它是一个小组织。它这样做是因为它是实现其明显目标的一个"团结体系"。当政党制度化后（与规模无关），它就成为一个利益体系了；当官僚—专业化（即专业化的政治家）型的参与渐增后，党内的自愿性动员就衰落了。这就解释了为什么，就意大利共产党来说，规模下降与参与下降之间会有相关性。

## 官僚化

自米歇尔斯时代以来，规模、复杂性和官僚化均被视为成直接正比的共变（co-variant）因素，彼得·布劳（Peter Blau）是第一位质疑这一看法的学者。在其早期的一本著作中，他观察到，与民意相反，大的组织并非完全蒙受官僚主义的过度膨胀之苦。[25]组织生长增加了复杂性，以及劳动分工——既包括横向的分殊化（如，相同层级的公职数量），也包括纵向的分殊化（如官僚层级的数量）——它与行政的（官僚的）组成部分成负相关。在之后的研究中，[26]布劳指出了，规模之于官僚化存在自相矛盾的影响。规模在两个相反的方面影响着官僚化。一方面，规模增长扩大了其内部横向和纵向的分殊化，这有必要增加协调，从而导致了行政的扩张。另一方面，一旦过了某个特定门槛，增长使规模经济以及随后行政人员的减少成为可能。这两股力量的结果是，行政—官僚构成（component）在增长，但增速在下降。[27]

数据过于稀少，这妨碍了我们检验这一理论。缺少关于劳动分工（用真实的数据而不仅是官方数据）以及党官僚持续性的比较经验研究。少量有效的数据似乎支持布劳的理论。成员数显著持续的增加似乎需要更大的劳动分工（即，建立新职位，拆分之前的职位，更多的科层层级）和更多的官僚。然而，这只是在某一点上是有效的，过了这个点，规模增长完全不会影响复杂性或是官僚化。

很容易说明政党形成阶段的增长与复杂性的持续增加之间如何呈正

相关关系。比如,意大利共产党在 1944 年到 1950 年的快速扩张阶段,忙于引导、控制扩张,加速了复杂性的增加(就像产生的大量协调性部门显示的那样——工厂委员会、地方委员会、区域委员会和地区委员会)。它在第六次代表大会上(1948 年 1 月)批准了一系列相关主张:

> 比起先前的结构来说,一个更为复杂的、完全人为的结构开始出现,首先是根据性别和年龄(女孩、妇女和年轻人团体),在各专门集团里细分成员并形成了许多分部党小组(十个人一组),甚至是这一级的监督角色也进行了细分。[28]

显著的横向分殊化也会与复杂性的增加同时发生:地方的基本单元党小组的数量从 1945 年的 30 000 个增加到 1947 年的 50 000 个。[29]另举一个例子,阿根廷社会党在成员扩张上经历了同样的发展。[30]

规模最初与复杂性平行发生。然而,人们不应当混淆:发现一个因果关系与找到一种相关性。人们可认为,组织在形成阶段,其复杂性的渐增只在最小程度上归于规模;它更多的是,随着组织的登台亮相,组织需要引导、控制由"团结体系"带来的热情参与的影响。当然,在参与和成员之间有联系,至少在初创阶段如此。但是,根据这种假设,结构复杂化的真正原因到处都是。

即使增长是组织内部复杂化的主要原因,我们也不能具体证明米歇尔斯和布劳声称的二者之间的密切联系。我们还必须证明:(1)当规模缩减时,复杂性和/或者官僚化的程度同时减小;(2)大组织总是比小组织更复杂。为了回应第一点,我们可特别提到,意大利共产党在 1954 年至 1966 年间党员数大量下降(从 2 000 000 多到大约 1 500 000),而它的党内结构并没有同比例简化。[31]当一个政党失去许多党员时,会削减——关闭或重组各分部或各党小组——这产生了部分横向的重新趋同(去分殊化);然而,重新趋同还不够明显到让我们假定,在规模和复杂性之间存在一个清晰的因果关系。

至于第二点,即使只考虑官僚化的水平(比如,全职官僚的数额),政党之间的差异非常清楚,几乎不关乎规模。比如,在 20 世纪 50 年代英国保守党(有大约 2 500 000 名党员)的党官僚机构比法国共产党(有大约 300 000 名党员)小得多。

与中等规模的组织和大规模的组织相比,非常小的组织更官僚化,这样的例子也有许多。比如,小型的西德共产党(KPD),1956 年有 70 000 名党员,与此同时,每 40—50 名党员就有一名全职的党官僚,相比而言,德国社会民主党的(约 600 000 名党员)情况是每 1 500 名党员有一名党官僚。[32]

可获得的数据似乎显示,用规模作自变量来解释政党面相的理论在很大程度上没命中目标。规模本身并不是政治类别、参与、复杂性或官僚化重要差异的原因(尽管它似乎影响内部的团结)。更重要的因素必须被考虑进来。我们将转而从别处寻找。

# 规模作为因变量

这列思想的火车引导我们从米歇尔斯走向了现代权变理论,它假设,规模是既定的,试图去检验它对组织作用发挥的自主影响。规模被置之一边,在政党或其他组织内,规模经常被领袖们操纵。为了逆转我们到目前为止一直进行的推理,我们要问,为什么领袖们总是在某些时候扩大政党规模,而在另一些时刻又让规模的增长停下来甚至压缩它。因而问题变成了权力结构对组织规模有什么影响。

据霍华德·哈尔德里奇(Howard Haldrich)[33]的看法,区分领袖们的是他们对组织边界的控制,即他们通过干涉成员招募(公开地或选择性地)来改变规模的能力。领袖决定录用谁、不录用谁、驱逐谁出去。通过控制组织的边界,领袖们可以让其增长或萎缩。在与其他组织的冲突中,领袖们(依哈尔德里奇)用两个策略来保证成员的支持和认同。第一个策略是:

> 可以采取收紧边界的形式,通过服从组织规则和意识形态的方式给每名成员提出更多的要求……收紧和巩固组织边界意味着,或提高了执行标准,或诉诸成员对组织的忠诚。不断加强的集权给予了当局对成员的能量和时间更直接的控制,也允许他们快速地重新分配资源。[34]

第二个策略在于扩大组织的边界,这就是说:"从发起挑战的集团和组织中吸收人员进入组织。他们可以被吸收、增选或者并入地方组织。"[35]策略一的优点是提高了团结,但缺点是将组织与其环境割离开来。

策略二的优点是增加了组织与其环境的联系,但缺点是因为准许新的、社会化不充分的成员进入而产生了组织内冲突。

运用这一理论,我们就会相信,法国共产党和意大利共产党经常交替利用这两项战略。通过观察法国共产党的党员波动,法国共产党是一个有极强选择性的、受约束的组织(列宁主义模式);我们会注意到,当法国共产党被苏联共产党推向高度宗派化的政治立场时(从 20 世纪二三十年代的"阶级对抗"战略到冷战时期的宗派主义),发生了党员的大量减少。因而我们可以假设党员的减少是有意为之——是边界收缩(contraction)战略。在被迫进入宗派政治的局面中,法国共产党必须收缩(因此增加了党内的政治团结)以维护组织的稳定性。用了赫希曼(Hirschman)的战略,在那段时期,法国共产党主张退出(通过收缩边界)去保护它免于表达诉求(作为对宗派主义可能的党内回应),开除不值得信任的党员,只倚赖已证明忠诚与信仰的支持者。

在 20 世纪 70 年代,与意大利共产党的党员增长相伴的是"历史性妥协"策略(党员数从 1969 年到 1976 年增加了 30 000 人[36]),意大利共产党蓄意扩张,保证组织渗透到许多的社会环境内,并且让之前的外围集团参与进来支持该策略。[37]成分混杂(大量政治经历不同的新成员加入)恶化了党内的冲突,[38]这是领导层情愿付出的代价,因为联盟战略的失败将会更严重地危及党内稳定。类似地,在 1976 年欧洲共产党大会(Eurocommunist Congress,其时法国共产党抛弃了它的无产阶级专政信条,并与苏联共产党划清界限)后法国共产党有意扩张其边界,促成了下述事实:"就 20 世纪 60 年代大约 300 000 人发展到 1977 年底大约 543 000 人而言,在 1977 年法国共产党的支持者实际上翻了一倍。1976 年后该党确定了一百万党员的目标,这加速了法国共产党从本来的干部党转型为意大利共产党那样的大众型政党,法国共产党总是努力追随意大利共产党,但就同时在几个领域的革新策略而言,并非总是成功"[39]。并非所有的边界变迁的影响都有助于审慎的决定(顾名思义,招募标准的差异):采纳宗派主义的立场让许多党员不顾领袖的压力,自动离开了党。另一方面,一个更善于适应新环境的政治立场也可以吸引到人,仅仅是因为他们同意该政策。[40]有时候,规模也不受精英改变它的决定的影响,但精英的审慎选择在大多数关头仍然扮演了更重要的作用。

我们的观点是,政党规模主要取决于每个政党内部的权力结构,即,它的主导联盟的形态。因而,一个团结—稳定的主导联盟,更可能会扩大政党规模以维护组织的稳定(不正常的情况,如法国共产党依赖外部施加的政治选择,即发起组织强加的政治选择)。另一方面,一个分裂—稳定的联盟,更有可能维持恒定的政党规模。最后,一个分裂—不稳定的联盟,由于不同派系之间竞争的结果,最后会倾向于扩大组织规模。

这里,关键变量是政党的权力结构,即该党主导联盟的形态。这就让我们理解了,为什么在组织规模与内部复杂性之间搜寻的一一对应是没有用的。增长有赖于某种渐增的复杂性,但复杂性主要与分配给投机分子的选择性激励的问题有关。如我们在第二章看到的那样,党内分殊化渐增的主要原因是,提高积极分子的回报以希望维护组织的稳定的压力。因此,组织复杂性的程度的变化,更多是由于不同的主导联盟之形态(这反过来也与维护组织稳定的不同战略有关),而非由于组织规模的诸变化。

# 组 织 门 槛

单独来看,不能过高估计规模的作用,因为它经常取决于领袖们的选择。然而,在某些特殊的、罕见的情形下,规模也是至关重要的。这一问题可以用"临界门槛"(critical thresholds)这个词来表达。精英当然会积极地控制规模以保证组织的稳定。但环境也并非总是允许精英如其所愿去改变组织的边界。比如,一个小型的、新建组织的领袖们,经常对扩大组织规模感兴趣,但环境有可能太不友善,导致他们无法这么做。而在一个大型组织内,可能会发生相反的情况,规模较小应当被视为增强内部团结,并进而增强精英的控制,然而组织的结构过于复杂,或者过于僵化,可能危及精英控制的能力。换句话说,虽然规模取决于领袖们的抉择,它也取决于其他的因素,这些因素有时会抵消领袖们的努力。因而,门槛可以被假设为:在其之上或在其之下,组织规模起到一个自主的、居优的作用。

生存门槛代表的是这样一个点:在其之下缺少了制度化的必要资源,政党将被迫为自己的生存而战。当一个政党诞生后,其领袖们一般不得不对环境采取攻击性的立场,因为只有经过成长它才能获得生存的必要资源。但是环境也可能太过于不利(或者,如我们在下一章看到的那样,如此复杂和不稳定),以至于挫败了组织的努力,甚至威胁到了组织的生存。这发生在,比如,当政党需要的人力资源、象征性资源和物质性资源等都被既存的政党消耗殆尽的地方,好比一个小的、极左翼政党出现时,它的身边业已存在一个大的、团结的共产党。在这种情况下,政党就不可能跨过生存门槛。政党无法充分发展,并保证其对生存所必需的资源的控制。无法跨越这种"临界门槛"导致了:

(1) 缺乏制度化的必要资源。政党摇摆于快速瓦解与为了生存长期剧烈挣扎的希望之间。

(2) 因为制度化已无可能,领袖们尽力去维持组织的一些"团结体系"特征。在这些情形下,替代性选择,即一个利益体系的形成,根据定义来看就被排除了。后果就是组织的目标,即显性的意识形态目标,不会"传承",或不会适合常规的组织之需。领袖们唯一的选择是,利用任何可用的机会去实现组织的目标。这会导致内部的高度团结(团结体系的特征)以及高度意识形态化的外部行为。既然组织试图不断地去扩张,以实现其原初的目标,那么,环境的敌意也持续增长:新生的组织想要侵占既存政党的"支持基础"(其范围),但后者攻击性地回应,进一步孤立了新生组织。不利的环境与无法跨越生存门槛相结合就产生了一种宗派主义的恶性循环。[41]新生组织被孤立越甚,因而它去保证自身不确定的日常生存的挣扎越甚,它就越必须去正面攻击其对手。这种逐步扩大的进攻性让组织更加孤立,更加降低了其跨越生存门槛的可能。我们在本章提到过的、为不同作者描述过的宗派,指的就是这类组织,即组织无力跨越生存门槛迫使它们进入一种"完全反对"其环境的情境中。

很自然,任何政党都不存在一劳永逸的决定性生存门槛。它因众多环境因素[42]及起源模式的不同而不同。这也解释了为什么并非所有的小型组织都是宗派。小型组织也可以跨越其本身特定的生存门槛,即它可以控制特定的资源,让它得以制度化。要弄清一个政党的生存门槛,需要有特设的评估。

假设存在一个最大化的生存门槛,如果跨过这一生存门槛,就会恢复规模的自主影响,包括由于领袖们无力控制组织的复杂性而僵化渐长,这种假设是合理的。增长产生了压力,进而,压力增加了复杂性(即使领袖们的回应不是自动的)。如果,在规模扩大引起压力时,主导联盟认为复杂性增加与组织稳定的目标相一致,那么复杂性就会增加。在某个特定的门槛之上,由于极度碎片化的消极影响,异质化与官僚化就开始出现。我们将界定这种关键性的门槛为僵化门槛(threshold of rigidity)。这被唐斯命名为"僵化并发症"(syndrome of ossification)。它清晰地显示了其本身处于僵化不断增长的循环末端:

> 当某个运转的官僚机构(或一组官僚机构)不断扩张时。它变得越大且扩张越快,越有可能会出现的是,完整的循环将会出现,尽管比起增长速度而言,整个规模会是一个更有力的缘由。当该官僚机构扩张时,它的顶层官员会遭受权威的不断流失。他们对抗权威流失的努力构成该循环的第二阶段。这反而会趋向第三阶段:官僚机构中行为和结构的不断僵化。[43]

然而,在本研究所检视的政党中,我们很少看到这类并发症。因而可为人确信的是,这些现象只有在罕见情形之下才会出现,即当政党在规模和复杂性方面达到了不会逆转的那个点(非决定性的)。政党鲜有达到那个复杂性水平。但是当它们这么做(比如,在大量的成员扩张之后)时,根据唐斯的描述,僵化就会出现。我们因而可以解释,政党,为什么在其历史上会经历"帝国主义式的"组织扩张,一旦在政党达到一定规模后经常会停止扩张。对于这点的传统解释是,政党遭遇了一个"自然的壁垒",即政党为其党员的储备领地已经耗尽了。我们的替代解释是(这当然不会否定其他解释的效用),一旦政党达到一定规模,领袖们选择停止进一步扩张,以避免僵化。

结论是,只有在低于僵化的生存门槛或者高于僵化的生存门槛,规模才会对组织产生自主作用。

让我们假定,出于解释的目的,政党规模从1到100。我们将所有可能的规模置于像图10.1这样的连续体内。

| | 生存门槛 | | 僵化门槛 | |
|---|---|---|---|---|
| 1 | 10 | | 90 | 100 |

**图 10.1**

任意将生存门槛置于 10，将僵化门槛置于 90，我们的假设认为，从 1 到 10 以及从 90 到 100 之间段，规模在影响组织内的动力，并在影响组织与其环境之间的关系上产生了决定性作用。然而，在 10 到 90 之间，它没有影响，而且不同政党的规模也与不同的组织次序相吻合（如第二章检视过的案例模棱两可地证明的那样）。在这两个门槛段内，精英们在不同的环境情形下操纵规模以维护组织稳定。比起规模来说，主导联盟的形态（以及权力的分配）在解释组织的动力上更为重要。

# 次级单元的规模

即使，在大多数情况下，政党规模不会显著地决定组织的动力，我们还是可以断言，政党内部机构的规模——它的次级单元——可能会影响政党的作用发挥。这一假设已经部分地被证实了。然而，党内的权力关系，在这里起作用了。次级单元（理解为一个"技术"因素）与影响着组织动力的权力关系发生互动。就这一点而言，有三个问题值得考虑：

（1）由组织的次级单元规模对组织权力图产生的影响，即对组织的组织结构图（organogram）产生的影响；

（2）支持组织的次级单元扩张的机制；

（3）次级单元规模与内部参与水平之间的关系。

关于第一点的经验证据显示，小单元优于大单元，与现存的正式科层关系无关。在所有层级（不论我们涉及的是全国级各机构之间的关系、中阶各机构之间的关系或外围各机构之间的关系），规则都是正式执行机构（小的）优于正式议事机构（大的），[44] 这事实上归因于次级单元的规模。只有小集团才能根据委员会的方法运行。[45] 既然小集团成员的互动是经常性的或定期的，这些执行机构机关靠通过"延期的互惠报酬"（deferred reciprocal compensation）[46] 达成的协议以及全体一致决定就可运转了。执行机构的团结，甚至更为重要的秘密活动，即缺乏公开性[47]（决策过程的公开性特征，将允许局外人遵循并理解），使得议事机构别无选择，只能批准采用的决策。此外，必须认识到，执行机构（由于时间所限作出）的大部分决策,甚至不受议事机构批准的制约(由于议事机构的制约,如果时间间隔太长,议事机构也会反对执行机构的决策)。

只有执行机构内没有严重分歧时,执行机构与议事机构的关系才是一种控制/依赖关系。为了如描述的那样发挥作用,委员会本身必须基于一致同意。如果委员会分为多数派和少数派,它就有瘫痪的风险;而且如果分歧经常不利于少数派,纠纷将不可避免地为执行机构外的局外人所知悉;将纠纷公之于众,再加上信息的传播,就会破坏执行机构的王牌(秘密性)。议事机构就被授予真正的决策权。比如,工党国会候选人的挑选以及保守党各地方协会国会候选人的挑选,通常发生在小型的特别委员会,然后,候选人为党的全体代表会议批准。[48]一致通过的决策将很少被这种代表会议否决,然而,当委员会不能达成共识,或者委员会中有严重的冲突时,全体代表会议将处理问题,因而接管了真正的决策权。[49]因而,该假设可以重新陈述为:只有当控制组织的主导联盟很团结,并且组织中的少数派没有提出异议时,小机构才会胜过大机构。否则,基于即将面临的议题与源自组织的分歧,将会导致持续的动荡。

关于第二点,有两类机制控制了某些组织单元的成长:增选新成员(cooptation)以及对职业成就的个人压力或团体压力。执政的党,其机构的扩展趋势是众所周知的。比如,基民盟的执行机构(联邦委员会),从1950年的17人增加到了1955年的50多人。[50]在考察意大利各党从1946年到1966年期间的全国机构时,贾克莫·撒尼(Ciacomo Sani)发现:"然而,党的管理机构存在想要发展的普遍趋势,被瞬时稳定甚至是相反的趋势给中断了。"[51]类似的趋势也可以在某些法国政党的管理机构中注意到。[52]

管理机构的扩张趋势可以假设为,由于管理机构内不同部分的竞争。在这里,扩张不过是不同集团(即各派系或各派别)通过对己有利的方式增补管理机构中最忠诚的成员、以试图更改权力关系的副产品。而且,当主导联盟越不团结稳定时,扩张的趋势越强。原则上,我们可以说,当主导联盟分裂且不稳定时,我们会发现成长;在平衡阶段(在主导联盟的不同成分中)我们会发现稳定;当分裂的联盟变得更加团结时,我们会发现对抗。渐增的团结会促使领袖们精简管理机构的规模,以限制少数派的机动余地。然而,其他的因素也起作用,特别是,那些试图进入管理机构的人们施加的一种自主的外部压力。因此，某些管理机构周期性的扩张取决于它们的内部动力。但是它也取决于主导联盟定期扩充分配给投机分子的资源库之需。如果太多投机分子"聚拢其间"，叩打着管理机构的大门，拒绝扩充规模将会危及党的稳定（比如，促使受挫的投机分子进入少数派阵营）。这符合撒尼的观点：

> 组织成长的趋势，也许是由于领袖们维持其地位、加上新生代进入上层的双重压力。因而，成长将会导致的结果是虑及"延续性更新"（renewal of continuity）的一项机制。[53]

如果这些是某些管理机构（特别是权力共享型的）扩张的原因，我们也可以在其他的组织单元发现其他原因。某些次级单元的领袖们经常故意地去增加次级单元的规模，以希望他们的权力比同一层级的其他领袖们更加安全。当他们经由其他渠道的流动性被暂时阻塞时，这种情况经常会发生。一个人要在事业上有所成就依赖两种方式：直接晋级，或增加所在职位的重要性。[54]各级领袖们之间的竞争在很大程度上解释了某些部门的成长趋势。任何有雄心的领袖都想以其他部门为代价拓展他的活动空间（经常要求增加员工），以此增加其威望，以便为今后的职业升迁掌握足够的资源。分部、联盟以及其他党务部门为了把各自的代理人送进议会而展开的竞争解释了在新成员招募活动中的不遗余力。在这些情形之下，各单元规模的增长导致了政党规模的不断扩张。在别的情形下，某个次级单元的成长是以其他次级单元受损为代价的（比如，掌管组织事务的某个办公室，其某些职能和人事为"宣传通讯"办公室所代替），因而不会影响到政党的规模。

然而，一个领袖，只有不存在其他直接的且成本较低的职业升迁可能性时，才会去提高他以及本部门的重要性。所以，我们可以重新表达我们的假设：次级单元的规模同其领袖们的职业升迁可能性的获得趋于反向变化。

通过组织内交换的理论也可以很明了地作出这些假设。提升领袖所在部门的规模及重要性，他就可以重建部门内的交换基础，并增加对不确定区域的控制；通过这种做法，他以对自己有利的方式改变了与其他行动者的权力关系。而且当次级单元的扩张也受该领袖的直接领导与规划时，他经常能通过增补对其忠诚的支持者，抵消政治异质性的影响。对该假设的反驳是，组织越大，也总是越为异质化，法国社会党的各大型联盟（为一个个享有声望的领袖们主导），比起较小的、更派系化的联盟来说，就更为团结。[55]

至于第三点，即规模影响内部参与。根据奥尔森的著名理论，只有小的集团才有可能维持参与，而大的集团必须诉诸选择性激励来获得相同的结果。[56]然而，选择性激励，不会与规模成比例变化：比如，1 000 个人的部门，一般不会比一个 50 个人的部门有更多可以分配的职位。鉴于相同的选择性激励，奥尔森的理论推测，较高的参与发生于小的次级单元中。[57]因而，参与度较高的政党会被组织成大量的、小型基础协会而非少量的、大型基础协会。[58]操控基本的单元规模意味着，提升或降低成员的参与水平。根据主导联盟的类型，以及每类主导联盟为了维护政党组织的稳定而制定的不同策略，操控自然会发生于上面两个方向之一。

# 复杂性与选举控制

我们已多次在本章提到了"复杂性"的问题，然而，却没有界定它。非常清楚，这一问题对于政党而言，比起在企业或者公共行政中，有点儿不同。一个组织的复杂性经常通过如下指标来测量：[59]

(1) 专业化程度，由同级的职位数测量的劳动分工（横向分殊化）；

(2) 程序的标准化程度；

(3) 正规化的程度（书面沟通体系的发展）；

(4) 科层层级数（纵向分殊化）；

(5) 官僚化的水平，即管理者占组织全体成员之比。

我们应当观察到一个明显反常的事实。一个广受支持的理论指出，虽然复杂性的这些维度都是正相关的（即一个组织越是专业，它的科层化水平也越高，等等），但复杂性与决策的集中程度呈逆相关。[60]组织越复杂，组织内的决策过程越不集中。这与我的论点——强官僚化与权威同等程度的强集中同时发生，看似自相矛盾。但矛盾只是表面上的：组织越是官僚化，它的科层层级就越多。这产生了决策过程的分权化。许多微观决策都是由各级官僚作出,他们无须征求领袖们的意见。但是这些是行政的常规决策,这些决策都是基于上级的指令自动做出的。政治决策或战略决策(在组织治理方面的决策)也总是集中在官僚组织手中(尽管并非必然只集中在官僚组织手中,就像克里斯玛型政党证实的那样)。[61]科层层级太多引起了大量的日常决策被提升到高层。[62]如果我们不区分行政决策和政治决策,我们就注定会有这样的印象:十分复杂的(因而也是非常官僚化的)组织会有分权化的决策结构。从某种程度上看,它是正确的,但分权只是指向了行政决策。高度官僚化的政党当然也是分权的:德国社会民主党、意大利共产党、法国共产党以及英国保守党的党官僚,其实并不会对大量的日常问题自主决策,他们这么做是顺从上头的指令(依照某种"机会结构",该机会结构奖励向心式竞争而非离心式竞争)。

上述罗列的"复杂性"的不同维度无法轻易地适用于政党。比如,根据可得到的数据看,正规化的程度(成文规范与规则的形成)似乎在官僚化程度较低的政党中会更高。在议会候选人的选择规则方面,工党比保守党更为正规;虽然在官僚化的程度上,前者高于后者。在日本自民党内,该党的官僚不多,但在不同派系中分配资金的程序却非常正规。[63]许多别的例子也可引用。一切都倾向于让我们相信,正规化在某些情况下可能是官僚化的替代物,而非官僚化本身的一个组件。

在测量政党的复杂性上,某些指标值得怀疑的第二个因素是,在政党语境下"行政构成"(administrative component)的概念含混不清。政党内存在两类官僚机构:执行官僚机构和代议官僚机构(我们将在第十二章看到)。比如,英国各政党的典型特征是,存在执行官僚机构,即一组领薪的、不许担任公职的行政团体,由上头任命的官僚行使专门的行政活动。代议型的官僚机构常见于群众型的各共产党和各社会党。这里付薪的官僚也担任公职(许多公职是选举产生的)。虽然在某种程度上执行官僚机构符合公司以及公共行政机关中的那些官僚机构,而某些政党(甚至许多工会)的代议官僚机构,更多是一种自成一类的(sui generis)现象。政党,就像工会,是"混合"组织,该混合组织结合了志愿协会发挥作用的原则与非志愿协会发挥作用的原则。它们的结构"特征是官僚元素与选举元素的渗透和共存。这两类元素时而冲突,时而和谐"。[64]在各级科层结构都有许多经由选举产生的职位,这解释了为什么与其他的官僚机构相比,政党内的"复杂性"会是不一样的现象。米歇尔斯声称,成员冷漠与政党官僚化相结合把选举原则给废除了。但米歇尔斯是把组织权力视为一种统治者支配(dominator-dominated)关系。把权力视为一种(不平衡的)交换关系,对党内选举的评价就会改变。交换关系注定要受到领袖们的操纵。然而,定期选举的底线,有助于避免小集团对权力的完全垄断。尽管领袖们和"代议官僚结构下的官僚"(representative bureaucrats)可以操纵选举——主要是通过迪韦尔热指出的"间接选举权"(indirect suffrage)[65]——他们也要被迫认真进行党内选举,并投入时间和精力让普通党员达成共识。选举的控制机制影响了组织的复杂水平。最近一项关于一组英国工会的研究发现:"……与那些在官员(functionaries)选举中作用不太大的协会相比,那些在官员选举中起了重要作用的协会,其行政体系越是不够专业化、越是缺乏标准化与正规化,就越是具有较少的等级依附,以及一般而言官僚化程度更低。"[66]在这些协会中,工会都是高度集权的。

关于工会研究的这项结论符合对不少政党内部秩序的调查结果。政党的复杂性水平,看起来比那些非代议制的组织要低一点。甚至是像意大利共产党或者法国共产党那样非常不同的政党(横向和纵向),看起来都不如类似规模的公司来得复杂。我们已经知道了,政党的过度复杂也让人沮丧,因为它趋于降低产生的每个新职位的象征性价值和身份,并减少了政党分配选择性激励的能力。我们现在也可以补充一点,选举的控制体系也会阻碍复杂性。在分析主导联盟的形态时,政党之间复杂性程度不同的原因就可以理解了。因为,如果选举的控制体系阻碍了复杂性,那么,选举控制之效能的不同水平必须符合组织复杂性的不同水平。问题在于是什么让选举控制体系更有效,答案就是,当存在精英争夺权力时(那时人们可以在不同人中间进行挑选),选举控制就更加有效。[67]当主导联盟分裂时选举控制更加有效;反之,如果主导联盟很团结,选举控制的效率更低。更常见的是,更高水平的复杂性是与团结的主导联盟相连(有更低效的选举控制),而非与分裂的主导联盟相连。这就部分地解释了,为什么意大利共产党、法国共产党以及德国社会民主党是(或曾经是)比工人国际法国支部和意大利社会党更加复杂。

# 选 举 体 系

之前的考察迫使我们考虑那些重要的"博弈规则"——在政党中运行的选举体系以及它们与组织内冲突的关系。关于这一点政治科学家们有分歧。一方面,有一种观点是,选举体系影响政党的内部权力关系(比如,在比例选举制、而非在多数选举制下,派系会激增)。[68]然而,其他人坚持认为,使用的选举体系的类型是党内集团间权力关系的一种反映,而不是党内集团间权力关系的原因。[69]在我们看来,这些观点都是部分正确的。某个政党的权力关系,即权力的内部分配,决定了选择哪类选举体系。但是一旦作出这样的选择,采用的选举体系会影响集团间的权力关系。如果主导联盟由许多派系组成,它倾向于选择比例代表制,以保卫每个派系的权力。一旦比例代表制被采用了,它就会强化派系主义,有时候还助长新派系的激增,以及/或这些派系的组织巩固。在意大利天主教民主党以及意大利社会党中,在20世纪60年代选择了比例选举制,就是派系分化(factionalization)的结果(而非原因),派系分化是由于党内集团对公共资源的控制渐增。这反过来助长了派系的进一步激增。这类选举制以及权力分配的交互影响,可在意大利天主教民主党的研究中得到阐明[70]。当时(在20世纪50年代和60年代早期)意大利天主教民主党的选举制是多数制,尽管为混合选举制*(panachage,允许在多个而非一个名单上选举候选人的选择)修正过。这种选举制的功能(即它对减少党内冲突的贡献)取决于政党分裂的实质。当这种分裂固化时,现存的选举体系会弱化冲突;而当分裂不固定时,选举体系也会弱化冲突到促成进化论(transformism)的地步。

因而,根据集团内的冲突类型,相同的选举体系将体现出十分不同的后果。

---

\* 法语词,即让选民可以从不同政党名单中提供的候选人,按照自己的选择排序为一个名单 http://www.answers.com/topic/panachage-4#ixzz1lVomxTlL。——译者注

# 结　　论

在本章,我们讨论了一系列技术因素——组织规模、次级单元的规模、劳动分工、选举体系——对政党作用发挥的可能效果。权力问题经常会突然出现在我们的讨论中。组织的技术问题总是与潜在的政治问题相关,因而也总是与权力资源的内部分配相关。因而,技术的解决方法是权力平衡的函数。与米歇尔斯的论点相反,除在一些罕见的情形外,规模似乎没有对组织动力产生重要的、独立的影响。毋宁说是组织与外部环境之间的关系(一个米歇尔斯未曾讨论过的问题)在这里起了更大的作用。我们将在下一章讨论这种关系。

## 注　释

1. C.Perrow, *Organization Analysis*:*A Sociological View*, Belmott, Wadsworth, 1970.

2. G.Gasparini, *Tecnologia*, *ambiente e struttura*, Milan, Franco Angeli, 1978.

3. Child, *Organization*, *Structure*, *Environment and Performance*:*The Role of Strategic Choice*.

4. Crozier 和 Friedberg, *Social Actors and System*, pp.89ff。

5. Michels, *Sociology of Political Parties*, p.71.

6. 关于此点可参见 C.W.Cassinelli, "The Law of Oligarchy," *American Political Science Review*, XLVII(1953), p.783。

7. Michels, *Sociology of Political Parties*, p.65.

8. Ibid., pp.188ff.

9. Cassinelli, "Law of oligarchy";也可参见 J.林茨(J.Linz)在《米歇尔斯的意大利翻译之引论》(the introduction to the Italian translation of Michels)的评论性讨论,Bologna, Il Mulino, 1966, pp.vii—cxix.

10. 我们这里遵循了阿布拉汉姆森(Abrahamsson)在《官僚或参与》(*Bureaucracy or Participation*)中的解释,第 57 页及之后。

11. 韦伯与米歇尔斯的基本不同点关系到"环境"的影响之于组织的重要性,就像如下的问题证实的那样:"作出一般性的归纳可能是可行的。政党内部的技术动力,以及每个个案的经济和社会条件,总是极度密切相关的。"J.林茨在他的

《米歇尔斯的意大利翻译之引论》中引用过的（p.LIII）。因而即使韦伯一般化了，但他(不像米歇尔斯那样)更关心的是组织动力与社会—经济及政治环境之间的互动。参见 Weber，Economy and Society，Vol.2，pp.1443ff。一项批评认为，米歇尔斯未考虑到政治社会条件对德国以及德国社会民主党的影响，参见 Roth，*The Social-Democrats in Imperial Germany*，pp.243ff。

12. 也可参见其他人：D.S.Pugh et al.，"Dimensions of Organizational Structure，" *Administrative Science Quarterly*，XIII(1968)，pp.65—105；J.Child，R. Mansfield，"Technology，Size and Organization Structure，" *Sociology*，VI (1972)，pp.369—393；P.Blau 及 R.A.Schoenherr，*The Structure of Organizations*，New York，Basic Books，1971。

13. Duverger，*Political Parities*，p.101.

14. 关于这一点，请参见下一章。

15. 实际上，其他的标准也应当被考虑进来，比如，全员中真正的志愿行动者的比例；政党可能的各附属协会的数量以及组织可持续性，等。

16. 参见 L.Coser，*Greedy Institutions：Patterns of Undivided Commitment*，New York，The Free Press，1974；R.O'Toole，*The Precipitous Path：Studies in Political Sects*，Toronto，Peter Martin Associates，1977；Van Doorn，*Conflict in Formal Organizations*。

17. G.Sjoblom，Party Strategies in a Multiparty System，Lund，Berlingska Boktryekekeriet，1970，p.185.

18. O.Kirchheimer，*Politics，Law and Social Change*，New York and London，Columbia University Press，1969，p.250.

19. S.L.Fisher，*The Minor Parties of the Federal Republic of Germany*，The Hague，Martinus Nijhoff，1974.

20. 自然维持，组织的年龄作为常数。

21. Abrahamsson，*Bureaucracy or Participation*，p.204；以及 J.Child，"Participation，Organization，and Social Cohesion，" *Human Relations*，XXIX (1976)，pp.429—451。

22. Poggi，ed.，*L'organizzazione partitica del PCI e della DC*.

23. S.Hellman，"*Organization and Ideology in Four Communist Italian Federations*，" Ph.D.Dissertation Yale University，1973，p.162.

24. Olson，*The Logic of Collective Action*.

25. Blau 和 Meyer，Bureaucracy in Modern Society。

26. Blau，"A Formal Theory of Differentiation in Organizations，" *American Sociological Review*，XXXV（1970），pp.20，201—218；Blau 和 Schoenherr，*Structure of Organizations*。

27. P.Blau，*On the Nature of Organizations*，New York，Wiley and Sons，1974，pp.330ff.

28. Poggi, ed., *L'organizzazione partitica del PCI e della DC*.

29. Ibid., p.42.

30. Wellhofer and Hennessey, *"Political Party Development."*

31. 比如,1954 年到 1965 年间的派系数量保持了稳定,尽管规模缩减了;而且在第八次党代会期间——在成员数下降阶段——新的党内协调机关在联盟("分权机关")中形成了。参见 Poggi, *L'organizzazione partitica del PCI e della DC*; Sivini, *"Socialisti e Cattolici,"* pp.98ff;以及 Hellman, *"Organization and Ideology,"* p.145。

32. W. D. Gray, *The German Left since 1945: Socialism and Social Democracy*, Cambridge, The Oleauder Press, 1976, p.107.

33. H. Haldrich, "Organizational Boundaries and Interorganizational Conflict," in F. Baker, ed., *Organizational Systems*, Homewood, Irving—Dorsey, 1973, pp.379—393;以及哈德里奇,前引书。

34. Ibid., p.244.

35. Ibid., p.245.

36. 关于这一数据,可参见 M. Barbagli, P. G. Corbetta, "L'elettoraro, l'organizzazione del PCI e I movimenti," IIMulino, XXIX(1980), pp.467—490。"历史性的妥协"是意大利共产党在 20 世纪 70 年代的正式战略,其目的是确立与天主教世界以及意大利天主教民主党的稳固且长久的结盟。

37. 关于众所周知的历史性妥协,即与意大利天主教民主党的结盟战略相关联的新社会集团的统合政策,参见 P. Lange, "II PCI e i possibili esiti della crisi italiana," in L. Graziano, S. Tarrow, eds., *La crisi Italiana*, Turin, Einaudi, 1979, Vol.2, pp.157—718。

38. 这一阶段意大利共产党党内问题的分析,参见 M. Fedele, *Classe e partiti negli anni '70*, Rome, Editori Riuniti, 1979, pp.169ff。

39. R. Tiersky, *II partito comunista francese*, in H. Timmermann, eds., *I partiti communisti dell'Europa mediterranea*, Bologna, II Mulino, 1981, p.81.

40. 其他方案也是可能的:为集体运动动员过的其他集团,也可以进入具有不鼓励适应战略的组织内。正是在这一阶段,意大利共产党形成了它的连贯战略,它吸收了 1968—1969 年的学生和工人运动的松散目标。参见 Barbagli 和 Corbetta, *Base sociale del PCI e movimenti collettivi*. 作者在随后的作品中证实了,意大利共产党在不同区域的组织实力与它吸收集体运动的能力呈负相关关系(Barbagli, Corbetta, "L'elettoraro, l'organizzazione del PCI e i movimenti," p.481),这完美地符合了我们试图为政党草拟的制度化的理论:意大利共产党强制度的地方,是其之于环境的自主更大的地方,因而也是较少受到各项运动"渗透"的地方;它的制度化较弱的地方,是它对环境的依赖越大的地方,因而也是越容易受到渗透的地方。

41. 参见 Panebianco, Imperativi organizzativi。

42. 比如，为议会中有代表的政党存在的公共财政补助制度，就可以提供通往制度化的重要资源，即使是一些很小的政党，如果它能获得一些席位的话。

43. Downs, *Inside Bureaucracy*, p.158.

44. 比如在意大利共产党的案例，参见波吉，前引书；以及 Hellman, "*Organization and Ideology*," 该观察实际上适用于所有的政党。

45. 参见 G.Sartori, "Tecniche decisionali e sistema dei comitati," *Rivista Italiana di Scienza Politica*, IV(1974), pp.5—42。

46. R.D'Alimonte, "Regola di maggioranza, stabilità e equidistribuzione," *Rivista Italiana di Scienza Politica*, IV(1974), pp.43—105.

47. 关于官僚组织的秘密功能，参见 Crozier, *Les Phenomenes bureaucratique*。

48. Rush, *The Selection of Parliamentary Candidates*, p.51.

49. Ibid., p.51.

50. Heidenheimer, *Adenauer and the CDU*, p.202.

51. G.Sani, "Alcuni dati sul ricambio della dirigenza partitica nazionale in Italia," *Rassegna Italiana di Sociologia*, VIII(1967), p.135.

52. W.R.Schonfeld, "La Stabilite des Dirigeants des Partis Politiques," *Revue Francaise de Science Politique*, XXX(1980), pp.477—504.

53. Sani, "*Alcuni dati sul ricambio della dirigenza partitica nazionale in Italia*," pp.135—136.

54. 关注这一议题的其他学者，也可参见 Downs, *Inside Bureaucrcracy*。

55. R.Cayrol, "Les votes des Federations dans les Congres et Conseil Nationaux du Parti Socialiste, (1958—1970)," *Revue Francaise di Science Politique*, XXI(1971), p.65.

56. Olson, *The Logic of Collective Action*.

57. 对于 B.巴里（Barry）对奥尔森理论的反对，可参见 *Sociologists, Economists and Democracy*, pp.23—39。奥尔森立场的主要局限在于，他未曾考虑到，参与，除了选择性激励，能取决于集体性认同激励的分配，这一点为皮佐罗恩（Pizzoron）在《多元主义中的利益与政党》(Interest and Parties in Pluralism)中表达和解释过了。

58. Gaxie, *Economie des partis et retributions du militantisme*, p.139.

59. 该名单差不多包括了布劳使用的"阿斯顿指数"（Aston's indexes）的标准，该指数为 D.S.皮尤（D.S.Pugh）指导下的所谓的"阿斯顿集团"（"Aston Group"），用于私企的一些经验研究。关于这些研究可参见注释12。

60. 参见 D.S.Pugh et al., "Dimensions of Organizational Structure。"

61. 大量研究强调了该方面：比如，色尔兹尼克（Selznich），前引书；Crozier, I partiti francesi；Perrow, *Organization Analysis*。更一般地，关于政府决策与常规决策之间的区别，参见 Haldrich, "Organizational boundaries," p.11。

62. P.Blau, "Decentralization in Bureaucracy," in M.N.Zald, ed., *Power in Organizations*, Nashville, Vanderbilt University Press, 1970, pp.97—143.

63. 关于日本自民党的各全国派系之间的资金分配的高度形式化,以及坚持"规则"以避免激烈冲突的重要性,参见 Thayer, *How the Conservatives Rule Japan*, pp.277ff。

64. L.Donaldson, M.Warner, "Struttura burocratica e struttura democratica in un Gruppo di sindacati e associazioni professionali in Gran Bretagna", in G. Gasparini ed., *Sindacato e organizzazione*, Milan, Franco Angeli, 1978, p.238.

65. "间接代议制是在假意奉行民主的同时摒弃民主的委婉说辞。"参见 Duverger, *Political Parties*, p.140。

66. Donaldson 及 Warner, "*Struttura burocratica*"。

67. 关于精英中公开的组织间竞争作为对普通党员选务控制之先决条件的研究,参见 Lipset, Trow 及 Coleman, *Union Democracy*。而政党方面的研究则请参见 Barnes, *Party Democracy*。根据艾德斯坦(Edelstein)和华纳(Warner)在《比较工会民主》(*Comparative Union Decocracy*)(第70页及以后)中的研究,除力量均衡下精英间的公开竞争外,稳固而紧密的自治组织的存在也是有助于选举控制的重要因素。

68. Sartori, "*Tecniche decisionali e sistema dei comitati*," pp.96ff.

69. 可参见 G.帕斯坤诺(G.Pasquino)和 G.辛康(G.Zincone)的贡献: *Correnti, frazioni e fazioni nei partiti politici italiani*, Bologna, Il Mulino, 1973 年。

70. Poggi, ed., *L'organizzazione partitica del PCI e della DC*, p.248.

# 第十一章
# 组 织 与 环 境

通过分析,我们已经指向了组织—环境关系的两个完全不同的方面:诸压力以及环境变化之于组织的影响;以及组织的支持基础的重要性,支持基础,即组织意识形态指向的环境部分,如果组织想要维持自身的认同就必须控制该支持基础。我们也已经意识到,之于环境的适应程度依赖于两个因素:

(1) 环境诸特征。某些环境需要适应,而其他环境可考虑控制。

(2) 制度化程度。制度化程度越高,政党被动地适应环境的能力就越低,那么它就越能主导环境;反之亦然:制度化的程度越弱,政党被动地适应环境的能力就越高。

由此推出,组织—环境的各种关系必须被视为相互依赖关系。在本章,我们将尝试系统地探讨这些关系。如前一章那样,我们的分析将更多是理论性的,而非经验性的。

## 环 境 诸 特 征

就组织环境而言的组织的不确定程度,是组织理论中最系统性地探讨过的问题之一。在本书第三章,我们把对这种不确定的控制等同于组织权力最重要的王牌之一。然而,环境不确定是一个变量:有些环境很好预测而其他的环境完全无法预测。而且相同的环境状况也会游离于预测的难易之间。

关于这一话题的文献通常包含不可预测的三个维度:复杂性/简单性、稳定/不稳定、宽容/敌意。

## 环境的复杂性

在上一章,我们发现许多学者遵循米歇尔斯的观点,坚称组织的复杂性在本质上是规模的作用。然而,另一些学者主张,环境的复杂性不过是组织复杂性的成因。在规模保持恒定时,组织的环境越为多样化和异质化(复杂性),组织就越复杂。[1]

实质上,这一理论假设,环境越复杂,它越难预测。不可预测性把组织推向了内部的专业化,即在应对环境的不同方面时增加专业化的人员,希望可以控制它。这就增加了组织"中转站"[2](relay,或 boundary personnel,"边界雇员")的数量,[3]那是与环境不同部分享有优先关系的行动者的数量。"边界雇员"的数量越多,组织的内在张力就越明显,因为对环境不确定性的控制在组织内更为分散了。

因而这一理论把环境的复杂性视为产生压力的原因,这增加了组织的复杂性以及,必然地,组织内部的张力。

## 环境的稳定性

环境不确定性的第二个方面是其稳定/不稳定。根据某种假设,环境越不稳定(比如它的波动与变化越多),它越难以预测。一个众所周知的理论主张,在极不稳定的环境中,只有那些拥有高度分权之决策结构的组织才能发挥功能,而比较集权的组织在稳定的环境中功能发挥较好。[4]

稳定/不稳定的不同程度是可预料的(conceivable)。经由使用某种类型学,将环境置于从温和(非常稳定)到动荡(非常不稳定)的一个连续体中,[5]就可以区分环境了。这里的假设是,环境的不稳定性增加了不确定性,导致了内部集团的多样化;这就导致了有关政治战略的分歧上更大的冲突。

> 动荡的环境增加了组织决策过程的相对不确定……增加来自边界雇员获得反馈的必然性,这方面的确切知识很缺乏。……反馈协同的增加有可能推动政策制定的过程扩展到整个组织,因而使得集

权化、等级化的权威结构更不可行。[6]

将这一理论应用于政党，就告诉我们，环境越不稳定，政党经历的不确定性就越大。深层次的党内冲突是可以预见的，因为：（1）"动荡"促使决策权扩散到党内；（2）相信能应对环境不确定性的行动者数量增加了，这使提出的政治解决方案的数量也倍增了。当环境动荡不安时，政党的主导联盟也会趋于分裂和动荡。

## 环境的敌意

一些组织在不友善的环境中活动，在这种环境中它们的生存都成问题。正如我们已经见到的那样，当新生组织面对难以克服的环境壁垒时，就不可能跨越"生存门槛"。同一环境对某些组织可能不友善，但对另外一些组织却可能是宽容的。对某个组织而言，环境的容忍度差异很大。一般来说为大家接受的假设是，环境越不友善，组织内部越团结。[7]该假设赞成这样的观点：外面的威胁趋于加强集团的团结。[8]如我们已发现的那样，在德国社会民主党制度化时，该党的团结也可以由党外挑战的加剧进行解释，即《反社会主义法》给该党的生存带来的威胁。根据这一假设，环境敌意引起了环境的不确定性，而不确定性促进了组织的团结。我们应当观察到，由敌意产生的不确定性带来的影响，截然不同于因环境的复杂性或不稳定性产生的不确定性带来的影响。这一明显的不一致在有关的组织文献中未给予充分的解释。为了理解此点，我们必须考虑二者——一方面是复杂性与不稳定性，另一方面是环境的敌意——之间的差异。前者（如我们将要看到的，低于特定门槛）仅仅威胁组织的稳定性，即它们质疑权威的渠道。它们代表了对组织次序的一种威胁。而敌意威胁组织的生死存亡。这种根本的差异解释了它们之间的不同影响。

复杂性、不稳定性与敌意是相关联的。复杂的环境通常也是不稳定的。越过某一特定门槛，一个非常复杂且不稳定的环境会变的（或者被组织的成员理解为）不友善；它威胁的不仅是组织次序，而且还有组织的生存。环境的敌意，当然可以由与复杂性和不稳定性毫无关系的其他因素（比如：国家镇压）引发。不过，更多时候，二者存在着清晰的联系。

这就允许我们假定在环境不确定性与组织稳定性之间存在着曲线关系。我们也可以假设在稳定的环境情形下（简单的和/或稳定的环境）组织趋于内部团结；在不确定情形下（复杂的和/或不稳定的环境）组织更容易内部分裂；而且只有在非常不确定的情形下（非常复杂和/或非常不稳定的环境），即在充满敌意的情形中，组织才会再次走向团结。

在通过这些概念镜片（optic）更密切地看待环境—政党关系之前，我们应当阐明一点。关于权变理论的文献视组织次序为环境诸特征的因变量。但这只是在一定程度上跟我们的分析一致，因为：（1）组织不仅会适应环境，而且它们也会对环境产生自发影响：在一定程度上，它们能抵挡得住环境的变化与压力的冲击。（2）政党面相的变化不仅仅在于复杂性（即环境的稳定和容忍度）的变化的影响，而且也在于，在我们看来，它们主导联盟的不同形态的影响。（3）政党—环境关系的一个极重要的方面（权变理论忽视的）涉及了政党征服/维护其获得认同的"范围"。在我们看来，环境的复杂性同这一问题有关。

# 政党环境：诸领域

环境，直接影响政党——反过来，又为制度的约束所塑造[9]——可以被视为是在政党与其他组织之间发生关系的领域。它们就像是赌桌，政党在上面赌博并获得——根据它的表现——其发挥作用需要的资源。政党在某些领域与其他组织交换资源。这种交换是相互的，有利于政党或有利于其他组织。在其他领域，政党与其他的组织为了资源而展开竞争。

政党的各领域相互依赖，可被认为是一个"相关联的"环境网络。在某个领域获得资源，用于其他领域的开销，在一张赌桌上胜出——在有利的情形下的资源交换——经常影响该党在其他赌桌上的成功程度。比如，政党以利于某利益集团的政府规则，换得了该利益集团的金钱，将之开销在了夺取其他政党的选票上；反过来，选举的成功，有助于吸取更多的筹资。在 20 世纪 30 年代，西方各共产党从共产国际＊获得合法性，作

---

＊ Comintern，即第三国际，1919 年成立于莫斯科，1943 年解散，亦作 Kommtern。——译者注

为交换,它们依附于共产国际的正式指示,该合法性被消耗在了选举领域,以增加党在工人阶级中的拥护者。反过来,这些选举的成功被共产党的领袖们"再循环",用于提高他们在国际共产主义等级中的地位。

政党与其他组织的交换与讨价还价界定了组织不确定性的外部区域。它们之所以为不确定区域,是因为,根据定义,环境是潜在地变化着的。因而在任何时刻,一个领域内交换条件恶化了,会影响——因为领域之间的相互依赖——所有其他领域,包括了选举领域和议会领域。每个政党都有许多领域(比如,政党与官僚交换资源,与利益集团交换资源等)。政党各领域决不能被先验地(a priori)完全分离。它们随着时间的变化而变化,它们的数量和结构必须被经验性地推断。国际环境可能是无关的,比如,当某些政党处于稳定时期,但是一场国际性的危机可能会把国际环境转化为一个重要的领域。

无论其他领域会怎么样,有两个始终"相关的环境"是选举领域和议会领域。这两个领域的面相产生了对政党组织最重要的一些影响。

在我们能考虑的众多可能方面中,我们将会讨论这两个领域:它们都与环境的不确定性相关:(1)选举领域内政党的不同控制程度的影响;以及(2)选举领域和议会领域间的相互依赖的不同表现形式之影响。

# 选 举 领 域

在选举领域,政党为了选票而展开竞争,这形成了不同的稳定程度与复杂程度。这些,反过来,影响了环境之于组织的敌意/宽容程度。当选举领域相对稳定时,即在每次选举中,政党间的权力关系以及选票分配没有大的移转(在大部分的欧洲政党体制下,长时间以来确实如此),[10] 我们也能期待政党的主导联盟更为团结,更为稳定(或者至少在环境稳定的情形下活动的政党)。当选举领域是"混乱的",即以选民的流动性以及政党权力关系的重大转移为特征时,结果的可预测性就会减弱,主导联盟控制环境的不确定性可能更为困难,并可能产生严重的党内张力。

我们必须用两组观察资料来证明这些思考:政党的制度化程度是决

定性变量，是环境和组织之间的干预变量。一个政党的制度化程度越高（即越是自主于其环境），环境不确定性的影响就越不是破坏性的（disruptive）：强制度化减少了环境的不确定性。第二，环境的不确定性主要依赖于政党的制度化。暗流湍动的领域是"铁杆选民"的选票逐渐减少而"意见性"选票逐渐增加（即投票是以议题或/和候选人为基础）的领域。在"半温和"（稳定的）领域中，反过来看也是如此。这是因为，意见性选票的比例越是高于"铁杆选民"的选票，（潜在的）选民的流动性也就越大，因而环境不确定性的程度也就越大。欧洲地区的选举领域一直以来就是半稳定的，因为"铁杆选民"的选票数量已经相当大了（即由传统纽带和/或联合纽带产生的忠诚和认同已经决定了选民的态度）。这种选票比重之大并非偶然：它是强大的政治大众组织的产物，这种政治大众组织扩展了与选民的纵向联系（即具有很强的政治亚文化），有"凝固"选举分歧的能力，甚至是代际之间的选举分歧。[11]在许多情况下，只是当选举领域被政党紧紧控制时，它才是相对温和的（semi-placid）。控制是以高度结构化的政党体系为先决条件的，即在这类选举领域中活动的政党（或在外生合法性政党下的发起组织）是强大的。一个相反的例子是法兰西第四共和国：该体制下选举领域很混乱，然而选民的稳定性远胜于其他欧洲国家。[12]混乱主要是因为如下事实：法国各政党的制度化（法国共产党例外）以及政党体系的结构化程度在整体上是非常低的。

因选举领域的稳定/不稳定而产生的不确定程度影响了政党，这点的确如此；但政党，如果具有强制度，在一定程度上也可以控制选举领域，并减少该领域的不稳定性，这点也是如此。政党的控制程度依赖于它的制度化水平以及选区的复杂性。后者包括了许多因素，但是最重要的是存在竞争性政党，即其他政党或集团（集体运动，恐怖主义组织，等）也在寻找同样的支持基础，而且/或者也是以相同的选举资源为目标。政党会发现它处于反对党位置或者是与其他政党竞争的位置中。[13]当两个政党的支持基础不重叠时，会存在无竞争的反对党。这并不必然意味着没有重叠的选民，仅仅是这一领域（即政党享有的选民基础，这是政党认同所依赖的）没有被反对党侵犯而已。这一情况是可能的，比如，在一个由对信奉天主教的工人有吸引力的、"大众—天主教会"（popular-Catholic）政党与一个由对新教资产阶级有吸引力的、"自由—新教"（liberal-Protestant）

政党组成的两党制中,两党极力反对对方,但从不争夺对方选票。另一方面,两个政党可能相互合作,然而却争夺相同的支持基础——比如,在均声称代表工人阶级的两个政党选举结盟的情况下。(我们以后将更深入地看待竞争和合作的影响。)选举场域的复杂性程度依赖(重要程度依次下降)各竞争者的存在、它们对政党支持基础的吸引力以及它们的数量。

一个极其简单的(从某个特定政党的视角看)选举领域将只有反对党。一个复杂的领域将,除了各反对党之外,至少有一个竞争性政党。随着每个政党的竞争者数量的增加以及竞争性政党对其"支持基础"吸引力的增加,选举领域的复杂程度也会增加。

环境的复杂性(依据竞争者,他们的数量及其吸引力)增加了环境的不确定性,因为,复杂性,类似于稳定性,影响了精英与其他组织成员对处境的感知。复杂的环境,如同不稳定的环境,将不确定性最大化了,并增加了组织内部的张力,因为在应对复杂性时,许多的内部行动者主张他们自己的政治策略。一个简易的环境包含了低度的环境不可预测性。

让我们检视在《反社会主义法》时期德国社会民主党的情况。虽然政治体系极度不自由(然而,这有助于政党的团结),但选举领域的环境相对简单。德国社会民主党的权力随大选的进行而增加,因为它是唯一令人信服地宣称为工人阶级政党的组织(工人代表了其绝大多数的选民)。竞争的问题(实质上与各个左翼自由党)是最低限度的,而且其程度随每次大选的进行而下降。

德国社会民主党唯一关心的是,继续增加其在工人中的选民,而且这需要更大的组织努力。没有一个政党真正威胁到它的支持基础,或者,因而也没有一个政党真正威胁到它的认同。德国社会民主党也不存在有力的竞争者:它的环境相对简单。

这对于20世纪50年代早期的英国工党和保守党而言也是真实的:两党是对手,但却不是竞争者。保守党稳定地吸引着工人(其全体选民的三分之一),但这种吸引是有限的,而且也无望增加对工人的控制。工党稳定地吸引着上层阶级(其全体选民的三分之一),但这种吸引也是有限的,而且也没有扩展的希望。毫无疑问两党是为了流动选民展开竞争的,但是它们的支持基础总是保护得很好。而且多数选举制本身代表了一个壁垒,(英国选举领域特定的制度约束),这给双方可靠的保护,避免了新竞争者的出现（对于工党来说是各共产党，对于保守党来说是一个极右翼政党）。

相反，有许多竞争者的政党——经常在该党的右翼与左翼都有很多竞争者，如同在多党制下发生的那样——其选举环境是非常复杂的，因而也是非常难预测的。第二次世界大战以来的意大利社会党是一个在非常复杂的选举领域中活动的典型案例，这是因为存在竞争者（意大利共产党），并且对其工人阶级选民有巨大的吸引力。在意大利社会民主党（PSDI）*分裂后（1947）这一复杂性增加了，意大利社会民主党变成一个得以吸引城市及乡村的社会主义小资产阶级（petit bourgeois，社会党排在第二位的、最初的支持基础，工人依然保持第一位）的右翼竞争者。应当指出，尽管意大利社会党的左翼和右翼都有强大的竞争者，但意大利共产党的选举领域是比较简单的；它仅有一名右翼竞争者（意大利社会党），而且该竞争者在组织上是很弱的。

前面提及的理论证实，环境的不确定性对不可预测的程度产生影响，使得组织更加复杂，进而打破组织的稳定（通过增加边界人员）。在该理论适应一个不同的视角时，我们必须承认，这只是该问题一个可能不太重要的（marginal）方面。环境的复杂性——根据竞争者数量与竞争者吸引选民的能力来界定——虽然增加了组织内部的复杂性，但并不会破坏组织的稳定。相反，它直接威胁的是组织的认同（依赖于对其支持基础施加的控制）。如果一个告解型政党（confessional party）的部分信徒选民笃信了一个新的宗教型政党，结果就不仅是选举的失败了，因为该党特有的认同也处于危险之中。比起损失一小部分信教选民而言，该党更能忍受损失它的部分世俗选民。失去世俗选民仅仅给选举策略带来问题，失去信教选民将带来组织认同的问题。类似地，一个工人党更易于忍受失去资产阶级选民而非是它的工人选民。

某党竞争者对其认同的攻击会打破组织的稳定，因为它损害了该党分配集体性激励的能力，因而激起了对其领导层可信度（即合法性）的怀疑。由于复杂性而带来的环境的不确定支持主导联盟的分裂和不稳定，给党内少数派提供了攻击的口实。

当（环境的）复杂性非常高时，环境就会危及组织的稳定，引发党内不

---

\* 1990 年代中期曾经消亡，2004 年重组。——译者注

同集团的政治内斗（in—fighting）；认同的丧失降低了主导联盟对集体性激励进行分配的控制。

因此，选举领域的复杂与不稳定会导致党内的各种分歧。然而，一旦跨过特定门槛，可能会出现截然相反的影响——政党也可能变得更为团结。如果选举领域变得非常复杂（许多竞争者吸引的是相同的选民）或者环境变得过于混乱（因为过度的选民流动性产生了巨大的不稳定性），选举领域就自动对组织不友善了；然后党员有可能紧密追随领袖们，消除了党内少数人的机动性。在完全竞争的选举领域中活动却很团结，各种研究已经支持了这一假设。[14] 因而我们可以假定在环境不确定性和组织稳定性之间存在一种线性关系。一个简单和/或相对温和的环境不会给组织带来很大压力；这促进了组织的稳定，并让主导联盟大大控制了党内区隔。当环境变得复杂和/或不稳定时，不稳定的压力会变得强大。在某个门槛以上，极度复杂性和不稳定性转变为敌意（威胁到生存）；这会产生新的政党稳定，并导致主导联盟的凝聚力逐渐增加。

一个有趣的例子是德国自由党（PDP），当它在 20 世纪 50 年代和 60 年代分裂为一个温和派系和一个改革派系时——它面临着严峻的挑战：在大联合执政（the Great Coalition）形成后（1966—1969），它被排除在了政府之外，并逐渐失去了选举共识，这产生了非常接近于选举百分之五的分隔点（cut—off point）。在面临极度敌对的环境威胁到其生存的时候，该党以彻底替换领导层（包括党内左派的胜出）作出回应，这增加了主导联盟的稳定和团结，并显著增强了组织实力。[15]

这里我们将以两项观察结果来做出结论。首先，简单/复杂的环境与稳定/不稳定的环境之间的区分只是分析性的。它对辨别相同问题的互补方面起着作用；尽管各种可能的组合总有可能，但最可能的一组我们刚才已经陈述过了。竞争者的有无影响着选民的流动性，而这反过来增加了竞争者出现的可能。

第二，在讨论环境压力之于组织的影响时，不应当遗忘制度化水平的作用。如我们主张的那样，政党的制度化水平越高，环境压力的影响就越小。在特定的范围内，强制度化起到了减少不确定性的作用。制度化越强，政党就越能够控制选举领域，它可通过增加稳定（如，通过借助政治亚文化形成大量"铁杆"选民）和减少复杂性（强制度化阻止了竞争者的出现)来实现。因而人们会仓促定论,认为具有强制度的各政党之体系也必须符合简单的或相对温和的选举领域,反之亦然。换句话说,人们可以推断,只有制度化的程度决定了选举领域的特点。如果政党领域并不那么为数众多、相互依赖的话,这可能是事实。[16]选举领域受其他领域的影响,它也会影响其他领域。领域之间的这种相互依赖是环境变迁的主要原因;比如,利益集团面相的变化或政府官僚结构面相的变化,以及在政党的这些领域或其他领域中交换方面随之而来的变化,也会影响所有其他的领域,包括选举领域。即使强制度也只能在一定的程度上控制它们自己的环境。潜在的帝国主义,即垄断环境的进攻性战略,因而也只能在某种程度上保护强制度。不仅仅因为这一战略引出了其他受威胁的组织的进攻性反应,而且因为各领域(而且它们为数不少)的相互依赖使得环境不可控,即使是对一个强制度而言。[17]

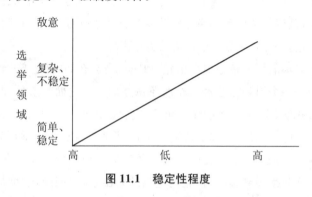

**图 11.1 稳定性程度**

这些观察提醒我们,在讨论政党—环境的各种关系时仅仅检视选举领域的特征将会是一个严重的失误。政党在许多领域活动,它们的活动清单需要特别的(ad hoc)调查。因此,在其他领域压力的影响下,或者是在夹杂着其他领域压力的影响下,一个复杂且不稳定的选举领域的影响总是中性的。

## 选举领域和议会领域:相互依赖

议会领域是环境压力的一个自主来源。制度化约束结构化的领域

（比如，议会的制度化程度、议会规章等）、不同的议会党团的权力分配以及所代表的政党的类型，是影响每一个政党与其他政党在议会场域进行的交换过程的全部因素。我们自己将限于考虑一方面：选举领域与议会领域相互依赖的方式影响党内次序。一般来说，我们可以检视：(1)就与其他组织的交换关系而言，某党在任一领域的各种关系；(2)领域间的相互依赖：两个领域内的交换彼此约束对方，一领域的交换取决于另一领域的交换。[18]很明显，选举领域和议会领域之间是相互依赖的：无论哪类选举体系的调节（以及该选举制度过度代表和低度代表对政党可能的影响），[19]控制的议席数依赖于获得的选票数。议席数影响政党间关系（即执政的选择权、实际的策略等）。比如，一个反对党，它获得了形成议会党团的足够席位，相比于那些无法形成议会党团的反对党来说，有无比大的(incomparably higher)行动选择。

在前一章，我们提到选举规模也可以影响政党规模，现在我们可以说，它间接影响组织与其环境的关系。在这里我们必须区分具有"联盟"潜力或"勒索"(blackmail)潜力的政党与那些不具备这些潜力的政党。[20]如果政党的选举规模太小而不能约束其他政党以及议会的策略或战略，该党在政治上是不相关的。这种可能性也可能对组织规模产生负面影响。既然该党政治上是不相关的，而且持续时间很长，最初的热情就会渐渐消失，许多积极党员会离开，规模或下降或停滞不前，跨过"生存门槛"（允许制度化）的机会就消失了。我们也可以假定"联盟潜力"的发展由于选举规模不足而失败，强化了位于生存门槛之下的政党典型的宗派主义的恶性循环。

选举规模、政党与环境的关系（议会领域是首要的）以及组织后果间的三角关系是复杂的，而且大部分都未曾探讨过。我们将只分析一个重要方面。人们可能会认为，选举规模的变化（产生议会权力关系的变化，因此影响可利用的政治选择）影响了政党主导联盟的团结和稳定。特别地，政党在议会内拥有的政治选择数也是其选举规模的函数。我们的假设是，可能存在的议会结盟数越多，各类反对派的选择也就越多（"强硬"、"温和"等），[21]党内的张力也就越大。如果某党在议会内有许多选择，党内主张不同政治战略的集团可能会一样多。政党议会领域是复杂的，并给政党施加了不稳定压力。相反，当某个政党——因为选举规模小——

鲜有可行的议会选择时，该党的议会领域"简单"，施加的不稳定压力寥寥无几或几近于无。这种情况会发生，比如，当一个政党，在完全取决于合作各方支配的情形下，无法"彻底反对体系"时，只能选择接受参与联合政府。我们将用帝国时期德国社会民主党的历史为例来说明这一情况。

一直到 1884 年，德国社会民主党的议会党团（Fraktion），在德国议会（Reichstag，旧德意志国民大会）中非常边缘化，即无法影响议会博弈。它把自己局限于利用议会作为其社会主义宣传的讲坛。在 1884 年，社会民主党获得了重大的选举成就（获得了 9.7% 的选票，1881 年为 6.1%），并把 24 名代表送进了议会：

> 这次选举标志着一个转折点，不仅在于选票的增加，而且更深层的意义上在于政党的政策。量的改变意味着一些质的变化。第一次，在政治劳工运动的 20 年生涯中，该党议员处于有可能会影响议会投票结果的情形下。这是真实的，不仅是因为有了 24 个议席，而且也是因为俾斯麦（Bismarch）可依靠的各政党又一次未能达到绝对多数。社会民主党能够成为在议会投票中进行谈判的一个因素，这种可能性出现了，特别是当俾斯麦的反对者在投票结果相当的议题上需要支持时。此外，拥有 24 名议员，社会民主党的领袖们意识到了对其选民的责任，需要去考虑在什么程度下他们有义务在议会内追求赞成政策，而非以往毫不妥协的反对政策。[22]

1884 年选举的成功也让德国社会民主党在品质上从宗派跃升为政党，获得了"勒索"潜力和"联盟"潜力。它的重要地位，让它从只有唯一战略（毫不妥协的反对）上升到能提供多种选择的战略：毫不妥协的反对、或者与资产阶级进行有限合作，等等。这一合作战略以"温和主义者"（国会议员）为其先锋，他们的数量因大选而增加了。与此同时，国家对社会民主党再度解禁了。通过有效的《反社会主义法》进行的政府镇压暂时被削弱了，环境的敌意降低了。一方面，议会领域变得更加复杂：在 1884 年前，只有唯一可行的战略（毫不妥协的反对），在 1884 年后，选择多了。激进派主张延续"不妥协"战略，温和派主张积极的合作战略，最后倍倍尔（Bebel）采用了一种更加模棱两可的战略，既不正面反抗，也不公开合作。另一方面，环境的敌意也消失了。两者结合起来，预示着组织内严重冲突的阶段的来临。当1884年俾斯麦主张给蒸汽船舶进行国家财政补助时，一场危机爆发了。它分裂了社会民主党，因为强化商船队被认为是德国殖民主义的下一个步伐。议会党团中较为温和的边缘一方支持这一措施，因为它预见了可能的雇工优势。激进派强力反对该主张，因为他们认为这试图增强德国的帝国主义倾向。议会党团内冲突尖锐，党内纪律濒于崩溃。激进派与温和派的立场针锋相对。该党议员，奥尔（Ignazio Auer）说：

> 社会主义工人党（The Socialist Workers Party）不再是党员信誓旦旦地发誓的宗派，而是一个政党了，在党内有这样的空间，因为它必须留有发表下属不同观点的空间……这就触及了整个危机的根本议题，不仅包括蒸汽船舶补贴本身。社会民主党的运动正在改变，它从一个单一的、热心抗议的运动转变为一个温和的议会内政党，社会民主党愿意去认识这一事实的全部含义吗？奥尔和其他温和派准备去遵循这些含义。然而，对于激进派，这是一个痛苦的转型，因为他们不能克服他们对议会政治（parliamentarism）的矛盾态度。[23]

经过妥协，危机最后解决了，但是激进派和温和派的冲突还在继续［下一场危机的爆发是关于社会民主党党员（Sozialdemokrat）、党的秘密（clandestine）组织的政治控制问题］，一直延续到了大选结果惨败的圣加仑州党代会后（St Gall Congress，1887）。在这期间（1884—1887），倍倍尔竭力反对温和派议员向右倾（flight-to-the-right），但同时采取了改革战略，并与资产阶级政党谈判以得到工人阶级的承认。那时候激进派反倍倍尔的论战特别激烈。

1886年以后，政治形势又一次改变了。俾斯麦顽固地使用了《反社会主义法》（比如，倍倍尔、奥尔和福尔马尔在那一年被捕）。环境对社会民主党再一次变得不友善了。社会民主党在1887年的选举中赢得了更多的选票（从9.7%到10.1%），但是蒙受了关键性的席位丢失（从24席到11席）。政党的联盟能力和勒索能力急剧下降：议会领域再一次变得相对简单了，因为在议会中可用的选择非常少了。这——与恢复镇压相结合——"巩固"了组织，增加了主导联盟的团结和稳定（倍倍尔毫无疑问在当时巩固了他的权力）。在新的议会情势下：

> 小型代表团造成了一些不利因素，但这不会让倍倍尔失望。大

的代表团,正像前几年已经出现的那样,很难控制。如果社会民主党赢得了三十席席位,倍倍尔就会想,他们将同至少"20 个小政治家"辩论。一个小团体,倍倍尔可以用他自己的意愿控制议会党团,只要他服刑完成。[24]

# 对立与竞争:结盟政治

存在竞争者的环境是复杂的,因而是无法预测的。党的领袖们对竞争者的立场,总比对正式的反对派更有敌意、更富攻击性。在不同国家,社会主义者和共产主义者的关系史就是一个长序列的、为暂时的和解所中断的激烈论战("阶级背叛"、"社会法西斯主义"、"极权主义"等)。这并非偶然;它符合政党对稳定的根本需要。对某个政党的支持基础提出所有权要求的竞争者,威胁到了该党的认同,并危及它的稳定;该党主导联盟唯一的防御手段就是变得敌对。这个政党必须否决竞争者对其支持基础提出所有权的要求,以保护党的认同(既关于其自身的支持基础——政党的社会基础——也关于党员)。结果,两个竞争性政党之间的结盟可能会威胁到这两个政党的认同。这种自相矛盾的后果——就是最稳定的结盟发生在对手之间(有意识形态上的距离)而最不稳定的结盟发生在竞争者之间(意识形态上的相似性)——与有关结盟的一个众所周知的理论相冲突。[25]

另一个后果就是,制度化水平保持恒定(hold constant),如果某党反对其他所有竞争性政党(不管是执政还是在野),比起同竞争者的结盟,该党主导联盟的稳定与团结会更强。避免与竞争者结盟,政党就可以避免竞争者带来的不稳定压力。这部分地解释了意大利天主教民主党的主导联盟传统的不稳定,该主导联盟经常与各种局部的竞争者合作。[26]这也解释了为什么严重的危机冲击了 1929—1931 年执政试验(有一个竞争性政党,即自由党的外部支持)期间的工党,然而在艾德礼政府时期(工党拥有绝对多数)工党之团结毫发未损。[27]其他的例子有,工人国际法国支部的主导联盟——已经带领全党超过十五年的布鲁姆-富尔(Blum-Faure)轴心——在当工人国际法国支部与人民阵线（Popular Front）以及工人国际法国支部的竞争者：法国共产党的支持下进入政府时是如何解散的；英国保守党在与自由党结盟时期（1915—1921）的严重冲突，[28] 以及源于德国社会民主党在 1912 年选举中由于与自由党分享选票而引发的冲突。[29]

总之，政党的稳定取决于它维护其自身认同的能力。然而，认同总是受到存在的竞争者的威胁；而且如果它们结盟的话，认同将会更加濒危。各竞争政党之间结盟，不仅会威胁到各党的稳定，而且进一步增加了环境的不可预测性。这反过来使得联盟愈不稳固。为了让意识形态相似的两个政党维持一个稳定的联盟，必须至少满足下列条件之一：

（1）两党只是看起来像竞争者：尽管它们的象征体系（即界定它们势力范围的意识形态目标）类似，但它们吸引的选民在社会上和政治上都不同。这种情况的一个例子是，在一个社会主义政党（它的支持基础是工人阶级和白领）与一个"新左派"政党（其支持基础是激进取向的学生和知识分子）之间的结盟。

（2）结盟的搭档之一太过弱小，因此不能吸引另一方的支持基础。在这种情况下，较强政党的认同不会受到威胁：它的环境是相对简单的，环境不确定性也是最低的、容易被控制的。弱势的政党，因为非常脆弱，发现自己处于一个充满敌意的环境中（复杂性与不稳定性都最大化）。环境不确定性和组织稳定之间的曲线关系保证了，它的主导联盟将会是团结的、稳定的。没有任何一方有威胁（尽管出于相反的理由），结盟将维持稳定。对在冷战时期意大利的共产主义者和社会主义者之间的"统一行动协议"（unitary of action pact）而言，这在一定程度上是真实的。意大利社会党的虚弱与其说是数量的问题（即因选举的虚弱），还不如说是与意大利共产党的竞争：在冷战阶段严重明显的两极分化时期，后者是"社会主义家庭"的忠实代表（苏联），意大利社会党别无他法，只得接受从属地位。其环境也出于同样的原因而极不友善，以至于它反而稳定了其主导联盟［南尼—莫兰迪联盟（Nanni-Morandi）］。[30]

这种论证解释了欧洲各社会党与共产党在结盟与周期性冲突之间的传统难题。

它也解释了为什么大部分稳定的政府联盟发生在传统的共识性民主国家中（consociative democracies），[31] 比如，在"分隔"（segmented）社会中,政党有完全不重叠的选举追随者(支柱,Verzuiling,Pillars)*。这些政党可能是对手但非竞争者。执政联盟是稳定的,因为当对手被迫共存时(cohabit),它们之间的竞争在结构上是不可能的。[32]当(如在荷兰发生的那样)社会的各种区隔(或政治亚文化)逐渐消失以及选民的易变性增加,让各政党变成竞争者时,共识性联盟之稳定性的终结就来临了。[33]

然而,我们应当记得,结盟的诸竞争性政党,其制度化水平是一个重要的干预变量。虽然是与竞争者结盟,但比起弱制度化的政党来说,一个强制度化的政党能够更好地维护自身的稳定。因而制度化都很强的两个竞争者之间的联盟也是稳定的。这符合威尔逊(Wilson)描述的两个组织结盟的情况:它们都很自主,并且支配着丰富的资源。[34]然而,两个制度化水平相当的组织结盟的情况是十分罕见的。结盟不可避免地危及制度化水平相对较低的组织的稳定,它可以给制度化水平较低的政党施加额外的去制度化压力(因而增加了它们的内部张力),并分裂它们的主导联盟。到了临界点解散联盟以保卫政党稳定的压力就变得无法抗拒了。

与特定的趋同共存相比,稳固的结盟在政治中非常罕见。主要原因与其说是在于领袖们表现出的"不真诚",还不如说是在于施加给组织的环境压力。

### 注 释

1. J. Gabarro, "Organizational Adaptation to Environmental Change," in Baker, ed., *Organizational System*, pp.196—215.

2. 这一表述来自克罗泽与弗里德威格的《行动者与系统》(*L'Acteur et le systeme*),第112页。

3. P.E.White, "Intra and Interorganizational Studies: Do they Require Separate Conceptualizations?," *Administration and Society*, VI(1974), pp.107—152.

---

\* 廖立文将其翻译为柱植化,参见廖立文:《比利时政党政治的建构与治理》,载《台湾国际研究季刊》2007年冬季号,第3卷第4期。而根据维基百科的解释:柱植化(Verzuiling)一词被用于描述荷兰与比利时社会中的政治—教派的区隔。这些社会(以及一些区域,也是如此)根据不同的宗教和意识形态被"纵向"分割为几个部分或"支柱",这些支柱都有其各自的社会制度。他们有自己的报纸、广播、政党、工会、银行、学校、医院和大学,物色自己的组织人才和体育人才。有些公司甚至雇用特定宗教或意识形态的人员。这就导致这样一种情境:许多人与另外一个支柱的支持者没有任何私人联系。参见 http://en.wikipedia.org/wiki/Pillarisation。——译者注

4. P.R.Lawrence，J.Lorsch，*Organization and Environment*：*Managing Differentiation and Integration*，Cambridge，Harvard University Press，1967.

5. 参见 F.E.Emery 与 E.L.Trist，*Toward a Social Ecology*，London，Plenum Press，1973；以及"The Causal Texture of Organizational Environments," in Baker，*Organizational System*，pp.165—177。

6. D.S.Mileti 及 D.F.Gillespie，"An Integrated Formalization of Organization—Environment Interdependencies," *Human Relations*，XXIX(1976)，p.91.

7. 比照 S.M.Shortell，"The Role of Environment in a Configurational Theory of Organization," *Human Relations*，XXX(1977)，pp.275—302 以及 P.N.Khandwalla，*Environment and the Organization Structure of Firms*，Montreal，McGill University Press，1970。

8. L.Goser，*The Functions of Social Conflict*，New York，The Free Press，1956.

9. 我以"制度约束"来理解构成政党各领域、并进而影响组织的那些相对稳定的因素。在这个方面，为迪韦尔热在 30 多年前提出的许多观察，至今仍然有价值，例如关于选举制度的作用、关于国家机关的构成的作用（集权还是分权）。与相对多数选举制相比，比例代表制倾向于导致党内权力的更为集中。国家行政权的高度集中同样有类似效果。这类影响可为其他因素的作用所冲销（比如，起源模式以及制度化）；而且，事实上，在相同的选制以及/或者相同的国家组织构成下，具有不同权力集中水平的政党也经常会共存。除了制度性的约束有特殊的重要性之外，我们也应当提到，关系到政党党内生活（德意志联邦共和国）的立法机构，以及关系到政党公共资助的法律。有关后一点，参见 H.E.Alexander，ed.，Political Finance，London，Sage Publications，1979。

10. 参见 R.Rose，ed.，*Electoral Behaviour*：*A Comparative Handbook*，New York，The Free Press，1974。

11. Rokkan，*Citizens*，*Elections*，*Parties*.

12. F.L.Wilson，*The Revitalization of French Parties*.

13. 在 J.Q.威尔逊(J.Q.Wilson)的《政治组织》(*Political Organizations*)（第 262 页及以后）中作出区分的基础之上形成的。也可参见 Eliassen 和 Svaasand，*The Formation of Mass Political Organizations*，p.103。

14. 诸多文献中请参见 D.S.Catlin，"Toward a Functionalist Theory of Political Parties：Inter-Party Competition in North Carolina," pp.217—245；以及 W.J.Crotty，"The Party Organization and its Activities," in W.J.Crotty，ed.，*Approaches to the Study of Political Organizations*，Allyn and Bacon，1968，pp.247—306。J.A.Schlesinger，*Ambition and Politics*，p.130。

15. 关于这一事件，请参见 G.E.Roberts，"Organization, Identity and Survival：The Free Democratic Party in West Germany,"该论文在 1987 年欧洲政治研究协会(ECPR)于格勒诺布尔(Grenoble)举办的政治组织的学术研讨会上发表，为油

印文本。

16. 社会变革,当然,能够干涉那些严重影响政党的社会基础,即政党的支持基础:此类结构改变传统上是由社会学家研究的。也许"纯粹"的社会学路径更适合讲"归约化"(即将社会学归纳为单纯研究社会各阶级),我与使用"纯粹"社会学路径的那些人不同,我不相信政党演化的"纯粹"社会学解释(原因本书中已充分列举过了)是理解组织的演化和变革的充分条件(尽管当然是必要条件)。

17. 这与错综复杂、相互依赖的各个体系中社会活动的"非预期后果"相关。参见 R. Boudon, *Effets pervers et ordre social*, Paris, Presses Universitaire de France, 1977。

18. 相互依赖之后果的初步探索, 参见 T. M. Hennessey 与 J. Martin, "Exchange Theory and Parliamentary Instability," in Kornberg, ed., *Legislature in Comparative Perspective*, pp.182—202。

19. Fisichella, *Sviluppo politico e sistemi elettorali*.

20. Sartori, *Parties and Party Systems*, pp.121—125.

21. 有关议会反对党的各种类型,参见 Kirchheimer, *Politics*, *Law and Social Change*, pp.295ff。也可参见 M.N.Franklin, "Patterns of Opposition Behavior in Modern Legislatures," in Kornberg, ed., *Legislatures in Comparative Perspective*, pp.421—446。

22. Lidtke, *The Outlawed Party*, p.185.

23. Ibid., pp.198—199.

24. Ibid., p.260.顺便说一句,一个敏感的历史学家的观察,是对那些认为政党的目标总是选择"最大化"的人们的最好回应。组织现象的复杂性在于,对于位居特殊职位的某些行动者而言,有时大选的失败被认为比选举成功更受欢迎。

25. 参见 M. Leiserson, "Factions and Coalitions in One—Party Japan," *American Political Science Review*, LXII(1968), pp.770—787;以及 R.Axelrod, *Conflict of Interest*, Chicago, Markham Publishing Co., 1970。

26. 一定程度上的竞争者是因为,自 1948 年起由德·加斯贝利建立的意大利天主教民主党的支持基础包括天主教世界,以及——作为中阶方的显贵们——世俗的部分中产阶级。恰恰是在世俗中产阶级中,意大利共和党(The Italian Republican Party, PRI)、意大利民主社会党(The Italian Democratic Socialist Party(Italian:Partito Socialista Democratico Italiano, PSDI))、意大利自由党(The Italian Liberal Party(Partito Liberale Italiano, PLI))曾是(现在还是)意大利天主教人民党的竞争者。

27. 参见 Minkin 和 Seyd, *The British Labor Party*。

28. Ramsden, *The Age of Balfour and Baldwin*, pp.147ff.

29. Schorske, *German Social Democracy*, pp.191ff.

30. 冷战的结束在一方面决定了两党联盟的瓦解,而另一方面,则使得意大利社会党主导联盟更不稳定——根据我们的假设,这两个现象可以用环境敌意的减弱来解释。

31. 有关荷兰的案例，参见 A. Lijphart，*The Politics of Accommodation*，Berkeley，University of California Press，1975。从 1918 年到 1965 年间，稳定的联合政府是荷兰的规律（这同欧洲其他的小民主国相反）：参见 H.Daalder，"Governi e sistemi di partito in dieci piccole democrazie europee," *Rivista Italiana di Scienza Politica*，I(1971)，p.278。

32. 领袖们对各自的政党组织严密的"寡头式"控制，这是"协和式"联合政府的原则，参见 Lijphart，*Politics of Accommodation*，pp.141ff。

33. 关于选举不稳定性的日渐增加而导致协和式民主的终结，请参见 A.Pappalardo，"Le condizioni della democrazia consociativa. Una critica logica e empirica," *Rivista Italiana di Scienza Politica*，IX(1979)，pp.364—455。

34. 参见 J.Q.Wilson，*Political Organizations*，pp.263ff。结成联盟的各政党所面临的困难在力图合并的情况下更为明显。继提出政党的权力取决于政党官僚制的质量之后，马克斯·韦伯(Max Weber)观察到："各政党机器的互相敌视比实际的差异更大，这解释了新兴政党的诸多难题。"[《经济与社会》(*Economy and Society*)第 1399 页]。事实上，合并意味着认同的重建——哪些集团将在争夺新组织控制权的斗争中最终胜出，这从一开始就不是完全清晰的——除非存在明显的权力不均衡（然而，这本身就使得合并更不可能）。

# 第十二章
# 政治专业化与官僚专业化

在前文中，我们已经提到政党官僚以及官僚化的程度，前者意味着一组付薪的官僚，后者意味着组织全体成员中的官僚数量。在讨论克里斯玛型政党的特征时（第八章），我们指出，相对清晰的劳动分工、形式上确定的竞争空间以及可识别的等级也适用于官僚。

尽管如此，这一简单定义，已经使我们关注政党间差异的最重要方面。官僚化水平（即官僚数）的差异——尽管与其他因素相结合——成为我们区分强组织和弱组织的基础。高度制度化的政党，拥有大量的中央（全国的）官僚（除了有其他特征外），能够从环境中实现自主、并达到党内结构的高度凝聚。自主与官僚化的程度相关联，因为它是官僚结构的属性之一，官僚结构试图"消除或控制所有之于组织成员行为的组织外影响。官僚特征的目的是尽可能地隔绝组织的有害影响"[1]。反过来，因为官僚机构的成长与生俱来的集权趋势，结构的团结（即体系化的程度）与官僚化的程度相关联：在强大的官僚结构中，"中央"有非常有效的工具去控制组织的外围。

因而，官僚的作用是这里形成的分析框架的中心。截至此处使用的简单定义，满足了我们自己设定的目标之需。一旦更严格地检视该概念，我们就会面临错综复杂的问题，这些问题在现有文献中依然非常困惑。撇开奥斯特罗果尔斯基、韦伯、米歇尔斯，官僚制无疑是政党研究中最被人忽视的议题（比如，各层级之间的关系、官僚的态度等），研究几近于无（而且没有比较研究），大多数政党中大量的领薪官僚不为人知——部分是由于党领袖们在提供政党机器的组成信息上沉默寡言。这是由于，对官僚一词[2]包含的、普遍的负面含义和专业化政治家在公共场合的负面形象(其中官僚不外是尤其重要的亚类型)。接下来的分析,一方面力求对这一现象作概念上的分类;另一方面力求在政治专业化的类型学内拟定党官僚的问题。就像在前几章那样(关于规模、复杂性及环境的影响),由于前述理由,之前形成的假设和概括不能为充分的经验数据所证实。

# 政治专业化与官僚专业化

全职官僚通常符合"政治专业人员"的原型,根据韦伯的定义,他"以政治为生"(he who "live politics")。[3]政治"官僚"(bureaucrat)和"职业政治家"(professional politician)一般被用作同义词。但官僚——稳定地受雇于某个政治组织的一名全职管理者(administrator)——只是政治专业化的一种可能的化身。政治专业人员只不过把他大部分的,如果不是全部的话,工作活动献身于政治,并从中找到生计的主要来源。比如,一名党的领袖,是一名政治专业人员(他的政治责任当然不会给大量的、政治外的工作活动留下空间),但很少是一名官僚。他更应当被视为一名企业家(根据本书列出的政治领导的观点)。这两类政治专业人员——官僚和企业家之间的区分——只不过是我们提供的诸多区分之一。

必须作出的第二种区分是在官僚与专家之间,即在专门从事政党"机器"运行的管理者与"专业人员"(由社会学专业对这一词的专门运用)——拥有特殊的、在政治与政党之外技巧的人之间。伊莱亚森(Eliassen)和佩德森(Pedersen)[4]在他们对大众型政党成功后国会议员的专业化程度的检视中,注意到了文献中使用"政治专业化"词语的含混不清和多重标准。这类词经常表示两个相当不同的事情,比如说,两类不同的"职业化"。一类是"干部"型政党的显贵们被大众型政党的官僚所取代,这里使用的政治专业化与政党官僚同义。但职业化也常用来表明某种非常不同的进程:具有贵族和企业家背景的议员(各自由党和保守党)以及工人阶级背景的(各社会党)议员被出身于中上层阶级的、新的、受过高等教育的人士逐渐取代;这些人主要受雇于因国家干预的扩张而形成的新阶层特有的职业(如教师、公共运营者等)。这种现象通常被解释为政治决策的本质日益技术化的后果,这些政治决策需要远胜过去的"专业"技巧。在第二层意义上,职业化实际上意味着,在国家干预的所有部门中,拥有广泛教育背景的议会—技术构成的增加。比如,古茨曼(Guttsmann)[5]在他讨论英国议会的社会成分的转型中,用了"职业化"一词,但很清楚,在这一体系中工党议员与保守党议员均不是政党官僚(因为两党均禁止政党官僚竞选公职),作者是在第二重意义上使用该词的。伊莱亚森和佩德森准确观察到,为了避免混淆,我们必须区分两种进程,它们在 20 世纪改变了议会的成分:一个是因大众型政党动员产生的政治职业化(即党官僚的议会化);另一个是因政治决策的日渐分殊化、复杂化和技术化而产生的智识(intellectual)的职业化(即专家的议会化)。我们提出这一理论,以便阐明政治专业化的问题多么复杂。党官僚只不过是在政治专业主义范围内诸多可能的形象中出现的一种。为了进一步区分,我们现在必须更好地界定官僚,以及更确切地界定党官僚的概念。

# 政党官僚制的定义:

同社会科学中频繁使用的许多其他概念一样,官僚制也可以通过不同的方法进行界定。[6]在认为属于该词的所有可能的含义中,只有三种含义[7]看起来有用——尽管在描述党内的官僚现象时——各不相同:

(1)作为管理组件(administrative component)的官僚制,负责维持组织的官僚占全员之比;[8]

(2)作为一种组织的官僚制,其特征由韦伯的理想类型界定;

(3)作为"官僚支配"(domination of bureaucrats)的官僚制。

第一种基本上是我们目前用来区分强组织与弱组织的定义。我们也部分地使用了第二个含义:官僚制(如保守党中央办公室)的特征有科层制(hierarchy)、劳动分工、角色标准化、程序,以及间或的竞争与公正。就像韦伯自己的那套方法论一样,在具体的情形中必须要发现一些、但非全部的理想类型的组件(特别是科层制和劳动分工)。类似于第一种界定,关于政党官僚制的一个可控制的、有用的定义看起来是这样的：政党官僚是一群管理者，致力于机构的维持，这些机构至少有韦伯式的理想类型的某些特征。他们是具有常规的管理功能的付薪官僚这一事实解释了这些官僚的特征，如态度拘泥、规避风险以及依附于该机构本身。[9]

第三个定义不那么有用。它预先假定了官僚组织被它的官僚所控制。然而，正如我们所见，官僚组织——甚至是政党——几乎从未被官僚控制，相反它们是被企业家和运营者（manager）所控制。不同于米歇尔斯的论点，政策更多是由政治家而非官僚设计的，即使是官僚比例最高的政党也是如此[10]。这一批评也影射了奥斯特罗果尔斯基和韦伯的立场；他们视官僚为现代政党的主要因素，尽管如此，但他们却坚持认为政治领导层不能简化为官僚。韦伯承认，在特别稀有的情况中，官僚可以运营政党，这危及了政治家：在20世纪前十年的后半期，埃伯特（Ebert）取代了倍倍尔标志着——根据韦伯来看——德国社会民主党从由政治家支配转变到由官僚支配。[11]在某些情形下，官僚获得了这样一种支配角色，以至于在上层，他们难以与纯粹的政治家区分。在这种情况下，组织领袖通常由运营者（更趋于风险承担和"逐利"）和官僚（更关注常规和组织维持）组成。但即使在这种情况下，我们也应当区分源于官僚的运营者和那些源于其他的运营者，而不是仅仅假设"官僚支配"一种情形，我们应当记住之前系统阐述过的定义，官僚机构作为全职的管理者机关，负责组织的维持，这就显示了一些（但不完全是全部）韦伯式理想类型的特征。然而，明显的是，我们还没有可支配的、可理解党组织"官僚现象"动力的合适工具。

前述定义不可缺少的一部分是：官僚是被任命的，他们由运营者和/或由正规考试挑选出来，去执行特定的任务。此外，他们还必须让自己专门地关注行政活动，关注组织维持。然而，对于党官僚而言这点并非总是如此。

对某些政党而言，官僚确实符合这一定义，比如，英国的保守党和工党，官僚由顶层人士任命，他们被严格排除在公共政治活动之外，而且必须完全献身于行政事务。然而，对于许多别的政党——特别是在各群众型社会党和共产党内——官僚是受雇的，并由领袖们分配给他们不同的任务，但他们的任命一般需要普通党员以选举的形式予以进一步批准。他们不会仅仅献身于行政活动，而且——有时候特别会——献身于公共活动；他们是参与竞选以及党内外所有政治活动的政治领袖们。

因而也有两类不同的政党官僚——我们将称它们为行政官僚和代议官僚。[12]许多党官僚的代议特征依赖下述事实：在某种程度上，政党是一个混合体，结合了官僚组织（因而是一个利益体系）的特征和志愿协会（因而是一个团结体系）的特征。更一般地，它依赖如下事实：各级领袖们的挑选包括两个不同的必需品：功能性（functionality）和合法化（legitimation）。正如观察到的那样：

> 应当强调的是，通过政党挑选领导层的过程在现代工业社会是相当复杂的。相对于官僚组织，它们的人事录用几乎专门是以空缺职务和职位的功能需要为目的，作为志愿性协会的政党，另有主要通过竞争性的选举过程保卫领导层挑选的民主合法性的目的。[13]

因而有两类官僚制。一类在很大程度上符合其他组织的行政组件（行政官僚机构），而另一类是各政党和工会（代议官僚机构）单独享有的。这二者的区别可以被解释为官僚组织必须担负的控制体系的差异。在行政官僚制下，控制体系（如同韦伯式的理想类型）是独一无二的：科层制。行政官僚的任务由政治领袖们分配的。他们完全符合管理者的形象。代议官僚自动接受两类控制结构：科层控制和（之后的）选举控制。这一后果源于如下事实：代议官僚不仅仅是一名管理者，而且也是一名政治领袖。因而代议官僚的定位是不明确的，而且表明了政党更一般的模棱两可（从组织的立场看）。他必须以行动和决定响应上级，但他也要接受普通党员的定期评价。当然，第二个控制体系（顾名思义，选举控制）的作用不应当被夸大。代议官僚的作用总与领导层的明显支配是一致的（如在德国社会民主党、意大利共产党、法国共产党中），即对官僚的提名保证了主导联盟对政党的控制，虽然官僚的"代表性"（选举授权，electoral investiture）也有合法化其作用的功能。[14]在这类政党内，官僚与其说是"基层"的代表，还不如说是"顶层"的听话的工具。选举授权（很容易为团结的主导联盟所控制）只不过强化了领袖之于普通积极分子的地位。比如，在意大利共产党内，代议官僚机构控制了联盟行政机构的压倒性多数，[15]而且其代表在全国党代会上过了半数。[16]换句话说，官僚的职业前景归因于上级的决定（即全国领袖们），他也领导各联盟，而且他为普通党员"挑选"出来去评价各级党代会上这些相同的上级。

因此，无须过高估计选举控制的重要性，但也不能过低估计。因为同样的机制也防止了(被任命的)官僚"怠慢"选举认可。这些时候的大量难题表明官僚无法与普通积极分子建立信任关系,这会严重伤及他在上级眼中的名誉。另一方面,稳固的信任关系强化了官僚对组织不确定区域的控制(领袖们必须考虑到官僚在积极分子中的成功)。

换句话说,官僚在纵向的交换关系中(与普通的积极分子)的有利地位,促进了他随后与领袖的交换。也是同一机制——由于其含糊不清——推动了代议官僚在他们掌权时做的任何事,目的是为了保证两个叠加的控制体系(科层控制体系和选举控制体系)不会冲突,并具体激励他们围绕政治战略(由他们的上级决定)获得基层的共识。

当行政官僚机构和代议官僚机构之间有明显差别时,不应当高估这些差别,我们以这个点评来结束此次讨论。两类官僚机构的区分,就像政治和行政的区分那样,有点过于细小,而且二者的分界线经常移转。

这首先是因为即使是代议官僚——尽管也是一名政治家——必须把他的许多活动用于行政,用于组织机构的维持。官僚们经常内化的价值和态度,更多是与参与日常活动的管理者的作用相一致,而不是跟参与支配活动的领袖的作用相一致。

第二,即使有时候行政官僚积极参与政治辩论(尽管限于党内生活),也不许他们(如果他们想要有效工作的话)与志愿积极分子有冲突关系。[17]最后,暂且不论这些纯粹的官僚机构形式——换句话说,行政和代议——也有许多复合形式:比如,基民盟的官僚机构联合了政治大佬(political boss)和普通雇员。[18]行政官僚机构和代议官僚机构均为政党主导联盟手中的工具。因而,从制度化程度的视角看,无论我们论及的是哪一种官僚机构,区别都不大。把选举控制体系放一边,保守的宗教代理人与各共产党联盟的上层官僚之间实际上没有差别。

# 官僚制与政治态度

强官僚制导致决策的集权化。但也有人说(在第十章),强官僚制意味着许多的科层层级,因此导致了行政决策(或日常事务)的分权化。高度官僚化的政党结合了政府(政治的)政策制定的高度集权和行政政策制定的高度分权。可能不全然清楚的是,为什么行政领域的权威委托(delegation)也不会对政治领域的分权施加压力(尤其是既然二者的分界线很模糊)。

在某个领域享有许多决策自主的人,能轻易地利用这种自主获得在其他领域的决策权,这实际上应当是合乎逻辑的。但由于之前已讨论过的一种现象(在第二章中,这种情况很难发生):在与全国领袖们的交换关系中官僚通常处于非常不利的地位。成为一名党官僚一般是不可逆的、不可更改的选择。他在政治之外的市场上并不能轻易地找到一份等量的工作;他享有的选择性激励的相对不可持续性也使得他易受领袖们的压力的影响:职业安全在这里起了决定性的作用。[19]官僚只能在组织内向上爬;这解释了他们对领袖们决定的顺从及依附,以及总是与高水平的官僚化同时发生的权威的高度集中,以及"机会结构的"向心特征。强官僚机关也解释了高度官僚化政党的主导联盟大体稳定、团结的实质。因为选择性激励有点不可持续,主导联盟在与官僚的纵向交换中也处于有利地位;而且这种地位更有利于横向的权力关系,比如,之于少数派精英。控制强官僚机关带给主导联盟的优势类似于执政党在其与反对党的关系中享有的优势:有一系列的资源由其支配,这些是对手所缺失的。[20]但在解释为什么官僚不过是领袖手中听话的工具时,选择性激励的相对无法替代性并不是唯一的因素,因为官僚本身是一名"信众"(如我们已看到的,信众和投机分子的区分只是分析性的),即他也从认同性激励中获益。在高度制度化的政党中,官僚的生涯通常需要见习期。在赫尔曼(Hellman)采访过的共产党官僚中,大多数来自青年联合会(youth federation)队伍,有70%的人去过共产党党校。[21]许多研究已经证实,组织忠诚取决于在组织内花的时间,同样取决于职业升迁的难度。[22]

第二,所有政党中的官僚,至少直到最近,都是从较不富裕的阶层中招募的。共产党官僚和社会党官僚地位流动的渐增——由于在他们各自的政党内,也亏得在他们各自政党内——通常增加了他们对党的感激和忠诚。类似地,下层社会的英国保守党干事——在20世纪初——对上流社会的心理认同解释了他们对组织领导层的忠诚(fidelity)。[23]选择性激励与认同性激励的结合,在政治之外的市场很难发现,这解释了为什么,即使是履行政治功能的一名代议官僚也无法在与领袖的交换中造成有利的权力关系,并阻挠决策权威的集中。它也解释了,为什么官僚经常在事实上更像一名管理者,而不是一名政治家。比如,它解释了官僚的倾向——为赫尔曼在意大利共产党的各个强联盟中发现的——把政治问题转化为行政问题。[24]它甚至解释了,1950 年后德国社会民主党中层官僚和底层官僚明显的不关心政治(apoliitcal)的特征。在德国社会民主党:

> 被选为书记的人将必须享有中立的声誉,以超脱于党内斗争。这一必须具备的先决条件(qualification)只能强化"非政治"特征,该特征是书记们的日常任务首先可能利用的。当政治生活中几乎每一个新议题造成党内的派系斗争时,官僚总是从"政治"中往后退。官僚首要积极的任务是使政党变得强大,以获得选举胜利,这必然包含着一种消极的态度:即对于任何导致战术改变的压力的消极态度,这种转变或使政党产生分歧,或使其疏远非社会主义的选民。政党官员(functionary)最渴望的是组织的和平与团结。[25]

因此,在高度官僚化的政党内,权威的集中取决于官僚享有的选择性激励和认同性激励的低度可持续性。但市场形势的变化至少可以部分地修正这一情境。最近意大利共产党增加了出身于中产阶级、受过高等教育的官僚,并减少了工人阶级出身的官僚,[26]这看似打破了组织的团结、统一和服从,不仅是因为这一改变在新型官僚和旧式积极党员之间造成了不确定的关系,而且因为这一变化显著改变了官僚—全国领袖之间的关系。尽管其他择业的可能性降低了,因为越来越多的时间投资于个人职业生涯,年轻的高校毕业生,拥有由于其中产阶级家庭出身的个人关系网,比起出身于工人阶级的旧式官僚而言,更加不轻易向压力屈服;而且还没有获得过职业流动,前者对政党也较少有"感激"之情。因而,官僚结构中的这种逆转(turn-over)有助于组织的去制度化以及主导联盟团结和稳定的丧失:因为,单个官僚在此刻忠诚于党内的某个竞争集团,可能比忠诚于党更为重要。[27]

# 专家和隐匿专业人员

已经识别了党官僚,我们现在必须把他的角色同其他的专业人员,尤其是与"专家"(expert),即严格意义上的专业人员的角色区分开来。但即使在这里我们也必须考虑到社会科学中使用的一贯含糊的行话,比如,未能区分政治专业化的两种不同类型,以及组织文献对官僚及专业人员的含混的、模棱两可的区分。从教科书来看,官僚和专业人员承担的职业任务至少有一点是共同的:他们都需要专业知识(尽管类型不同),但专业人员的训练一般比官僚需要更长时间。然而,这里重要的是官僚和专业人员服从不同的控制体系。官僚的控制体系是科层制,即依附于上级;专业人员采取了"同行评价"(peer judgment)的形式,评价标准(专业伦理)早已确立。[28]

因而,很明显这一区分一方面关系到在组织内工作的官僚,另一方面关系到独立的专业人员(律师、公证员、工程师、设计师等)——即那些从事自由职业的人。当我们想要在组织内区分官僚和专业人员时,这一区分将变得更加复杂;在这种情况下,分界线通常是业务角色(line roles,官僚)和参谋角色(staff roles,专业人员)。但真正区分二者的依然是控制体系。行政官僚机构和代议官僚机构的不同在于,前者从属于科层控制,后者从属于科层与选举的双重控制。类似地,专业人员——拥有专门知识的专家——从属于一个由科层判断和同行判断(特别是独立的同业人士)组成的双重控制体系。

就代议官僚机构来说,官僚的主要问题是避免这两个控制体系彼此对抗。同样地,由于双重控制体系以角色冲突的形式以及"忠诚交错重叠"的问题等形式出现,专业人员易遭受到困境和压力,这使得他们的专业地位在本质上是不稳定的。

让我们把这一推理应用于政党。以政党研究室的一名全职的、付薪的经济学家为例。他很可能会经历与双重控制体系有关的角色冲突和角色困境。就他是组织的雇员而言,他将自我克制,不去公开批评所在党的政治—经济立场。但就他是一名专业人员而言,他不能在同行面前丢失颜面,顾名思义,他是一名独立的经济学家(比如,在一所大学的最终教职可能比为党工作更吸引人、更有声望)。

当然,官僚和(参谋)专业人员的差别不应当被夸大。抽象地讲,经济学家与官僚的区别明显是业务角色和参谋(幕僚)角色的区别。但政党和公司的类比只能维持在某一平衡点上。在公司内,参谋办公室和业务办公室很容易辨认,但在党内情况并非总是如此。比如,在许多情况下,党的记者并非专业人员,即他并不从属于双重控制体系;他经常是个官僚——他为党报工作不过是其官僚职业的一小步。如果"研究室"的经济学家有政治头脑,而且幸运十足,他可能被选为议员。尽管他将可能主要继续研究经济问题,业务—参谋的区分问题重重。

在其他类型的组织中,官僚和专业人员的区分也经常是含混的。对二者最严格的区分(我到现在已然承认)与两个组织的成分的"理想模式"相一致:

> 把韦伯的模型分解成其成分维度的经验研究……导致了把专业化看为一种具有态度指涉的变量的群集(constellation),有一些变量已有标识。这些研究得出的证据挑战了专业化和官僚化之间全面冲突的观念……这些预见性的发现间接证实了工作组织的两个模型共同的、巨大的历史起源;那就是,他们强化了斯蒂凯姆布(Stincheombe)的假设,即官僚机构和专业化不过是一个更大的类别——理性行政——的子类型。[29]

因而经验研究似乎显示,官僚的角色和专业人员的角色只在一定程度上不一致;我们经常会发现其中的平衡和互相支持:许多官僚开始具有专业人士的态度,许多专业人士开始具有官僚的态度[30]。组织内专业人员之作用的内在不稳定取决于他们含混不清的特征:

> 在一个更大的对专业人员的分类下,专业人员的职业概念与技术型官僚的成就密不可分,"专业化"代表了一种含糊的选择:组织内的一个"专业化的职业"是职业固化的标志。它可以被认为是这样,或者不是这样。像工程师、会计这样的专业人员已经在外面社会有稳定的地位:专业制度保证了他们的文凭和等级,在理论上相对确保了他们"在劳动力市场上的地位维持"。他们在组织中期望获得的,准确来看,是技术型专家的权力;然而,"专业阶梯",提供的既不是资源的控制,也非参与中央的决策制定。[31]

这些观察也解释了,为什么党内专业人员的角色是内在地不稳固的:想要在组织内出人头地,专业人员必须成为一名官僚(或者经过公开选举的一名党代表),从参谋角色转为行业角色——否则他迟早要被迫在党外找一份更好的工作。另一个使这一图景复杂化、遮蔽官僚和专业人员区分的因素是一贯的限额制——尤其是在致力于公共部门庇护与垄断的执政党内——不明显或秘密的政治专业化。我们也涉及了一类独特的(sui generis)专业政治家,其在意大利天主教民主党中,[32]以及奥地利社会民主党[33]和其他许多政党内普遍存在。许多积极分子出现在党的正式名册中,作为管理者服务于公共机关或半公共机关。他们经常是政党职业化不明显的组成部分。幸亏有党帮忙,许多积极分子在党外,通常是在公共(政府)组织中就职。这些工作经常是闲职(sinecure),使积极分子可以为党全职工作,而不会加重党的预算。国家干预的增加产生了大量不明显的职业化,这一事实解释了在政治职业化的经验分析中遇到的许多困难。

# 官僚化和专业化

尽管围绕在官僚和(参谋)专业人员之间这种区分的灰色地带应该被阐明,然而他们确实组成了不同的专业形象。因而说一个政党正在发生官僚化或职业化,意义是不一样的。官僚化意味着特定类型的政治专业人员,即投身于组织维持、并在与全国领袖们的关系中处于极度不利地位的管理者的成长,因为他们享有的选择性激励和认同性激励相对不可持续。另一方面,职业化包含了组织雇佣的专家数的增加(或以短期合同的方式录用)。职业化是政党当前正进行的组织变迁的显著特征;它意味着旧式官僚重要性的下降和幕僚重要性的渐增。强调职业化的进程会导致党内权力关系的明显改变(许多变化在美国各政党中已经发生[34])。截然不同于官僚组织,专业化组织(或者专业人员的成分非常重要的那些组织)趋于分权。[35]分权是因为如下事实:组织领袖们对专家的控制要难于对管理者的控制。不像官僚那样,幕僚专业人员能在外部市场中找到工作,因而更不容易被收买。因而专业人员有目的地替代官僚应当会减少权威的集中,并且导致主导联盟的分裂。然而,职业化也会产生某些不同的影响。既然专业人员倾向于同政党在"纯粹"的工作环境中成为一名专家,即成为同他自己的政治/政党顾客交换专业服务的一名技术人员(technician),他对传统的认同性激励的需要就较少。职业化,也像其他因素一样,省去了领袖分配认同性激励的责任(因而摆脱了政治策略团结的问题),增加了领袖的行动自由。在任何情况下,职业化不可避免地助长了——与传统官僚机关的没落一起——政党制度化的降低。

# 执行者和专业人员:一个分类

在本章,我们已经讨论了许多归到政治专业化标题下的组织角色。而且我们也发现,官僚不过是政治专家许多类型中的一种;政党领导有不同的专业类型,因而韦伯对专业人员和外行(dilettante)的简单区分是不充分的。[36]专业人员也有许多不同的类型,在专业人员和外行之间也有许多极限情况。我们基于资源、政治类型、专业性程度进行区分,分离出政治执行者的七种基本类型:运营者(或政治企业家);显贵;代议官僚;执行官僚;幕僚专业人员;隐匿专业人员;半专业人员。

(1)运营者。

运营者是随着现代政党的出现(最初来自“干部”党)而问世的。全国领袖们都有经营的作用,与许多其他的专业人员形象一样,比如,美国之前的选举机器中的党的领袖们。当然会出现类型多样、风格各异的运营者。有三种最重要的领袖:具有贵族血统的领袖、具有官僚化—政党出身的领袖,以及出现在传统的招募渠道之外的克里斯玛型领袖。

(2)贵族。

贵族是典型的政治“外行”,他们靠政治以外的资源过活,并把社会—经济中心地位转化为政治权力。他们是旧式的“干部”党的支柱。韦伯的(以及迪韦尔热的)、随着大众型政党的出现,贵族注定要消失的推测只是部分地为历史所证实。贵族依然与当代具有多种政治专业化形式的政党共存。

(3)代议官僚。

当贵族的形象更多与“干部”党相联时,代议官僚是处于黄金时期的大众型政党的专业人员的原型。职业化进程注定要导致代议官僚作用的再组织化,尽管职业化的进程并不会轻易彻底消灭代议官僚。职业化进程在幕僚专业人员和代议官僚之间产生张力，在依靠官僚的领袖们与利用专业结构的领袖们之间制造权力斗争。

（4）执行官僚。

不像上述提到的各种形象那样，执行官僚没有管理或领导地位。职业化并不会对他们产生特殊的问题——这可由职业化已经十分发达的英国各政党证实。[37]比起行政官僚，职业化在更大程度上危及了代议官僚的地位（因为即使职业化系数很高，也必须执行从事组织维系的行政活动）。

（5）幕僚专业人员。

幕僚专业人员是专家、技术人员，因为决策日渐技术化、教育变得更加普及、而且——最后一个但并非最不重要——由于大众媒体而导致政党间的竞争改变（专家有任务让公众相信，政党对各种问题选出的方案有"技术"优势），专业人员角色的重要性增加了。职业化包含了幕僚作用的增加，但它的影响更加深远。专业人员之角色本质上的不稳定逼迫专家，在一段时间后，抛弃专业化政治（尽管不完全是政党），在组织外寻找更有名望的工作，或者试图进入党内领导层。职业化意味着选举职位（特别是公开的）逐渐地开始为不同领域的专家所填补——伊莱亚森和佩德森认为这是"智识"的专业化。"技术人员"天然不会排挤"政治家"（像专家统治的乌托邦坚持的那样），官僚和专家之间的冲突程度也不能被夸大。专家只能变成政治领袖（执行官）。但是他们不一样的教育、更强的政治独立，以及如下事实：他们是执行官——跟官僚不同，他们不是来自底层，在官僚生涯中没有经过逐级晋升——使得他们跟其前任十分不同。

（6）隐匿专业人员。

隐匿专业人员与国家干预的扩张以及国家对政党的控制有着千丝万缕的联系。隐匿专业人员——那些名义上在公共组织或半公共组织工作（至少部分地为政党所控制）但实际上全日制地参与政党政治的人——是专业人员中最不明确的。他们是投身于政治事业的"纯粹"政治家，但也在组织内自成一格（既不是志愿者积极分子也不是党官僚），在将政党价值内化于心上经受的压力较轻。他们的忠诚主要是个人的（与个别领袖或集团的关系）；他们也常是"纯粹的"投机分子，与组织没有很强的标签式关联（identificatory ties）。在某些政党——特别是那些长期驾驭政府的政党内——他们代表了政治人事中非常重要的一部分。

（7）半专业人员。

半专业人员也只有在一定程度上可以界定，因为他们位于贵族和专家之间。[38]在许多政党的议会以及地方当选人员中，他们总占有相当高的比重，但在党内其他层级和别的组织领域内也可找到他们。半专业人员在经济上是独立的，因为他们拥有政治之外的收入以及许多自由时间。律师[39]、大学教授、记者（如韦伯指出的）必须要置于从专业人员到外行之间的某一处。最后，他们总是成为专业人员。[40]这一情况也适用于专家，即幕僚专业人员，半专业人员是一个本质上不稳定的政治角色。

概括一下，在政党组织重要且有影响力的职位中可以发现许多不同的政治形象。一种超出了专业人员之形象的简单列举之上的政党统治阶级的类型学必须考虑所有可能的组合。[41]限于有限的考察，我们可观察到，运营者和显贵的盛行与（纯粹的）弱组织的情况相一致；而运营者和代议官僚的组合与（纯粹的）强组织的情况相一致。但没有一个政党完全吻合任一模式，而且不同的统治阶级也包含了许多其他的专业人员形象，比如半专业人员、隐匿专业人员、专家等。如果基希海默尔关于大众型政党到全囊括型（catch—all）政党的转型理论是正确的，[42]现代政党的演化本质上是统治阶级从(1)—(2)组合（弱制度化、"干部"党）到(1)—(3)组合或者(1)—(4)组合（强制度化、大众型政党）再到(1)—(5)—(7)组合或(1)—(5)—(6)组合（弱制度化、"全囊括型"政党）的改变的结果。

注　释

1. Haldrich，*Organizations and Environment*，p.13.

2. 参见 F. Ferraresi 与 A. Spreafico，eds.，*La burocrazia*，Bologna，Il Mulino，1975（尤其在导论中，13 页到 56 页）与 M. Albrow，*Bureaucracy*，London，Pall Mall，1970。

3. Weber，"Politik als Beruf" in *Gesammelte Politische Schriften*，Tübingen Mohr，1958.

4. K. A. Eliassen 与 M. N. Pedersen，"Professionalization of Legislatures：Long-term Change in Political Recruitment in Denmark and Norway," *Comparative Studies in Society and History*，XX(1978)，pp.286—318。

5. Guttsmann，*Elite Recruitment*.也可参见 R.W.Johnston，"The British Political Elite，1955—1972," *Archives Europeennes de Sociologie*，XIV（1973），pp.35—77。

6. 弗雷德·里格斯(Fred Riggs)最近分离出了文献中十二个有关"官僚"一词的重要含义,参见"Introduction: Shifting Meanings of the Term 'Bureaucracy',"*International Social Science Journal*, XXXI(1979), pp.563—584。

7. 除了这三个概念外,阿尔布罗(Albrow)更列举了该概念四种可能的含义:作为"组织无效"的官僚制、作为"公共行政"的官僚制、作为"组织"代名词的官僚体系,以及作为"现代社会"的官僚制。

8. 这基本上采用了 P.布劳(P.Blau)在其研究中对官僚制的定义。例如,Blau与 Meyer, *Bureaucracy in Modern Society*。关于类似定义,请参见 Abrahamsson, *Bureaucracy or Participation*。

9. R.K.Merton, *Social Theory and Social Structure*, New York, The Free Press, 1968。在关于该主题的有限研究中,政治职业化的相关文献极少。参见 G. S.Black, "A Theory of Professionalization in Politics," *American Political Science Review*, LXIV(1970), pp.865—878, C.E.Schultz, "Bureaucratic Party Organization Through Professional Political Staffing," *Midwest Journal of Political Science*, VIII(1964), pp.127—142。关于议会的政治专业化,参见 D.Herzog, *Carriera parlamentare e professionismo politico*, pp.515—544;同样参见 G.Sani, "La professionalizzazione dei dirigenti di partito italiani," *Rivista Italiana di Scienza Politica*, II(1972), pp.303—333。

10. G.Sartori, "Democrazia, burocrazia e oligarchia nei partiti," *Rassegna Italiana di sociologia*, I(1960), pp.119—136.

11. Weber, *Economy and Society*。对于迪韦尔热来说,在某些情况下,政党官僚体制是可能居主导地位,参见 Duverger, *Political Parties*。

12. 在这一情况下,代议官僚机构为选举控制的存在所限制,因而它不同于 A. Gouldner, *Patterns of Industrial Bureaucracy* Glencoe, The Free Press, 1954 中讨论的"代议官僚机构"(与"惩罚性官僚机构"截然相对)。在古尔德纳看来,其独有的特征是"竞争"。

13. D.Herzog, "Political Parties and Political Leadership Selection," in O. Stammer, ed., *Party Systems*, *Party Organizations and the Politics of New Masses*, Berlin, Babelsberger, 1969, p.164.

14. 在此我们应该指出,规范意大利天主教民主党的"民主集中制"规则,如果这些规则没有自上而下的官僚结构的支持,没有保证民主集中制的官僚机构的支持,这些规则就无法自主地保证传统的团结和自律。关于民主集中制,参见 Pasquino, *Organizational Models of Southern Communist Parties*。

15. (众多人之中)赫尔曼在他的《组织与意识形态》(*Organization and Ideology*)一书中指出的联盟领袖们当中的高水平职业化。他观察到,在其研究之时(20 世纪 70 年代),两个较"强势"联邦的指导委员会(在博洛尼亚和佛罗伦萨)完全由官僚组成,而两个较"弱"联邦(在帕多瓦及卢卡)中,市政委员会中官僚的比例分别是 47%及 57%。在各联盟内高度政治职业化的同样图景,F.兰彻斯特

（F.Lanchester）也有所讨论。参见 F.Lanchester，"La dirigenza di partito：il caso del PCI，" *Il Politico*，XVI(1976)，pp.690—718。

16. 考虑到意大利共产党领袖们的职业化速度，无论在哪个层面，该观点都很容易为以下事实来佐证：其全国领袖们、地区领袖们及联盟领袖们的构成在第八届至第十二届党代会所占席位分别为 71%、78.8%、79.8%、80.4%及 80%。参见 Sivini，*Le Parti Communiste*，p.123。

17. 关于英国各政党的地方官僚与地区官僚的经验研究中就能发现，比如，R. Frasure 及 A.Kornberg，"Constituency Agents and British Party Politics，" *British Journal of Political Science*，5(1975)，pp.459—476。

18. 然而，这在 20 世纪 70 年代政治职业化之前的时期内（参见第十三章）是真实的；参见 U.Schleth，M.Pinto—Duschinsky，"Public Subsidies，" pp.32—33。

19. S.Barnes，"Party Democracy and the Logic of collective Action，" in Crotty，*Approaches to the Study of Party Organizations*，p.132，该书对意大利社会党做出如下观察结论："领袖们认识到，领薪党工的行为受到约束，他们有着在党内争议中要站在最终获胜一边的持续压力：一步错棋可能意味着失业。"相反，"半专业人员"明显有利："非党职例如律师或学校教师减轻了与派系政治相关的经济不安全。那些拥有工人阶级背景或中产阶层背景的领袖们，从未结束其教育历程、在很年轻时就在政治上非常活跃，他们地位不明。他们也别无他途可走。"

20. Barnes，*Party Democracy*，pp.84—86.

21. 赫尔曼（Hellman）：《组织与意识形态》，第 390 页。除了同年轻选民建立联系之外，青年组织对政党领袖们而言非常重要，无论是官僚结构森严的政党还是派系林立的政党。在这些组织中由年轻人主导的各种长期活动，这为政党（或派系）价值观的国际化以及建立牢固的私人关系提供了最好保证。

22. Spencer Wellohofer，Hennessey，*Political Party Development*.

23. Ramsden，*The Age of Balfour and Baldwin*，p.46.

24. Hellman，*Organization and Ideology*，p.354.

25. Schorske，*German Social Democracy*，p.127.

26. Lanchester，La dirigenza di partito.

27. 也存在着"离心"官僚，即委任给附属组织的那些官僚"交错"忠诚的问题：一方面，他们对附属组织的过量认同将会导致附属组织不被期许的独立；但在另一方面，他们排他性地认同政党也意味着，附属组织的活力缺失将会削弱政治团结。对 20 世纪 50 年代的意大利共产党而言，该党与公民社会关系的许多问题，取决于附属组织无法在政党的政治权限范围内形成自主活动：在各工会以及妇女组织中的官僚，首先自认他们自己为共产党员，而且不会离开党单独活动，各附属组织（在陶里亚蒂的"新的政党"假设中非常重要的一环）无法有效地履行其功能。参见 Poggi，ed.，*L'organizzazione partitica del PCI e della DC*，pp.171ff.

28. 参见 J.A.Jackson，ed.，*Professions and Professionalization*，Cambridge，Cambridge University Press，1970。

29. M.Sarfaty Larson，*The Rise of Professionalism：A Sociological Analysis*，Berkeley，*University of California Press*，1977，p.191.也可参见 A.L. *Stinchcombe*，"*Bureaucratic and Craft Administration of Production*，" *Administrative Science Quarterly* IV(1959)，pp.168—187。

30. Sarfaty Larson，*The Rise of Professionalism：A Sociological Analysis*，pp.191ff.

31. Ibid.，p.193.

32. *Zuckerman*，*The Politics of Faction*，pp.105ff.

33. *Shell*，*The Transformation of Austrian Socialism*，p.110.

34. 我会在第十四章讨论这一点。

35. Blau，*On the Nature of Organizations*，pp.229—230.

36. 如同 D.赫尔佐格(D.Herzog)在《议会生涯和政治专业化》(*Carriera parlamentare e professionismo politico*)一文中某处的笔记。

37. Rose，*The Problem of Party Government*，我会在第十四章再次讨论此点。

38. 关于"半专业主义"(semi—professionalism)，参见 G. Sartori，*Il parlamento italiano*，Naples，ESI，1963。也可参见 Cotta，*Classe politica e parlamento in Italia*，*1946—1963*，以及 J.Fishel，"Parliamentary Candidates and Party Professionalism in Western Germay，" *Western Political Quarterly*，XXV (1972)，第 64—80 页。

39. 有关律师在政治中的特殊作用，参见 H.Eulau and J.Sprague，*Lawyers in Politics：a Study in Professional Convergence*，Indianapolis，Bobbs—Merril，1961。

40. Sartori，*Il parlamento italiano*.

41. 对意大利各政治阶层的角色图谱的初步建构，参见 P.Farneti "*Problemi di ricerca e di analisi della classe politica italiana*，" *Rassegna Italiana di Sociologia*，XIII(1972)，pp.79—116。

42. 关于"全囊括型"政党，参见第十四章。

第四部分

-------------------------------

# 组织变迁

# 第十三章
# 环境挑战与精英循环

在分析组织变迁的过程时,我们可提出三个问题。第一个问题指的是变迁的方向,围绕着变迁的必然特征或偶发特征。第二个问题讨论目的性的程度;第三个问题讨论变迁的起源——即变迁原因的外生性或内生性。

## 进化论 v.s."政治发展"

在运用社会变迁的经典社会学理论时,[1]研究者们通常使用的解释性先验图式(schemas),是根据哪一类组织"发展"遵守事先限定的定律。从这一视角看,组织经历了明确的发展阶段,类似于生物有机体(出生、成长、衰落等)。比如,进化论观点的典型特征是,组织在规模上趋于增长,然后是组织内部复杂性的增长。这一增长导致了劳动分工(分殊化)的不断增加,进而劳动分工增加了未来协调(即科层不断分化、规则化不断增加)的需要。

比如,米歇尔斯的政党发展理论是进化论的看法。一种形式更难琢磨的进化论认为,在企业逻辑的推动下,组织趋于增强其领袖们在外部社会广阔天地的权力和名誉。[2]在书中,我们已经质疑了这类进化论预设的必然性,证明了存在没有扩张趋势的组织。

在所谓的政治发展理论中,我们发现了不同的观点。[3]政治发展理论把组织的发展看成是组织各行动者之间结盟变化的影响,[4]而非源于组织的必然发展。变化的方向和形态不是事先确立的,因为它们是"偶发的",

而非必然的。变化遵循：(1)根据组织形成的各个结盟，组织会以不同的方式进行；(2)组织也可以经历不同的变化。从这一视角看，组织变化没有必然的路径。

我们历史—比较的重新建构（第二部分），以及我们在特定政党的发展和理想类型的组织演化之间发现的差异（第一章和第九章），证明了政治发展的观念比进化主义观点更加现实、更为令人鼓舞。变化的路径有许多：组织形成并巩固的方式（起源模式和制度化形式的类型）、环境压力的类型以及这些压力影响内部权力关系的方式，都决定了变化的路径。然而，我们不能完全无视进化论，任何组织都必须制度化（根本区别在于制度化程度）以保证存活的观点，与进化论仍然有某些共同点。

# 目的性与非目的性

关于组织变迁争论的第二个重点涉及它的目的性程度。管理理论视变迁为审慎且有意选择的后果，然而更多新近理论认为，变迁是组织动力的随意后果。[5]管理上的阐述总是对主张变化是有目的说法感兴趣；因为只有这样，询问实现所欲目标的最佳方法才是合理的。相反，如果组织变化是各种不受控因素的产物，讨论实现目标的可能选择就不大合理了。目的性议题的强项在于如下经验观察：许多组织行动者都有一定的"行动自由"，而且他们经常用"行动自由"做出影响组织、改变某些组织特征的选择。[6]变化非目的性的观点也貌似可信：首先观察到"功能失常"（或至少被一些组织行动者认为功能失常）产生了各种回应和抉择，而且只有当组织处于严重的危机中，功能失常非常严重时，它才会导致变化。[7]实际上，领袖们会立即意识到改变的需要，但是，考虑到组织变化带来的潜在成本（依据内部冲突），他们经常静观其变。[8]当危机最后爆发时，他们的选择自由就明显减少了。这一现象（当形势变严峻时，意识到了问题，不作为，然后行动的机动性受限）就是被许多组织行动者已证实的所谓"抵制变化"的影响，因为"任何变化都有危险，它不可避免地让（行动者的）博弈状况、他的权力资源和行动自由受到质疑，修正或改变了他控制的不确定区域。"[9]无论组织变化是审慎还是随意,它总会影响到不同内部集团资源分配的变化。抵制变化也是组织一旦制度化后趋于固守成规的主因。

反对革新选择的压力的存在(即抵制变迁)驳斥了如下观点:变化完全由于某些选择。提出一项革新的尝试通常产生的影响并不在于特定革新本身:它反而是两个对抗压力的结果,即试图革新与抵制变化。抵制变化的力量越大,提出的革新将会越少符合倡议者的目的。"反直觉(counter-intuitive)影响"的问题也必须补充进来:复杂环境下的任一选择,会产生太多选择者无法预见的影响。[10]而且因为组织是各部分相互依赖的体系,某部分的变化总会导致整个组织的变化。[11]这实际上排除了变化完全审慎和受控的可能性,因为行动者自己也仅是"有限理性",[12]他们无法预知每件事。

但当变化席卷整个组织时,某部分的变化影响其他部分的速度与强度依赖于组织的制度化程度:如果结构的凝聚力很高,相互依赖很高,变化"增殖"的速度和强度也会很高。[13]

目的性与非目的性的假设符合"理性"模型和"自然体系"模型。如果组织是实现特定目标的工具,只有认为变化是审慎选择(最大化实现目标的效率)的后果,这样才讲得通。如果组织是为生存动机与调解特定需求所支配的自然体系,将变化视为更客观的组织动力的影响才讲得通。然而,组织总是表现出这两个特点:组织内共存的压力推动它们往两个方向走,组织稳定的维持依赖于这两股力量的平衡。两个学派没有一个是完全错误的:组织变化是诸多选择加上由于行动者的有限理性与大量组织压力而导致无法预知的影响二者的产物。有限理性与未显现的压力(比如,抵制变化、环境变化、技术变化等),它们与各种选择的互动,既产生了有目的的革新,也产生了反直觉的影响。变化是上述因素影响下(主导联盟做出)审慎选择的结果。

# 外生起源和内生起源

有两个思想学派涉及这个问题。第一个思想学派,与权变理论基本同一,该学派认为,变化有外生的起源,[14]即由外部引起的。组织为了生存,被迫去适应环境的变化(尽管是以上讨论未曾预料的方式)。

第二个思想论学派把组织的变化基本看成是内生起源,即主要归于组织内权力分配的变化。在纯粹形式下,这个学派坚守前面讨论过的"政治发展"的观点。两个理论任意其一都不够。外生型变化的观点是不充分的,因为它主张简单的刺激—回应模式(环境变化和/或技术变化导致组织变化);并且组织适应环境的变化经常是缓慢的,有时并不存在。[15]另一方面,内生型变化的观点也未能解释,在权力结构中首先导致变化的东西为何。根据经常被历史学者和政治科学家引用的观点之一,政党权力结构的变化是代际变化的产物,这是不足信的。

在我们看来,最令人信服的假设在于,组织变化在大多数情况下是外部刺激(环境或/和技术)之力量与危及权力结构(甚至如代际变迁)的内部因素合力的结果。外部刺激充当了权力结构转型的催化剂(比如不同权力集团内资源的分配),而这一转型的内部前提业已存在了。权力结构的任何变化(根据政治发展理论)刺激了组织的革新。既无环境挑战又不存在内部条件时,组织的变化不可能发生。

# 政党的变化

到现在为止,我们已经调查了一般而言的组织变化。在这一部分我们可以更密切地关注政党的变化是如何发生的、为什么会发生。

首先,有必要定义组织变化。严格来说,任何改变都是变化,任何组织都在不断变化着。不过不是所有的变化我们都感兴趣。我们感兴趣的是根本性的变化,它改变了组织的权威结构,即组织次序。这些变化意味着,改变大到足以调整组织不同成分的关系。这里最大的经验性问题在于,如何将组织次序的真正变化与那些持续的、并不影响组织次序的变化区分开来(尽管这些变化加在一起也组成了组织根本性变化的前提)。类似地,分析政权时主要的经验问题是区分政权的连续变化和根本变化。[16]组织次序的变化是政党主导联盟之形态的改变。它调整了组织内各集团的关系,改变了激励控制的分配,而且重组了纵向的权力博弈(精英及其追随者的交换)与横向的权力博弈(精英之间的交换)。正如我们在前面第九章看到的,一个主导联盟形态的变化依据的变量在于:(1)联盟的团结程度,如内部各集团的组织化程度;(2)联盟的稳定程度,即联盟各部分达成有效妥协的能力;(3)组织权力图:可以理解为(a)机制,不同部门之间的权力关系和依附关系;(b)组织间关系,如果主导联盟的形态在某个环节改变了,它也有可能在其他更多环节改变。

出于纯粹的分析目的,组织次序的变化也可以被分解为三个阶段(参见图 13.1):

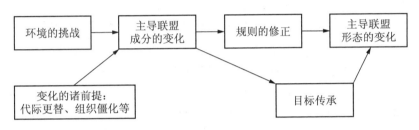

**图 13.1 组织次序的变化阶段**

第一阶段始于为强大的环境压力引发的组织危机。[17]选举的失败以及在选举领域的交易的恶化是经典的外部压力类型,它们带给政党的压力非常强大。当组织内在的前提条件(如推动新的潜在的领袖们走上前台的代际更替、降低组织的绩效、组织僵化等)业已存在时,这些外部压力催生了组织的危机。

第二阶段,我们观察到的是,对无法应对危机的旧联盟的不信任引起了新的结盟的形成以及主导集团之间的置换。

第三阶段为组织重构阶段,即包括了两个关键组织"领域"的组织面相的变化。首先,某些博弈规则——顾名思义,党内的竞争规则——被改变了(并且有时为法定的修改所认可),因为新领袖们必须通过组织变革维持新近获得的对党的控制(首先要避免由那些被废黜但在党内某些部门仍有影响的团体唆使而出现可能的地位的逆转),选举体系的规则也经常被改变。组织系统图被重组了:一些部门(如由前任领袖们或其支持者控制的部门)不再重要,并被重组,而新兴部门的重要性与日俱增,因而改变了组织的协调模式,等等。党内集团间的资源分配也变了,这些变化获得认可，并适合了组织结构，而且它的面相因而至少在一定程度被修正了。[18]

其次，重新界定组织的正式目标，这使新集团的上台合法了。这很有必要，因为它必须向组织成员证明，领导层的改变是为同组织本身的命运相关的、深远且崇高的原因影响的（而不是因为陈腐的竞争或个人野心）。我们观察到了目标传承（即新的正式目标取代旧的正式目标）。[19]有时，"终极目标"也被改变了，组织的认同及其支持基础也被彻底改变了（比如，当某个社会主义政党宣布它不再将社会主义作为其目标）。但更常见的是，政党的策略变了。

到了这时循环就完成了，危机也通过组织次序的重构得以解决。主导联盟成分的变化（旧联盟的瓦解和新联盟的诞生）引起的组织面相（博弈规则、目标等）的转型，结束于主导联盟形态的变化。在循环结束时，组织内交换的整个体系也被改变了。在政党的团结程度、稳定程度以及组织的权力图谱上，变化很明显。组织系统图发生了相当大的改变；也就是说，组织间的关系变化了，因为精英要么从其他组织进入了主导联盟，要么被排除出主导联盟（也即他们的作用或增加或削弱）。

革新当然也有反直觉的（不可见的）影响，并在新的外部挑战出现时，造成了助长新的组织危机的条件。组织次序的变化也会影响制度化，即它们可能会影响政党之于环境的自主程度及政党的系统性。

政党组织次序的变化——从而政治策略的变化，目标传承显示出来的变化——将会自然改变政党的行为及其政治活动。

周期性变化（change cycle）的两方面需要详述：(1)为什么组织通过主导联盟成分的变化回应外部的挑战？(2)为什么循环会导致目标传承，并导致组织认同的重构？这两个问题是紧密相连的，需要结合上下文进行检视。随着目标的清晰，维持显性目标（组织认同所依赖的目标）的必然性与追求其他组织需求，也经历了一个互相调适的过程。后者容许主导联盟去平衡相互矛盾的需求：分配集体性认同激励给信众（根据理性模型），分配选择性的地位和/或物质激励给专业人员（根据自然体系模型）。政治领域的政党行为是这种适应性的产物。

行为、组织目标以及组织面相组成了某种均衡体系，它更多是主导联盟以保证组织稳定（以及进而保证政党控制）的方式努力将这三个因素结合起来的后果,而非体系朝向均衡位置的某种"看不见的手"之后果或一般趋势的后果。然而,主导联盟并没有无穷个可能的组合由其支配。它的合法性系于特定的显性目标,而且组织也已经适应了这些目标。只要这一体系是均衡的——即只要主导联盟能够平衡认同性激励和选择性激励的分配——鉴于权力的"王牌"(资金筹措、技术专家、成员录用、与环境的关系、控制交流、控制规则的解释)几乎完全集中在主导联盟手中,被排除在主导联盟之外的少数派精英和集团不能轻松地重建对其有利的内部联盟。只有均衡被打破——由于外部的挑战——才为他们打开方便之门。环境的挑战突然向组织成员证明,主导联盟不再能够控制组织的不确定区域,因而激励体系受到挑战,而且还危及了象征性报酬和物质报酬。信众和专业人员愿意(尽管原因各不相同)把他们的支持转移给少数派精英,少数派精英鼓吹政党政治策略的改变以合法化他们之于主导联盟的地位。外部挑战在动摇组织,证实了老旧的适应环境策略或者主导环境策略(即政党行为)无法减少或掌控环境的不确定性。这一不可控性引起了组织的危机,这实际上是认同危机。主导联盟对其他不确定区域的控制也在摇摆不定,危机渐增迷惑了组织成员的沟通,并且主导联盟还不能控制这种信息流。[20]主导联盟分配集体性认同激励给其追随者的能力在下降。当组织认同左右摇摆时,信众换取象征性报酬(顾名思义,保护集体认同)的全部支持被撤销了。投机分子为了获得物质报酬和/或地位而给出的专门共识也被取消了。主导联盟无能为力,恐惧蔓延,银行顾客会把他们的存款放到更为安全的银行,即他们将自己的支持转移到被排除在决策之外、无须对危机负责的少数派精英身上,而且少数派精英自己有解决危机的处方。之前他们的主张被组织中的积极分子所拒绝,因为集体(象征性)激励和物质激励并没有受到危害。但是当认同危机发生时,主导联盟内部的信任开始垮掉。[21]少数派精英代表了一种"冒险"、朝向未知的某种走向、环境关系的重建,因而至少在一定程度上是对组织认同的某种修正。这就是为什么他们的主张被完全拒绝。但是在危急时刻,最差的选择就是静观其成(to do nothing),以避免遭遇新的、未知的挑战。随着领导层的改变,即主导联盟的成分的变化,目标传承发生了。危机被克服了,当(新的)目标、(新的)组织面相与行为在新的基础上予以重组时,组织又恢复了稳定。

这里需要作两个进一步的观察:(1)分离的两阶段(主导联盟成分的变化、组织面相的重组)指的是逻辑顺序;在现实中对改变组织次序的这两个过程是绞在一起的,是不可区别的;(2)我们的模型意味着,联盟成分的变化越大,即主要的政党精英的更替越重要,组织次序的重组就越有意义。

# 变化的程度:融合与循环

我们的模型会受到过于机械的批评。然而,像所有模型一样,它并不准备全面地描述变化,而只是简单地解释某些重复发生的因素以及它们的关系。组织次序的变化因每个组织的特性以及不同的环境变迁而异。因而,我们试图以一些例子证明,我们的模型描述的一个周期性过程的诸多方面。唯一的变量是变化的程度(变化的不同要素间的关系是不会改变的)。

一个基本的经验问题是,凡事都有例外。主导联盟成分的变化意味着主导联盟形态的变化,即,组织次序的某种重组。其例外情况是,主导联盟的成分因增选结果而更新。经验分析经常会在政党统治集团的成分[22]中发现变化,但这些变化却不会带来组织面相(博弈规则或组织目标)的重大改变,或者因此导致的组织次序的重大改变。这是因为党内的许多更替并不是由于党内集团之间的权力关系的变化,而是由于正常的增选进程。增选新成员,调节代际生理机能作用下(generational physio-logical)的人事变动,并不必然会改变集团间的均衡。只是那些实际上不代表取代主导联盟的人,被增选了。大多数政党的领导机构趋于不断扩张这一事实(如我们在第十章分析的),常常是不会改变不同集团间权力关系的增选过程的一个经验性指标。增选,会产生主导联盟成分的极微小(molecular)变化,但它不会改变内部集团的权力关系,因而也不会带来组织次序的变化。是由于增选新成员带来更新,还是由于内部权力结构的改变带来更新,在现实中很难区分。这两种要素都会在不同程度下自动出现。我们一般可以假设,在制度化范围的两极(极弱的制度或极强的制度),在正常情况下(即不存在组织危机)发生的增选。在强制度化的各共产党的例子中,人们经常注意到,议会党团[23]以及各级领袖们(伴随着关键岗位长期的不更新)的定期更新。[24]这里的更新是由于非常团结的主导联盟有意为之；这是一种增选，其任务在于，通过审慎的数次选择性激励，维持组织"肌体的紧张"(muscular tonus)。在一极，我们存在着为分裂和(趋势上)不稳的联盟支持的弱制度，如意大利天主教民主党，以及在历史上特定时刻的意大利社会党。在这些情况下，主导联盟成分的更替和变化是由于不同派系的领袖们的选择，这些领袖们必须给他们的追随者酬劳但很难改变党内不同部分之间的权力平衡。

我们的模型的另外一个明显的难题是，有时候变化并不像组织次序的重组那样看得见——因为政治战略的改变以及博弈规则的改变，等等，伴随的是领导层的相对稳定，或者至少是最引公众注意的领导层的相对稳定。这看似让人质疑在统治集团的更替与政治革新或组织革新之间的因果关系。但即使一些最引公众注意的全国领袖们(领袖—象征)依然在职，主导联盟也会变化。组织总是受到联盟的支配(即使是克里斯玛型政党，领袖的优势并不完全意味着主导联盟不存在)。主导联盟成分的变化并不必然意味着取代最引公众注意的领袖。这种变化恰恰是由于在最引公众注意的领袖支配下，联盟发生移转，他抛弃了与旧集团的联盟，并建立了一个新联盟。这正是1956年意大利共产党在进行重要重组时发生的事(如我们将看到的那样)。

这种模型的第三个明显的难题在于，变化与目标的重新界定经常谨慎且缓慢地发生。因而，讲目标传承可能是夸大之词，因为正式目标很少会被完全取代。然而，这种异议并不会让该模型失效：它只不过是证明，组织变化可能多多少少是彻底的。事实上，组织次序的变化取决于，主导联盟内发生了多少更新(排除了通过增选的更新)。政党的组织变化经常是小幅度的，这一事实应当归于环境，主导联盟成分的变化也一样很少。正如米歇尔斯观察到的，党首的变化很少采取"精英循环"的形式，即一个领导集团为另一个领导集团粗暴彻底地取代。在大多数情况中，我们看到的是"融合"而不是"循环"[25]：不同竞争性集团之间权力关系的移转，体现为渐进的、有时几乎无法觉察到的妥协。

"融合"比"循环"更为常见，因为组织成员更易于接受认同的重新界定(由"融合"产生的)，而不是认同的简单代替(这是"循环"的后果)。因而，我们可以将主导联盟成分潜在的更新水平置于一个连续体上。在一极,我们看到的是"精英循环"——主导联盟罕见的完全更迭;在另一极,我们处于"稳定"局面——同样罕见的、完全由于增选而引起更迭。所有的中间点代表了循环的不同水平。

稳定　　　　　　　　　融合　　　　　　　　循环

＋ ——————————————————————————— ＋

**图 13.2**

　　越是从左(稳定)移到右(循环),政党组织次序(规则与正式目标的改变也越大)作为主导联盟更大更迭的结果就变化越大。稳定和循环都非常有限;政党最常做的是,通过循环程度的改变更新他们的领导集团。米歇尔斯认为,更新是小步前进,而循环程度更接近连续体的左端末节。如果这一情况属实,组织次序的深刻重组将永远不会发生。米歇尔斯将他的观察建立在20世纪之初的德国社会民主党的党内活动上。然而,社会民主党的组织很强,而且少数派精英的机动性非常有限。即使在非常不确定的情形之下,正面攻击主导联盟也将是非常危险的。在强制度中,主导联盟的更新经常以(弱)融合的方式发生,除非有一个极其毁灭性的挑战出现,因而,组织次序的变化将不会是非常彻底。

　　然而,相对高水平的融合偶尔也会发生。我们可以假设,这在弱制度化的政党更加有可能发生。在重压之下,弱制度可以承受主导联盟的重大更新,以及组织次序的彻底重组。赫尔曼(Hellman)对意大利共产党各联盟的调查看起来支持这种观点:领导层的更迭在弱联盟[如在帕多瓦(Padova)]内比在强联盟[如在博洛尼亚(Bologna)]内一般更高一些。在1956年第八次党代会期间,因为一场严重的挑战(地方选举败北伴随着全国性的政党危机),在佛罗伦萨(Florence)强联盟内,更迭显示出了精英循环的特征。[26]比较了法国共产党、工人国际法国支部以及法国激进社会党(French Radical Socialist Party)的更新程度后,迪韦尔热分离出两个非此即彼的模型:一种是随着时间推移,缓慢而谨慎的延续性更新;第二种是快速"重生"、全面更新,伴随着长时期的不稳定以及组织僵化和政治僵化(sclerosis)。[27]迪韦尔热认为这两种情况均包含了精英的循环。然而,用我们的词来说,他的第一种模式符合通过增补方式的稳定和更新,他的第二种模式符合与制度化的两种极端相一致的精英循环。

# 组织变迁：一些实例

在英国保守党的整个历史上，它都是根据上面描述的因果链变化的。在每种情况下，组织变化都与由未解决的环境问题激发的精英变动有关。组织变化——除 1906 年和 1975 年外——巩固了该党的制度化。1906 年选举溃败引起了主导联盟的修正（旧党首贝尔福失去了权力，败给了张伯伦）；结果就是一次党的临时去制度化的组织重组，党中央办公室被剥夺的权力（当时为贝尔福控制）转移到了全国联盟（当时为张伯伦控制）。主导联盟变得极端分裂、极度不稳定。1910 年的失利让博纳·劳以及新生代领袖们得势，导致了非常重大的组织重组（斯蒂尔·梅特兰为党中央办公室的头子）。对于其竞争者自由党，保守党的政治策略变得非常有攻击性。随着鲍德温的声望提高以及保守党认同的重新界定，一次新的重组（包括大量的官僚化）发生了，这次重组获得了"新保守主义"的名称[28]（试图以民粹主义的方式同工党竞争工人阶级的选票）。接下来最为重要的改革发生在 1948 年，这是由 1945 年失利引起的更新。[29]

1964 年大选失利后，为了组织改革的党内运动重新获得了活力。[30]那次失败（把爱德华·希斯推到了道格拉斯·霍姆的位置上）引发的危机导致了一场革新*，这场革新对保守党后来的演化有非常重要的影响，顾名

---

\* 1916 年 7 月 9 日，爱德华·希斯（Edward Heath）出生于肯特（Kent）的一个工人阶级家庭，这点不同于保守党的许多党首和首相，他在牛津大学的贝列尔学院获得学位。希斯于 1965 年至 1975 年任英国保守党党魁，1970 年至 1974 年为英国首相。他经历了保守党内的重要转变，是前首相麦美伦和撒切尔夫人之间的过渡人物。他在任内的最大贡献，是成功推动英国加入欧洲共同体。希斯在众议院任职于 2001 年，成为众议院的元老；他于 2005 年 7 月 17 日过世。亚历山大·道格拉斯-霍姆男爵（Sir Alec Douglas-Home，1903—1995）。英国保守党政治家。在 1959 年保守党哈罗德·麦美伦（Harold Macmillan）组阁时担任外长，直到 1963 年 8 月 18 日麦美伦突然辞去首相职务。道格拉斯-霍姆男爵自 1963 年 10 月继任首相，其时保守党已经连续赢得三次大选，道格拉斯-霍姆男爵也成为了第四任首相。在 1964 年 10 月 15 日举行的大选中，保守党未能赢得第四任，以四席之差败选。他担任首相时间只有 363 天，是 20 世纪第二位短命首相。https://www.gov.uk/government/history/past-prime-ministers/edward-heath，以及 https://www.gov.uk/government/history/past-prime-ministers/alec-douglas-home。搜索日期：2013 年 2 月 5 日。——译者注

思义,修正了该党议会领袖的挑选体系。在那之前,新领袖是通过党内显贵们的一场非正式会议选择的。后来,领袖由议会党团选举产生,如果没有一个候选人在第一轮投票中获得绝对多数,就采用无记名投票表决(ballot)。[31]

在 1975 年另一次选举失利之后,领袖的选择标准又一次被修正了。两项新条款被介绍进来:在推选领袖时必须征询地方党协会(local party associations)的意见,议员也获得了对在职领袖的不信任投票的权利。[32] 这些意味着,为组织的极右翼派别们所强加的保守党之"民主化";它导致了组织次序的进一步重组,以及领袖之于议会党团地位的剧烈改变。领袖从只需小部分随从支持即可统治的近乎专制的君主,成了保守党议员们的一名人质。正是这一组织变化解释了"撒切尔现象",即党内政治的右移。这些变化的结果就是,领袖现在受到了诸多限制,包括保守党议员们的偏爱以及地方党协会的态度。[33]

在意大利共产党 1956 年的组织变迁中,该模式的各种要素都十分明显。这场危机是由赫鲁晓夫(Khrushchev)在苏共"二十大"上揭露斯大林的罪行引发的。这场由外部变化所导致的危机,不啻给一个强大繁荣的组织当头一击,如同晴天霹雳。意大利共产党已多年处于严重的危机中:党员发展在 1951 年之后停滞不前,在 1955 年明显下降。[34] 传统的激励体系无法维持高水平的党内参与,[35] 而且不同层级的更迭也被阻塞了,因为——尽管地方的、中阶的以及全国的新一代有潜力的领袖们已经拥堵在门口了——职位却被老的斯大林主义者充斥着。[36] 而且,意大利的(类似国际的)政治情势也有了相当大的改变。范范尼效仿中间路线,使意大利天主教民主党恢复了生气,而且 20 世纪 60 年代的中—左政府转向的迹象也是十分明显的。变化的所有内部前提都悬而未决。

一般来说,在 1951—1956 年期间意大利共产党的主要特征看似是,组织化权力以及结构化秩序的持续稳定。然而,随着时间流逝,象征着 20 世纪 50 年代早期的意大利共产党的"封闭结构"(closure),无法抵御对其已获职位的逐渐侵蚀。它的组织机器,无法再有类似于章程的动力维持,而且缺乏在孤注一掷时刻的明显目标,在自我驱动之路上以隔绝自身而告结束,仅是进入了一个更新阶段,以回应共产主义世界中各种事件的冲击。[37]

更新的许多条件已经累积时日了,去斯大林化的危机又给萎靡的组织一击。它开始了大规模改建主导联盟的成分。这项运作的关键是同一个总书记,他在接受"新观念"(Nuovi Argomenti)的访谈中(形成了多中心主义的理论)(polycentrism),[38]已经明确地预告了要重组党内联盟。第八次党代会迎来了意大利共产党的统治阶级曾经历的最大改组。在党代会结束时,56.4%的中央委员会委员被重新选举过(相对于 1948 年的25%,1951 年的 12.5%,1960 年的 39.8%以及 1962 年的 26.4%)。因而这是一次重大融合(但不是一次精英循环,因为只有 22%的领导,前锋——行政委员会——是新选的)[39]:追随陶里亚蒂的旧主导联盟中有一部分结盟为新宗派,直到那时旧的主导联盟才被排除出权力集团外的新宗派。顶层的变化只是全党革新派(支持新陶里亚蒂的政治战略,"意大利的社会主义道路")与保守派(旧的斯大林守卫者)对抗的冰山一角,这两个派别在许多联盟内产生了严重的冲突。新生代的边缘领袖们(已经得到罗马的支持)能够推翻旧统治阶级。[40]更一般地,1956 年的转向导致组织的整个官僚结构全面的代际更替。[41]

因而,去斯大林化的危机充当了导火线,让新生代的领袖们在党的各级都可以进入公众视线(陶里亚蒂为保守派中更为"温顺的那些人"打了包票)。伴随主导联盟成分变化的是组织次序的重组。在党代会上,所谓的"多中心主义理论"(the theory of polycentrism,即右派以独立于莫斯科的方式建设社会主义的主张)——以"社会主义的意大利之路"的口号被引进来——成为意大利共产党新的正式教义。因而,与主导联盟成分变化相伴随的是,目标的部分延续,这重新界定了意大利共产党的认同,并开始了政治战略和日常行为的重大改变。规则也变了:第八次党代会上作出了重大的法规改变(自第二次世界大战以来最为重要的),[42]这为党的政治—组织的复原创造了重要的前提。迫使地域分部(territorial sector)凌驾于各党小组(前者以胚胎的形式已经在战后存在于"新党"内)之上的决定,让意大利共产党与原初的列宁主义模式拉开了距离。[43]选举体系也变化了(如果获得五分之一选票的话,新的选举体系允许开放名单制与秘密投票制)[44]——这也是党内集团间权力关系至关重要的改变迹象。所有的这些变化导致了组织秩序的重组，以及主导联盟的修正。这个瞬时的、在主导联盟团结和稳定程度上的变化，不如组织权力图的变化大：对组织面相的干预——继主导联盟成分的变化后——部分地修正了组织结构图，[45]即组织不同职位之间关系的一种重建。而且，为了降低政党的制度化，根基下沉了。第八次党代会，让意大利共产党更好地扎根于意大利社会，减少了政党之于环境的自主（并且采取更加独立于苏联的政治立场的压力增加了）。去制度化的压力，反过来，在某种程度上削弱了主导联盟的团结（为 20 世纪 60 年代的党内冲突打下了基础）。[46]

# 巴特戈德斯贝格：目标传承

德国社会民主党在巴特戈德斯贝格的转型就是关于我们的变迁模型有效性的一个极好例证（转型的所有要素都清晰可见），值得我们更密切地检视。

变化是由 1957 年大选激发的。选举结果，尽管好于 1953 年（31.8%对 28.8%），但证实了社会民主党没有能力取得成功。它对政党的斗志带来了灾难性的影响。因为基督教民主联盟/基督教社会联盟第一次（CDU/CSU，简称基民盟和基社盟）获得了绝对过半数（从 45.2% 到 50.2%），获得了 270 个议席（相对于德国社民党的 169 席）。士气低落引发了反抗，首先是在议会党团内，然后是在斯图加特党代会（Stuttgart Congress）上，反对社民党旧的主导联盟。1957 年选举引发了一场逆转以及一次重生，这结束于两年后在巴特戈德斯贝格采取的一项新方案。但它们只不过是催化剂：在长期的危机扩散的情形下，外部的挑战出现了。直到 1958 年清算日，先是由库尔特·舒马赫（Kurt Schumacher）、然后是由埃里希·奥伦豪尔（Erich Ollenhauer）[47]担任领袖的主导联盟，与党官僚进行了妥协。这时的主导联盟结构同艾伯特（Ebert）时期相同：有一些丰富经历的领袖们作为党官僚，他们控制了官僚机关，而且他们对传统的政党组织原则忠诚不渝（比如，议会党团依附于领导层，以及权力集中于政党的顶层）。

从 1944 年至 1946 年,在舒马赫领导下,官僚重新获得了其之前的优势地位。1946 年,在 25 名行政委员会成员中,有 23 名是年老的党官僚(第二次世界大战前他们在组织内已经很活跃)。[48]这一代官僚,为政党的传统所合法化,持续统治到 1952 年舒马赫过世并迎来了(从同一集团内)奥伦豪尔的统治。组织原则保持不变:1950 年章程(statutes)取代了 1946年的临时章程,只不过重新激活了魏玛时期的法定规范。[49]

然后,第二次世界大战后,官僚机构不再拥有之前控制政党的相同机会。首先,它无法指望工团主义的(syndical)支持:工会领袖在同基民盟/基社盟(执政党)打交道时,宣称他们政治中立,立场向右转以更加自由地与政府协商。[50]官僚机构风光不再。在魏玛时期,社会民主党的官僚结构已然削弱,[51]它的黄金时期(即艾伯特时期)已经过去了。反对派各派别具有了更强的实力。"传统主义者"在两个阵线受到攻击:来自左翼的"激进派"以及来自右翼的"新社会党人"(实用主义者)。激进派在 20 世纪 50年代控制了大约 10%的党员,他们致力于改革,而改革将危及传统官僚,却可维持党对代表及其他的公众代表的控制。激进派(主要为年轻的知识分子)使用了典型的、革命—社会主义传统的象征。[52]实用主义者,或曰新社会党人,是新生代的社会民主党人。他们三四十岁、受过良好的教育,并且与传统主义者相比,阶级出身更高。[53]他们在 20 世纪 50 年代已经赢得了议会、各联邦州以及各大城市的公职,却没有在党内机关历练过,即他们没有组织工作经验。他们致力于改革,一方面这将授予议会党团以及其他党代表更大权力,另一方面也将授予外围党组织更大权力(损害全国党中央的情况下)。他们使用了政党现代化的象征:清除了自 1800年以来的旧迷思(即马克思主义),并且通过开发专家对不同部门的政治干预而专业化了。[54]

在 20 世纪 50 年代,新社会党人(勃兰特、施密特等人)变得更为强大,各工会与传统的社会—民主意识形态的决裂对新社会党人有利。社会民主党在各联邦州与城市中的选举成功也是事实(它总是比基民盟做得更好)。到 20 世纪 50 年代中期,新社会党人通过公职部门开始控制许多全国与地方党组织,结果就是中央的官僚机构对外围组织的控制下降了。积极分子开始把新社会党人地方上的成功与及旧领导层在联邦大选中的失利作比较。[55]

1954 年党代会给传统主义者敲响了警铃。社会民主党在 1953 年大选中遭到了失败(选票从 29.7%降到了 28.8%),而且它最杰出的领袖舒马赫已经在两年前过世了。党员也从 1947 年的 875 000 名下降到了 1954 年的 60 000 名[56];党员明显老化了:这些意味着,渐增的内部分歧推动主导联盟选择组织停滞。对官僚的愤恨与日俱增。激进派和新社会党人推动了不满的扩散。在 1954 年,传统主义者试图维持权力,但他们成功的余地很小:

> 全体领薪的高级官员进行了改选,但得票比 1952 年有相当程度的减少[唯一的例外是阿尔弗雷德·南(Alfred Nan),他是党的财务官,很显然他被认为是有能力的,并且在政治上是中立的]。未付薪官员的选举意味着对"新鲜血液"的渴求……冯·克内林根(Von Knoeringen),一般是第一当选的,在那些当选者之中沦为了第二,而赫伯特·魏纳(Herbert Wehner),则获得了 366 张选票中的 302 张。新成员包括了马克斯·鲍尔(Max Bauer)和维利·比克尔巴赫(Willi Birkelbach)。佛瑞茨·埃勒(Ftitz Erler)和维利·勃兰特(Willi Brandt),虽然不是选举产生的,却获得了绝对的支持。[57]

激进派和新社会党人两派的进攻产生了影响。奥伦豪尔被迫接受党纲修改。提名了一个委员会(为传统主义者控制),准备在接下来的党大会上提出一项党纲。传统主义者,对他们的权力充满自信,准备了一份相当缺乏锐意进取的文件。但它从未成为党的新纲领。

斯图加特党代会发生在 1957 年大选后。在那时反抗运动已经爆发。反抗运动是由联邦德国议会(Bundestag)的议会党团引发的,在大选后迅速开始,当时是在 1957 年 10 月,多数代表违背奥伦豪尔的意愿采取了一项解决方案:

> 正式的提案,即要不改选现存党代表的领导层,要不就是增加三分之一副主席。拒绝了该提案后,代表们同意选举三个新的副主席。反抗者提出了三个候选人:卡洛·斯密德(Carlo Schmid)、赫伯特·魏纳(Herbert Wehner)以及维利·勃兰特(Willi Brandt)。奥伦豪尔以 132 票同意、3 票反对、16 票弃权得以再次当选。然而,由于反抗者的胜出,他的影响被削弱了。[58]

斯密德与艾勒尔（Erler）是新社会党人；魏纳是一名激进分子。但议会党团内持异议者现在是多数了。革命在党代会上爆发了。在党的高层发生了一个非常重大的转变：传统主义者遭遇了重创（部分是由于新社会党人控制了许多外围组织这一事实，并因此占据了许多的代表席）。奥伦豪尔被重新选为主席，但只获得了 380 票中的 319 票（与上次党代会相比，他损失了 19 票），而且选票未减少的少数传统主义者也失去了许多他们的支持者。新生代登场了："在以全体无记名方式选进委员会的 29 人中，14 人是首次当选（只有六人在 1956 年选举中被替换掉了，约莫平均一半的人事变动）。"[59]巴黎市长维利·勃兰特战胜了他的对手、因循守旧的官僚弗朗茨·诺伊曼（Frantz Neumann）。[60]

社民党领导层的改变发生在规则冲突之前。大幅减少官僚政治势力的压力十分巨大，在党代会上通过了解决方案，致力于加强非领薪的领袖们。[61]比如，违背奥伦豪尔的意愿，作出为党官僚以及行政委员会中的不领薪成员（他们之前总是置于不同的名单上）实行选举的决策。在党代会结束后，传统主义者一败涂地：

> 奥伦豪尔在 1959 年 7 月 7 日的声明中指出，他今后在社民党领导下的政府中不接受任何职务，主要由党内的实用主义—改革主义派大多数成员［乔治—奥古斯特·茨姆（George-August Zirm）、马克斯·布劳尔（Max Brauer）、勃兰特（Brandt）、戴斯特（Deist）、斯密德、埃勒，也包括了梅纳（Mehner）］组成的委员会宣告形成，并计划 1961 年的选举战略，这意味着作为决定党内策略和意识形态的力量的党内传统主义者削弱了。[62]

主导联盟的形态改变了（即使其最终的安排发生在 1961 年大选后）。社民党的组织权力图也被重新界定了：行政委员会遭受损失，既有利于议会党团，又有利于边缘组织——而且党的中央机关也削弱了。新的主导联盟是新社会党人（大多数的）、一部分的保守派以及激进派成员（特别是魏纳放弃了他最初的左翼立场）"融合"的产物。在 1959 年 11 月著名的巴特戈德斯贝格会议上，这一循环结束了。新党纲获得了支持，反对票只有 16 张。马克思主义的意识形态——对社会民主党的统治可追溯到埃尔福特时期（1881）——被抛弃了。组织认同的重新界定影响深远。[63]

勃兰特巧妙地把柏林作为国家的活动舞台，他在 1960 年被行政委员会提名为总理候选人。社会民主党前途光明。在 1960 年党代会上，该团队作为"影子政府"——而且一旦获胜将成为政府中心——被提出来了。成员都是"纯粹政治家"型和"专家"型的新社会党人；这完善了政党的政治—管理能力的新形象。[64]

勃兰特以"肯尼迪式的"方法指挥了 1961 年竞选，他使用了大众传媒（传统主义者完全不知道的一项技术）。大选肯定了政党改革的选择：社民党的选票从 31.8% 到了 36.2%。它又一次前行了：做出的选择证明是胜利的选择，主导联盟通过了"路考"。勃兰特在 1962 年党代会上成为党的副主席。权力之路现在完全开通了。

# 基督教民主联盟：从选举型政党到大众型组织

在本书第八章，我们在某个时刻停止了对基民盟的讨论。作为总理（Chancellor）和其他中阶领袖们控制下的一个组织，该党在阿登纳的领导下得以巩固。基民盟是这样一个组织，它不存在议会外的权力中心，没有官僚机构；它为外部利益集团所渗透；它也可以被认为是为共享权力优势以及为阿登纳的人格结合起来的、半自主组织的聚集。它没有扩张的动力，在阿登纳末期大约有 200 000 名党员，党内参与如果有的话，也近乎于无。

在 20 世纪 70 年代末期，基民盟是一个拥有 700 000 名党员的大众型政党，党内参与有重要意义，而且有一个相对强的、高度专业化的党中央官僚机构。它进行了从弱组织到强组织的转变。尽管变化深刻，它之前的许多特征还是没有明显消失（各中阶组织一定程度的自主，外部利益集团对党内生活的压力等等）。

被排除出中央权力是变化的首要催化剂。尽管从根本上看该党依然与 1969 年阿登纳时代相同，但变化的先决条件已经积聚了。在阿登纳从总理一职离任后，紧随之后的几任总理[顾名思义，艾哈德（Erhard）和基辛格（Kiesinger）]软弱且缺乏决断力，主导联盟变得非常不稳固。[65]从1963 年到 1965 年，该党为外交政策上的冲突给撕裂了（准确来说，基民盟在阿登纳时期围绕着该议题建立起了最大的党内团结）。艾哈德总理领导的"大西洋主义者"（Atlantists）与斯特劳斯（Strauss）、阿登纳本人（后者从 1963 年到 1965 年占据着党主席一职）领导的所谓"戴高乐主义者"（Gaullists）之间的对立，把组织分裂为两个大的"派系"。与此同时，新生代的领袖们正在显现，并且正准备着继位之战。在 1964 年，因为"复兴"的压力，一个新手，来自北莱茵威斯特法利亚州（Westphalia）组织的领袖赖纳·巴泽尔（Rainer Barzel），被选为议会党团主席；其他年轻的领袖们——尤其是赫尔穆特·科尔［（Helmut Kohl），来自莱茵兰—普法尔茨（Rheinland Palatinate）］的组织领袖——尝试着以其自己的方式进入全国舞台：他们的战斗口号就是政党改革。他们的议题是，政党结构不足以和后巴特戈德斯贝格的社会民主党竞争。在这一阶段，主导联盟极端不稳、分裂，看起来党内妥协几乎没有可能。改革大联合（Great Coalition）的选择就是一项反对艾哈德的选择（他和传统上与自由党的结盟有关系）。[66]基辛格被选为党主席，然后幸亏科尔领导的党内革新派，他得以实现总理一职。基辛格被选为党主席，更多是因为异质性的联盟尝试去阻止巴泽尔（他，从加强自己在党团的地位出发，宣布参选总理），而不是由于他的特殊才能。科尔和巴泽尔都想控制党引发的对抗，导致了这一时期小规模的冲突。来自"改革派"的压力异常之强，但改革却从未发生：主导联盟太过分裂、太不稳定，而且它的不同组成部分相互彼此阻塞。

1969 年是失败并被逐出权力中心的一年。尽管冲击非常强，党内居优的议题依然是在下次选举中选民将"觉醒"并将改正其"错误"。作为议会党团主席，巴泽尔获得了其名誉，并扩展了其权威和政治权重。失去了总理一职，议会党团（和巴泽尔一起）成为了党的统治机关。科尔，尽管不再是代理人，但在失利后进入了全国行政委员会，并再次提议党的改革，以加强议会外的组织。他遭遇了各联邦州（Landeverbande）领袖们的一贯阻力，他们虽然受到削弱，但仍会发声，这里首先是巴泽尔阻碍改革。在基民盟的组织权力图中，加强议会外的组织有利于一名叫科尔的党员；却不利于巴泽尔，他的权威几乎唯一依赖于党团的新成就。在萨尔布吕肯（Saarbrucken）党代会上（1971 年 10 月），巴泽尔得到了党主席一职，以 344 票对 174 票击败了科尔。[67]因而议会外组织和议会党团的关系依然没有改变。

基民盟在 1972 年被排除出权力之外,这引发了一场组织危机。巴泽尔名誉扫地,而且,许多新当选的代表不再把他们的当选归功于他。领导层的改变发生在 1973 年春。科尔被选为党主席,与此同时,卡斯滕斯(Carstens,科尔的一名支持者)取代巴泽尔成为议会党团主席。议会外组织与议会党团之间的权力均衡被打破了。在中央总部(联邦州总部,Bundesgeshaftsstelle),新书记比登科伏特(Biedenkoft)实行了大量的组织改革,并对社会民主党采取了更为进攻性的政治战略,科尔巩固了他的地位。直至那时,联邦州总部的秘书一职一直是一个轻量级的行政职务。在比登科伏特(1973—1977)统治下,它成为第一重要的一个政治角色。科尔—比登科伏特的串联,类似于将英国保守党转型为一个现代政党的迪斯雷利—戈斯特(Disraeli-Gorst)团队。比登科伏特开辟了党中央组织的扩张与强力集权。

> 他借全力支持训练官员,这是基民盟自 20 世纪 70 年代初期以来的新发展,这受到更加积极的党员的推动。在党的组织中,人事规划成为一个新的"时髦"(in)词,而且 1972 年在巴特戈德斯贝格创立了一个人事资料库以及那里的人事规划部门的总体工作说明了这点。[68]

在干部形成的过程中,提供有关政治问题的信息并推动党内沟通之任务的研究中心在 1975 年之后形成了。这推动党员发展达到一个顶峰。从 1969—1977 年,从 300 000 名到 650 000 名的党员发展搅乱了所有的党内关系。在议会外"中央"的扩展并变得更为专业化时,来自党费(membership dues)的收入渐增,它也收到了新的资金支持。[69]相对于议会党团和联邦州不断失去它们的组织与政治权重,联邦党强化了它的地位。然而,原初的印记从未被完全移除掉。集权化依然是协调(类似于党中央办公室和地方保守党协会之间的关系)的"柔性"伪装,它不得不至少遗留一些旧的特权给联邦州。然而,到了 20 世纪 70 年代末期,基民盟已成为"一个更大众—组织化的政党,议会外组织拥有更多政治权重,并且对政党的活动的专业化态度与日俱增,党员也更为积极地参与到了党的事务中去"。[70]

# 结　　论

关于政党变迁,历史学家和政治科学家基本上提出了两个命题。第一个命题主张,组织变迁应当被理解为统治集团提高组织绩效的决定的后果,是有目的的、可预测的。第二个命题主张,组织变迁是代际因素的后果。然而,没有一个命题是完全错误的,也没有一个命题在这里是完全满意的。第一个命题无视权力和权力冲突的观念,忘记了组织变迁在政治上从未是中立的(即每次变迁改变了集团之间的资源分配,修正了他们控制组织不确定区域的能力,进而改变了交换体系,组织权力正是建立在这一基础之上)。第二个命题,虽然没有低估冲突的作用,并从代际更替中寻找原因。然而,代际更替很少成为变迁的前提。如果更替是受增选新成员约束的,冲突也不会出现,组织的稳定不会受到威胁,也就不会有组织的变迁。如果主导联盟的形态考虑到了定期的、持续的增选新成员的进程,潜在的代际冲突就消失了。当戴高乐主义的危机爆发,带来了第一次大选的失利时,正是因为新共和联盟的主导联盟(仅仅包括了"永远的戴高乐主义者")阻塞了新鲜血液,才导致了新旧戴高乐主义者之间的冲突。这就是在1967年里尔党代会(Lille Congress)中政党组织次序重组的原因。

外在的挑战对组织产生了或多或少明显的影响,这与下面的因素相关:

(1) 挑战的严重性(seriousness),挑战越严重,重组越全面;

(2) 变迁的内部条件的发展程度;

(3) 政党制度化的水平。鉴于(1)和(2)情况相同时,制度化的水平越弱,变迁越全面。

组织次序的重建以及主导联盟成分的变化,会对组织的制度化水平带来改变。1956年危机,不仅为强化意大利共产党融入意大利社会铺平了道路,而且也为它的(相对)去制度化铺平了道路(即从全国的政治舞台中得到的自治权少了,而且与苏联保持距离的一些微小迹象也更少了)。

类似地,德国社会民主党在巴特戈德斯贝格进行的组织变迁,认可了制度化的(相对)下降(显示为官僚机关的弱化以及议会成员对党内领袖新的优势)。1969 年之后,基督教民主联盟经历的转型,把传统上的弱制度转变为一个高度制度化的组织。

然而,没有一个组织能够完全摆脱它的过去。无论领导层的更新、组织次序的变化或者"目标传承"有多么的广泛,组织"起源模式"的许多轨迹依然明晰可见。[71]

### 注 释

1. R. Nisbet, *Social Change and History*, Oxford, Oxford University Press, 1969.

2. Stinchcombe, *Social Structure and Organizations*, Downs, *Inside Bureaucracy*.

3. W.M.Teulings, "Modeles de Croissance et de Development des Organisations," Revue Francaise de Sociologie, XIV(1973), pp.352—371.

4. 克罗泽(Crozier)和弗里德贝格(Friedberg)的著作《行动者与体系》(*L'Acteur et le système*)中对此节有简要分析。

5. 参见 F.Butera, "Per una ridefinizione del concetto di cambiamento organizzativo," *Studi Organizzativi*, LX(1977), pp.43—78。

6. 参见 G.Zalman et al., *Innovations and Organizations*, New York, Wiley and Sons, 1973,以及 G.Dalton et al., *The Distribution of Authority in Formal Organizations*, Cambridge, Mass., The MIT Press, 1968。

7. Crozier, *Le Phénomène bureaucratique*, pp.257ff.

8. R. P. Lynton, "*Linking an Innovative Subsystem into the System*," in Baker, ed., *Organizational Systems*, p.316.

9. Crozier 和 Friedberg, *L'Acteur et le système*, p.334。

10. 参见 Boudon, Effets pervers et ordre socials,以及 Crozier 和 Friedberg, L'Acteur et le système, p.157。

11. Crozier, Phenomene bureaucratique.

12. 有关"有限理性"(bounded rationality)理论,参见 J.G.March, H.A.Simon, *Organizations*, New York, Wiley and Sons, 1958。

13. 用"松散耦合"(loose coupling)的概念来阐释组织子系统之间的相对自治现象。哈德里奇(Haldrich):《组织与环境》(*Organizations and Environment*),第 76 页后,包含了大量类似论断。

14. 参见第十一章所引文献。

15. Lynton, "Innovative Subsystem."

16. 有关问题参见 L. Morlino, *Come cambiano i regimi politici*, Milan,

Franco Angeli, 1980。

17. 作为组织变革催化剂的环境挑战,是已经被社会学文献详加探讨的议题: 例如,工业企业在外部压力下的转型,参见 L.Gallinio, *Indagini di sociologia economica e industriale*, Milan, Communita', esp. pp.45—61。

18. 美国政党组织从 19 世纪到今天的改革与不同派系之间权力争斗这二者紧密相连,详见 A.Ranney, *Curing the Mischiefs of Faction: Party Reform in America*, Berkeley, University of California Press, 1975。

19. 关于"目标替代"(substitution of ends)与"目标传承"(succession of ends)之间差异的有用的探讨,参见 Blau 和 Scott, *Formal Organizations. A Comparative Approach*, pp.258ff。我的观点还是,两相取舍不在于替代或传承,而在于"目标清晰"(articulation of ends)与"目标传承"。

20. 在危机时刻,有关"政党民主"(party democracy)的内部争论将会分外活跃。只要主导联盟能一直妥善地管理组织,政党的集体认同就牢不可破,地位和物质的种种好处也大有保障。只有很小的少数派会关心"谁"、"如何"来作决策的问题。危机一来,这个问题就吸引更多行动者的注意了(少数精英分子跳出来攻击多数时,"党内民主"的议题是他们的保留节目,这并非是偶然的)。对于决策流程的关注和讨论的增加,在很多情况下都意味着一场组织危机。

21. 经济交换与更一般的社会交换之间的关键区别是,在后一种状态下,"支付行为"难以精确量化,因此,合约各方的"信任"起到了更为重要的作用。参见 Blau, *On the Nature of Organizations*, pp.205—209。

22. 参见 Sani, *Alcuni dati sul ricambio della dirigenza*,以及 Schonfeld, La Stabilite des Partis Politiques。

23. Duverger, *Political Parties*, pp. 163ff., Schonfeld, *La Stabilite des parties politiques*,以及 G.Pasquino, "*Ricambio parlamentare e rendimento politico*," *Politica del Diritto*, VII(1976), pp.543—565。

24. Schonfeld, *La Stabilite des parties politiques*,以及 Poggi, ed., *L'organizzazione partitica del PCI e della DC*, pp.549ff。

25. Michels, *Political Parties*, pp.256—258.米歇尔斯后来认为,他能扩展"精英融合"(amalgamation of elites)定律(从政党到政治体)来反对帕雷托(Pareto)的"精英循环"(circulation of elites)定律。参见 R.Michels, *Corso di sociologia politica*, Milan, *Instituto Editoriale Scientifico*, 1972。Ibid., *Studi sulla democrazia e sull'autorita'*, Firence, La Nouva Italia, 1935, Ibid., *Nuovi studi sulla classe politica. Saggio sugli spostamenti sociali e intellettuali del dopoguerra*, Milan, Dante Alighieri, 1936。

26. Hellman, *Organization and Ideology*, p.309.

27. Duverger, *Political Parties*, pp.157—168.

28. Ramsden, *The Age of Balfour and Baldwin*, pp.213ff.

29. D.J.Wilson, *Power and Party Bureaucracy*, pp.24ff.

30. 参见 P.Seyd，"Democracy within the Conservative Party?，" *Government and Opposition*，X(1975)，pp.219—237。

31. Rose，*The Problem of Party Government*，p.130.

32. Finer，*The Changing British Party System*，p.79.

33. Peele 和 Hall，*Dissent，Faction and Ideology in the Conservative Party：Some Reflections on the Inter—War Period*。

34. Poggi，ed.，*L'organizzazione partitica del PCI e della DC*，p.72.

35. 关于意大利共产党激励体系的危机和转型，以及更一般地关于同 1956 年危机相连的动力，参见 P.Lange，"*Change and Choice in the Italian Communist Party：Strategy and Organization in the Postwar Period*，" Ph.D.Dissertation，M.I.T.，1974，pp.120ff。

36. 关于 1956 年之前在联邦内的"代际压力"(generational pressure)，参见 P.Lange，Ibid.，pp.120ff。

37. Poggi，ed.，*L'organizzazione partitica del PCI e della DC*，p.76.

38. 有关这些问题参见 G.Galli，"*II PCI rivisitato*，" *Il Mulino*，XX(1971)，pp.25—52。

39. 关于这一问题的数据，参见 Poggi，ed.，p.550。

40. Hellman，*Organization and Ideology*.

41. Lanchester，*La dirigenza di partito：il caso del PCI*，p.692.也可参照同一作者的"Continuita'e cambiamenti nella dirigenza comunista," *Il Mulino*，XXVII(1978)，p.457.

42. Sivini，*Le Parti Communiste*，pp.83ff.

43. 参见 P.Lange，"La politica della alleanze del PCI e del PCF，" *Il Mulin*，XXIV(1975)，pp.499—527。

44. Sivini，*Le Parti Communiste*，p.83.

45. 在这一意义下，对于支配着执政组织（哪怕 1958 年之后对这些机构进行了部分的重估）的官僚机构，最重要的革新是强化监控机关。而且，分部数量维持不变，尽管如此，作为人员削减的结果，它们的规模也下降了（有利于鼓励基层参与的一种措施）。最后，党支部 1956 年之后迅速衰减：第八届党代会前有 45 000 个，在 1959 年只剩下 35 000 个。关于数据，参见 Sivini，*Le Parti Communiste*，pp.85，98，113。

46. 20 世纪 60 年代，关于陶里亚蒂的过世和《雅尔塔协议》公布之后的冲突，参见 Galli，"Il PCI rivisitato"，第 38 页起。

47. 参见 Childs，From Schumacher to Brandt. *The Story of German Socialism*，1945—1965。关于舒马赫，参见 L.J.Edinger，*Kurt Schumacher. A Study in Personality and Political Behavior*，London，Oxford University Press，1965。

48. H.K.Shellenger Jr.，*The SPD in the Bonn Republic：A Socialist Party Modernizes*，The Hague，Nijhoff，1968，p.94。谢林格（Shellenger）的文章最为清晰

地描述了导致巴特戈德斯贝格的转型过程,我由此了解了此事的本质。然而,也可参见 Rovan,*Histoire de la Social—Democratie Allemande*,esp.pp.258ff。

49. Shellenger Jr.,*The SPD in the Bonn Republic*,p.59.

50. 参见 Gray,*The German Left Since 1945*,pp.177ff。

51. Shellenger Jr.,*The SPD in the Bonn Republic*,p.62.然而,在魏玛时期,即使对帝国时代的景仰已经褪色,社会民主党派的官僚作风依然很强劲。正如 R.Hunt 在《德国社会民主党,1918—1933》(*German Social Democracy*,*1918—1933*)所述,New Haven and London,Yale University Press,1964,pp.56ff。

52. Gray,*The German Left Since 1945*,pp.159ff.

53. Ibid.,p.150.

54. Ibid.,pp.150ff.

55. Shellenger Jr.,*The SPD in the Bonn Republic*,p.162.各地的胜选集中涌现,使众多"新社会主义者"(new socialists)进入地方政府,他们能控制党的外围组织,伴随着官僚结构的弱化,与战前相比,使得各州组织和各联盟(Bezirke)更加独立于中央官僚机构的权力。

56. Gray,*The German Left Since 1945*,p.141.

57. Shellenger Jr.,*The SPD in the Bonn Republic*,p.79.

58. Ibid.,p.156.

59. Ibid.,p.158.

60. 关于"新社会党人"勃兰特和旧官僚主义者诺伊曼对柏林控制权的争夺,Ibid.,pp.117ff。

61. Ibid.,p.156.

62. Gray,*The German Left Since 1945*,p.189.

63. 参见 G.E.Rusconi,"Bad Godesberg e'un modello?,"*Il Mulino*,XXVIII(1979),pp.920—942。

64. Shellenger Jr.,*The SPD in the Bonn Republic*,pp.173ff.

65. 我有关此节的描述引自 Pridham,*Christian Democracy in Western Germany*。

66. Ibid.,pp.164ff.

67. Ibid.,pp.196ff.

68. Ibid.,pp.265—266.

69. Ibid.,p.266.当然,在中央的议会外组织的筹资加强了,1967 年之后,在选举补偿(reimbursement)形式下的公共资金筹措起到了非常重要的作用。参见 D. 伦纳德(D.Leonard)对资金筹措影响的比较分析,"Contrasts in Selected Western Democracies:Germany,Sweden,Britain,"Alexander,ed.,*Political Finance*,pp.41—73。

70. Pridham,*Christian Democracy in Western Germany*,p.267.

71. 我并没有探讨工人国际法国支部过渡到法国社会党的情况,因为这种过渡更多是一种重建(refounding),而非组织次序的重组(restructuring)。然而,法国社会党毫无疑问是一个新的政党,应当指出,旧式的工人国际法国支部的许多要素也被统合进组织中(首先,各联盟的重要作用)。关于这一转型过程,参见Hurtig, *De La S.F.I.O. au Nouveau Parti Socialiste*。

# 第十四章
# 政党与民主：转型与危机

西方政党当前的转型可以通过两种不同的方式予以检验。我们可考虑旧的组织形式的生命力强度，寻找它们衰落的迹象，并评估转型可能的诸形态和方向；或者我们也可以把兴趣转移到不同政党体制下政党传统上所从事的活动上，检视政党可能的变迁和危机。第一种方式提供了一个足够具体的领域，让我们逐一分析一个个政党组织；第二种方式提供了更为宽泛的领域，当然在该领域内对民主政权（它们关键在政党）的运作和转型的研究更难以把握。

在本书中，这两个问题是密切相连的。政党的各种活动与政党内部组织之间有密切的联系。组织面相的某个变化意味着组织行为和活动的改变。对西方各政党发生的各种组织变迁进行考量，可能是思考一个更广泛的政治进程的起点。[1]

## 大众官僚型政党与选举—专业型政党

在 20 世纪 50 年代初，迪韦尔热指出了大众型政党是如何成为民主政权中的政治组织的支配形式；他的作品可能，在一定程度上，被解释为大众型政党的政治美德的"颂歌"。那些"异常的"个案，美国的选举型政党——他坚称——相对于旧欧洲大陆的、那些发展十分不同的大众型政党来看，明显是政党组织发展迟缓的例子。

十五年后，奥托·基希海默尔（Otto Kirchheimer）在他的全囊括（catch-all）理论中，否决了迪韦尔热的主题；对他而言，大众型政党只是一个阶段——这一阶段已经被超越（或正在被超越）——在组织发展中，大众型政党正把阶级"整合型"政党和宗教"整合型"政党（根据大众型政党的定义）转型为选举机构，越来越类似美国的政党。[2]

与普遍认可的观点相异，基希海默尔的全囊括型政党并非是如下组织：其选举的追随者如此多样化以至于代表了整个社会的各阶层（social spectrum）；全囊括型政党也不是同其最初的阶级基础（classe gardée）的联系完全消失了的组织。基希海默尔非常清楚地意识到，没有一个政党曾经保持过这一状态（同竞争组织相比，因为没有一个政党能冒得起完全丧失其认同的风险），而且，旧的大众型政党也从来没有单独组织过自身的阶级基础：既然大众型政党的支持基础，即它们的认同所依赖的阶级基础，也从未足够多过——政党总是寻求最广泛的、包括了其他社会阶层的选举追随者。

按基希海默尔所说，大众型政党向全囊括型政党的转型，也不是很显著；与旧的阶级基础的连带既松且弱；政党也仅仅是向不同的社会集团提供了机会。在我们看来，这意味着支持基础的变化，因而也意味着组织认同的一种新的界定（如同德国社会民主党在巴特戈德斯贝格发生的那样），但它并不意味着完全开放到代表整个社会（wide-open social representation）。政党关注"没有清晰利益冲突"的范畴，它的行动总是受到政治传统和社会分层体系的限制。[3]

过分夸大对全囊括型政党理论更多社会学蕴含的关注（即关心不同政党的选民的社会成分的变化），这也常常掩盖对基希海默尔而言更重要的几个方面：

（1）去意识形态化进程，如减轻"政党的意识形态包袱"；宣传的主张集中于意见一致的议题 *，[4]如关注大多数选民取得共识的普遍议题：经济发展，公众秩序的维持等；

（2）政党不断依赖利益集团的影响；附属组织、宗教组织和工会组织等转型为利益集团，这些利益集团日渐减少了与政党的定期联系；

---

\* valence issue，为选民一致喜欢或不喜欢的议题。——译者注

（3）党员政治权重的丧失，普通成员政治能动性的作用显著下降；

（4）领袖的组织权力增强，在向组织提供资金以及与选民保持密切联系上，他们更为依赖外部利益集团，而非组织成员；[5]

（5）更脆弱的、更不连续的政党—选民关系，不再与牢固的社会定居区相联系，也不再与稳固的、统一的政治亚文化相联系。

然而，基希海默尔的分析，只是含蓄地探讨了我们认为最为重要的一个问题：政党组织的不断专业化。在韦伯、米歇尔斯和迪韦尔热描述过的大众型政党中，政党官僚这一组织扮演了关键角色：政党领袖用"代议制官僚"（在我们的表述中）来维持他们与党员的密切联系，进而，通过党员，维持与其阶级基础的密切联系。在新的政党类型中，专业人员（所谓的专家、具有特殊知识的技术人才）扮演了更加重要的角色，对组织而言，他们比传统的政党官僚更为有用，因为政党的发力重点（gravitational center）从党员转移到了选民身上。反过来，职业化也表现了许多的组织后果，我们在第十二章提出了关于这些组织后果的一些假设。

专家和官僚的区别能帮助我们分离出政党的两种理想类型：大众官僚型政党和选举—专业型（professional-electoral Parties）政党，[6]它们的不同如下所示：

**表 14.1　大众官僚型政党和选举—专业型政党比较**

| 大众官僚型政党 | 选举—专业型政党 |
| --- | --- |
| （1）官僚的核心作用（政治—行政任务） | （1）专家的核心作用（专业化的任务） |
| （2）成员党，纵向的组织纽带强，诉诸于"铁杆选民" | （2）选举党，纵向纽带弱，诉诸于"意见选民" |
| （3）杰出的党内领袖，权力分享型领导 | （3）优秀的公众代表，个性化领导 |
| （4）通过党员与附属活动（政党合作社，工会等）筹集资金 | （4）通过利益集团和公共基金筹集资金 |
| （5）强调意识形态，组织内信众的核心作用 | （5）强调议题和领袖，组织中的投机分子及利益集团代表的核心作用 |

这些差别无需详细评论；它们概括了组织的变化，部分是基希海默尔讨论过的；部分源于前面几章所作的分析；还有部分是关于西方政党新近变化的相关文献所描述过的。它们均是理想类型，没有一个政党可以完全符合"大众官僚"类型，也没有一个政党完全符合"选举—专业"类型。政党有不同的组织史，不同的组织史会导致不同的结果。选举—专业型的理想类型（类似于大众官僚型的理想类型）首先对于看待某些一般趋势

是有用的；从一个组织到另一个组织的差异仍需作出解释。而且，在任一组织内，"新""旧"特征趋于重叠和共存（而且会导致内部的紧张和冲突）。转型因不同政党、因不同社会而差异巨大。

不过，看起来有两个主要的变量对转型的速度和强度影响最大。

第一个变量是制度化。转型开始前，如果制度化的程度较低，转型就会比较快；如果制度化程度越高，政党就越能够抵制转型的压力。比如，法国共产党具有非常牢固的制度，远比法国的其他政党能抵制变迁；意大利天主教民主党和意大利社会党的变迁，至少在某些方面，比意大利共产党来说更难以改变，等等。[7]

第二个变量是基希海默尔提过的，主要在于政党体系碎片化的程度。基希海默尔宣称，（在选举意义上的）大型政党对转型的压力感受最大。政党体系的碎片化程度越低，它越可能被一些大的组织所控制；因而变化将开始得更快，而且进行得更迅速。政党体系的过度碎片化倾向于延缓转型的发生。

可以在政党（运行）的环境中发现选举—专业型政党宣称的主要原因。组织的变迁是由外部的挑战、环境的变化（其作用于政党的方式在第十三章已有讨论）引发的。在西方社会，主要有两类环境变迁，看起来隐藏在这种转型的后面。[8]

第一类变迁是社会学研究的主要题目，它与社会分层体系相关，与不同职业群体重要性的改变（如，产业中劳动力的下降，第三产业的扩张等）——首先是与每一群体的特性和文化态度的改变——相关。描述选民以及党员的社会构成，这种解析总是忽视了各个阶层内部的特性和文化态度。比如，鉴于在此期间工人阶级的面貌已经发生了很大变化，即过去工人阶级主要分为熟练工人和非熟练工人，如今它成为"中心的"产业工人（政治意义上代表或工团主义意义上代表）和"外围的"不重要的工人，[9]在这一情况下，去观察一个共产党的选民或者一个社会党的选民，"工人们"所占的比例与过去几乎相同，那么，这一观察意义不大。这种转型修正了这些政党的选民的政治本质，因为它影响了政治利益的构成。

同样地，测量中间阶级（middle-class）成员在不同政党中的程度而不考虑这些阶级的结构变化也是没有意义的。还是如此，如果不考虑因世俗化（secularization）和教育的普及给信众、宗教机构与政党之间的关系带来的变化,测量教派型政党的支持者"数量"也是无用的。

社会结构的转型——当代社会学理论试图通过不同的方式、不同的分类(如复杂社会、后工业社会、后资本主义社会等)去理解它——这种转型影响了政党,改变了它们的支持基础和政治场所。[10]比方说,选民在社会上和文化上已经变得更加多样化,他们更不易受政党控制。所有的这些因素刺激组织变迁。

第二类变迁是技术性的,在于在大众媒体,特别是电视(这里标志性的数据是 1960 年的美国总统选举)的影响下重建政治沟通体系。一旦电视在政治竞争中变得重要了,它就开始影响政党组织。[11]通信技术的变化引起了政党组织的一场地震:在组织形成共识时旧官僚的地位被废弃了:新的专家的作用变强了。[12]政治沟通表达方式的改变有利于更多样化的、受过更多教育的公众,大众媒体正驱使政党朝向个性化的竞选;以候选人为中心以及以议题为取向,即关注有很高的技术含量、需要专家参与的特定主题。

比起传统的附属组织、官僚以及党员,电视和利益集团正变成了政党和选民之间更为重要的联系(尽管依定义来看是不稳定的)。官僚和积极分子依然必不可少,但其作用大不如前。组织权力图已经改变了。无论是筹资,还是与选民的联系,党员和党官僚的权重都下降了;党内领袖正失去一些他们的政治权力(建立在同党员和官僚之间不平等交换之上),同时通过选举任命的公众代表的重要性正相应地增加了。

社会结构的改变和政治沟通方法的改变一起侵蚀着传统的政治亚文化,这种文化因大众官僚型政党特有的强组织安排而僵化很久了。"铁杆选民"减少了,而且政党认同——之前大部分欧洲国家感到放心的选民的稳定性——没落了。[13]选民变得更加独立于政党,"从摇篮到坟墓"的社会整合现在几乎处处局限于没落的少数派。因而选举场所也变得更加混乱不堪,这迫使政党通过模仿的、互惠的调整过程迈向选举—专业型模式。

大众官僚型政党是强制度。选举—专业型政党是弱制度。从一个模式到另一个模式的过渡包含了去制度化。当选民的自主性和利益集团的政治作用增加时,政党相对于所在环境的独立性就逐渐下降了。当政党倾向于并入国家时,结构连贯性也逐渐降低了;官僚机器变得不怎么重要了,专家的政治权重与被任命代表的政治权重增加了。之前强大的政治亚文化稳定了选举场所,并保证了许多的政党对于环境、连贯结构的自主,如今这种强大的政治亚文化正在消失。强政党/强制度(韦伯和迪韦尔热分析的大众型政党)的历史时期看起来正走向终结。

# 政 党 危 机

尽管基希海默尔写作于以经济发展和政治稳定为标志的时代——作为参照点,该时代依然保持着对意识形态终结的争论——他也十分清楚,全囊括型政党的成功给民主带来严峻的危机。他的分析是以如下文字结束的:

> 全囊括型政党提供给全体大众的这种有限参与,这种在政治进程中,经由正式认可的渠道呼吁的那些理性的、公正的参与,这有效吗?这一机构,全囊括型政党,不可能比它的象征性主人——个体选民更加理性。不再服从政党整合的纪律——或者,像在美国那样,从来不服从纪律,选民也可能,因其喜怒无常和态度冷漠,把全囊括型政党易受波动的机制转化为某种迟钝的东西,不能起到与社会上起作用的权力持有者之间的连接作用。我们也可能会为阶级—大众型政党和教派型政党的消失感到遗憾——即使它是不可避免的,因为我们也会为西方文明昨日舞台上别的特征的消逝而遗憾。[14]

截至目前,他的大部分预言已经变为现实,像"不可治理性"(ungovernability)和"合法性危机"(legitimating crisis)等表达方式正盛行于西方社会科学。基希海默尔的推断(projection)也有充分的根据。选举—专业型政党的成功伴随着"政党的危机"——这是对西方式民主的未来好奇的那些人讨论最多的主题之一。但要在特定条件下去讨论真实的政党危机或猜想的政党危机,我们就必须把注意力转移到民主制下的这些组织传统上从事的活动上:如果有危机,它将完全呈现为这些活动的危机。[15]再一次循着基希海默尔的思路,我们可以看到政党传统上所特有的三类功能。[16]

(1)"整合"功能与"表达"功能。政党为了社会秩序、政治秩序的维护/转型的一般要求组织起来。[17]（当然,它们从来不会独自传输/组织一般要求,他们也总是满足特殊集团的要求与特殊部门的要求。）[18]这一功能最重要之处在于,集体认同通过意识形态得以建立并保持,其中意识形态成为延缓未来收益的一种手段（当下的牺牲被人们接受,寄希望于社会更好的明天）。[19]这也可能理解了,在政治体系的稳定中,为什么整合功能/表达功能经常发挥决定性的作用;甚至那些所谓的反体系政党（anti—system parties）,成为社会抗议的制度化渠道,经常有助于政治体系的稳定。[20]

（2）挑选候选人进入公职的功能。各国在不同的政府职位中任命管理者和行政首长的比例也不同。

（3）参与形成外交政策的功能,即参与有约束力的集体决策。

上述功能无一为政党独自垄断。整合功能/表达功能也为其他的社会组织所承担（如家庭、学校、宗教组织等）。精英选择也总是受到利益集团的影响。政府的决策也总是通过在诸政党、各种"非官方的"利益集团,[21]以及各种制度性的权力中枢（如高阶官僚、军方精英等）之间的协商作出。如果我们考虑的危机是关于传统上由政党履行的功能,我们绝不能把危机视为（从未存在过的）垄断这些功能的丧失,而应该视为这些功能边缘化的过程。这一情况是随着选举—专业型政党的出现而发生的。这类政党,相对于旧的大众官僚型政党而言,事实上并没有组织起稳定的集体认同。为意识形态凝聚起来的政治亚文化受到侵蚀,意味着与整合功能/表达功能相关的活动事实上终结了。这一危机转而影响到了政党的其他功能。因专业—选举型政党的出现而引起的集体认同的分歧会产生两种影响:它会导致"不合惯例的"政治行为的扩散（这方面我们将在下文看到）;以及——这里与我们更相关的——它使得利益代表结构的倍增（multiplication）与破碎化的发生更为容易了。[22]政党独立挑选精英的能力——这样的独立性曾经存在过——现在削弱了:利益集团比过去更为强劲地闯入政治领域,他们直接赞助自己的政治代言人（虽然名义上属于政党）。政党影响政府政策的能力也妥协让步了,因为它受到了利益集团的限制,受到了政治—行政体系自主化的限制,[23]也受到了代表单一议题的协会的倍增效应与竞争的限制。组织体（organizer）的集体认同越来越弱,它在"特殊需要"（决策过程破碎且弱化）的输送与实现中被迫直接同利益集团进行竞争。[24]换句话说,只有当政党能够用它们的能力去组织/代表集体利益时,政党与其他组织的权力关系在不同的政治场合中就有利于政党。当这张王牌不再有用时,政党在各个领域的地位就削弱了。

# 政治分歧的变化

在斯坦因·罗坎(Stein Rokkan)对欧洲政党体系的描绘中,他描述了四种主要的结构性分歧,这解释了不同的政党体制面相的一致和差异:中央—边缘分歧、教会—国家分歧、城市—乡村分歧(比如,地主和城市资产阶级的冲突)以及阶级分歧(雇主—雇工)。每种分歧都会产生特定议题上的政治区隔与冲突。比如,教会—国家分歧引起了整个 19 世纪教育的冲突,城市—乡村分歧产生了关税的冲突,等等。在冲突的强度和时机上也有很多差异,并非每种分歧总会产生出一特定的政党。然而,阶级冲突例外:

> 劳动力市场的冲凸显示出更为一致的区隔。工人阶级政党随着欧洲各个国家早期的工业化而出现。无论是在大型的农场,还是在林地或企业中,雇佣劳动者(wage earners)大量出现,他们厌恶自身的工作条件,对合同的不牢靠表示不满,而且他们当中很多人感觉到了与业主和雇主在社会上以及文化上的疏远。结果就是各种工会的形成以及全国性的社会主义政党的出现。[25]

阶级分歧是诸社会主义政党与非社会主义政党之间关键的政治区隔的根源。与这一分歧相关的诸多议题,在大多数欧洲国家存在的政治问题的"层级"中居于首位。[26]

因而我们就能理解,为什么选举竞争的政治空间永远是一维的:左—右连续体几乎在每一处都占优势,正是通过这一"认知地图",政党认同得以组织,政党对政治的态度得以塑造。[27]左—右连续体,至少在欧洲,主要是围绕与阶级分歧相关的社会经济问题为中心;在福利政治时代,国家干预经济是主要的政治议题,让选民和政党顺次置于这一光谱的某个位置。[28]

现在，能够改变竞争的政治空间面貌的转型正在发生吗？我们是这样认为的，因为无论何地，各结构性分歧与诸政治议题之间的关系正在改变。通过政党及它们组织的政治亚文化，这种关系已经变得既稳定又持久。但后者正逐渐逝去，因为选举—专业型政党得以流行。政治分歧的表达方式也在变。在过去，主要的政治区隔涉及的是国家干预经济的程度（quantum）：不断增加干预意味着"社会主义"政策，减少干预意味着"资本主义"政策。阶级区隔——为不同的选择所惠及或伤及的集团——围绕经济政策的冲突也是可辨识的（可通过多少变形的政治亚文化进行文化上的辨识）。自 20 世纪 70 年代晚期起，问题的确已经变了：比如，失业/通货膨胀交替出现，并没有在明确的范围内区分社会集团。失业包括了知识分子的失业；通货膨胀把工人分成受工会保护且享有福利的团体与不受保护的边缘团体，这自动区分了中产阶级，掠夺劳动岁入，损害产业工人的权力，支持工业债务并鼓励金融投机的集团和派别。[29] 当在一个既定的选择下，哪一个社会集团受损受益这一情况不再明显时，给予左—右"认知地图"以内涵与实质（依附阶级 v.s.特权阶级、集体动员 v.s.个体动员、生产方式的集体化 v.s.自由市场，等）的文化上的区隔，就变得模糊了。

在与所谓的"反—政治"相关的冲突中，[30] 传统的右—左区隔的"短路"就更加明显了。反对"大政府"（美国）的势力、反对"政党国家"（德国）的势力、反对"政党独裁"（意大利）的势力可能源自相互对立的政治动机（比如，自由主义者抗议国家的官僚镇压或者保守主义者对国家干预的报复）。[31] 生态议题集中了激进的年轻人的共识，以及那些居住在乡村的、直接受到核设施威胁的人们的共识。70 年代的妇女解放运动深刻区隔了政治亚文化。70 年代种族—语言冲突的复苏也不能理解为是基于传统的右—左区隔。法国和德国"另类的"那些支持选票至上者（生态学的），不同于 60 年代的那些更为传统的新左派，有时候也受到了传统的中—右选民的支持，等等。

这样，政治空间正成为多维的：传统的右—左连续体仍然是一个至关重要的政治维度，但一个新的维度出现了。在罗纳尔德·英格尔哈特（Ronald Inglehart）解释后物质主义价值观出现的政治后果中，提出了一个与经典的右—左区隔不同的区隔：正统派与反正统派的区分（establishment and anti—establishment）。[32] 它在统治集团（包括左和右，即各保守主义政党和各社会主义政党，工业组织和大型工会）和大量的公民集会之间作了区分。（在几个欧洲国家）许多迹象显示，这一区隔可能会持久，并可能会深化：它最初出现于 20 世纪六七十年代的集体运动中，现在它明显存在一系列非常规的政治态度中——从投抗议票（protest vote）到选举弃权（abstention），从多多少少短暂支持"选择性"名单到完全的脱离政治。[33]这一分歧并不能保证任何新的政治组织的出现（正如罗坎观察的分歧也并不总会产生新的政党一样）。然而，政治空间也在变，变成至少是二维的：除了与政党认同及常见的政治态度相连的传统的右—左维度之外，还有一个根源于非惯常态度之中新的稳定的维度。[34]

接下去的异议经常会提到下述议题：唯一重要的政治区隔，至少从长久来看，是那些与"结构性分歧"（罗坎意义上的）相关的政治区隔，那些分歧要么将社会分割为清楚明晰的集团，要么将社会分裂为政—教冲突，各种组织冲突。可以由三种不同的方式驳倒这一异议。

第一，我们对社会分层体系的转型与政治冲突之间的关系所知甚少，不能断然拒绝正统派/反正统派这一区隔与（新的）结构性分歧之间存在的联系。由国家干预引起的工人成分的变化和中产阶级成分的变化（比如，这会预示着在第三产业受过高等教育的人们和位于边缘的无产者之间的联盟）[35]可能会证明是这一分隔的来源。

第二，罗坎的理论（如同其他相似的理论）被提出来，用来解释当下欧洲各国政权的形成和巩固。因而我们不能真正期待它来阐明如下的几个阶段，即阐明当前诸政权正在进行的变化。更具体来看，在各种结构性分歧与这些分歧的政治表现形式（回想一下，马克思对结构和超结构的区分，并非偶然）之间进行区分的分析框架被建立起来，用以解释竞争资本主义时期的政权的形成，换句话说，在竞争资本主义时期，国家还不是社会体系再生产/转型的主要代理人。不经修改就用这一框架解释当前的冲突和政治分隔是值得怀疑的。

第三，甚至在过去，结构性分歧都不会单独影响政治。一段时期前，汉斯·达尔德（Hans Daalder）强调了两类区隔（"民族"和"宪政体制"），它们与结构性分歧之间没有必然关系或立即为人所知的关系，但他强调了这两类区隔是如何在现代欧洲政治体系的形成中发挥了关键作用的。[36]这些区隔标志着从前工业社会到工业社会的过渡。正统派/反正统派的分歧可能正好是从工业社会到后工业社会的政治转型中冲突的一种主要来源,这种假设也不是不可能的。当然这一分歧表示政治影响的表达方式和强度,将取决于在不同的国家背景中,政治领袖们在当下如何形成的反应。[37]

政治空间转型为多维空间,与选举—专业型政党的成功以及与之相伴生的政治紧张有关。正统派/反正统派的区隔有助于加速政党的转型,并弱化传统的政治亚文化。选举—专业型政党的成功,反过来,破坏了集体性认同,深化了政治体系的合法性危机,因而加剧了正统派/反正统派的区隔。这一分歧促成了政治体系的不可治理性。[38]一维的政治空间,让选民节省了信息成本(政党的普通"形象"胜过其政策与纲领知识),让选民在选举中作选择更容易些,并稳定了态度和预期,而且给政治行动者(选民和领袖)提供了明确的评估和选择标准。[39]在选民很难区分不同政党的多党制中,[40]在使选举市场的交易更为稳固上,一维的政治空间是必不可少的。向多维空间的移转消除了这一优势,迷惑了政治行动者,使得竞争更为混乱,并且更加恶化了政治场所的"混乱"、不稳定以及不可预期性。

# 结　　论

按照社会变迁理论的经典范式,从整合型(大众官僚型)政党的"整体"参与,到选举—专业型政党的有限参与,这一过渡可能被视作是大型社会集合体更一般趋势所具有的许多影响之一。政党之前的一些功能被其他组织给取代了,比如,19世纪晚期20世纪早期的各社会主义政党和各教派型(denominational)政党组织起来的"私人"福利体系,让位给了"公共"福利体系。新的国家代理人接管了政党的功能。政治动员不再依赖政党组织,而是依赖大众传媒,以及为不断增加的横向流动所便利了的个人关系。政党被迫更为专业化,从"由摇篮到坟墓"的参与到局部且有限的参与,这一过渡不过是政党不断专业化的后果之一。然而这一解读也有风险:我所提及过的社会学传统,将社会体系的不断分殊化和专业化视为进步的证据,但它低估了过度专业化的功能紊乱与不稳定方面。实际上,选举—专业型政党的出现,造成的问题比它解决的问题还要多。它是现代化的结果,是教育提高的结果,是以前在政治上、社会上没有特权的某些集团、阶级或者某部分阶层的生活水平提高的结果。这种转型通常与某类参与相一致,从对政治精英的尊重和服从来看,这类参与远不及大众官僚型政党下的情形。但是选举—专业型政党也会在集体认同上产生真空。选民变得更为独立和自主,变得更不易受到为米歇尔斯所描述的寡头集团的控制与勒索。然而,他也变得更为孤立、更加困惑。在正统派/反正统派的区隔中、在选举领域的混乱以及在集体运动的兴奋中显示出来的社会疾病(social malaise),也是由于堕落,由于旧的(政治的与前政治的)社群结构的信誉与吸引力的缺失。[41] 有时,选举—专业型政党也被认为只是一种过渡的、比较短命的现象。

尽管国与国之间形势不同,但相对于其他的发展而言,有三类可能的发展(单独的或联合的)看起来更有可能。

第一,选举—专业型政党将证明是一个内在不稳定的组织,预示着作为组织的政党的解体。[42] 政党完全失去了其自身的组织认同,看上去好像只是独立的政治企业家们便利的标签。根据许多作者的看法,这种情况已经发生在美国。然而,这是不太可能的(至少在其极端形式来看),因为政党是作为强组织开始出现并巩固的。不管怎么说,民主政权的危机看起来注定要恶化(由这一情节看来)。

第二个可能是,意识形态的对抗(backlash)将会发生,即,由既有的各政党发起一次攻击,重新获得它们传统的表达功能和之前的认同,将极端主义逼退到它们遥远的起点。[43] 这样的政治创新(实际上,这将是旧政治在变动条件下的再生产)开始于政治体系的心脏地带,并且它由旧的组织领导,以回应环境的挑战。但稳定的集体认同能否以这样的方式被重新确立还不明晰,与稳定的集体认同相连的政治—组织的解决方案也不明晰。

第三个可能是真正的政治创新(用什么词汇当然是无法预测的)。但是创新不可能起源于政治体系内,创新也不可能通过业已占优势的组织表现出来。[44] 它经常是从外部进入,并为同已掌权的组织进行竞争的新组织以及新政治领袖们带入体系中。这一假设与韦伯的理论是一致的,靠的是创新——而非来自制度化的组织——假定"真正的革命力量"的爆发,即灵恩运动(charismatic movement)*。因政党的整合功能/表达功能的没落(连同其他因素)而造成的集体认同的真空,至少便利了政治运动的形成,这些政治运动完全不同于已经支配到现在的组织。再接下去的几年内,我们可能会看到一条通往如下政治图景的进口(entrance):政治行动者努力创造新的、稳定的集体认同;努力重新界定并改进那些为社会疾病所困扰的西方式(Western)社会。未来政治运动呈现出来的诸组织特征将有助于我们理解:关系到民主命运的那些更为悲观的预言是否会被建立起来;未曾预见的威权主义是否注定在将我们脆弱的自由主义宪政(liberal constitutionalism)横扫一空之后成为统治力量[45];抑或民主政权是否将会在新的政治企业家们推行的调整和/或转型下茁壮成长。

**注　释**

1. 关于这些问题,特别是关系到意大利的个案,参见 Pasquino, *Crisi dei partiti e ingovernabilita'*。皮佐尔诺(Pizzorno)在《多元主义中的利益和政党》(*Interest and Parties in Pluralism*)提出了一个不同的解释,该解释在本书中也有影响,首先体现在关于集体认同衰落的重要问题上。

2. O. Kirchheimer, "The Transformation of Western European Party Systems," in La Palombara and Weiner, eds., *Political Parties and Political Development*, pp.177—200.

3. Ibid., p.252.

4. 关于"意见一致"问题与"身份"问题之间的区分,参见 D.Stokes, "Spatial Models of Party Competition," *American Political Science Review*, LVII(1963)。

5. 把成员录用作为组织筹资的一个工具变得不再重要,这不仅是利益集团干预的结果,也是依靠公共财政补助制度(public financing)的结果,公共财政补助的一般化介绍并没有在 20 世纪 60 年代之初为基希海默尔写作的时候所预见。然而,应当注明,来自公共财政补助以及利益集团的财政补助,尽管趋于消除成员的组织权重,但看起来对组织产生了相互矛盾的影响:当公共财政补助制度(因不同国家的立法不同,各政党也不同)对"权力集中"有影响时,或使领袖们手中的金钱

---

* 这是一种宗教用语,含义丰富。灵恩所指的即是"圣灵的恩赐";charismatic 这个字是来自于希腊文 charismata(单数为 charisma),意指圣灵的"赠与"(spiritual gifts),特指创伤、脱离与入世灵恩。今天人们所称的灵恩运动,多指 19 世纪末、20 世纪初兴起的运动,截止到今天分别有三次大的运动,而相互之间未必有历史上的因果关系,也未必属于同质性很强的三种运动。——译者注

资源胜于其党内对手支配的金钱资源时,利益集团的筹资会起到反作用,产生组织权力的"碎片化":由利益集团所作出的对不同政党的一个个"私人"候选人进行的赞助,而不去提及政治家自己的财政干预,将把可转化为政治资源(以及党内竞争中可利用的)的财政资源置于有意晋升的许多领袖手中。

6. 在迪韦尔热和基希海默尔各自的著作中,大众官僚型政党和专业—选举型政党只不过是理想类型。我已经倾向于使用专业—选举型政党而非全囊括型政党一词,不仅仅为了强调专业化一面,而且强调了至关重要的维度是组织维度,这里提出的、最为接近这一类型学的是怀特(Wright)在《比较政党模式》(*Comparative Party Models*)一书中所解释的类型,当然有所取舍和保留。

7. 然而,从另一个视角来看,意大利的案例留下了广泛的不确定余地:意大利共产党是一个处于专业化高度发达进程中的政党。在这一过程中,该党的两种类型在许多方面已经互动、重叠(为内部的紧张所替代)好多年了。

8. 而且,我们处理的是不同的挑战。充当了组织变迁"催化剂"的外部挑战,是一种"危机"挑战(选举失败等)。我们现在考虑的挑战不是某种"结构"类型。在政党所处环境之中,这些挑战在长期转型后出现。自然地,第二类挑战必须为第一类挑战所"启动"以引起党内的转型,就这一意义而言,危机挑战和结构性挑战之间存在某种关系。

9. 参见 Pizzorno, *I soggetti del Pluralismo*, p.209。至于意大利的情形,劳工市场的研究已经广泛探索了这些方面,参见 *AA. VV.*, *Mutamento e classi sociali in Italia*, Naples, Liguori, 1981。

10. 论及后工业社会,关键的参考书是两部作品,来自截然不同的科学立场和政治学立场,鲜明处理了这一主题:D.Bell, *The Coming of Post—Industrial Society*, New York, Basic Books, 1973;以及 A.Touraine, *La Societe Post—Industrielle*, Paris, Editions Denoel, 1969。一篇重要的文献分析可参见 K.Kumar, *Prophecy and Progress*, Harmondsworth, Penguin Books, 1978。

11. 参见 L.Maisel, ed., *Changing Campaign Techniques*, London, Sage Publication, 1977。美国的案例可参见 A.Rawley Saldich, *Electronic Democracy*, New York, Fraeger, 1979。

12. 在政治沟通体系转型的压力下,有两类专家会出现:一类包含沟通技术员,即民意测验专家和大众媒体专家等;另一类包括干预不同部门的政党专家(经济学家、城市规划师等),因为围绕着"议题"竞选,这要求不断增加关于政治讯息的内容方面的技术技能。关于美国选举竞争高度专业化的特征,这方面的有用数据可参见 R.K.Scott 与 R.J.Hrebenar, *Parties in Crisis. Party Politics in America*, New York, Wiley and Sons, 1979, esp. pp.155ff。关于英国各政党达到的专业化,可参见 Rose, *The Problem of Party Government*, pp.60—89。关于基督教民主联盟的专业化水平,参见 E.K.Schench, R.Wildermann, "The Professionalization of Party Campaigning," in Dogan and Rose, eds., *European Politics: A Reader*, pp.413—426。

13. 可参见 B.沃林茨(B.Wolintz)对选举发展的考察，"*Stabilità e mutamento nei sistemi partitici dell' Europa occidentale*"，*Rivista Italiana di Scienza Politica* III (1978)，pp.3—55。也可见 P.H.梅克尔(P.H.Merkl)等人在《西欧政党体系》(*Western European Party Systems*，New York，The Freedom Press，1980)中的分析，政党认同衰落的迹象，在其于欧洲变得明显前，已经在美国发生了，参见 N.H. Nie，S. Verba，J. R. Petrocik，*The Changing American Voter*，Cambridge，Harvard University Press，1976。关于在政党认同的衰落、大众传媒以及社会结构的变化之间的关系，参见 E.C.Ladd Jr 与 C.D.Hadley，*Transformations of the American Party System*，New York，Norton Co.，1978。

14. Kirchheimer，*The Transformation of Western European Party Systems*，p.200.

15. 关于政党转型/危机对政治进程的影响问题，最近几年的探讨已经很接近了，在这些学者中间，可参见 L.Maisel and P.M.Sacks，eds.，*The Future of Political Parties*，London，Sage Publications，1975，以及 L.Maisel，J.Cooper，eds.，*Political Parties：Development and Decay*，London，Sage Publication，1978。

16. Kirchheimer，*The Transformation of Western European Party Systems*，p.188.这里(指基希海默尔)"功能"意指"对于政治体系的相关活动"。我倾向于维持已定形的词，尽管也分享了皮佐尔诺(*I soggetti del pluralismo*，pp.11ff)对于政党的功能主义理论所提出的反对意见。而且，应当明确，在我的视角中，只有分析在指向政党体系时，功能的考察才是有意义的，因为我认为，如果研究的目标是在组织维度下的单个政党，功能考察是完全不合适的。我现在提出这一问题，因为只有在本章，我们的分析才从政党转到了政党体系。

17. 这绝不意味着，像目的论宁愿相信的那样，政党"遵循着社会秩序或政治秩序的维护/转型的目标"。

18. 参见 Pizzorno，*I soggetti del pluralismo*，pp.19ff。

19. Ibid.，pp.130ff.

20. 参见 G.Lavoni，"The PCF，The State，and the Revolution：An Analysis of Party Policies，Communications and Popular Culture，" in Blackmer and Tarrow，eds.，*Communism in Italy and France*，pp.59—99。

21. 关于企业在多头政治的决策过程中的作用，参见 C.Lindblom，*Politics and Market*，New York，Basic Books，1977。

22. 这意味着新合作主义(neo—corporativism)政权的危机，或者至少使得曾经一度很强的新合作主义策略摇摆不定。如果只有有限的组织存在的话，新合作主义秩序事实上可以维持稳定的，这代表了科层化的有序利益。关于新合作主义，参见 P.C.Schmitter，G.Lehmbruch，eds.，*Trends toward Corporatist Intermediation*，London，Sage Publications，1979。

23. 该主题为 N.卢曼(N.Luhmann)在《政治设计》(*Politische Planung*)，Opladen，Westdeutscher Verlag，1971 中发展了。

24. 在斯坦因·罗坎(Stein Rokkan)看来，"不可治理性"可以被视为，为各政党控制的"选举—地域"渠道与为利益集团控制的"功能—合作主义"渠道之间张力的结果。今天，这种张力由于两个自相矛盾进程的结果而趋向增长，这两个自相矛盾的进程是：一方面，国际相互依赖增加，这有利于利益集团的"跨国界"，并降低了各民族国家的决策能力；另一方面，欧洲国家在其领土范围内"边缘"的完全动员，强化了领土权(territoriality)，并阻止了对民族国家之危机的超国家政治解决方案(联邦主义的，等)的可能性。参见 S.Rokkan, "I voti contano, le risorse decidono," *Rivista Italiana di Scienza Politica*, V(1975), pp.167—176。

25. S. Lipset, S. Rokkan, "Cleavage Structure, Party Systems, and Voter Alignments: An Introduction," in Lipset and S.Rokkan, eds., *Party Systems and Voter Alignments*, New York, The Free Press, 1967, p.21.

26. 在欧洲各国，政治问题几乎总是基于这些问题的"突出性"(saliency)而等级化排序的。这取决于如下事实，选民通常不是就单一问题、而是就一打子问题去表达他的观点。Ibid., pp.2, 6.

27. 参见 Sartori, *Parties and Party System*, pp.324—356。在欧洲选举竞争中左/右维度之作用的一项经验证明，参见 W.R.Inglehart, H.D.Klingemann, "Party Identification, Ideological Preference and the Left—Right Dimension among Western Mass Publics," in I.Budget et al., eds., *Party Identification and Beyond*, New York, Wiley and Sons, 1976, pp.243—273。

28. 关于在国家干预经济问题上不同政党的立场，唐斯提出的左/右一维政治空间的理念，绝不是偶然的。参见 Downs, *An Economic Theory of Democracy*。

29. 参见 F.Hirsch, I.Goldthorpe, eds., *The Political Economy of Inflation*, London, 1978。

30. S.Berger, "Politics and Antipolitics in Western Europe in the Seventies," *Daedalus*, Winter(1979), pp.27—50, 以及 J.Clayton Thomas, "The Changing Nature of Divisions in the West: Trends in Domestic Policy Orientation in Ten Party Systems," *European Journal of Political Research*, VII (1979), pp.397—413。

31. 而且，国家和各政党(在欧洲，而非美国)的交织经常使得，反政党的反抗(revolt)与反福利的反抗无法区分开来。关于这些问题，参见 M.D.Hancock, G. Sjoberg, eds., *Politics in the Post—welfare State*, New York and London, Columbia University Press, 1972。

32. R.Inglehart, "Political Action, The Impact of Values, Cognitive Level and Social Background," in S.H.Barnes, M.Kaase, eds., *Political Action. Mass Participation in Five Western Democracies*, London, Sage Publication, 1979, p.353.正统派与反正统派的区分在意大利的证明，可参见 A.Marrradi, "Dimensioni dello spazio politico in Italia," *Revista Italiana di Scienza Politica*, VI(1979), pp.263—296。

33. 关于非惯常(non—conventional)的政治行为,参见 Barnes and Kaase,eds.，*Political Action*。支持者常见于年轻人和妇女。然而,代际差异和性别差异并不能解释一切。在"正统派与反正统派的"区分中,如我这里所指出的,出现了多元的态度和行为(包括了同情政治恐怖主义及财政抵制运动),它们唯一的共性是反对现存的统治阶级。

34. 自然地,惯常的政治行为(与左/右观念有关)和非惯常的政治行为之间的清晰区分并不总是存在。"反政治运动"的许多支持者和同情者也有关于意识形态上的"左"与"右"的参照点。

这些进程的结果很明显是难以预见的,各种可能皆有。通过在某些国家产生注定成为新的破坏性组织之工具(就民主政权而言)的大众,或者成为"极右翼"或"极左翼"之工具的大众,"正统派与反正统派"区分的最终发展也有可能终结。因而,政治空间的一维性(one—dimensionality)将被重组、开放,这些在 20 世纪的二三十年代给民主政权带来了风险。

35. 在后工业社会或发达社会,在许多向上与向下流动的社会阶层中可能的冲突或联盟进行的一项出色探讨,可参见 S.P.Huntington,"La Politica nella societa' postindstriale," *Rivista Italiana dl Scienza Politica*,IV(1974),pp.489—525。

36. H.Dalder,"Parties,Elites and Political Development in Western Europe," in La Palombara and Weiner,eds.，*Political Parties and Political Development*,pp.43—77.

37. 关于精英在政治区隔的形成及深化中起到的积极作用,参见 A.Zuckerman,"Political Cleavage: a Conceptual and Theoretical Analysis," *British Journal of Political Science*,V(1975),pp.243ff。

38. 参见 L.Thurow,*the Zero—sum Society*,New York,Basic Books,1980。

39. Sartori,*Parties and Party System*,pp.324ff.

40. Ibid.，p.341.

41. 传统团结的危机,对某些作者来说,是与"规定的内核"(prescribed nucleus)——有关"基本原则"的协议受到侵蚀挂钩的,如果没有"基本原则"就不可能有社会秩序或政治秩序。在这种解释中,不可治理性不过是如下进程——共同体秩序受到侵蚀,进而现代化的极端后果——深化的政治宣言。参见 G.Germani,"Democrazia e autoritarismo nella societa' moderna," *Storia Contemporanca*,11(1980),pp.177—217,以及 D.Bell,*The Cultural Contradictions of Capitalism*,New York,Basic Books,1976。

42. 这一假设是为皮佐尔诺在"多元主义中的利益与政党"(Interests and Parties in Pluralism)中提出。美国政党业已完成的解组(decomposition)这一主题,首先是由 W.D.伯恩罕(W.D.Burnham)提出的,参见"American Politics in the 1970s: Beyond Party?" in Maisel and Sacks,eds.，*The Future of Political Parties*,pp.238—277。也可参见 A. Ranney,"The Political Parties: Reform and

Decline," in A.King, ed., *The New American Political System*, Washington, Enterprise Institute, 1978, pp.213—247。

43. 英国 20 世纪 70 年代末以来的保守新自由主义以及工党新社会主义在这一点上符合这一特色。类似的趋势在欧洲其他国家也出现过。

44. 当然,有法国的密特朗主义为例。这里最好搁置判断,因为我们试图去重建关于历史、关于可信领域的假设,而不是关于传言的假设。承认法国情形的独特性(强行政,只在战后经历从一个民主政权传承到另一个民主政权),只是一个假设——而且这个假设必须小心谨慎才能实现——先是戴高乐主义(Gaullism),然后才是密特朗主义。法国才能有效地代表了一种模式。"民主波拿巴主义"(Democratic Bonapartism)——马克斯·韦伯写到的这类标题引导下的"公民投票式民主"(plebiscitarian democracy)——其中法兰西第五共和国是一个相当可信可靠的例子,可以在新兴的后工业社会发现,该政府的形式最适合保卫民主,最适合保证对社会体系的持续突发事件的政治表达。

45. 这是隐含在日耳曼尼亚(Germani)论文中的悲观论点,"Democrazia e autoritarismo nella societa' moderna"。

# 译 后 记

本书为 2011 年国家哲学社会科学规划青年课题"新时期提高党的执政能力建设研究"（课题批准号：11CZZ012）以及 2012 年国家社会科学基金重大项目"国外执政党治党理政比较研究"（项目批准号：12&ZD078）的成果。

本书的翻译历时两年之久，最终在德国访学期间定稿。相对简单的工作环境，让我得以静下心来仔细校对译稿。当初写博士论文的时候，曾经参考过本书，当时曾想如果能译成中文，应该对于政党研究的学者有所助益吧，没想到这一工作竟然是由我来完成了。研究生曾凡星、张鸽、程爽分别翻译了第六、七和第八章的部分内容，我对他们的译稿进行了大幅度的修改。

我要感谢上海人民出版社的潘丹榕女士，本书从版权的获得到最后的出版，都得到了潘女士的大力协助，没有她的努力，本书的中文版恐怕还要假以时日。我还要感谢研究生韩洋帮我修正了注释的一些疏漏之处。同样，我也要感谢上海市委党校的罗峰教授，在联系出版社方面力所能及的帮助。我要感谢我的工作单位——上海市委党校：吕贵校长、王国平校长对青年教师成长的关心，让人动容；朱华、郭庆松、曾峻在科研和教学上相当支持；徐卫、张志伟、李宁也以不同方式促进着我的工作；当然，党史党建教研部的同事也给了我大力支持。

最后，我要感谢我的爱人和我的岳母，她们两人承担了照顾女儿的全部工作，着实让人钦佩女性的伟大。没有她们的支持和鼓励，本书无论如何不会这么早跟大家见面。

翻译之路非常艰苦，译稿多次修改，如今着实领略了译者的艰辛。当然,任何语言的转化都会有其不可避免的缺陷和不足,再加之译者水平有限,虽然几经校稿,但相信纰漏之处不在少数,本人真诚地欢迎来自各方面的批评和建议。

2012 年 12 月 31 日深夜于莱茵-普法尔茨

2013 年 9 月 22 日于上海

**图书在版编目(CIP)数据**

政党:组织与权力/(意)安格鲁·帕尼比昂科
(Angelo Panebianco)著;周建勇译.—2版.—上海:
上海人民出版社,2023
(东方编译所译丛)
书名原文:Political Parties:Organization and
power
ISBN 978 - 7 - 208 - 18292 - 9

Ⅰ.①政… Ⅱ.①安… ②周… Ⅲ.①政党-研究
Ⅳ.①D05

中国国家版本馆 CIP 数据核字(2023)第 084513 号

**责任编辑** 王　琪
**封面设计** 王小阳

东方编译所译丛

**政党:组织与权力**

[意]安格鲁·帕尼比昂科 著

周建勇 译

出　　版　上海人民出版社
　　　　　(201101　上海市闵行区号景路 159 弄 C 座)
发　　行　上海人民出版社发行中心
印　　刷　上海商务联西印刷有限公司
开　　本　635×965　1/16
印　　张　22
插　　页　2
字　　数　327,000
版　　次　2023 年 6 月第 2 版
印　　次　2023 年 6 月第 1 次印刷
ISBN 978 - 7 - 208 - 18292 - 9/D · 4133
定　　价　88.00 元

# 东方编译所译丛·政治科学